사도 바울의 생애와 선교

Apostle Paul's Life and His Missions

조 영 엽 박사 저(著)

Author : Rev. Youngyup Cho, Ph. D.

기독교문서선교회

기독교문서선교회(Christian Literature Center: 약칭 CLC)는 1941년 영국 콜체스터에서 켄 아담스에 의해 시작되었으며 국제 본부는 영국의 쉐필드에 있습니다.

국제 CLC는 59개 나라에서 180개의 본부를 두고, 약 650여 명의 선교사들이 이동도서차량 40대를 이용하여 문서 보급에 힘쓰고 있으며 이메일 주문을 통해 130여 국으로 책을 공급하고 있습니다.

한국 CLC는 청교도적 복음주의 신학과 신앙서적을 출판하는 문서선교기관으로서, 한 영혼이라도 구원되길 소망하면서 주님이 오시는 그날까지 최선을 다할 것입니다.

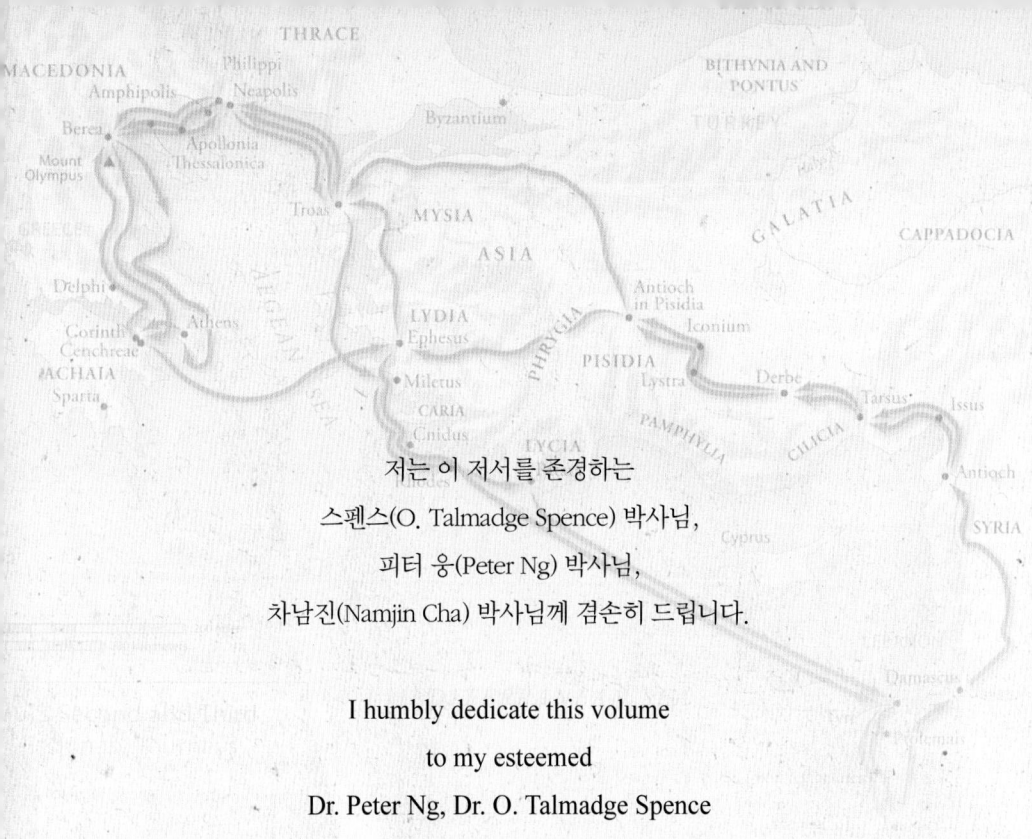

저는 이 저서를 존경하는
스펜스(O. Talmadge Spence) 박사님,
피터 웅(Peter Ng) 박사님,
차남진(Namjin Cha) 박사님께 겸손히 드립니다.

I humbly dedicate this volume
to my esteemed
Dr. Peter Ng, Dr. O. Talmadge Spence
and Dr. Namjin Cha.

다메섹 문

루디아 기념교회

아레오바고 언덕

추천사(Recomendations)

〈가나다순〉

　조영엽 박사가 온 심혈을 기울여서 정성껏 쓰신 『**사도 바울의 생애와 선교**』는 무엇보다도 복음적이며 그리고 철저하게 성경적 증거에 충실하고 있습니다. 마치 사도행전 주석을 보는 듯한 느낌이 듭니다. 특히 사도 바울을 통하여 역사하시는 하나님의 주권적 선교 역사가 확실하게 증거되고 있습니다. 이로써 현대적 사도행전을 읽는 마음입니다.

- 곽선희 박사(소망아카데미 원장, 소망교회 원로목사)

　죽산 박형룡 박사님의 제자로 평생 스승의 신학과 사상을 이어가기를 힘쓰시는 조영엽 박사께서 금번 『**사도 바울의 생애와 선교**』를 출간하셨기에 필독서로 추천하는 바입니다.

- 김길성 박사(총신대학교 신학대학원 부총장 및 조직신학 교수)

　조영엽 박사님은 부패되어 변질된 이 세상 중에서도 정통 개혁신앙의 진리를 빛나게 보존하시며, 수호하시는 분입니다. 『**사도 바울의 생애와 선교**』를 통해 신앙을 새롭게 정리하는 기회가 되리라고 믿습니다.

- 김창영 박사(생명의 말씀사 대표)

　나의 오랜 친구요 개혁 신앙의 동지이신 조영엽 박사님께서 『**사도 바울의 생애와 선교**』를 출간하게 됨을 진심으로 환영하며 축하해 마지않습니다. 저자 조영엽 박사는 핫지(Hodge), 워필드(Warfield), 메이첸(Machen) 등 구 프린스턴 신학자들의 신학 사상과 특히 한국에서 정통 개혁신학의 대변자요, 수호자였던 선친 고(故) 박형룡 박사님의 신학 사상 위에 든든히 서서 WCC 에큐메니칼 신학 사상과 경험 위주의 신오순절 운동, 비진리와 타협하는 신복음주의, 세속적 교회음악, 열린예배, 민중신학, 해방신학 등에 대항하며 많은 세월동안 한국에서 뿐만 아니라 국제적으로 진리의 선한 싸움을 싸워 오신 분입니다. 저자가 심혈을 기울여 저술한 저서도 한국의 교역자들, 신학도들, 그리고 평신도들에게 바른 신학의 지침서로 읽혀지며 더욱이 교계적으로는 정통 개혁신학을 확립하는 일에 크게 기여할 것을 확신하고 이에 추천하는 바입니다.

- 박아론 박사(전 총신대학교 대학원장)

저자 조영엽 박사님은 교의(조직)신학 전권을 비롯한 다수의 중요한 신학 저서들과 논문들을 집필한 칼빈주의 정통보수 신학자입니다. 이번에 한국교회와 세계교회 앞에 꼭 필요한 『사도 바울의 생애와 선교』를 저술하셨기에 추천합니다.

- 박영호 박사(전 한국성서대학교 교수)

본 저서는 확신을 갖고 증거할 수 있는 저서로서 교리적인 지식을 갈망하고 추구하는 분들에게 신앙의 큰 지침서가 될 것을 확신하며 추천합니다.

- 박혜근 박사(칼빈대학교 신학대학원 조직신학 교수)

금번 조영엽 박사의 귀한 저서 『사도 바울의 생애와 선교』를 출판하게 됨을 마음 깊이 축하하며, 바라기는 이 저서가 주님의 지상명령(마 28:18-19)인 성경적 전도와 선교의 이정표가 될 것을 확신하며 추천합니다.

- 서석구 변호사(한미우호증진협의회 한국본부 대표)

영원한 청춘을 구가하시는 조영엽 박사님께서 이번에 『사도 바울의 생애와 선교』를 내신다니 기대가 큽니다. 성경원어에 탁월한 지식을 가지고 계시며, 보수적 신학체계를 갖추셨기에 박사님의 이 저서가 교수들과 설교자들에게 풍성한 설교 자료를 제공하고, 후학들에게 신앙과 신학의 올바른지침을 주실 것이라 믿습니다. 하나님의 가호와 은총이 늘 함께 하시기 빕니다.

- 성기호 박사(전 성결대 총장)

여기 한국교회의 귀한 어른신 한 분이 스승 고(故) 박형룡 박사님과 박윤선 박사님의 뒤를 계승하여 이제 그 다음 세대 신학자이신 조 박사님에 의해서 **『사도 바울의 생애와 선교』**가 출간된다는 것은 큰 의미를 우리에게 주는 일이 아닐 수 없습니다. 조 박사님의 저서는 그런 의미에서 우리들이 잘 참조해야 할 필독서로 추천하는 바입니다.

- 이승구 박사(합동신학대학원대학교 조직신학 교수)

보수신학과 옛 신앙을 지키기 위해 영적 전투의 최선봉에 서서 일하시는 조영엽 박사님의 이 귀한 저서가 하나님의 강력한 도구로 사용될 것을 확신하여 기쁜 마음으로 감히 추천하는 바입니다.

- 이승현 박사(미국 Faith Theological Seminary 구약학 교수, 평강제일교회 담임목사)

금번 조영엽 박사님의 『사도 바울의 생애와 선교』를 발간하게 됨을 하나님께 감사드립니다. 교수·교역자·신학도·평신도 모두에게 도움이 되는 훌륭한 저서로 추천하는 바입니다.

- 임택권 박사(전 아세아연합신학대학교 총장)

조영엽 박사는 철저한 보수신학자요, 역사적 기독교 보수신앙과 신학을 위하여 온 생애를 바쳐 헌신하시는 하나님의 사람입니다. 금번 조영엽 박사의 『사도 바울의 생애와 선교』가 출간되었음을 축하드립니다.

- 장영춘 박사(뉴욕 퀸즈장로교회 담임목사, 미국 동부개혁장로회신학교 교장)

철저한 칼빈주의 신학자이신 조영엽 박사님이 금번에 **『사도 바울의 생애와 선교』**를 펴내셨기에 기쁘게 추천하는 바입니다.

- 정성구 박사(전 총신대학교 총장)

조영엽 박사님은 저와 총신대학교 대학원 동기동창으로 학창시절부터 열심 있는 학구파셨고, 바른 진리에 대한 입장이 분명하셨습니다. 『**사도 바울의 생애와 선교**』는 물론 조영엽 박사님의 모든 저서들이 우리의 신앙에 분명한 이정표가 될 역작(力作)들이라고 확신하며 필독서로 기쁘게 추천하는 바입니다.

- 조해수 박사(전 미주총신대학교 총장)

사도 바울은 구속사를 가장 정확하게 기록한 인류 역사상 최고의 기자(記者)였고, 조영엽 박사님은 매사에 직필정론(直筆正論)하시는 최고의 언관(言官)이자 선비입니다.

저도 이 시대를 사는 기자로서 조 박사님이 쓰신 『**사도 바울의 생애와 선교**』를 읽어보니 구속사에 대한 이해가 한층 더 생생하고 깊어집니다.

- 호준석 장로(YTN 앵커)

『**사도 바울의 생애와 선교**』의 출간을 축하드립니다. 저자 조영엽 박사님은 스승 고(故) 박형룡 박사의 신학사상을 계승하는 칼빈주의 보수신학자로서 조직신학 전권을 비롯한 다수의 주요 신학저서들과 논문들을 집필하셨고, 자유주의 해방신학과 열린예배, 교회를 타락시키는 베스트 셀러(릭 워렌의 『목적이 이끄는 삶』) 비평, 『가톨릭교회교리서 비평』, 『세계교회협의회(W.C.C.)의 실상을 밝힌다』 등의 저자로 널리 알려진 분이십니다.

- 正論 기독신보사

Dr. Youngyup Cho is an international speaker for the World of God and a separatist, fundamentalist among his Presbyterian brethren. It is rare, in our time of Neo-Christianity, to find such a man persisting in the truths of the entire Bible.

I trust that *Apostle Paul's Life and His Missions*. One of his excellent books will bring a large Korean audience to all of it's chapters.

- Dr. O. Talmadge Spence
(President: Foundations Bible College and Seminary, Dunn, North Carolina, USA.)

서문(Preface)

먼저 만복(萬福)의 근원(根源) 되시는 우리 주 하나님 앞에 감사와 찬송, 존귀와 영광을 돌리나이다.

불초 미약한 종이 복음진리 증거와 전수, 변호와 수호에 분망하던 중 금번 **『사도 바울의 생애와 선교』**를 출간하게 되니 이는 오로지 우리 주 하나님의 망극하신 은혜라고 믿습니다. 본 저자는 **과거 10여 년 동안 6개국(이스라엘·요르단·이집트·터키·그리스·이탈리아)을 4회에 걸쳐 탐방·연구**하고, 신학교에서 강의와 교회에서 설교를 하였습니다. 그리고 이 저서를 출간하게 되었습니다.

마태복음 28:18-20, "예수께서 나아와 일러 가라사대 하늘과 땅의 모든 권세를 내게 주셨으니 그러므로 너희는 가서 모든 족속으로 제자를 삼아 아버지와 아들과 성령의 이름으로 세례를 주고 내가 너희에게 분부한 모든 것을 가르쳐 지키게 하라 볼찌어다 내가 세상 끝날까지 너희와 항상 함께 있으리라 하시니라."

사도 바울은 회심한 이후로는 약 35년 동안 예수 그리스도와 그의 몸된 교회를 위하여 끝까지 충성하고 A.D. 67년경 장렬하게 참수(목 베임)로 순교하셨습니다.

지금은 배교와 불신앙으로 타락한 말세지말입니다. 기독교 내의 자유주의자들의 비성경적 연합운동(Un-Biblical Ecumenical Movement), 비진리와 타협하는 신복음주의(Neo-pentecostal Movement), 신오순절주의(Neo-Pentecostalism), 세속적 교회음악(Secular Music in the Church), 열린예배(Seeker's Service), 사이비 이

단 사조들, 인본주의 사상, 육신의 부패성 등이 우리의 고귀한 역사적 기독교 신앙을 파괴하고 있습니다.

이러한 흑암의 시대에 앞서간 선지자들과 사도들과 믿음의 열조들을 통하여 예수 그리스도로부터 받은 전통적 정통 복음진리를 보전·전파·변호·수호하는 일은 우리들에게 주어진 지상 명령이요, 특권입니다. 우리는 우리에게 "단번에 주신 믿음의 도리를 위하여 힘써 싸우라 그리하면 목자장이 나타나실 때에 … 영광의 면류관을 얻으리라"(유 1:3; 벧전 5:4)고 하신 권면과 약속의 말씀을 순종하십시다.

우리 주님 예수 그리스도의 무한하신 은혜와 하나님 아버지의 극진하신 사랑하심과, 성령님의 감화·교통·인도하심이 믿음의 형제자매가 되신 독자 여러분 위에 항상 같이하시기를 기도합니다(행 20:28; 고후 13:13).

끝으로 저의 이 저서를 출간하기까지 편집에 수고한 CLC직원들과, 특히 신학도인 **김형주** 군에게 깊은 감사를 드립니다.

2016. 9
천국 본향을 향하여 가는 나그네 길에서
(On my way to my Heavenly Home)
조영엽 박사

† **일러두기**

※ 본서에 등장하는 시(時)는 시인 정은예 『내 안에 주님의 승리!』(Eun-ye Cheung, *His Victory in Me*, CLC, 2014. 4. 25)에서 발췌하였습니다.

Contents

목차

추천사 • 10
서문 • 14

제1부 사도 바울의 생애 • 19

Ⅰ. 두 이름(사울과 바울) • 20
Ⅱ. 출생지 - 길리기아 다소 • 23
Ⅲ. 할례 받음 • 28
Ⅳ. 베냐민 지파 • 37
Ⅴ. 히브리인 중의 히브리인 • 39
Ⅵ. 성장지 - 예루살렘 • 43
Ⅶ. 가말리엘의 문하생 • 48
Ⅷ. 바리새인 • 56
Ⅸ. 율법의 의로는 흠이 없는 자 • 63
Ⅹ. 바울의 로마 시민권 • 65
Ⅺ. 사도 바울의 모습 • 79
Ⅻ. 회심 전 바울: 훼방자, 폭행자, 핍박자 • 83
ⅩⅢ. 사울의 회심 • 93
ⅩⅣ. 회심 직후의 경험들 • 102
ⅩⅤ. 이방인들을 위한 사도 • 110
ⅩⅥ. 사도 바울의 제1차 예루살렘 방문(행 9:26-30) • 115
ⅩⅦ. 사도 바울의 제2차 예루살렘 방문(행 11:27-30) • 119

제2부 사도 바울의 선교여정 • 125

Ⅰ. 사도 바울의 제1차 선교여정 • 126
  1. 구브로 섬에서 • 132
  2. 비시디아 안디옥에서 • 137
  3. 이고니온에서 • 154
  4. 루스드라에서 • 156
  5. 더베에서 바울의 전도 • 173
  6. 안디옥(시리아)으로 돌아옴 • 174
  7. 사도 바울의 제3차 예루살렘 방문 • 176

Ⅱ. 사도 바울의 제2차 선교여정 • 181
  1. 루스드라에서 • 185
  2. 빌립보에서 • 190
  3. 데살로니가에서 • 212
  4. 베뢰아에서 • 233
  5. 아덴에서 • 239
  6. 고린도에서 • 263

Ⅲ. 사도 바울의 제3차 선교여정 • 281
  1. 에베소에서 • 283
  2. 드로아에서 • 295
  3. 밀레도에서 • 298
  4. 사도 바울의 제5차 예루살렘 방문 • 321
  5. 바울을 가이사랴로 호송함 • 335

IV. 사도 바울의 제4차 선교여정 • 343
1. 가이사랴에서 시돈까지 • 344
2. 시돈에서 무라까지 • 345
3. 무라에서 미항까지 • 347
4. 미항에서 멜리데까지 - 폭풍우 • 348
5. 멜리데에서 수라구사까지 - 3개월간 • 350
6. 수라구사에서 레기온까지 • 352
7. 레기온에서 보디올까지 • 353
8. 보디올에서 로마까지 • 354
9. 제1차 로마 감옥 투옥 - 2년 동안 • 360
10. 제2차 로마 감옥 투옥 • 367
11. 로마 법정에서의 변호 • 386
12. 사도 바울의 순교 • 391
13. 네 명령, 두 비유적 표현, 세 간증 • 395

참고문헌 • 404
색인(사진·지도·특주) • 408
색인(주제·인명·중요단어) • 411

제 1 부 사도 바울의 생애
(Apostle Paul's Life)

사도 바울에 관하여는 의사이며 동시에 교회사가(medical doctor and also church historian)였던 **누가**(Luke)가 기록한 사도행전과 바울 자신이 기록한 바울 서신들 그리고 고대(古代)문헌들에서 정보를 획득한다.

사도 바울의 생가와 우물

Ⅰ. 두 이름 Two names (사울과 바울 Saul, Paul)

사도행전 13:9, "**바울이라 부르는 사울**"(Σαῦλος;Saul … called Παῦλος;Paul).
처음으로 사도 바울의 로마 이름을 소개한다. 그러나 그 이후로는 바울이라는 이름이 사도행전에만도 132번 나타난다.

바울(Παῦλος)이라는 이름은 로마 이름이요, 헬라어로는 라틴어 발음대로 바울(Παῦλος)이라고 하였다. 사울이라는 이름은 바울의 히브리어 본명이다.

고대 로마인들은 이름이 석자(3字)이었다.

· 첫째 이름은 부모 또는 어른들이 지어주는 이름이다.

Praenomen; given name; first name

· 둘째 이름은 가문 중 명망이 높은 사람의 족벌을 나타내는 사람의 이름이다.

Nomen; second name

· 셋째 이름은 성(姓) 또는 본(本)이다.

Cognomen; third name; family name

예: Marcus Tullius Trio

고대 로마에서는 주로 성(본)을 많이 불렀다.

● 사도 바울의 경우 첫째 이름(Παῦλος; 바울)만 알려져 있다. 둘째 이름은 부모나 어른들이 작명하지 않았을 것이다. 그 이유는 바울은 나면서부터 로마 시민권자이었으나 혈통적으로는 히브리인 중의 히브리인이었기 때문이다. 그리고 셋째 이름인 성(姓)〈본(本)〉도 알려져 있지 않다.

● 우리는 사울 또는 바울이라는 첫째 이름(given name)만 알고 있고, 사울 또는 바울의 성(姓, family name)은 알지 못하고 있다. 만일 우리가 바울의 본성(本姓)이

무엇인지 알 수 있다면 바울의 가문에 대하여 더 자세히 알 수 있었을 것이다.

유대인들은 아이가 태어난 지 8일째 되는 날 할례 거행시 이름을 지어준다. 사울의 부모도 아이가 태어난 지 8일째 되는 날 할례 거행시 이름을 사울이라고 지어주었다. 이와 같은 실례는 세례 요한("팔일이 되매 아이를 할례하러 와서 그 부친의 이름을 따라 사가랴라 하고자 하더니," 눅 1:59), 예수님("할례할 팔일이 되매 그 이름을 예수라 하니…," 눅 2:21)에게서도 찾아볼 수 있다. 여아들에게도 난 지 8일 만에 이름을 지어 주었다. 지금은 여아들이 병원에서 퇴원하면 다가오는 안식일에 회당에서 환영예배(Welcoming Service) 때 이름을 지어준다.

● 사울의 부모가 갓 낳은 사내아이의 첫째 이름을 사울이라고 지어준 것은 아마도 베냐민 지파에 속한 그의 부모가 이스라엘 왕국의 초대왕이요, 또한 베냐민 지파의 가장 뛰어난 인물이었던 사울왕(B.C. 1096-56)의 이름을 따라 아이의 이름을 사울이라고 지었을 것으로 짐작이 된다(삼상 9:1-2; 10:20-21; 롬 11:1; 빌 3:5).

그런데 **로마인들은 아이가 출생 후 9일째 되는 날**에 아이의 이름을 지어주었고, **헬라인들은 아이가 출생 후 7일째 되는 날 또는 10일째 되는 날**에 아이의 이름을 지어주었다.[1]

● 사울의 부모는 헬라파 유대인들이었으므로 사울이 태어난 지 7일째 되는 날 아니면 10일째 되는 날 바울(Παῦλος; Paul)이라고 헬라 이름을 지어 주었을 것으로, 또는 사울의 부모가 로마 시민권자이므로 태어난 지 9일째 되는 날 이름을 지어 주었을 것으로 추측도 되나, 사울의 부모는 히브리인 중에 히브리인(a Hebrew of Hebrews)이라는 사실과 사울 자신의 진술대로 태어난 지 8일째 되는 날 할례 거행 시 사울이라고 이름이 지어졌다. 사실상 바울은 태어나면서부터 두 이름을 동시에 가지고 있었다.[2] 헬라파 유대인들은 두 이름을 가지고 있는 것이 통례이었다.[3]

---

1) Leon Morris, *The Gospel According to St. Luke* (Eerdmans, 1980), p.78.
2) John McRay, *Paul, His life and Teaching* (Baker, 2003), p.26.
3) Vincent, *Word Studies in the N.T.* Vol. I (Eerdmans, 1975), p.516.

- 따라서 유대인들은 히브리 이름으로 사울(Σαῦλος)이라고 불렀으며, 이방인들은 헬라 이름으로 바울(Παῦλος)이라고 불렀다. 사울의 부모는 "사울아! 사울아!"라고 불렀으며, 친구들은 "바울아! 바울아!"라고 불렀다.[4]
- 어떤 사람들은 바울의 본명은 히브리어로 사울이었는데, 사울이 회심한 후부터 이름을 사울에서 바울로 개명한 것으로 착각하고 있다.

사울이 다메섹(Damascus)에 있는 그리스도인들을 핍박하기 위하여 예루살렘에서 다메섹으로 가는 도중에 유대교에서 기독교로 개종한 이후부터는 항상 자신이나 타인들도 헬라 이름인 바울(Παῦλος)이라는 이름을 사용하였다(행 9:4, 17; 22:7, 13; 26:14). 바울이라는 이름이 신약성경에 158회 나오는데 그 중 다수는 바울의 선교사역이 기록된 사도행전 후반부에 나타난다. 따라서 바울이 회심 후부터 사울이 바울로 이름이 변경된 것이 아니다.

사울의 다메섹 사건 이후 바울이라는 헬라어 이름을 사용한 것은 중요한 의미가 있다.
① 바울이라는 이름은 헬라 이름으로 **"작은 자"**(Little One)라는 뜻으로[5] 바울은 그리스도의 종으로서 작은 자라는 이름으로 불리기를 소원하였다. 바울은 자신을 가리켜 만삭되지 못하여 난 자(untimely born) 같은 자(고전 15:8)라고 고백하였다. 일반적으로 만삭은 9개월 3-5일이다.
② 다메섹 사건 이후 사울이라는 히브리 이름을 사용하지 않고 바울이라는 헬라 이름을 사용한 것은 **이방인들을 위한 사도**(Apostle for gentiles)로서 복음을 전하는 일에 매우 유익하였다(행 9:15; 롬 11:13; 갈 1:16; 2:8-9; 엡 3:8; 딤후 4:17). 그 이유는 유대인들과 이방인들은 서로 적대시하여 왔기 때문이다. 유대인들은 자신들을 하나님의 선택된 민족이요, 아브라함의 자손이라고 항상 자랑하였다. 그리고 이방인들을 천히 여겼다. 따라서 이방인들에게 복음을 전함에 있어서 거치는 돌이 되지 않기 위함이다.

---

4) Lenski, *The Acts of Apostles* (Augsburg, 1961), p.503.
5) *Young's Analytical Concordance to the Bible* (Hendrickson Publishers, 1984), p.735.

II. 출생지(Birth place) - 길리기아 다소(Tarsus of Cilicia)

사도행전 9:11, "다소 사람 사울"(Tarsus named Saul).

이 말씀은 사울이 다메섹(Damascus)에 있는 그리스도인들을 핍박하기 위하여 다메섹으로 가던 도중 다메섹에 가까이 이르렀을 때 부활하신 그리스도께서 사울을 부르시고 또 다메섹의 아나니아에게 환상 중에 나타나셔서 다소 사람 사울에게 찾아가라고 하신 말씀에서 발견된다. 예루살렘 교회에 큰 핍박이 일어나(행 8:1-2) 그리스도인들은 산지 사방으로 흩어져 다소에도 그리스도인 공동체가 형성되었다. 아나니아는 사울에게 안수하여 사울은 다시 보게 되었다. 예루살렘에서는 사울이 다소 사람(Saul the Tarsian)으로 알려져 있다.

로마길(on the way to Rome, Old Appian Way; Via Appia Antica)

사도행전 21:39, "나는 유대인이라 소읍이 아닌 길리기아 다소성의 사람이라."

이 말씀은 사도 바울이 제3차 전도여행(행 18:18-21:17, A.D. 53-57)을 마치고 예루살렘을 방문하여 사도들을 만나고 난 후 소아시아에서 온 유대인들이 성전 뜰(이방인의 뜰)에서 바울을 잡아 죽이려고 할 때 그 소문을 들은 로마군의 천부장이 백부장들과 군사들을 거느리고 달려 내려가니 바울 때리는 것을 그쳤다. 천부장이 가까이 가서 바울에게 이르되 "네가 얼마 전에 4,000명의 폭도들을 거느리고 광야로 나간 자가 아니냐?" 바울이 가로되 "나는 유대인이라 소읍이 아닌 길리기아 다소성의 시민이니 청컨대 백성에게 말하기를 허락하라"고 하였다. "나는 소읍이 아닌 길리기아 다소성의 시민"이라고 말한 것은 자신의 신분의 긍지를 나타낸 말이다.

"소읍이 아닌 다소"(Tarsus, not a small town)는 보통 크기의 도시가 아니라 대(大)도시로 당시 다소의 인구는 50만 명이었다.[6]

사도행전 22:3, "나는 유대인으로 길리기아 다소에서 났고 …"

이 말씀은 예루살렘 성전 뜰에서 바울을 위협하는 유대인 무리들에게 천부장의 허락을 받아 자신은 바리새인으로 교회를 열심히 핍박하던 자였는데 어떻게 주 예수를 구주로 믿고 천국복음을 증거하는 사도가 되었는가를 증언하면서 한 말이다. 사도 바울은 B.C. 6년경 길리기아(province)의 다소(Tarsus)에서 태어났다.

천부장(킬리아르코스; χιλίαρχος; commander of a thousand; 1,000명 군사의 지휘관)은 천명을 관할하는 군 지휘관을 가리킨다(행 21:31, 32, 33, 37, 40). 당시 천부장은 예루살렘의 치안을 담당하고 있는 그 지역의 로마군 사령관이었다. 천부장은 보병 760명과 기마병 240명을 지휘하였다.

사도행전 23:34, "… 길리기아 사람인 줄 알고 …"

이 말씀은 사도 바울이 가이사랴로 이송된 후 벨릭스(Felix) 총독의 신문을 받을 때 대답한 말이다.

---

6) Hubert Rex Johnson, *Who then is Paul?* (University Press of America, 1981), p.11.

II. 출생지 - 길리기아 다소

- **길리기아**(Cicilia) 지방은 소아시아 동남쪽 지중해 연안 더베와 안디옥 사이 탈수스 산맥(Mt. Tarsus) 남쪽에 위치한 비옥한 평야이다.[7] 길리기아 평야는 구릉지로서 여름에는 40℃가 넘나드는 뜨거운 지역이다.
- 길리기아 지역에는 B.C. 2,500년경에는 후지족(원시인)이 북동쪽에서부터 내려와 키즈와트나(Kizzuwatna) 왕국을 세우면서 역사에 나타나게 되었으며, 히타이트(Hittites)족이 살아왔다.

- **다소**(Tarsus)는 터키의 남해안 동쪽 끝(the east end of the southern coast of modern Turkey)에 위치한 비옥한 길리기아 평야에 있으며, 해발(sea level)보다 조금 위이며, 해안에서 약 16km(10mile) 내륙 키드누스 강(Cydnus River)가와 좁은 계곡이 있는 산들로부터 약 48km(30mile) 떨어진 곳에 위치해 있다.[8]
- 사도 바울 당시 길리기아는 비시디아, 아시아, 갈라디아, 갑바도기아, 시리아 등과 더불어 로마제국의 행정구역(Province) 중 하나이었다.
- 다소[9]는 시리아의 안디옥에서 서북쪽으로 39km, 지중해 해안에서 16km 정도 내륙에 있는 소아시아 남동(南東)의 해안도시이다. 다소는 로마제국이 통치할 당시 길리기아 지방의 수도이었다(행 9:11; 22:3).
- B.C. 700년에는 앗시리아의 산헤립(Sennacherib) 왕 재위 시 바벨론시(市)처럼 강(River)이 도시 중앙을 관통하도록 도시를 옮겼다. 그로 인하여 다소는 해마다 홍수의 피해를 입기도 하였다.
- 다소라는 지명(地名)은 B.C. 400년경부터 불려 왔으며, 지금도 다소라고 부른다. 그리스 사람들은 이 지역을 길리기아 지방이라고 부른다.
- 다소는 B.C. 321-281년에는 시리아의 왕 셀레우코스(Seleucus)의 지배하에 들어가게 되었다.
- B.C. 271년 로마의 아우구스투스 황제(Emperor Augustus)는 다소를 "자유의 도시"로 승인했다.

---

7) Everett C. Blake & Anna G. Edmonds, *Biblical Sites in Turkey* (Istanbul, 1990), p.56.
8) *NIV Study Bible*, Note on Acts 22:3. p.1,689.
9) Ibid., pp.73-76.

- 다소: 길리기아 지방의 수도. B.C. 67년에는 로마의 유명한 폼베이(Pombey) 장군(B.C. 106-48)이 지중해 연안 여러 부족들을 멸한 후 소아시아 지역을 행정적으로 개편할 때 다소를 길리기아 지방의 수도로 하였다.
- 다소: 로마의 황제 줄리어스 시저(Julius Caesar)는 B.C. 47년에 다소를 방문하였고, 그곳 거민(居民)들은 다소를 총독의 거주지로 삼으면서 줄리어스 시(市)라고 불렀다.
- 다소: 마크 안토니와 클레오파트라의 밀애. 마크 안토니(Mark Antony)는 B.C. 41년에 다소에서 아프로디테(Aphrodite) 여신의 옷을 입고 온갖 장신구를 화려하게 걸치고 시루스강(Cylous River)을 따라 올라 온 애굽의 여왕(톨레미 왕조의 마지막) 클레오파트라와 밀애(date)하였다.[10] 다소에는 그 일을 기념하기 위한 클레오파트라문(Kapisi gate)이 있다. 이 문은 다소의 서문(West gate)이다. 클레오파트라는 뱀에 물려 자살하였다고 한다.
- 다소는 대학도시로 수사학·스토익 철학과 문학 등 일반 문학의 전(全) 분야를 가르친 곳이었다. 로마시대에는 아덴과 견줄 만큼 많은 석학들을 배출한 학문의 도시로 자리를 잡게 되었다. **그리스의 지리학자 스트라보**(Strabo, B.C. 63-A.D. 21)는 "다소에 있는 사람들은 철학뿐만 아니라 교육 전반에 걸쳐서 열심히 헌신해오고 있다. 아덴·알렉산드리아 그리고 다른 지역 학교들과 철학자들의 철학 강의를 능가하였다"고 하였다.[11]
- 다소는 바울 당시 흑염소 목장지대로 염소털로 천막, 방석, 말안장 등을 짜는 면방직 공업(linen industry)의 중심지였다.
- 다소에는 바울의 생가와 우물(well), 아덴 신전, 로마식 목욕탕, 헬레니즘 후반기에 만들어진 길을 로마제국이 확장시킨 로마의 길(Roman Road)이 있다. 대로(大路)는 검은색 현무암으로 덮였고 양끝으로는 위로 수로(水路), 아래로는 하수로가 있다.

---

10) John McRay, op. cit., pp.21-23.
11) Strabo, *Geogrphy*, trans. Jones, 14.5.13.

II. 출생지 – 길리기아 다소   27

다소의 흑염소

- 비잔틴제국 시대인 A.D. 8세기에는 아랍 이슬람 세력의 진출이 있었고, 그 후 아르메니아(Armenia) 왕국시대(12세기 말 - 14세기 후반)를 거쳐 오스만(Osman) 투르크 제국에 속하게 되었다. 터크 오토만(Turk Othman, 1259-1326)은 오토만 시대 터키의 지도자이며 시조이었다.
- 1919년 프랑스가 다소를 일시 점령했으나 1921년 터키에 반환하였다. 그 이전에도 수차례에 걸쳐서 앗시리아, 페루시아, 알렉산더 대제, 셀류크스 등에게 정복당해 왔다. 이곳에 유대인들은 안디오커스 에피파네스 4세(Antiochus Epiphanes Ⅳ, B.C. 175-163)이래 정착하였다. 특히 예루살렘에 핍박이 심하여 예루살렘의 그리스도인들이 유대와 사마리아 그리고 소아시아 여러 지방으로 흩어지기 시작하였다.
- 현재 다소는 그 옛날 찬란하였던 헬라문명, 대학도시, 유대인·헬라인·로마인, 회당, 교회 등은 하나도 찾아 볼 수 없고, 인구 21만 명의 터키족 이슬람교도들만 살고 있는 고도(高度)의 낙후된 도시이다.

Ⅲ. 할례(Circumcision) 받음

빌립보서 3:5, "나는 태어난 지 8일 만에 할례를 받고 …"[12)]

할례는 하나님께서 믿음의 조상 아브라함과 맺은 한 언약의 표(a sign of covenant)로(창 17:9-14; 출 4:24-26) 그 언약은 사내아이들의 생식기 끝부분 주위에 덮여 있는 포피(foreskin, 包皮)를 베어 제거하는 것으로 표를 삼았다. 할례는 할례 받는 자들에 대한 하나님의 언약(약속)의 표인 만큼 이 언약을 순종함으로 지키는 자는 이 언약이 약속한 모든 은혜와 복을 받는다.

1. 어원적 고찰(Etymology)

구약에서 - 할례(물로트, מוּלֹת: circumcision; 할례)

할례를 행하다(물, מוּל: to circumcise 할례를 행하다, to cut off 잘라내다, to cut around 주위를 자르다. 창 17:23; 21:4; 출 12:44; 신 10:16; 30:6; 수 5:2, 3, 4, 5, 7).

할례를 받다(말랄, מָלַל: to be cut around; 주위를 잘라냄을 받다; to be circumcised: 할례를 받다. 창 17:10, 12, 13, 14, 24, 26, 27; 34:14, 17, 22, 24; 출 12:48; 레 12:3).[13)]

신약에서 - 할례(페리토메, περιτομή; circumcision; 할례, a cutting round 주위를 벰, 자름, 절단함. 요 7:22, 23; 행 7:8; 10:45; 11:2; 롬 2:25, 26, 27, 28, 29; 3:1, 30; 4:9, 10, 11, 12; 15:8; 고전 7:9; 갈 2:7, 8, 9, 12; 5:6, 11, 15; 엡 2:11; 빌 3:3; 골 2:11; 3:11; 4:11; 딛 1:10).

할례를 행하다(페리템노, περιτέμνω; to circumcise; 할례를 행하다; to cut around

---

12) 조영엽, 『디모데전서』(기독교문서선교회, 2014), pp.66-74 참조.
13) Vines's *Expository Dictionary of Biblical Words* (N.Y.:Nelson, 1977), p.35.

주위를 베다, 자르다, 절단하다. 행 15:1, 24; 고전 7:18; 갈 2:3; 5:2, 3; 6:12, 13; 골 2:11).[14]

2. 정의(Definition)

할례는 사내아이의 생식기 끝부분 주위에 덮여 있는 포피(包皮)를 베어 제거하는 것, 곧 현대 의학적 용어로는 포경수술을 말한다. 할례의 어원인 물라(מוּלָה; 주위를 벰, 자름, 절단함)도 할례가 무엇인가를 설명한다.

3. 시행자(Operator) - 모헬(Mohel)

원래에는 아이의 아버지가 할례를 시행하였으나(창 17:23), 특별한 경우에는 여자도 시행하였다(출 4:25). 아브라함은 그의 아들 이스마엘과 아브라함 집의 모든 남자들에게 할례를 시행하였고, 아들 이삭에게도 난 지 8일 만에 할례를 시행하였다(창 21:4). 또 모세의 아내 십보라는 아들에게 할례를 시행하였다(창 17:23; 출 4:25). 그러나 결코 이방인들에 의하여는 시행되지 않았다.

후대에는 모헬(Mohel)이 가정에서나 회당에서 할례를 시행하였다. 모헬은 할례기술을 훈련받은 구별된 사람, 경건한 사람, 존경받는 사람이었다. 모헬은 자기의 수고의 대가를 받지 않았다.[15] **지금도 할례 거행자들을 모헬이라고 부른다. 지금의 모헬은 대부분 회당에 출석하는 유대인 의사들이다.**

유대인들은 할례를 행할 때마다 모헬 앞에 두 개의 의자를 준비했다. 그 의자 중 하나에는 그의 친척, 특히 할아버지나 아저씨가 앉았는데, 그는 아이가 할례를 받는 동안 존경을 받았다. 이 자리에 앉은 자는 할례를 받는 아이의 대부(代父; God's parent)가 되었다. 또 다른 하나의 의자는 빈자리로 남겨 두었는데 이 의자는 상징적인 것으로 선지자 엘리야의 의자였다고 한다. 왜냐하면 유대인

---

14) Ibid., p.102.
15) Les Trepp, *A History of the Jewish Experience* (N.Y.: Behrman House, Inc., 1973), p.217.

들은 엘리야를 하나님과 이스라엘 백성 사이의 영원한 언약에 대한 보증인으로 생각했기 때문이다. 아이의 할머니 또는 아주머니도 참석했는데 이들은 아이의 대모(代母)가 되었다.

할례를 받는 아이에게 깨끗하고 좋은 특별한 옷을 입히고 강보(포대기, 기저귀, 스팔가누; σπαργανόω; swaddling-clothes; 눅 2:7, 12)에 싸서 데리고 오면 참석한 모든 사람들이 일어나 그에게 축복하며 인사했고 모헬은 할례 의식에 하나님의 도움이 있기를 기도한 후 아이를 축복했다. 그 후에 아이의 아버지도 아이에게 축복을 했다. 아버지의 축복이 끝난 후에 모헬은 할례 받을 사내아이를 상(table) 위에 올려놓고 할례를 행하였다.[16] 할례를 거행할 때 갓난아이는 통증이 거의 없다.

4. 할례의 대상자(The Objects)

할례는 어떤 사람들이 받는가? 할례는 아브라함과 아브라함의 모든 남자 후손들은 물론 이방사람들에게서 돈으로 산 종들, 노예들 그리고 이스라엘 민족 공동체 안에 살고 있는 외국인 종들(servants, slaves)까지도 다 받도록 하나님께서 명하셨다(창 17:12-14). 여호수아는 광야에서 태어난 이스라엘 모든 자손들에게 가나안 땅에 들어간 후에 바로 할례를 행하였다(수 5:2-8).

5. 할례의 도구(Tools)

고대에는 예리한 돌칼(sharp stones, 출 4:25; 수 5:2), 그 후에는 쇠칼, 지금은 의술도구를 사용한다.

---

16) Ibid.

6. 할례의 시기(Time)

할례는 언제 행하는가? 할례는 하나님의 계명(율법)에 의하여 태어난 지 8일 만에 거행한다.

창세기 17:12, "… 난 지 8일 만에 할례를 받을 것이라."
레위기 12:3, "제8일에는 그 아이의 양피를 벨 것이요."

유대인들은 할례에 관한 명령을 엄격히 지켰다. 그러므로 그들은 안식일에도 할례를 행하였다(요 7:22). 그만큼 유대인의 종교생활에 할례는 중요하였다.

아브라함도 아들 이삭에게 태어난 지 8일 만에(창 21:3-4),

세례 요한도 태어난 지 8일 만에(눅 1:59),

예수님도 태어나신 지 8일 만에(눅 2:21),

사도 바울도 태어난 지 8일 만에 할례를 받았다(빌 3:5).

개종자의 경우에는 성인에게도 할례를 시행하였다. 바울은 디모데에게 할례를 시행하였다(행 16:3). 그러나 할례 받을 사내아이의 건강이 좋지 못할 때에는 연기될 수도 있었다.[17]

예수님은 왜 할례를 받으셨는가? 모든 의를 이루고, 율법에 순종하며 앞으로의 공생애의 사역을 위함이었다. 만일 예수님이 할례를 받지 않으셨다면 회당이나 성전에 들어가는 것이 허락되지 않으며, 그 경우 사람들을 접촉할 수 있는 기회, 천국복음을 전할 수 있는 기회를 상실하게 되며, 메시아로서 인정함을 받기가 곤란할 수 있었다.

7. 할례의 유래(Origin)

할례는 고대 아시아, 아프리카, 아메리카, 오스트레일리아 등 세계 여러 곳에서 시행되어 왔다. 유대인·아람인·모압인·암몬인·에돔인·애굽인 등이 할례를

---

17) Ibid.

시행하였다. 할례는 고대 근동(Near East)에서도, 애굽에서도 행해졌다. 아마도 이스라엘 백성이 애굽의 종살이 하면서 살 때에 애굽 사람들이 이스라엘의 할례 의식을 채용했을 것이다. 여호수아 5:5에 "애굽에서 나온 이스라엘 백성은 다 할례를 받았다…"라고 하였다.

그러나 할례의 의의와 목적은 상이하다.[18] 애굽에서의 할례는 성적인 성숙을 확인하는 의식으로 그것은 신(神)의 뜻에 합당한 것으로 받아들여졌다. 따라서 애굽에서는 주전 14세기 모세시대부터 이스라엘의 할례의식을 본받았음이 분명하다. 그러나 바벨론·앗수르·가나안·팔레스타인 등은 시행하지 않았다.

8. 할례의 의미(Meaning)

하나님이 아브라함과 맺은 할례(창 17:7, 13, 19)에는 새로운 의미가 주어졌다.

- **할례는 하나님이 택한 백성 이스라엘과 맺은 언약의 외적 표이며 상징**(a sign and symbol)**이다**. 할례 받음으로 다른 이방민족과 구별된 민족, 하나님의 택한 백성임을 뜻한다. 그러므로 이스라엘 백성은 이 언약을 지키므로 이 언약이 약속한 모든 은혜와 복을 받는다. 할례 받은 자는 하나님께 속하였으며, 하나님만 섬기며, 순종함을 뜻한다.
- **할례는 언약에 대한 성별, 청결(순결), 충성을 상징한다**(a symbol of separation, purity and loyalty to the covenant). 참된 할례는 육체적으로 할례를 받는 것은 물론 할례의 상징적·영적 의미인 마음의 순결을 위한 의식이 이루어져야 한다. 할례의 상징적·영적 의미가 결여된 육체적 할례만은 아무것도 아니다. 그러므로 신·구약성경은 마음의 할례, 귀의 할례(circumcision of heart, circumcision of ears)를 중요시하였다(롬 2:28, 29; 고전 7:19; 갈 5:6; 6:15; 신 30:6).

---

18) J.A. Motyer, *Circumcision*, NBD, p.210.

9. 잘못된 할례관(Wrong View)

1) 할례를 육체의 자랑으로 삼음

갈라디아서 6:13, "할례 받은 저희라도 스스로 율법을 지키지 아니하고 너희로 할례 받게 하려 하는 것은 너희의 육체로 자랑하려 함이니라."

유대주의자들은 이방인 신자들에게 할례를 강조하면서 자신들은 할례를 육체의 자랑으로 삼았다. 신구약시대에 육체적 할례를 받은 유대인들 중의 어떤 사람들은 육체적 할례만을 중요시하고 자랑하는 경향이 있었다. 그들은 할례를 받음으로 언약백성의 일원(member)이 된다고 생각하였다. 그들은 할례를 받은 자신들과 할례를 받지 못한 이방인들을 구별하는 표로 할례를 내세웠다. 그들은 스스로 자신들은 아브라함의 자손이요, 할례받은 자요, 유대인이라고 하면서 할례 받지 못한 이방인들을 멸시 천대하였다. 그와 같은 개념이 초대교회에 더욱 심각한 문제로 대두되었다(행 16:1-4; 갈 5:1-12).

그러므로 구약시대 이스라엘 백성의 지도자 모세와 눈물의 선지자 예레미야는 할례의 참 뜻을 떠난 외형적 할례 의식만은 아무 의미도 없다고 말씀하면서 그런 사람들에게 **마음의 할례, 귀의 할례**를 역설하였다(렘 9:26). 이 말씀은 신명기 30:6, "여호와께서 네 마음과 네 자손의 마음에 할례를 베푸사 너로 마음을 다하며 성품을 다하여 네 하나님 여호와를 사랑하게 하사"를 인용하였다.

신약시대의 사도 바울도 교훈하기를 할례의 신령한 영적 교훈이 배제된 육체적 할례만은 아무것도 아니라고 하였다(고전 7:19; 갈 6:15). 참된 할례는 육체적 할례가 아니라, 귀의 할례·마음의 할례 즉 내면적 할례이다(롬 2:28, 29).

귀의 할례는 할례의 참된 의미를 바로 청종하고 바로 인식함이요,
마음의 할례는 죄로부터 떠나 순결·청결하며 하나님께 헌신하는 것이다. 그러므로 외적으로 할례를 받았을지라도 마음의 할례를 받지 아니한 자는 하나님 앞에서 온당치 못하다. 참 할례는 새로 지음을 받은 새로운 피조물이 되어

하나님의 계명을 지키는 것이다. 사도 바울은 골로새서 2:11에서 할례를 영적으로 적용시켜, "그 안에서 너희가 손으로 하지 아니한 할례를 받았으니 곧 … 그리스도의 할례니라"라고 하였다.

골로새서 3:11, "거기는 헬라인이나 유대인이나, 할례당이나, 무할례당이나, 야인이나, 스구디아인이나, 종이나 자유인이 구별이 있을 수 없으니 …"

그리스도 안에서는 헬라인이나 유대인의 구별 즉 민족적 구별이 있을 수 없으며, 할례자나 무할례자 즉 종교적 구별이 있을 수 없으며, 야만인이나 스구디아인의 구별 즉 문화적 구별이 있을 수 없으며, 종이나 자유자의 구별 즉 사회적·경제적 구별이 있을 수 없다. 헬라인이나 유대인이나, 할례자나 무할례자나, 야만인이나 스구디아인이나, 종이나 자유인이 다 예수 그리스도를 구주로 영접하고 변하여 새 사람이 되었으면 그는 새로운 피조물이요(고후 5:17), 참 할례를 받은 자이다. 하나님께서는 지금도 우리로 하여금 내면적 할례, 마음의 할례, 귀의 할례를 받으라고 촉구하신다.

2) 할례를 구원의 조건으로 삼음

사도행전 15:1 "어떤 사람들이 유대로부터 내려와서 형제들을 가르치되 너희가 모세의 율법대로 할례를 받지 아니하면 능히 구원을 얻지 못하리라."

유대주의자들은 할례를 받지 아니하면 구원을 얻지 못한다고 주장하였다. 즉 할례를 구원의 조건으로 생각하였다.

그러나 사도 바울은 로마서 4:1-25에서 아브라함이 할례받기 전에 믿음으로 의롭다 함을 받았다는 사실을 강조하였다. 할례를 받는 것 같은 행위로는 의롭다 함을 받을 수도 없고 구원을 받을 수도 없다. 할례는 구원의 조건이 될 수 없다. 할례를 받았다고 구원을 받는 것이 아니며, 할례를 받지 않았다고 저주를 받는 것도 아니다. 그리스도 예수 안에서는 할례나 무할례나 효력이 없다(갈 5:6).

그리스도께서 의식적 율법을 폐하심

에베소서 2:15, "의문에 속한 계명의 율법을 자기 육체로 폐하셨으니 …"

구약시대의 의식적 율법은 그리스도께서 오셔서 온 율법을 온전히 지키시므로 폐지되었다. "폐하셨으니"(카타르게사스; καταργήσας; having abolished)는 폐지되었다, 작동하지 않는다, 실효성이 없어졌다는 뜻이다.

도덕적 율법을 더욱 강화하심

마태복음 5:17, "내가 율법이나 선지자를 폐하러 온 줄로 생각하지 말라 폐하러 온 것이 아니요 완전케 하려 함이라."

본 절의 율법과 선지자는 구약성경 전체를 뜻하며, 본 절의 율법은 도덕적 율법을 말한다.

로마서 3:31, "그런즉 우리가 믿음으로 말미암아 율법을 폐하느뇨? 그럴 수 없느니라 도리어 율법을 굳게 세우니라."

본 절의 율법은 도덕적 율법을 말한다. 하나님의 도덕적 율법은 도리어 굳게 세워졌다. 성도가 예수 그리스도를 구주로 믿음으로 말미암아 의롭다 함을 받았다. 그럼에도 반율법주의자가 아니라 오히려 도덕적 율법을 더욱 굳게 지켜야 한다. 그것은 성도가 성화를 향한 특권이다.

골로새서 2:11, "또 그 안에서 너희가 손으로 하지 아니한 할례를 받았으니 곧 육의 몸을 벗는 것이요, 그리스도의 할례니라."

실제적 할례는 손으로 육체의 일부를 자르는 것이나, 그리스도의 할례는 육체의 소욕을 십자가에 못 박는 것이다(갈 2:20).

고린도전서 7:19, "오직 하나님의 계명을 지킬 따름이니라."

본 절에서 하나님의 계명은 의식적 율법이 아니라 도덕적 율법을 가리킨다. 구약시대의 모든 의식적 율법은 그리스도의 죽으심으로 폐지되었음으로 지킬 것이 아니다. 따라서 사도 바울은 고린도전서 7:18, "할례자로서 부르심을 받은 자가 있느냐 무할례자가 되지 말며 무할례자로서 부르심을 받은 자가 있으냐 할례를 받지 말라"고 권하였다.

그러나 도덕적 율법은 더욱 강화되었고 계속 지켜야 한다. 도둑질·간음·살인 등은 도덕적 율법들이다. 신약의 도덕관은 구약의 도덕관보다 훨씬 더 진보하여 마음에 탐심을 품으면 이미 도둑질한 것이 되고, 음란한 생각을 품으면 이미 간음한 것이 되고, 미워하면 이미 살인한 것이 된다(마 5:21, 28).

할례는 위생적으로도 부부(Husband and wife)의 성(性)생활에도 매우 유익함.

할례(포경수술)는 위생적으로는 물론 부부의 성생활에도 매우 유익하다. 그 이유는 남자의 생식기 끝부분이 포피로 덮여 있으면 그 안에 더러운 불순물이 끼기 때문에 불결할 뿐만 아니라, 촉감이 매우 예민하여 조루현상이 나타나기 쉬우므로 부부생활에도 좋지 못하다. 그러므로 할례는 위생적으로 청결하고, 부부생활에도 유익하다.

요한복음 3:16, "하나님이 세상을 이처럼 사랑하사 독생자를 주셨으니 이는 그를 믿는 자마다 멸망하지 않고 영생을 얻게 하려 하심이라."

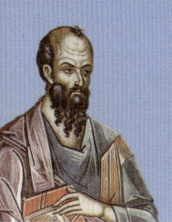

Ⅳ. 베냐민 지파(Tribe of Benjamin)

빌립보서 3:5, "내가 … 베냐민의 지파요 …"
이 말씀은 사도 바울이 로마 감옥에서 A.D. 61년경 빌립보교회에 보내는 서신 중에 한 말씀이다.

로마서 11:1, "나도 … 베냐민 지파라"
'베냐민 지파'라는 말은 왕의 혈통을 이어 받은 왕가의 후손임을 내세우는 말이다.

- 사도 바울은 베냐민 지파 사람(a Benjamin)이다. 베냐민은 야곱의(아내 라헬의 소생) 막내아들이다. 베냐민은 유일하게 예루살렘에서 태어났다(창 35:16-18). 베냐민은 야곱의 아들, 이삭의 손자, 아브라함의 증손자이다.
- 바울이 자신을 베냐민 지파라고 한 것은 이스라엘의 초대왕의 가문이며, 유다 지파를 끝까지 지원한 절개있는 명문가문임을 강조한다(삼상 9:1-2). 베냐민 지파는 다윗 왕가에 충성하였다. 유대인들을 하만(Haman)에서 구출한 모르드개(Mordecai)도 베냐민 지파 사람이었다(에 2:5).
- 베냐민 지파는 이스라엘의 12지파들 중 마지막 지파이다. 이스라엘의 12지파란 야곱의 12아들의 계보를 말한다. 야곱의 12아들들은 르우벤, 시므온, 레위, 유다, 스불론, 잇사갈, 단, 갓, 납달리, 요셉(에브라임, 므낫세), 베냐민 등이다(출 1:1-2; 창 48:5; 49 ; 민 1장).
- 베냐민 지파는 출애굽 이후 첫 번째 인구 조사 시 35,400명이었고, 두 번째 인구 조사 시에는 45,600명이었다(민 1:37; 26:41).
- 이스라엘 백성이 광야 생활을 할 때에는 베냐민 지파, 에브라임 지파, 므낫

세 지파는 성막 서쪽에 진을 쳤다(민 2:18-24).
- 이스라엘 백성이 가나안 복지를 점령한 후에는 예루살렘이 베냐민 지파에 속하였다. 베냐민 지파는 북쪽은 벧엘, 남쪽은 예루살렘, 서쪽은 기브온, 동쪽은 사해(死海) 북단까지였다. 다른 지파들보다 분할 면적이 적었다. 베냐민 지파는 예루살렘 성전 가까이서 하나님을 섬기며 성전제사를 드렸다.
- 솔로몬왕 사후(死後) 여로보암이 반란을 일으켜 통일왕조가 붕괴되었을 때 북쪽 10지파가 이스라엘 왕국을 세울 때 베냐민 지파와 유다 지파는 반란에 동참하지 않고 다윗의 집에 충성하였다.
- 유다 지파와 베냐민 지파는 르호보암을 왕으로 옹위하고 남쪽에 유다 왕국을 세웠다. 바벨론 포로에서 귀환한 후에도 베냐민 지파와 유다 지파는 아브라함의 혈통을 그대로 이어 갔으며, 바벨론 포로 70년 생활 후 귀환한 유다 지파와 베냐민 지파는 순수한 유대인으로 예루살렘과 그 주변에 정착하였다(스 4:1; 10:9; 느 11:7-9, 31-36).
- 베냐민 지파는 전쟁에 용감한 지파였다(삿 3:15-30; 5:14; 호 5:8).
- 북쪽 이스라엘은 B.C. 721년 앗수르에 멸망당하였고, 남쪽 유다는 B.C. 586년에 바벨론에 멸망당하였다.

- 분열왕국시대 **남유다 왕들**: 르호보암, 아비야(아비얌), 아사, 여호사밧, 여호람(요람), 아하시야(여호아하스), 아달랴, 요아스, 아마샤, 웃시야, 요담, 아하스, 히스기야, 므낫세, 아몬, 요시아, 여호아하스(살룸), 여호야김(엘리아김), 여호야긴(여고니야, 여고냐), 시드기야(맛다니야)
- 분열왕국시대 **북이스라엘 왕들**: 여로보암, 나답, 바아사, 엘라, 시므리, 오므리, 아합, 아하시야, 요람(여호람), 예후, 여호아하스(요아하스), 요아스, 여로보암 2세, 스가랴, 살룸, 므나헴, 브가히야, 베가, 호세아

V. 히브리인 중의 히브리인(a Hebrew of Hebrews)

빌립보서 3:5, "… 히브리인들 중의 히브리인이요"

① '히브리인'(Ἑβραῖος)이란 '저 건너편', '지나가는 자'라는 뜻으로 아브라함이 메소포타미아에서 요단강을 건너 가나안 땅으로 건너 왔다는 뜻으로 유대인들이 광야생활 할 때부터 나온 말이다.

② '히브리인들 중의 히브리인'이란 '히브리 부모로부터 태어난 히브리인'(a Hebrew son from Hebrew parents)이란 뜻이다.[19]

③ '히브리인들 중의 히브리인'이란 히브리인의 순수한 혈통을 지닌 그리고 조상들의 언어와 전통 풍속들을 보전하여 지키는 유대인 자손이라는 뜻이다(a pure-blooded Hebrew who had retained the language, culture and customs〈manners〉 of his fathers). 따라서 히브리인들 중의 '히브리인'이라는 말은 '유대인'이나 '이스라엘인'이라는 말보다 더 구체적인 말이다.

사도 바울은 아버지와 어머니 모두 순수한 히브리인들이요 그들의 조상들도 순수한 히브리인들이었다. 헬라의 언어와 풍속을 채용한 헬라파 유대인들과는 대조적이다.[20]

④ 성경에서 '히브리인'이란 민족을 가리키는 용어(an ethnic term)로서(행 6:1), 창세기 14:13에 의하면 아브라함을 히브리인이라고 하였고, 아브라함의 자손들도 이방 사람들에게는 자신들을 히브리인들이라고 하였다(창 40:15; 43:32; 출 2:11; 10:3). 반면에 유대인이 아닌 비유대인들도 유대인들을 가리켜 히브리 산파, 히브리 여인 등 히브리 사람들이라고 불렀다(출

---

[19] Vincent, *Word Studies in the N.T.* vol. Ⅲ (Eerdmans, 1975), p.445.
[20] J. D. Douglas, *The New International Dictionary of the Bible* (Zondervan, 1987), p.427. John McRay, op. cit., p.29.

1:15, 16; 2:6).
⑤ '히브리인'이란 유대인들을 업신여기면서 사용한 말이기도 하다. 보디발의 아내는 요셉을 유혹하였으나 요셉이 그 유혹에 넘어가지 않았을 때 그녀는 요셉에게 누명을 씌워 사람들에게 말하기를 "히브리 종놈(Hebrew slave)이 나를 희롱하였다"라고 거짓말을 하였다(창 39:14, 17).
⑥ 사도 바울은 옥중에서(로마 옥중) 빌립보교회 온 성도들에게 권면하는 말씀 중에 자신도 육체를 신뢰하고 자랑할 만하다고 하시면서 "히브리인 중의 히브리인"(빌 3:5)이라고 하였다.

고린도후서 11:22, "저희가 히브리인이냐? 나도 그러하며, 저희가 이스라엘인이냐? 나도 그러하며, 저희가 아브라함의 자손이냐? 나도 그러하도다"

이 말씀은 사도 바울이 고린도에서 그의 반대자들에게 대꾸한 말이다.

사도 바울은 비록 헬라 문화권에 속해 있는 길리기아 다소에서 태어나 그곳에서 자라났으나 헬라의 문화를 받아들인 헬라파 유대인이 아니라 히브리파 유대인이었다. 그러므로 바울은 자신을 가리켜 나는 히브리인들 중의 히브리인이라고 하였다.

사도행전 21:40, "천부장이 허락하기를 바울이 계단 위에 서서… 히브리어 방언으로 말하여 가로되"

이 말씀은 사도 바울이 제3차 선교 여정 중 예루살렘으로 가서(5번째 방문) 사도들을 만난 후 그 먼 곳 소아시아(Minor Asia)로부터 온 유대인들이 바울을 잡아 죽이려 할 때 천부장과 그들 앞에서 히브리어로 자신의 과거사를 다 이야기하고 난 후 자신이 어떻게 주님을 구주로 영접하고 사도가 된 것을 설교하였다.

사도행전 22:2, "저희가 그 히브리어 방언으로 말함을 듣고 …"

히브리어(Hebrew language)는 헬라어와 기타 다른 나라 언어들과 구별하여 사용할 때 히브리어라고 하였다(요 5:2; 19:13, 17, 20; 20:16).

V. 히브리인 중의 히브리인

유대인들은 알렉산더 대제 때(B.C. 3세기경)부터 강요되어 온 헬라화 정책에 계속 항거해 오면서 모국어인 히브리어를 더욱 성스러운 언어로 생각하여 왔다.

당시 유대인들 중에는 **히브리파 유대인들**과 **헬라파 유대인들**이 있었다.

- **히브리파 유대인들**(Aramaic-speaking Jews): 히브리파 유대인들이란 혈통·언어(아람어)·히브리어 성경·풍속·전통·문화·생활양식 등 모두를 그대로 지켜오는 순수한 히브리인들을 말한다. 유대나라에 사는 유대인들뿐만 아니라 세계 어느 곳에서 살든지 관계없이 그들은 보다 더 애국적이고, 바리새적이었다. 사도 바울은 히브리인들 중에 히브리인이다.

- **헬라파 유대인들**(Greek-speaking Jews): 헬라파 유대인들이란 헬라어를 사용하며 헬라문화에 동화(同化)된 유대인들로서 모국어인 아람어를 조금 알거나 또는 전혀 모르는, 성경은 70인역(LXX)을 사용하는 유대인들을 가리킨다. 헬라파 유대인들이란 알렉산드리아, 길리기아, 소아시아, 마게도니아, 로마제국과 헬라 세계 전역에 흩어져 있는 유대인들(Diaspora)을 가리킨다.

- **알렉산더 대제**(Alexander the Great, B.C. 356-323)가 동방을 점령한 이래 헬라문화 동화정책으로 헬라문화가 급속도로 퍼지게 되었다. 유대의 제사장 가문과 상류 부유층이 헬라문화를 받아들이고 심지어는 그들의 생활양식도 받아들이게 되었다. 젊은이들은 헬라 옷을 입고 헬라어를 사용하게 되었다. 그리하여 헬라어를 사용하는 헬라파 유대인들(Greek-speaking Jews)이 점차적으로 증가되었다. B.C. 175년에는 예루살렘에 그리스 운동 경기들도 허용하였다.

이에 반대하여 다수의 지방 유지들과 바리새인들은 유대인들의 헬라문화 동화에 반대하였다. 그들은 헬라문화는 유대교 신앙을 파괴하고 타락시키는 것으로 생각하고 헬라 철학사상·문화·언어·생활양식 등을 반대하였다.

그런데 다소(Tarsus)와 같은 헬라의 언어와 풍속에 동화된 대(大) 도시에서 태어난 바울은 당연히 헬라파 유대인일 것으로 생각된다. 그러나 바울은 헬라파 유대인이 아니라 히브리파 유대인이었다. 바울은 헬라의 언어와 문화권에 살면서 헬라어와 헬라철학, 헬라문화에도 능통하였지만 헬라철학과 헬라문화에 동화되지 않았다. 바울은 난 지 8일 만에 할례를 받았다는 사실 하나만 보아도 그의 부모는 헬라문화에 동화되지 않고 유대교와 히브리인들의 전통과 생활양식을 철저히 지켜왔음을 알 수 있을 뿐 아니라 바울 자신이 "나는 히브리인 중의 히브리인"이라고 하였다.

사도행전 26:14, "… 내가 소리를 들으니 히브리 방언으로 이르되 사울아 사울아 네가 어찌하여 나를 핍박하느냐"(행 9:1-5).

다메섹에 있는 그리스도인들을 핍박하러 가는 도중에 부활 승천하신 예수 그리스도께서 나타나셔서 "히브리 방언으로"(테스 헤브라이 다이렉토; τῇ Ἑβραΐδι διαλέκτῳ; in the Hebrew; Aramaic) 히브리인인 사울에게 하신 말씀이다. 사울(바울)은 히브리어로 듣고 히브리어로 말하였다.

VI. 성장지 - 예루살렘
(A grown place-Jerusalem)

감람산에서 본 예루살렘

사도행전 22:3, "나는 유대인으로 길리기아 다소에서 났고 이 도시에서 자라났고"

　사도 바울은 길리기아 다소의 부유한 가정에서, 로마 시민권자의 자녀로 태어나, 비교적 행복하게 자라났다. 그리고 소년 시절에 예루살렘으로 올라가서 예루살렘성에서 성장하였다. 그러나 그가 언제부터 예루살렘에서 성장하였는지, 예루살렘에서 살고 있던 그의 누님 집에서 거하였는지는 알 수 없다. 아마도 그는 당대에 존경받는 랍비 **가말리엘**(Gamaliel)로부터 배울 수 있는 이른 나

통곡의 벽(예루살렘)

Omar 모스크 이슬람 사원(예루살렘)

이 즉 13-15세 정도이었을 것이다. 왜냐하면 랍비학교에 입학하는 연령이 바로 그때이기 때문이다.

"**이 도시에서 자라났고**"에서 "**자라났고**"(아나테드람메노스; ἀνατεθραμμένος; having been brought up)는 아나트레포(ἀνατρέφω; to nurse up, educate; 양육하다, 교육하다)의 완료·수동형이다.[21] 완료형은 과거 행동의 완료(completed action in the past)로 결과를 강조한다. 따라서 바울은 청소년 시절에 예루살렘에서 자라왔을 뿐만 아니라, 지금은 성인이 되었음을 강조한다.

사도행전 23:16 이하에 보면 바울의 누님의 아들인 조카가 삼촌인 바울에게 유대인들 40명의 음모를 고하였고, 바울은 백부장에게 청하여 조카로 하여금 유대인들의 음모를 천부장에게 고하게 한 것을 보면 바울의 누님은 예루살렘에서 살았다. 따라서 바울이 예루살렘에서는 그의 누님댁에 유하면서 아니면 율법학교에서 기숙하였을 것이다.

로마서 16:13, "주 안에서 택하심을 입은 루포(Rufus)와 그의 어머니께 문안하라 그의 어머니는 곧 내 어머니니라."

바스레즈(Baslez)에 의하면 "바울의 어머니는 미망인이 된 후 재혼하여 루포를 낳았다. 그리고 루포는 어머니를 모시고 있었다. 따라서 바울의 어머니는 또한 루포의 어머니"라고 주장하였다.[22]

- **예루살렘**은 북위 31도, 동경 35도에 위치한 해발 760m의 고원지대 중심부에 있다.
- **이스라엘 민족**(히브리인)은 B.C. 약 4000년경 아브라함과 그의 가족이 메소포타미아의 갈대아의 우르(Ur of the Chaldeans)를 떠나 젖과 꿀이 흐르는 가나안(Canaan) 복지로 이주한 것으로부터 시작된다(창 11:31-12:1). 아브라함과 그의 자손들은 농경생활에 종사하며 여호와 하나님을 섬겨왔다.
- B.C. 1400년경 여호수아는 아이성과 여리고성을 점령하였으나 예루살렘성

---

21) Abbott-Smith, *Manual Greek Lexicon of the N.T.* (T & T Clark, 1994), p.34.
22) O'Connor, Jerome Murphy, *Paul A. Critical Life* (Oxford Univ. press, 1997), p.45.

은 점령할 수 없었다. 강한 여부스족(Jebusite)이 있었기 때문이다(수 15:63). 그 후 사사시대와 사울왕 시대까지도 예루살렘을 점령할 수 없었다.
- B.C. 1010년경 다윗(David)은 30세에 사울에 이어 이스라엘의 제2대 왕으로 즉위하여 헤브론에서 7년간 통치하고, 그 후 예루살렘에서 여부스족을 몰아내고 예루살렘을 수도로 도읍을 정하고 33년간 통치하였다. 다윗은 예루살렘을 12지파의 수도로 삼고, 유브라데강까지 영토를 확장시키고, 나라를 부강케 하였다. 다윗왕 시대는 이스라엘 역사상 가장 전성기였으며 그때부터 예루살렘은 정치적·종교적·사회적·문화적 중심지가 되었다.
- 예루살렘은 블레셋, 아라비아, 앗수르 등 이방의 침략을 수없이 받았다.
- B.C. 598-586년 여호야김왕과 시드기야왕 때, 각각 바벨론의 느부갓네살왕의 공격을 받고 70년간 황폐했으나(렘 25:11-12), 바사왕 고레스 때(B.C. 539-529) 포로들이 귀환하여 예루살렘 성전을 재건하였다(스 1:1-4).
- 신구약 중간기 때에는 알렉산더 대제(Alexander the Great)가 다스리는 그리스를 비롯하여 이집트와 시리아의 지배를 받았다.
- B.C. 63년 로마의 폼페이(Pompey, B.C. 106-48) 장군에게 정복당했다.
- A.D. 66년 유대인들은 열심당(Zealots)을 중심으로 로마제국에 완강히 저항했으며, 예루살렘 성전은 저항의 중심지가 되었다.
- A.D. 70년 8월에는 예루살렘을 제외하고는 로마제국의 수중에 들어갔다. 동양에서 성전이나 신전은 신성한 곳으로 간주되어 침공을 주저하였다.
- A.D. 70년 9월 8일 로마의 디도(Titus, A.D. 39-81) 장군은 2주간 치열한 전투 끝에 예루살렘을 함락하고, 예루살렘성과 성전(제2성전: 스룹바벨 성전)을 훼파하고, 60만 유대인을 학살했다. 9,700명을 노예로 잡아가고, 성 외곽에 사는 유대인들을 십자가에 처형시켰다. 성전은 불사르고, 아이들을 불덩이, 여인들을 강간, 제사장들을 학살하였다.

열심당원들(Zealots)은 유대광야 사해 서쪽 산악지대로 피하여 그곳 마사다(Masada)에서 여자들과 아이들을 포함하여 967명이 A.D. 73년 니산월 15일에 집단 자살하였다.

Ⅵ. 성장지 – 예루살렘

- A.D. 135년 하드리안(Hadrian, A.D. 117-138 재임기간) 황제가 예루살렘을 다시 정복한 후 유대인들을 국외로 추방하고, 예루살렘 출입을 사형법으로 금지시켰다.
- A.D. 638년 칼리프 우마르(Caliph Umar)가 이끄는 모슬렘 아랍군이 예루살렘 점령.
- A.D. 11세기에도 셀주크 투르크족(Seljuk Turks)이 그리스도인들의 예루살렘 성지순례를 금하고 핍박하였다.
- A.D. 1095년 교황 우르반 2세(Pope Urban Ⅱ)는 첫 십자군을 일으켰으며 목적은 예루살렘을 셀주크 투르크족으로부터 해방시키기 위함이었고, A.D. 1267년 이집트의 맘루크(Mamluk) 왕조가 십자군을 퇴각시켰다.
- A.D. 1517년에는 오스만 투르크 제국(Osman Turk Empire)이 이집트의 맘루크군에 승리하였다. 그들은 유대인들에게 인두세(Poll Tax)를 부과했으며, 기독교 건물을 모슬렘 건물보다 높게 짓는 것을 금했으며, 예배는 일정한 장소에서만 드리도록 하였다.
- 시온운동(A.D. 1895-), 영국은 예루살렘 통치(A.D. 1917-1920).
- A.D. 1948년 5월 14일, 자정을 기하여 영국군이 예루살렘에서 철수하고 드디어 이스라엘 건국위원회가 결성되고 벤 구리온(Ben-Gurion)이 텔아비브(Tel-Aviv)에서 1948년 5월 19일 이스라엘의 독립을 선포하였다.

VII. 가말리엘의 문하생(A pupil of Gamaliel)

바울은 헬레니즘 문화가 편만한 다소에서 영적 도시(spiritual city)인 예루살렘으로 가서 유대인의 엄한 교육을 받았다.

사도행전 22:3, "나는 유대인으로, 길리기아 다소에서 났고, 이 성(예루살렘)에서 자라, 가말리엘 문하에서 우리 조상들의 율법의 엄한 교훈을 받았고, 오늘 너희 모든 사람처럼 하나님께 대하여 열심하는 자라."

- 가말리엘은 바리새인이요, 산헤드린 공의회원이요, 1세기에 가장 존경받는 교법사였다. "교법사"란 노모디다스칼로스($\nu o\mu o\delta\iota\delta\acute{\alpha}\sigma\kappa\alpha\lambda o\varsigma$; a teacher of the law: 율법사)로서 율법박사(doctor of law; 법학박사)를 가리킨다.[23]

- **탄나임**(Tannaim): 가말리엘은 선택된 7인에게만 주어지는 **라반**(Rabban)이란 칭호를 받은 사람들 중 첫 번째 사람이었다. 라반은 당시 일반적 명칭인 랍비(Rabbi)보다 더 존귀한 가장 존귀한 명칭이었다.[24]

- 가말리엘의 부친은 시므온이며 조부는 **힐렐**(Hillel)이었다고 한다. 당시 유명한 율법사들은 힐렐, 샴마이, 가말리엘 등이었다. 힐렐은 평민출신이고 반면에 **샴마이**(Shammai)는 부유한 귀족 가문의 출신이었다. **가말리엘**(Gamaliel)은 A.D. 1-2세기의 유대교 랍비들의 모임인 탄나임(Tannaim)의 최고 지도자였다. 그는 가말리엘 학파의 창시자로 당시 많은 율법사들은 그 학파에 속하였다. 가말리엘 학파는 성경해석과 적용에 있어서 샴마이 학파보다는 덜 엄격했지만 그럼에도 불구하고 경건을 철저하게 실천하는 학자들과 제자들로 구성되었다.

---

23) Marshall, *New Testament* (Zondervan, 1986), Acts 22:3.
24) Lenski, *The Acts of the Apostles* (Augsburg pub, 1961), p.231.

그러므로 사도행전 5:34에 의하면 "… 가말리엘은 교법사로 모든 백성에게 존경을 받는 자라"고 하였다.

● 바울은 그의 청소년 시절 가말리엘의 한 학생으로 엄한 교육을 받았다. 엄한 **"교육을 받았다"**는 말씀은 파이듀오(παιδεύω; to the train up a child, chasten, instruct; 훈련하다, 체벌하다, 교훈하다)로서 이는 마치 서당(書堂)에서 선생이 아이들을 가르칠 때의 교육방법을 연상케 한다. 즉, 가르침으로 훈련 연단시킴을 의미한다. 가말리엘 교법사가 바울에게는 어떤 의미에서는 양아버지(foster father)와 같았다.

● 바울은 유년시절 다소에서 성장하면서 헬라문화와 헬라 세계의 지식을, 예루살렘에서는 가말리엘 문하생으로 유대인 세계의 지식(율법)을 터득하였다.

● 바울이 받은 교육은 조상들의 율법에 따른 철저한 신앙교육, 도덕교육이었다. 바울은 이와 같은 철저한 교육의 결과로 철두철미한 바리새인이 되었고, 그의 열정은 드디어 그리스도인들을 핍박하고 죽이는 행동으로까지 나타났다.

● 전설에 의하면 가말리엘은 기독교로 개종하고 그의 아들과 니고데모와 함께 베드로와 바울로부터 세례를 받았다고 한다.[25]

● 사도행전 5:38-39에 의하면 사도들이 복음을 증거하다가 대제사장과 사두개인들이 마음에 시기가 가득하여 그들을 잡아다가 옥에 가두었는데 밤에 주의 사자가 옥문을 열고 끌어내었다. 사도들은 성전에서 또 복음을 전파하니 성전 맡은 자와 관속들이 사도들을 잡아다가 예루살렘 공의회 앞에 세웠다. 그리고 사도들을 없이하고자 하였다. 이때에 **가말리엘**이 말하기를, "이 사람들을 상관하지 말고 버려두라 이 사람들의 새 교리(new doctrine)가 사람에게서 났으면 무너질 것이요, 만일 하나님께로서 났으면 너희가 저희를 무너뜨릴 수 없으며 도리어 하나님을 대적하는 자가 될까 하노라"라고 하였다. 모든 사람이 그를 존경하므로 저희가 옳게 여겨 채찍질하고 놓아주었다. 이 한 사건만 보아도 많은 사람들이 그를 존경하고 신임한 사실을 알 수 있다.

● **탈무드**(Talmud)에 의하면 "가말리엘 라반이 세상을 떠난 후 율법의 영광은

---

25) Unger's *Bible Dictionary* (Moody Press, 1988), p.454.

끝났다"(Since Rabban Gamaliel died, the glory of the law has ceased)[26]라고 하였다.
- 사도 바울은 좋은 가문에서 태어나 위대한 스승 밑에서 수학한 엘리트(Elite)였다. 사도 바울이야말로 육체를 신뢰할 만한 사람이었다(빌 3:4).

특주 1: 유대인의 교육(Jewish Education)[27]

유대인의 교육은 가정에서부터 시작한다. 가정교육의 책임은 어머니에게 있다. 기본적으로 가정교육은 종교교육, 도덕 … 윤리교육으로 **신명기 6:4-9**은 가정교육의 중심 성구들이다.
- 히브리 여인들은 아이를 3세 때부터 가르친다. 영아교육부터 시작한다.
- 5세부터는 적어도 할렐(Hallel)의 일부(시 113-118)를 암송케 한다. 시편의 이 부분은 유월절 때마다 암송하였다.
- 모든 히브리 소년들은 6세 또는 7세 때부터는 회당 학교에 입학하여 쓰고, 읽고, 계산하는 법 그리고 토라(율법)를 배우고 성경을 암송한다. 암송은 시편을 낭독하는 것 같은 음률로 암송한다.
- 10세 때에는 미쉬나(Mishna)학교에 입학하여 유대교의 구전법(Oral Law) 곧 장로들의 유전(Traditions of Elders)을 가르치며, 상당히 많은 부분을 암송한다.
- 13세 때에는 성인식(成人式)을 행한다. 성인식은 성인(adult: 成人)이 되었음을 선포하는 의식이다. 사내는 13세 때 성인식(The Bar Mitzvah)을 갖는다. 바르(בַּר, Bar)는 히브리어로 "아들"이라는 뜻이고, 미쯔바(Mitzvah)는 히브리어로 "계명"이라는 뜻이다. 따라서 Bar Mitzvah는 계명의 아들(son of commandment)이라는 뜻으로 성인(adult)이 되면 성인으로서 율법을 지킬 책임이 있다. 여자는 12세 때 또는 13세가 될 때 성인식(The Bat Mitzvah)을 갖는다. 바트(בַּת, Bat)는 히브리어로 "딸"이라는 뜻이고, 미쯔바(Mitzvah)

---

26) Douglas, op. cit,. p.371.
27) John McRey, op. cit., pp.34-37.

는 히브리어로 "계명"이라는 뜻이다. 따라서 Bat Mitzvah는 계명의 딸 (daughter of commandment)이라는 뜻으로 성인이 되면 성인으로서 율법을 지킬 책임이 있다.
- 13세 때부터는 생업을 가르친다. 랍비들은 말하기를, "어떤 사람이든지 자기 자녀에게 상술(商術)을 가르치지 않으면 자녀들을 도둑으로 만드는 것이다"라고 하였다. 유대인들은 어느 시대 어느 곳에서도 상권(商權)을 장악하여 왔다.
- 13세 또는 15세에 이르면 명석하고 똑똑하다고 인정된 학생들은 랍비가 되기 위하여 랍비학교에 입학한다. 바울이 예루살렘에 있는 랍비학교에 입학하여 가말리엘 스승 밑에서 배웠다는 말은 적어도 13세 이전에 예루살렘으로 갔다는 것을 말해준다. 바울도 예루살렘에 있는 랍비학교에 입학하였다. 바울의 스승은 가말리엘이었다(행 22:3). 바울은 모범생이었다. 랍비학교에서는 유대교의 경전인 탈무드(Talmud)를 배우기 시작한다. 탈무드에는 게마라(Gemara)와 미쉬나(Mishna)가 포함되어 있다. 그리고 탈무드에는 팔레스타인 탈무드와 바벨론 탈무드가 있다.
- 18-20세에는 결혼한다.

❧ 특주 2: 탈무드(Talmud)

- **탈무드**는 히브리어(아람어)로 연구, 배움, 교훈(study, learning, instruction)이라는 뜻이다. 탈무드는 A.D. 250-500년 사이 약 250년 동안 유대 랍비들에 의하여 기록되었다. 탈무드는 구전(口傳) 율법의 집대성이며 주석이다. 탈무드는 '**유다 하나시**'(Judah Hanasi)에 의하여 편집되었다. 하나시는 랍비들 중 석학자들이며 그리고 하나시는 산헤드린 공의회의 우두머리 칭호이다.
- 탈무드는 유대교에서 가장 중요한 경전으로 히브리어와 아람어로 기록되었다.
- 탈무드는 유대 민족의 지혜, 철학, 역사, 식료법, 의학, 수학, 도덕률, 법, 전

통, 믿음생활 등 모든 면에 구속력을 갖는다.
- 탈무드는 유대인들이 구약(Old Testament)을 어떻게 해석하는가를 아는 데 중요하다. 탈무드는 미쉬나의 주석이다.
- 탈무드는 63편으로 구성되어 있으며, 분량은 구약성경의 약 30배 가량이다.
- 탈무드는 유대인들의 학습의 근간이다. 따라서 탈무드를 공부한 사람들은 토라(율법)에 정통한 사람들이다.
- 탈무드는 랍비학파들의 교과서로!

1. 탈무드는 팔레스타인 탈무드와 바벨론 탈무드가 있다.

1) 팔레스타인 탈무드(Palestine Talmud)

잠니아(Jamnia) 랍비학파에 의하여 약 2세기 동안 작업하여 A.D. 400년경 편집되었으며, 아람어(Aramaic)로 기록되었다.

2) 바벨론 탈무드(Babylon Talmud)

바벨론 탈무드는 바벨론의 수라(Sura)와 품베디타(Pumbedita) 랍비학파에 의하여 예루살렘 탈무드보다 약 1세기 더 늦게 A.D. 5세기에 편집되었다. 바벨론 탈무드는 바벨론 방언으로 기록되었다. 바벨론 탈무드는 팔레스타인 탈무드보다 훨씬 더 한 단어 한 단어를 철저히 해석하였다. 바벨론 탈무드의 영어 번역은 36권 3,600쪽 분량이다.

2. 탈무드는 미쉬나(Mishna)와 게마라(Gemara)로 구성되어 있다.

미쉬나는 탈무드의 제1부이다. 탈무드의 제2부는 게마라이다. 탈무드는 모세의 율법 다음가는 법이다.

1) 미쉬나(Mishna) - 탈무드의 제1부

(1) 정의(定義): 미쉬나(Mishna)는 반복(repetition), 전승(tradition) 또는 학습(study)이라는 뜻이다.

미쉬나는 유대교의 구전법(Oral Law)이다. 미쉬나는 탄나임(Tannaim)이라 일컫는 가장 존경받는 랍비들의 구전들을 편집한 책이다. 다시 말하면 유대교의 장로들의 유전들(The Traditions of elders, 막 7:3)을 모아 편집한 책들이다.

미쉬나는 불변하는 성문법(Written Law)을 변천하는 사회 환경 속에서 지킬 수 있도록 히브리어로 해석한 주석이다.

(2) 어원(語原)

미쉬나는 히브리어 사나(שנה; repeat; 반복하다)에서 인출되었는데 사나는 "반복의 방법으로 가르치는 것"(to teach by means of repetition)을 가리킨다. 미쉬나는 선생들이 학생들에게 계속 반복하여 가르침으로 그 가르침이 계속 전달되어 내려가는 것(pass on)을 뜻한다.

(3) 구전(口傳)

미쉬나(Aboth, 1. 1ff)에 의하면 구전법(Oral Law)은 모세가 시내산에서 여호와 하나님께로부터 율법(Written Law)을 받을 때 동시에 구전법이 주어졌다고 한다. 그리고 그 구전들은 2세기 말경 랍비학자들이 완전 편집할 때까지 선지자들과 율법사들을 통하여 계속 전하여 내려왔다.

(4) 시기(時記: 편집)

미쉬나는 B.C. 150년경부터 A.D. 200년경까지 약 4세기 동안 팔레스타인의 유대인 종교와 문화적 활동들을 집약한 책들이다.

미쉬나는 지금까지도 유대교의 가장 중요한 법전(Law Code)이요, 랍비들의 교과서이다.

탄나임(Tannaim)의 일인(一人): 힐렐은 대 학자로서 방대한 미쉬나를 여섯(6) 부분으로 나누었으며, 산헤드린 공의회 의장이며 장로였다. 미쉬나 문서화 작업은 힐렐의 제자 아키바(Akiba)가 이어 받았고, 다시 그의 제자 메이르(Meir)가 이어 맡았고, 다시 그의 제자 유다-하나시(Juhuda-Hanasi)가 이어 맡아 A.D. 220년경에 완성하였다.

미쉬나는 크게 6부로 나눈다.

(5) 미쉬나는 6부로 구성

6부(6 sections)는 분할되어 63부분(63 parts)이 되고, 각 부는 다시 장(chapter)으로 나누어진다.

- **제1부, 제라임**(Zeraim; Agriculture, seeds; 농사 씨앗들, 종자들) - 11항으로 구성.
  제라임은 농사에 관한 규례들이다. 이스라엘은 성지(聖地; holy land)로서 하나님이 명하시는 대로 땅을 경작하며, 추수한 곡식은 어떻게 사용할 것인가? 등 농토의 경작과 농산물을 제사장, 레위인, 가난한 사람들에게 주는 의무에 대한 법률들도 포함되어 있다.
- **제2부, 모에드**(Moed; Holy Seasons; 절기들) - 12항으로 구성.
  유대인들이 지켜야 할 절기들에 관한 규례들 곧 안식일, 유월절, 장막절, 부림절 등 절기들에 대한 주석이다.
- **제3부, 나심**(Nashim; Women; 여자들) - 7항으로 구성.
  결혼, 이혼, 가족관계, 미망인 고인(故人)의 형제와의 계대 결혼, 간음, 나실인의 규칙들에 관한 주석이다.
- **제4부, 네제킴**(Nezekim; Damages; 손해배상) - 10항으로 구성.
  네제킴은 민법과 형법(civil and criminal law) 그리고 이웃의 재산에 손해를 주었을 때 상해와 배상, 고용관계, 상속(유산) 등에 관한 주석이다.
- **제5부, 코다심**(Kodashim; sacred matters; 거룩한 것들) - 11항으로 구성.
  희생의 제물과 제사의식들, 동물의 도살방법, 신전의 집기와 관행 등에 관한 주석이다.
- **제6부, 토홀트**(Tohorts; Purities; 정결의식들) - 12항으로 구성.
  토홀트는 정결케하는 규례들로서 여성의 생리, 나환자병(한샘병), 피부병, 정화법 등 정결한 것과 부정한 것에 대한 주석이다.

(6) 미쉬나와 신약성경

신약성경 여러 곳에 미쉬나가 언급되어 있다. 그중에 한 가지 예를 들면, 마가복음 7:1-5; 8:13, 예수님의 제자들이 손을 씻지 않고 먹는 것을 본 바리새인들과 서기관들이 예수님께 "어찌하여 당신의 제자들은 장로들의 유전을 준행하지 아니하고 부정한 손으로 떡을 먹나이까?"라고 질문하였다.

여기서 "장로들의 유전"(텐 파라도신 톤 프레스뷰테론; τὴν παράδοσιν τῶν πρεσβυτέρων; the tradition of the elders)은 미쉬나를 가리킨다.

2) 게마라(Gemara; completion; 완성) - 탈무드의 제2부
   (1) **정의**: 게마라는 미쉬나를 더욱 상세히 설명한 미쉬나의 주석(a commentary of Mishna)이다. 게마라는 당시 일상 언어인 아랍어로 쓰여졌다.
   (2) **어원**: 게마라는 완성하다, 끝맺다, 배우다, 가르치다라는 뜻을 지닌 히브리어 가마르(גמר, Gamar)에서 유래되었다. 그러므로 게마라는 "미쉬나를 완성하다" 또는 미쉬나를 "보충하다"는 뜻이다.
게마라는 A.D. 222년부터 500년경까지 미쉬나에 대한 랍비들의 주석이다.
   (3) **게마라에는** 예루살렘 게마라와 바벨론 게마라가 있다.
● **"예루살렘 게마라"**(Jerusalem Gemara) - 이스라엘 본토에 사는 유대인들에게 맞게 해석한 게마라, 미쉬나 63부 가운데 39부에 대한 게마라.
● **"바벨론 게마라"**(Babylon Gemara) - 바벨론에 사는 유대인들에게 맞게 해석한 게마라, 미쉬나 63부 가운데 37부에 대한 게마라.
그러나 오랜 세월동안 전해 내려오는 동안 보관소를 또는 전쟁, 천재지변 등으로 게마라의 상당부분이 손실되었다.

시편 23:1-6, "여호와는 나의 목자시니 내게 부족함이 없으리로다 그가 나를 푸른 풀밭에 누이시며 쉴 만한 물 가로 인도하시는도다 내 영혼을 소생시키시고 자기 이름을 위하여 의의 길로 인도하시는도다 내가 사망의 음침한 골짜기로 다닐지라도 해를 두려워하지 않을 것은 주께서 나와 함께 하심이라 주의 지팡이와 막대기가 나를 안위하시나이다 주께서 내 원수의 목전에서 내게 상을 차려 주시고 기름을 내 머리에 부으셨으니 내 잔이 넘치나이다 내 평생에 선하심과 인자하심이 반드시 나를 따르리니 내가 여호와의 집에 영원히 살리로다."

VIII. 바리새인(a Pharisee)

바울은 바리새파 가정에서 태어나 바리새파의 엄격한 교육을 받은 철저한 바리새인이었다.

사도행전 23:6, "… 나는 바리새인이요 또 바리새인의 아들이라."
  - 산헤드린 공의회 앞에서
사도행전 26:5, "… 나는 바리새인으로 살았노라."
  - 아그립바왕 앞에서
빌립보서 3:5, "… 율법으로는 바리새인이요."
  - 빌립보교회 성도들에게 회심 전 자신에 대하여

1. 어원(Etymology)

"**바리새**"라는 명칭은 히브리어 "파라드"(פרד; to separate, divide, set a part; 성별하다, 분리하다, 가르다)에서 인출되었다. 이 명칭은 도덕적으로 그리고 의식적으로 엄격히 성별·구별·분리됨을 뜻한다(레 19:2). 바리새인들은 율법에 엄격하였고, 자신들을 다른 이방사람들로부터 스스로를 구별하였다. 바리새인들은 명실공히 분리주의자들·성별주의자들(Separatists)이었다.

2. 기원(Origin)

바리새파의 기원이 언제부터인지 정확하지는 않다. 일반적으로는 "바리새주의의 씨앗은 바벨론 포로기간에 뿌려졌다. 바벨론 포로기간 동안에는 성전 제의(제사)를 박탈당했으므로 율법책으로 만족할 수밖에 없었다. 이때부터 율법에 대한 연구가 활발히 진행되었다."

유대인들은 바벨론에서 70년 동안 포로생활을 하고 본토(本土)로 귀환한 후 성전(스룹바벨)을 재건하였고, 신앙과 도덕이 해이해지고 세속화되는 와중에서 바리새인들은 조상들의 종교·전통·풍속·문화·언어 등을 지키기 위하여 일심전력하였다. 그들은 선조(先祖)들이 율법을 신실하게 지키지 않았음으로 바벨론에 포로로 잡혀가 70년이라는 긴 세월을 노예 생활하였다고 생각하고, 본토로 귀환한 후에는 철저한 회개 운동이 일어났고, 율법을 더욱 열심히 배우고 엄격히 지키도록 강조하였다.

유대인들은 3차에 걸쳐서 바벨론에 포로로 잡혀 갔다.

제1차 포로(B.C. 605)

제2차 포로(B.C. 597)

제3차 포로(B.C. 586)

또한 3차에 걸쳐서 귀환하였다.

제1차 귀환(B.C. 537): 스룹바벨 영도하에

제2차 귀환(B.C. 458): 에스라 영도하에

제3차 귀환(B.C. 444): 느헤미야 영도하에

3. 유대교의 주동적 교파(A Major Sect in Judaism)

당시 유대교에는 바리새파, 사두개파, 에센파, 열심당 등이 있었다. 바리새파는 정통파, 사두개파는 자유주의 신신학, 에센파는 금욕주의, 열심당은 정치적 혁명당이었다. 이 종파들 중 바리새파는 유대교를 신봉하는 가장 정통적 그리고 주동적 종파였다. 그들은 종교적·정치적·사회적·문화적인 모든 분야에서 가장 지대한 영향력을 지닌 종파로서 신약시대에는 산헤드린 공의회의 중심세력이었고, 부(富)와 권세(權勢)를 겸한 중산층(Middle class)이었다.

4. 율법주의(Legalism)

바리새인들은 모세의 오경(토라)과 장로들의 유전(모세시대로부터 구전〈口傳〉으로 내려오는 전통들〈traditions〉)을 동등하게 존중시하며 엄격히 지키는 율법주의자들이었다.

특별히 바벨론 포로시대 이후로 유대인들에게 있어서 율법연구는 가장 중요한 의무로 여겼다. 그들은 율법을 중요시하므로 율법의 일점일획이라도 가감(plus or minus/ add or subtract)하는 것은 세상을 파괴하는 것과 같이 생각하였다. 바리새인들은 율법의 상세한 부분까지도 정통하려고 노력하는 사람들에 의하여 계속되었으며, B.C. 2세기 초에는 그들을 하시딤(חסידים; pious ones; 경건한 무리들)이라고 불렸다.

- 바리새인들은 모세의 율법과 장로들의 유전에 열심이 대단하였음으로 홍수처럼 밀려오는 이방 헬레니즘(Hellenism)의 영향도 받지 않았다. **헬레니즘이란 고대 헬라철학과 헬라문화를 말한다.**
- 바리새인들은 바벨론왕 느브갓네살에 의하여 유다 왕국은 멸망당하고, 많은 유대인들이 바벨론으로 포로로 잡혀가 70년 동안 종살이를 하면서도 율법을 지켰다.
- 시리아의 안디오커스 4세(Antiochus IV, B.C. 175-163)가 예루살렘을 침공하여 성전 기물들을 약탈하고, 예루살렘 성전에 그리스 신(神) 제우스(Zeus) 신상(神像)을 세우고(B.C. 167년), 할례를 금하고, 율법책을 파손하고, 성전을 더럽혔을 때에도 바리새인들은 굴하지 아니하고 율법을 지켰다. 그들 중 많은 사람들은 하스모니아(Hasmonea)의 독립군에 가담하여 시리아군과의 전투에서 승리하여 이스라엘의 독립을 가져왔다. 마카비1서 2:42, "이스라엘의 힘센 전사들인 하시다이온들의 일개 중대가 그들과 연합하였다. 이스라엘 전사들은 한 사람 한 사람이 자신들을 율법을 위해 기꺼이 바친 사람들이었다."
- 시리아와의 싸움에서 승리한 하스모니안 가문(Hasmoneans)에서 (정통성이

없는, 비록 제사장 가문이지만) 요한 힐카누스(John Hyrcanus)가 정권을 이어갈 때 (B.C. 134-104), 바리새인들은 힐카누스는 제사장 반열의 가문에 속한 자가 아니기 때문에 제사장 칭호를 받을 수 없다고 제사장 직분 갖는 것을 반대하였다.[28]
- 힐카누스의 아들 알렉산더 얀네우스(Alexander Janeus, B.C. 103-76)시대에는 박해가 심하여 800명의 바리새인들이 죽임을 당했다.[29] 그러나 얀네우스는 임종 시에 아내 알렉산드라 살로메(B.C. 76-67)에게 행정을 바리새인들에게 맡기라고 충고하였고, 이때부터 바리새인들은 산헤드린 공의회(Council of Sanhedrin)에서 중요한 위치를 차지하게 되었다.
- 바리새인들은 로마제국의 통치기간(B.C. 63-A.D. 70)에도 특히 헤롯의 통치 말년 B.C. 4년에 로마제국의 통치의 상징인 황금 독수리를 성전의 성문 위에 세웠을 때 부수게 했다.[30]
- 헤롯의 아들 아켈라오(Archelaos)가 유대와 사마리아 지방을 다스릴 때 (B.C. 4-A.D. 6) 그는 부친처럼 잔인하여 산헤드린 공의회의 권한을 약화시켰다. 그럼에도 바리새인들은 로마제국의 박해 속에서도 율법을 지켰다.
- 예수님 당시와 신약시대 당시 바리새인들은 산헤드린 공의회와 백성들에게 강한 영향력을 행사하였다. 당시 바리새인들은 약 6,000명이 활동하고 있었다.[31]

5. 교리들(Doctrines)

바리새인들은 유일신 하나님, 천사, 마귀, 영혼의 불멸, 육체의 부활, 미래의 심판, 최후 상급과 형벌들을 믿었다. **정결에 대한 율법을 철저히 지켰다.**

---

28) Josephus. *Ant.*, 13. pp.288-300.
29) Ibid., 13. 14. 2.
30) Ibid., 17. 6. 2-4.
31) Ibid., 17. 2. 4.

1) 부정한 것

(1) 시체(Dead body) 만진 자 – 7일 동안 부정
민수기 19:11-12, "사람의 시체를 만진 자는 7일 동안 부정하리니 그는 제삼일과 제칠일에 잿물로 자신을 정결케 할지니라 …"

흠 없는 어린 붉은 암송아지를 진영(camp) 밖으로 끌어내어 잡은 재(ash)를 물에 타서(mix) 셋째 날과 일곱째 날 자신을 씻어 정결케 하였다.

(2) 여자의 월경기간(Woman's period of menstration) – 7일 동안 부정
레위기 15:19, "여자가 유출을 하면 7일 동안 부정하니"

8일째 되는 날 산비둘기(dove) 2마리 또는 집비둘기(pigeon) 2마리를 가져다가 한 마리는 속죄제로, 한 마리는 번제로 드려 깨끗하게 할 것이요. 몸을 씻고, 옷을 빨고, 침상을 깨끗이 하였다.

월경기간에는 성교(sex)를 엄히 금하였다(레 15:24; 18:19; 20:18).

(3) 출산(Childbirth) – 7일 동안 부정
레위기 12:2-8, "이스라엘 자손에게 고하여 이르라 여인이 임신하여 사내아이를 낳으면 그는 칠(7)일 동안 부정하리니 곧 월경할 때와 같이 부정할 것이며…그 여인이 어린 양을 바치기에 미치지 못하거든 산비둘기 2마리나 집비둘기 새끼 2마리를 가져다가 하나는 번제물로, 하나는 속죄 제물로 삼을 것이요 제사장은 그를 위하여 속죄할지니 그가 정결하리라."

산모가 사내아이를 낳으면 월경 때와 같이 7일 동안 부정하고, 여아를 낳으면 14일간 부정하다.

산모는 1년 된 어린양 한 마리를 번제로, 어린 비둘기 한 마리를 제사장이 속죄제로 드려 정결케 하였다.

(4) 피부병(Skin Diseases)

레위기 13:14, "아무 때든지 그에게 난육(피부병)이 발생하면 그는 부정한즉"
레위기 13:45-46, "나병환자는… 외치기를 부정하다 부정하다 할 것이요 병 있는 날 동안을 늘 부정할 것이라 그가 부정한 즉 혼자 살되 진영 밖에서 살지니라."

2) 정한 것들과 부정한 것들(Clean and Unclean) - 먹는 법(Food)

레위기 11:46-47, "짐승과 새와 물에서 움직이는 모든 생물과 땅에 기는 모든 기어 다니는 것에 대한 규례니 부정한 것과 정한 것, 먹을 생물과 먹지 못할 생물을 분별한 것이니라"(신 14장 참조).
레위기 20:25, "너희는 짐승이 정하고 부정함과 새가 정하고 부정함을 정하고 …"
① 짐승들 중 정한 것들과 부정한 것들(레 11:9-12).
② 물고기들 중 정한 것들과 부정한 것들(레 11:9-12).
③ 새들 중 정한 것들과 부정한 것들(레 11:13-19).
④ 곤충들 중 정한 것들과 부정한 것들(레 11:20-23).

3) 입는 법

신명기 22:11, "너는 양털과 베실로 섞어 짠 옷을 입지 말라"(레 19:19 참조).
양털(wool)은 양의 털로 만든 실이요, 베옷은 식물로 만든 실이다. 사신 우상을 섬기는 이방 제사장들은 섞어 짠 천으로 다양한 색의 천으로 만든 옷을 입는다. 마술적인 것으로 생각하기 때문이다. 그러나 제사장들은 성소에서 봉사할 때 가는 베옷을 입었다(출 28:40-43; 39:27-29; 레 6:10).

4) 씨 뿌리는 법

신명기 22:9, "네 포도원에 두(2) 종자를 섞어 뿌리지 말라."
전연 다른 두 종자를 섞어서 뿌리지 말라(고후 6:14- 7:1). 혼합적이고 이질적이고 이방적인 것을 엄히 금하고, 성별을 요구하는 말씀이다.

5) 밭 갈 때

신명기 22:10, "너는 소와 나귀를 겨리하여 갈지 말라"(레 19:19).

영적으로 소는 정한 동물, 나귀는 부정한 동물을 상징한다.

6) 바리새인들에 대한 세례 요한의 책망

세례요한은 바리새인들과 사두개인들을 향하여 "독사의 자식들아!"라고 책망하였다(마 3:7).

바리새인들은 율법주의자들이요, 경건의 모양은 있으나 경건의 능력은 상실한 외식하는 자들이 되었다(딤후 3:5; 마 22:18; 23:13, 15, 23, 25, 27, 29).

반면에 사두개인들은 신앙적으로는 부활도, 천사도, 영들도 부인하는 교리적 이단들이요, 보다 더 세상적이며 정치적이었다(마 22:23; 막 12:18; 눅 20:27; 행 23:8).

예수님에 대한 바리새인들의 태도

바리새인들은 로마 정부의 지원을 받는 헤롯당(Herodians)과 짝하여 예수님을 어떻게 죽일까? 하고 음모하였다(막 3:6; 19-30; 요 8:13, 22, 44).

예수님은 바리새인들에게 날씨는 분별하면서도 시대의 표적(sign)은 왜 분별하지 못하느냐? 고 책망하셨다. 그리고 바리새인들과 사두개인들의 누룩을 조심하라, 경계하라고 분부하셨다(마 16:1, 3, 6).

IX. 율법의 의로는 흠이 없는 자 (A man of blameless)

빌립보서 3:6, "율법의 의로는 흠이 없는 자라."

율법의 의(legalistic righteousness)는 율법을 지키므로 획득하는 의이다.

바울은 의식적이고, 형식적인 율법들을 다 지킨 사람이다. 그런 의미에서 그는 흠이 없는 자였다. 그는 율법에 대한 행위, 생활 태도에는 흠잡을 것이 없는 자였다. 그는 율법 앞에는 자책을 갖지 않았다. 다시 말하면 자신의 품행에는 흠이 없는 자였다. 즉 거짓말, 사기, 도둑질, 강간, 폭력, 우상숭배, 술, 부모 거역, 안식일 … 등등 도덕적·윤리적 모든 계명들을 다 엄수하였다. 자신의 행실에 대하여 트집이나 책잡힐 것이 없는 자였다. 그러므로 바울은 자신이 생각해도 "율법의 의로는 흠이 없는 자"라고 하였다.

● 바울은 적어도 6항목에 흠이 없는 자였다. 난 지 8일 만에 할례 받음, 이스라엘 족속, 베냐민 지파, 히브리인 중의 히브리인, 바리새인, 흠 없는 자였다.

처음 3항목은 자신의 의지나 행위 없이 부모를 통하여 받은 것이요, 나중 3항목은 자신의 의지와 행위로 획득한 의이다. 그는 율법의 의로는 흠이 없는 자였다.

● 그럼에도 온전하시고 거룩하신 하나님 앞에서는 의롭다함을 얻을 육체(사람)가 한 사람도 없다. 그 이유는 범죄하여 타락한 사람은 그 누구도 모든 도덕적 율법과 의식적 율법을 온전히 항상 지키기란 불가능하기 때문이다(갈 2:16).

● 하나님 앞에서 의롭다함을 받는 유일한 비결은 예수 그리스도께서 이루신 온전한 의를 믿음으로 전가(imputation)받는 것이다.

● 믿음은 칭의의 유일한 방편이므로 믿음은 예수 그리스도의 완전한 의를 전가받는 유일한 도구(Instrument)이다.

루터는 신약성경을 자국어인 독일어로 번역할 때 로마서 3장 28절에서 '믿음'

이라는 단어에 헬라어 원문에 없는 '만'(alone)을 덧붙여 믿음으로만(faith alone)이라고 하여 믿음이 칭의의 유일한 방편임을 강조하였다.[32]

칼빈(John Calvin)과 루터(Martin Lutter)를 위시한 종교개혁자들은 이신칭의(Justification by faith alone) 교리를 강조하였다.

로마서 3:28 "그러므로 사람이 의롭다 함을 받는 것은 율법의 행위에 있지 않고 믿음으로 되는 줄 우리가 인정하노라"(롬 3:30; 4:3, 5, 11; 5:1; 갈 2:16; 3:11; 엡 2:8; 빌 3:9).

"**의롭다함을 받는 것**(칭의)**은 율법의 행위에 있지 않고**"라는 말씀은 행위를 부정하는 말씀이 아니다. 칭의된 자는 신앙, 회개, 성화를 통해 자신을 영적 건축을 이룬다(유 1:20). 그런 의미에서 사도 야고보는 "행함이 없는 믿음은 죽은 믿음"이라고 하여 믿음으로 구원받고, 믿음으로 칭의 된자의 행함을 강조하였다(약 2:14-26).

그러나 율법은 우리의 죄와 무능을 깨닫게 하고(롬 3:20), 예수 그리스도의 의를 전적으로 믿게 하며, 자신의 성화를 이루게 하신다.

웨스트민스터 신앙고백서 대요리문답 73문

문: 믿음이 어떻게 하나님 앞에서 죄인을 의롭게 하는가?

답: 믿음이 하나님 앞에서 죄인을 의롭게 함은 믿음에 항상 동반하는 다른 은혜 때문도 아니고, 믿음의 열매인 선행 때문도 아니며, 믿음의 은혜 혹은 다른 어떤 행위가 그에게 의로 돌려져서도 아니다. 믿음은 오직 그리스도와 그의 의를 받아 적용하는 방편일 뿐이다(갈 2:16, 3:2; 롬 3:28, 4:5, 10:10; 빌 3:9).

---

32) 조영엽, 『구원론』 (기독교문서선교회, 2012), pp.85-129 참조.

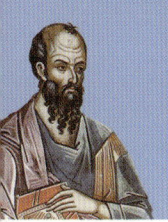

X. 바울의 로마 시민권(Roman Citizenship)

어느 시대나 강대국의 시민권자 특히 인류 역사상 로마제국의 시민권자는 상당한 특권과 특혜가 주어졌다. 바울의 로마 시민권은 많은 경우에 바울의 신변을 보호하여 주었고 특히 그의 선교사역에 중요한 역할을 하게 되었다. 그러므로 바울이 로마 시민권자이었다는 사실은 어떤 의미에서는 그가 **"길리기아 다소에서 태어남"**이나 **"히브리인 중의 히브리인"**(빌 3:5)보다 훨씬 더 중요하다. 바울이 로마 시민권자이었다는 사실은 우리에게 큰 관심을 불러일으킨다.

사도행전에 의하면 사도 바울은 그리스도의 복음을 위하여 최소한 적어도 3번이나 자신은 로마 시민권자임을 밝혔다. 빌립보 감옥에서 석방될 때(행 16:37), 예루살렘 성전 뜰에서 유대인들에 의하여 체포당했을 때(행 22:25-27), 가이사랴에서 베스도(Festus) 앞에서 심문을 받을 때(행 25:10-12) 로마 시민권자임을 밝혔다.

1. 빌립보 감옥에서 석방될 때 로마 시민권자임을 밝힘
(제2차 선교여정 시)

사도행전 16:37, "바울이 이르되 로마 사람인 우리를 죄도 정죄 아니하고 공중 앞에서 때리고 옥에 가두었다가 이제는 가만히 우리를 내어 보내고자 하느냐? 아니라 저희가 친히 와서 우리를 데리고 나가야 하리라"

본 절에서 **"로마 사람들"**(안드로푸스 로마이우스; ἀνθρώπους Ῥωμαίους; men who are Romans)은 로마 시민권자(Roman citizenship)임을 가리킨다. 본문의 배경은 바울과 실라가 제2차 선교여정 때 복음을 전파하다가 마게도니아의 빌립보시(市) 감옥에 갇혔다. 상관들이 아전들(하급관리들)에게 옷을 찢어 버리고 매로 치라고 하였다. 많은 매를 맞았다. 날이 새매 상관들이 아전을 보내어 이 사람들을 놓으라고 하였다. 간수가 상관들의 명령을 아전을 통하여 받고 그대로 전하였다. 상관들이 바울과 실라를 조용히 내보내려고 하였다. 상관들이 바울과 실라를 조용히 비밀리에 내보내려 한 이유는 자신들의 죄를 면케 하기 위함이었다. 이때에 바울은 예상 외의 반응을 보였다. 여종의 주인들에게 고소당하여 치안 판사들 앞에서 재판을 받을 때는 자신이 로마 시민권자라는 사실을 전혀 밝히지 않고 잠잠했다가 지금 출소하라는 명령이 떨어진 때에 로마 시민권자임을 밝혔기 때문이다. 바울은 여기서 처음으로 자신은 로마 시민권자라고 언급하고 자신의 권리를 행사하였다. 바울의 항의는 "로마 사람인 우리를 죄도 정하지 아니하고 공중 앞에서 때리고 옥에 가두었다"는 것이다.

"**로마 사람**"(안드로푸스 로마이우스; ἀνθρώπους Ῥωμαίους; men who are Romans)은 분사구문이다. 이 말씀의 좀 더 정확한 번역은 "로마 사람임에도 불구하고" 혹은 "로마사람인데도"이다.

"**죄도 정치 아니하고**"(아카타크리투스; ἀκατακρίτους; uncondemned; 정죄하지 아니하고)는 "조사도 하지 아니하고"라는 뜻이다. 로마 시민권자를 청문회(public hearing)도 거치지 않고, 많은 사람들 앞에서 때리고, 옥에 가둔 것은 로마의 엄한 국법을 범한 것이라는 논지이다.

"**... 이제는 가만히 내보내고자 하느냐?**"

"**가만히**"(라드라: λάθρᾳ; secretly; 비밀리에, 몰래)는 "공중 앞에서"(데모시아; δημοσίᾳ)와 매우 대조적이다. 공중 앞에서 공개적으로 때리고 옥에 가둔 것과 가만히 내보내려고 한 것은 매우 대조적이다.

그러면 바울은 왜 자신이 감옥에 투옥될 때 로마 시민권자임을 밝히지 않았을까? 바울은 분명한 의도가 있었을 것이다. 그것은 그가 감옥에 갇힘으로 빌립보 간수와 그의 온 가족을 구원하는 대 역사가 일어났다.

로마제국의 여러 민족들이 로마 시민권을 부여 받은 것은 B.C. 89년경부터였다. 로마 시민의 권리들(rights)은 B.C. 23년 아우구스투스 황제(Emperor

Augustus) 때까지 거슬러 올라간다. 아우구스투스는 45년간 절대적인 권력을 행사하였다. 로마 시민권을 가진 사람들은 로마 시민권이 없는 사람들에 비하면 아주 공정하고 정당한 절차를 밟아 재판을 받도록 법으로 규정되어 있다. 아마도 B.C. 30년 법제정에 의하여 사실상 당시 로마 시민권자는 즉결재판이나 무법한 재판을 받지 않으며, 불명예스러운 채찍이나 고문의 형을 받지 않으며, 십자가의 사형도 금지되었다.[33] 다시 말하면 로마 시민은 불명예스러운 비인격적인 형벌을 받지 않았다. 로마 시민은 공정한 재판을 받도록 법으로 규정되어 있다.

사도행전 16:38-39, "아전들이 이 말로 상관들에게 고하니 저희가 하는 말을 듣고 두려워하여 와서 데리고 나가 성을 떠나기를 청하니"

두 사람(바울과 실라)이 옥에서 석방되어 루디아의 집(Lydia's house)에서 성도들을 만난 후 계속 복음 전하기 위하여 데살로니가로 떠났고 누가만 빌립보에 남았다(행 16:40).

"**두려워하였다**"(에포베데산; ἐφοβήθησαν; they were afraid; 포베오; φοβέω; to terrify, frighten, 겁에 질려 공포에 떨다)의 3인칭·복수·과거·수동형이다. 그러므로 문법적으로는 두려워하게 되었다는 뜻이다. 로마 시민권자를 불법으로 처벌했을 경우는 로마법에 따라 중벌을 받았다. 시민권이 박탈되고 심한 경우에는 사형까지 받았다. 이런 형벌을 두려워 한 것이다.

2. 예루살렘 성전 뜰에서 유대인들에게 체포되었을 때 로마 시민권자임을 밝힘(제3차 선교여정 시)

사도행전 22:25-29, "가죽 줄로 바울을 매니 바울이 곁에 섰는 백부장더러 이르되 너희가 로마 사람 된 자를 죄도 정치 아니하고 채찍질을 할 수 있느냐? 하니 백부장

---

[33] A. H. M. Jones, *Studies in Roman Government and Law* (Oxford University Press, 1960), pp.54-55, 97ff.
McRay, op, cit., p.25.

이 듣고 천부장에게 전하여 가로되 어찌하리이까? 그는 로마사람입니다 하니 천부장이 바울에게 묻기를 네가 로마 사람인가? 내게 말하라 바울이 가로되 나는 그러하다."

- 사도 바울이 제4차 선교여정을 떠나기 전 유대주의자들이 예루살렘 성전 뜰에서 바울을 체포하였고, 천부장은 바울이 로마 시민권자임을 알고 석방하였다.
- 아마도 바울은 로마 시민임을 증명할 수 있는 나무로 된 작은 서판(書板)을 몸에 지니고 다녔을 것이고 그것을 제시하였을 것이다. 만일 현장에서 입증할 수 없다면 사형에 해당하는 중벌을 받을 수 있다.[34]
- 로마 시민권자(A Roman Citizen)에게 가죽 줄로 묶는 것, 채찍질하는 것 자체가 벌써 로마의 법을 위반한 것이다.[35] 심문하던 사람들이 곧 바울에게서 물러가고 "천부장도 그가 로마 사람인 줄 알고 또 그 결박한 것을 인하여 두려워하니라"(행 22:29).
- 제2차 선교여정 시 빌립보에서 바울이 로마 시민권자라는 말을 듣고 상관들이 두려워한 것 같이, 예루살렘 지구 군 총사령관도 바울이 로마 시민권자라는 말을 듣고 두려워하였다. 그 이유는 로마 시민권자는 작은 일에도 정식재판 없이 체포·구금·고문하는 것은 엄히 금하였으며 이 법을 어겼을 때에는 관직자도 징계를 받았기 때문이다. 예루살렘 지구 군 총사령관도 두려워하였으니 로마의 법이 얼마나 엄하였던가를 가히 짐작할 수 있다. 천부장의 허약한 모습과 사도 바울의 담대한 자세는 너무나 대조적이다.
- 로마 시민이면 누구든지 로마제국의 어느 곳을 가든지 로마법에 의하여 보장된 모든 권리와 특권 그리고 보호를 받게 되어 있으며 그 법은 로마제국의 건국 초기(B.C. 509년)부터 내려온 것이다.

---

34) Barrett, *The Acts of the Apostles*, p.1048.
35) Meyer, op.ct., p.318.

특주 3: 사도 바울 당시 로마군 편재(Organization)

1. 콘트베리움(Contuberium)
8명의 군사들로 구성된 최소단위 병력(basic army unit)이다. 그들은 병영막사(Tent) 또는 두 방이 있는 방어진지를 병영숙소로 같이 사용했다. 우리나라 군의 분대병력과 비슷하다.

2. 센투리아(Centuria)
10개의 콘투벨리움으로 80-100명의 군사들로 구성된 조직으로 로마군의 기본 전투부대이다. 센투리아의 지휘관(부대장)은 백부장(Centrio)이다. 백부장은 전투, 훈련, 행정, 처벌 등 모든 면에 전적으로 책임을 지는 로마군의 핵심 간부이다. 백부장은 병사들에게 엄격한 권위를 가지고 있었다. 군에서 백부장까지 진급하려면 15년 내지 20년이 걸렸으며, 제대 후에도 충분한 보상을 받았다.

※ 신약에 기록된 백부장들
- 마태복음 8:5, 누가복음 7:2-9, 예수님이 가버나움에 들어 갔었을 때 중풍병에 걸린 하인을 고쳐달라고 간청한 백부장, 믿음이 대단한 로마군 고위 장교.
- 마태복음 27:54, 마가복음 15:39-47, 예수님이 십자가상에서 운명하실 때, 예수님을 하나님의 아들이라고 고백한 백부장. 예수님의 신분을 바로 인식한 로마군 고위 장교.
- 사도행전 10:1, 사도 베드로의 전도로 회심한 로마군 백부장 고넬료.
- 사도행전 23:17, 23, 사도 바울을 예루살렘에서 가이사랴까지 안전하게 호송한 로마군 백부장.
- 사도행전 27:1, 사도 바울을 가이사랴에서 로마까지 안전하게 호송한 로마군 백부장 율리오.

3. 코홀트(Cohort)

6개의 센투리아로 구성된 600명 내지 1,000명의 군사들로 조직되었다. 코홀트의 지휘관(부대장)은 천부장이다. 천부장은 헬라어로 킬리알코스 (χιλίαρχος; 1,000)에서 인출되었다.

※ 신약에 기록된 천부장들
- 마가복음 6:21, 헤롯의 생일에 초대 받은 천부장·장비·전투능력에 큰 차이가 없었다.
- 요한복음 18:12, 유대인의 하속들과 함께 예수님을 잡아 결박한 천부장
- 사도행전 21:31-40, 아시아로부터 온 유대인들과 무리들이 사도 바울을 성밖으로 끌고 나가 죽이려 할 때, 바울을 영내로 들어오게 한 후 무리들에게 말함을 허락한 천부장
- 사도행전 22:24, 26, 27, 28, 29, 유대주의자들이 바울을 죽이려하는 이유를 알고자 채찍질하며 심문하게 할 때 바울은 자신이 로마 시민권자임을 천부장에게 고함. 천부장은 바울이 결박된 것 때문에 두려워하였다.
- 사도행전 23:10, 15, 17, 18, 19, 20, 유대인들이 바울을 죽이려고 음모할 때, 바울의 생질이 천부장에게 보고하고, 백부장들을 불러 가아사랴에 있는 벨릭스 총독에게로 무사히 보내게 한 천부장.
- 사도행전 24:22, 벨릭스는 천부장 루시아가 오면 바울 사건을 치리한다고 함.
- 사도행전 25:23, 아그립바, 베니게 천부장들이 바울의 변명을 허락하고, 바울은 그들에게 복음을 전달함.

4. 레기온(Legion)

10코홀트(Cohort)로 구성된 군단 병력으로, 병력 수는 약 6,000명이다. 지휘관은 레가투스(Legatus)이다.

10코홀트 × 480병사 = 4,800명의 병사 + 120명의 기마병 = 5,246명, 그 이외의 노예 군인들, 군의관들, 의무병들, 기술병들, 대장쟁이들, 공병들, 벽돌공

들, 목수들, 측량사들 등을 다 합치면 약 6,000명의 병력이다.

기마병들은 지휘관을 호위하며, 정찰임무를 수행하며 전령(전달)임무도 수행한다.

노예 군인들은 병영막사(Tent)와 보급품을 운반하며, 전투 시에는 병영을 지키는 임무도 수행한다.

레기온의 지휘관은 로마 황제가 직접 임명하고, 동시에 명령권도 위임한다. 지휘관의 임기는 3-4년이다. 지휘관에게는 6명의 참모들(Military Trifunus)이 각기 분야에서 지휘관을 보좌한다.

5. 왕정 근위대(Imperial Guard)

왕정 근위대는 황제와 왕궁, 그리고 로마시(市)를 방위하는 특수부대로, 군인들은 주로 이태리 본토인들로 특채되며, 특별한 군복·훈련 그리고 일반 병사들의 배나 되는 월급·특별 보너스·황제 즉위 때는 선물도 하사받는다.

아우구스투스(Augustus) 황제 때에는 3코홀트(3 Cohort)가 왕정 근위대였는데 그 중에 한 코홀트는 항상 왕궁을 지켰으며, 다른 2코홀트는 왕궁 가까이 주둔하였다. 그리고 다른 6코홀트는 로마 근교에 배치되어 있었다.

만일 사도 바울이 로마 감옥에서 빌립보서를 기록하였다면 빌립보서 1:13의 "모든 시위대"(all the practerium = the whole palace guard)는 왕정 근위대를 가리키며, 사도 바울은 왕정 근위대에 복음을 설교하였다.

6. 보조군(Auxilaries)

로마제국은 B.C. 30년 이후로 로마군단(Legion)을 보충하기 위하여 로마인이 아닌 비(非)로마인들로 군대를 조직하였다. 보조군들은 대다수가 소수민족들로 자신들이 거주하는 곳에서 가까운 부대에 근무하였다. 보조군은 로마 시민으로만 편성된 군단과는 구별되었다.

쥬리우스 - 글라디우스 왕조시대(B.C. 30-A.D. 68)에는 보조군이 정규군으로 전환되었다. 이 왕조의 말기에는 로마 군단과 훈련·장비·전투능력에 큰 차이가 없었다.

클라우디우스(Claudius) 때부터는 보조군들도 로마 시민권을 획득하였다. 명예 제대한 자들은 그들의 자녀들과 함께 로마 시민권을 부여 받았다. 그리고 결혼할 법적 권리도 가진다.

유대인들이 폭동을 일으키기 전 팔레스타인에 주둔하고 있던 로마군은 아마도 보조군이었을 것이다.

1세기 후반기에는 전(全) 레기온의 약 80%가 로마 식민지에서 징집하였다.

로마제국의 군 병력과 편재 – 아우구스투스 황제 때

아우구스투스(Augustus) 황제 즉위 당시 로마제국의 군 병력은 60레기온(Legion)이었다. 60레기온은 360,000(36万)의 대병력이다.

아우구스투스는 그 거대한 병력을 25레기온까지 점차 감축하였다. 25레기온은 약 150,000(15万)병력이다. 이것이 바로 로마제국을 지키는 상비군(Atand army)의 시작이 되었다.

로마의 역사가 타키투스(Tacitus, Publius Conelius, A.D. 55-120)의 A.D. 23년도 기록에 의하면 8개 지역에 25개의 레기온이 있었다.

- 라인(Rhine) - 8레기온
- 스페인 - 3레기온
- 아프리카 - 2레기온
- 애굽 - 2레기온
- 시리아 - 4레기온
- 판노니아 - 2레기온
  판노니아(Pannonia)는 유럽의 중앙지역으로 다뉴브와 사바강 사이 고대 로마의 도(Province)
- 모에시아 - 2레기온
  모에시아(Moesia)는 다뉴브와 발칸산맥 사이 유럽 동남부 지역

- 달마디아 - 2레기온

    달마디아(Dalmatia)는 유고의 아드리아 해안을 따라 크로아티아 지역

    로마군의 징집 연령은 18세-23세, 키는 6feet, 훈련은 20여 마일을 5시간 이내에 도보로 행진·사열·기본 전투훈련(칼, 창 화살)·각개전투훈련·수영 등의 훈련을 받았다.
    군인들은 16년 동안 복무기간 중 마지막 약 4년은 비교적 편안한 고참 생활을 하고 만기제대를 하면 퇴직금 12,000secters 또는 군 복무 부대 인근 지역의 토지를 무상으로 배급받고, 일부 특종세금 면제, 형벌의 감면 등의 혜택을 받았다.

3. 베스도(Festus) 앞에서의 심문 받았을 때 로마 시민권자임을 밝힘(제3차 선교여정 시)

사도행전 25:10-12, "바울이 가로되 내가 가이사의 재판 자리 앞에 섰으니 마땅히 거기서 심문을 받을 것이라 당신도 잘 아시는 바에 내가 유대인들에게 불의를 행한 일이 없나이다. 만일 내가 불의를 행하여 무슨 죄를 범하였으면 죽기를 사양치 아니할 것이나 만일 이 사람들이 나를 송사하는 것이 다 사실이 아니면 누구든지 나를 그들에게 내줄 수 없삽나이다. 내가 가이사께 호소하노라 한데 베스도가 배석자들과 상의하고 가로되 네가 가이사에게 호소하였으니 가이사에게 갈 것이라 하니라."

사도 바울은 가이사랴(예루살렘에서 북서쪽 96km)에서 총독 베스도(Festus) 앞에서 심문을 받았다. 예루살렘에서 온 유대인들이 여러 가지로 바울을 송사하였으나 증명하지 못하였다.
바울이 변호하기를 자신은 유대인의 법이나 성전이나 가이사에게나 조금도 죄를 범치 아니하였다 하고 이 사람들이 나를 송사하면 나는 가이사의 법정(Caesar's court)으로 가겠다고 하였다. **가이사의 법정은 로마에 있는 최고 법정 곧**

대법원을 말한다. 당시 가이사는 네로(Nero)황제였다. 이 말은 바울이 로마 시민권자임을 나타낸다. 아마도 바울의 음성은 담대했으며 불의(不義)한 재판을 두려워하지 않았다.

- 로마 시민권을 소지한 자는 자신이 지방 법원에서 불리한 심문과 불공정한 판결을 받을 위험이 있다고 판단될 때 특히 사형과 관련된 재판의 경우에 있어서는 대법원 법정에 호소할 수 있는 권한이 있었다.[36]

- 바울은 총독 베스도(지방 법원)에 호소하지 않고 가이사(대법원)에게 직접 상소하였다. 로마법에 따라 바울이 가이사 황제에게 직접 상소하는 것은 로마 시민권자의 특권이었다. 그러므로 베스도는 바울이 가이사에게 상소하도록 로마로 보내기로 작정하였다(25:21, 25). **로마 시민권자가 가이사(황제)에게 직접 상소한다는 것은 황제가 직접 재판한다는 뜻이 아니고 로마의 최고 법정(Supreme Court)에서 재판 받는다는 의미이다.**

- 바울의 로마 시민권은 로마의 관리들 앞에서 바울이 재판받을 수 있게 했을 뿐 아니라 궁극적으로는 바울의 로마행을 가능케 한 것이다. 특히 로마 황제 앞에서 재판을 받을 수 있게 된 것은 바울이 로마 시민권자이었기 때문이다.

만일 바울이 로마 시민권자가 아니었다면 로마 황제에게 상소할 수도 없었으며, 상소를 할 수 없었다면 로마로 가서 복음을 증거할 수 있는 기회도 없었을 것이다.

- 한편, 바울이 로마 시민권자였음으로 같은 동족인 유대인들의 핍박으로부터 보호를 받을 수 있었다.

- 끝으로 사도 바울은 로마 시민권자들이 많이 살고 있는 빌립보교회에 보낸 편지에서, "그러나 우리의 시민권은 하늘에 있는지라(Our citizenship is in heaven) 거기로서 구원하는 자 곧 주 예수 그리스도를 기다리노니 그는 만물을 자기에게 복종하게 하실 수 있는 자의 역사로 우리의 낮은 몸을 자기의 영광의 몸의 형체와 같이 변케하시리라"(빌 3:20-21)고 말씀한다. 그는 천국시민권은 지상시민권(earthly citizenship)과는 족히 비교할 수 없음을, 그럼에도 지상시민

---

36) Wansink, *Roman Law and Legal System*, p.987.

권도 복음사역을 위하여 잘 선용할 것을 교훈한다.

> ### 🕮 특주 4: 로마 시민권 취득법
>
> **사도행전 22:28, "천부장이 대답하되 나는 돈을 많이 들여 이 시민권을 얻었노라 바울이 가로되 나는 나면서부터로라."**
> 본 절에서는 로마 시민권 취득 방법 두(2) 가지를 알 수 있다.
>
> #### 1. 로마 시민권자의 자녀들
> **"나는 나면서부터 로마 시민이다."** 로마 시민권자의 자녀로 태어난 자녀들은 생득적으로 자동적으로 로마제국의 시민권자가 되었다. 본래 로마 시민권은 로마에서 태어난 자유인의 태생에게만 부여되었다.
> "나면서부터(게겐네마이; γεγέννημαι; have been born)는 겐나오(γεννάω; to beget; 낳다)의 1인칭·단수·완료·수동형으로 바울은 모태에서 태어난 때로부터 계속 로마 시민으로 살아왔다는 뜻이다. 바울이 완료형을 사용한 것은 나면서부터 로마 시민으로 태어나서 로마의 법을 위반하지 않은 로마 시민이라는 의미를 내포한다.
>
> #### 2. 로마 시민권을 취득한 부모의 자녀들
> 로마제국이 특권층 사람들에게만 허락했던 로마 시민권을 바울의 부모와 그 위의 조상들이 취득했다는 것은 바울의 가족이 로마의 특권층 상류층에 속해 있었음을 알 수 있다.
> 민족적, 혈통적으로 로마 시민이 아니라도 이미 로마제국의 시민권을 취득한 부모의 자녀들은 자동적으로 로마 시민권자가 되었다. 바울의 경우는 여기에 속한다. 바울의 아버지와 어머니는 모두 유대인들이요, 히브리인들 중의 히브리인들이었다. 그들은 유대인의 언어·풍속·전통·문화·종교를 그대로 지켜왔다. 그들은 당시 헬라의 문화·풍속에 동화되지 않았다. 그러면 소아시아 길

리기아 지방 다소성에 사는 유대인들로서의 바울의 부모들이, 아니면 그의 할아버지 대(代), 아니면 그 위의 조상들이 언제 어떻게 어떠한 이유와 경로로 로마 시민권을 취득하였는지에 관하여는 알 길이 없다. 그러나 한 가지 분명한 것은 "나는 나면서부터 로마 시민이라"고 하였으니 바울이 태어나기 전부터 바울의 부모가 로마 시민권을 소지한 자들임에는 틀림없다. 사도 바울의 신실한 제자 중 한 사람인 실라(Silas)도 바울처럼 로마 시민권자이었다.

3. 거액을 지불하고 로마 시민권을 취득하는 경우
사도행전 22:28, "나는 돈을 많이 들여 이 시민권을 얻었노라"

"돈을 많이 들여"(폴루 케파라이우; πολλοῦ κεφαλαίου; big money; 거액을 지불하고) 로마 시민권을 취득하였다.

이 진술을 보면 천부장은 예루살렘의 치안 총책이요, 그 지역 군 총사령관인 그 천부장은 매우 솔직한 사람이었음을 알 수 있고, 한 걸음 더 나아가서 당시 돈을 많이 지불하기만 하면 로마 시민권을 취득할 수 있었음을 알려준다. 아마도 바울을 깔보고 그렇게 말하였는지 무슨 이유로 그렇게 말하였는지? 그 배경과 심리를 잘 알 수 없다. 천부장은 바울이 어떻게 로마 시민권자가 되었는지 매우 궁금하게 생각하였던 것 같다.

"나는 나면서부터 로마 시민이라"(에고 데; ἐγὼ δὲ; But I)는 "그러나 나는"을 강조한다. 그리고 '데'(δέ; but)는 항상 주어 다음에 나온다. 이는 앞서 많은 돈을 주고 로마 시민권을 산 천부장과는 매우 대조적이다. 이 진술은 곧 바울의 부모는 로마 시민권자임을 알려준다.

로마 역사에 의하면 어거스터스(Augustus) 황제(B.C. 27-A.D. 14) 이후로 돈을 많이 주고 로마 시민권을 취득할 수 있는 법을 제정하였으며, 글라우디오 황제(Claudius)의 통치 때(A.D. 41-54)에는 황후가 돈을 축적하기 위한 목적으로 거액의 돈을 받고 로마 시민권을 팔았다고 한다.[37]

네로 황제 때(A.D. 54-68)에는 로마 시민권이 매우 고가로 팔렸다고 한다. 다

---

37) Pollhill, *Acts*, p.465; Barrett, op. cit., p.1049; Lenski, op. cit., *ACTS*, p.919.

소(Tarsus)의 시민권 취득에는 약 500드라크마(Drachmae)가 지불되었는데 그 돈은 성인 노동자의 2년 수입에 해당되는 돈이었다고 한다.[38]

4. 로마 정부에 큰 공헌을 한 자들

로마 시민권을 취득하기 위한 또 다른 한 방법은 로마 정부에 특별한 봉사와 공헌을 기여하였음으로 또는 전쟁에서 큰 공을 세워 시민권을 취득하게 되는 경우도 있다.

당시 다소, 알렉산드리아, 구레네(북아프리카 리비아의 주요 도시), 시리아의 안디옥, 에베소, 사데 등의 유대인들은 로마 시민권을 취득하고 로마 시민의 권리를 누리고 살았다고 한다. 로마제국이 지방 저명 인사들에게 로마 시민권을 부여한 것은 그들의 점차적인 동화 정책의 일환이었다.

5. 신분이 높은 주인을 잘 섬겨서 시민권을 취득하는 경우

황제, 총독, 원로, 군 고위층 등 신분이 높은 주인들을 잘 섬겼을 때 그리고 주인이 하인(노예)의 신분을 자유인으로 해방시켜 주려할 때 로마 시민권을 취득하게 하였다.

6. 군복무를 잘 수행한 자들

로마군(軍)의 높은 직위(계급)에서 로마군에 25년 이상 근무한 군에 충성한 사람들[39] 그러므로 로마군에는 로마인들 이외의 사람들도 로마군 장교들이 있었다. 특히 로마제국이 멸망하기 전에는 비(非)로마인, 군인들이 많이 있었다.

어떻게 유대인인 바울의 부모나 또는 그 윗대에서 로마 시민권을 취득할 수 있었을까?

우리는 바울의 부모나 조부나 또는 증조부가 어떻게 로마 시민권을 취득하

---

38) Hengel, *The Pre-Christian Paul*, p.6.
39) Rapske, *Paul in Rome Custody*, p.86.

였는지 정확히는 알지 못한다.

- 로마제국의 지배권이 지중해 연안 여러 방대한 지역들로 확장되면서 특정한 지방인들에게는 로마인이 아님에도 불구하고 로마 시민권을 부여하였다.
- B.C. 1세기에 길리기아 지방에는 폼페이(Pompey, B.C. 106-48) 장군과 안토니(Antony, B.C. 83-30) 장군 등 2인 통치 구역이었으며 그들은 지방의 저명한 인사들에게 로마 시민권을 부여할 수 있는 권한이 부여되었었다.
- 한 가지 분명한 것은 로마 시민권을 취득하기 위해서는 일정한 재산을 소유하고 있어야 했다. 따라서 바울의 부모나 선조(先祖)는 부유했으며, 바울은 부유한 가정에서 태어났다고 보아야할 것이다. 바울이 길리기아 지방 다소성에서 태어나서 소년 시절(12-13세?)에 예루살렘으로 가서 가말리엘 문하에서 배웠다는 사실 하나만도 위의 가정(假定)을 뒷받침하고 있다.
- 아마도 바울의 아버지와 할아버지는 천막제조업(Tent-maker)으로 사업상 로마 정부와 관계가 있었을 것이라는 추측이다. 다시 말하면 바울의 아버지와 할아버지는 폼페이(Pompey, B.C. 67-64), 줄리어스 시저(Julius Caesar, B.C. 49-44), 또는 막크 안토니(Mark Antony, B.C. 41) 시대에 천막을 제조하여 로마 정부에 군납하지 않았겠는가? 그 업적으로 로마 시민권을 부여하였을 것이다.[40]
- 당시 천막은 다양한 용도로 사용되었다. 당시 천막은 군인들의 막사로, 이동식 주택으로, 또는 가정이나 해변이나 극장에서 휴양객들이나 경기 관람객들의 햇빛 가리개로도 사용되었다.[41]
- 또는 바울의 부친이나 그 위의 선조(Ancestor; 先祖)가 로마 정부에 공을 세움으로 로마 시민권을 취득하였을 가능성도 배제하지 않는다.

---

40) F.F. Bruce, *Apostle of the Heart Set Free* (Eerdmans, 1977), p.37.
41) Rogers Jr. and Rogers III, *The New Linguistic and Exegetical Key*, p.276.

XI. 사도 바울의 모습(Appearance)

사도 바울이 제1차 선교여정 시 소아시아의 이고니온(Iconium)에 도착했을 때 그리스도인들이 사도 바울을 영접하기 위하여 몰려 들었다. 그때에 사도 바울의 전도를 받고 그리스도인이 된 처녀 **테클라**(Thecla)는 사도 바울의 생김새에 대하여 "몸은 작고, 대머리요, 등은 굽었으며, 뻣뻣하고 치켜 올라간 눈썹, 눈은 움푹 들어갔으며, 높이 솟은 매부리 코, 안짱(휜) 다리, 몸은 좋은 상태(a good state of body) 그러나 매우 친밀감이 있는 사람, 처음에는 범인(평범한 사람)같이 보이나 다시 보면 한 천사의 얼굴을 가졌더라"(바울과 테클라행전 1:7에서)[42]고 하였다. 테클라 행전은 사도 바울의 삶을 기록한 것이다.

"머리는 대머리요." 사도 바울의 머리가 처음부터 대머리는 아니었다. 사도행전 18:18에 의하면, "바울이 일찍이 서원(vow)이 있었음으로 겐그레아에서 머리를 깎았더라"고 하였다. **로마 황제의 전기를 쓴 수에토니우스**(Suetonius)는 사도 바울의 키는 약 5 feet 7inch라고 하였다.[43]

사도 바울의 생김새

---

42) *The Acts of Paul and Thecla*, paragraph 2. 『제2의 성서 신약시대』(해누리, 2005), p.297.
43) McRay, John, *Paul, His Life and Teaching* (Baker, 2003), p.40.

테클라(Tekla)는 이고니온에서 사도 바울의 전도를 받은 최초의 여성도 중 한 사람으로 일평생 처녀 독신으로 바울이 어디를 가든지 따라 다니며 말씀을 받았다. 테클라가 이고니온을 떠날 때에는 18세의 미녀(美女)였는데, 90세에 소천하였다. 그녀를 기념하는 축제일은 9월 24일이다.[44]

아토스 산(山) 수도원들의 사도 바울의 벽화들
(Wall Paintings from Monasteries, Mount Athos)

아토스 산(山)은 성산(The Holy Mountain; 聖山)으로 그리스 칼키디스 반도(Chalcidice Peninsula) 북동쪽에 위치한 산(山)이다. 현재 이 산에는 수도원이 20곳이 있다. 그 수도원들 중 헬라 정교가 17곳, 러시아 정교가 1곳, 세르비아 정교가 1곳, 불가리아 수도원이 1곳이다. 따라서 아토스산을 성산(聖山)이라 불렀다.[45]

아토스 수도원

- 킬란더 수도원(Chilander Monastery, A.D. 4세기 후반)의 성 바울상 벽화
- 성 디오니시오스 수도원(ST. Dionysios Monastery, A.D. 14세기)의 성 야고보와 함께 그려진 바울상 벽화
- 성 디오니시오스 수도원(ST. Dionysios Monastery, A.D. 14세기) 마리아상 발밑의 바울상 벽화
- 성 바토페디온 수도원(Vatopedion Monastery, A.D. 11세기) 소형 "사도 바울의 세례"

---

44) Ibid., p.311.
45) Haitalis, *Greece Between Legend and History*, English Edition (Athens, 2002), pp.232-237.

- 성 바토페디온 수도원(Vatopedion Monastery, A.D. 11세기)의 베드로와 바울 벽화
- 스타브로니키타 수도원(Stavronikita Monastery A.D. 6세기 후반)의 벽화(안드레와 베드로 사이의 사도 바울)
- 시내 카테린 수도원(Sinai ST. Catherine Monastery, A.D. 14세기 중엽)의 베드로와 바울상 벽화[46]

아토스 산의 스타브로니키타(Stavronikita) 수도원 벽화, 안드레와 베드로 사이에 있는 바울(6세기 후반)

---

46) Litsa I. Hadjifoti, *ST. Paul*, Michael Toubis Pub (Athens, 2004), p.3, 4, 9, 11, 13.

헬라정교(Greek Orthodox Church), 러시아정교(Russia Orthodox Church), 세르비아정교(Serbian Orthodox Church) 등은 동방정교(Eastern Orthodox Church)에 속해 있으며, 동방정교는 초대 콘스탄티노플 교구, 안디옥 교구, 예루살렘 교구, 알렉산드리아 교구 등 동방 교회들로 구성되었다. 동방 교회들은 1054년 7월 16일 서방 교회(로마 교구)와 서로 분열하여, 서방 교회는 로마 가톨릭이 되고, 동방 교회들은 명칭 그대로 동방정교가 되었다.

이 교회들은 처음부터 모두 배교와 불신앙으로 극도로 타락한 세계교회협의회(W.C.C.)의 약 349개 회원교단들 중 전체 신자 수의 약 36.2%(약 214,204,830명)에 해당되는 W.C.C. 안에서 가장 큰 교회이다.

〈주기도문〉

하늘에 계신 우리 아버지여,
이름이 거룩히 여김을 받으시오며, 나라이 임하옵시며,
뜻이 하늘에서 이룬 것 같이 땅에서도 이루어지이다.
오늘날 우리에게 일용할 양식을 주옵시고,
우리가 우리에게 죄 지은 자를 사하여 준 것 같이
우리 죄를 사하여 주옵시고,
우리를 시험에 들게 하지 마옵시고,
다만 악에서 구하옵소서.
대게 나라와 권세와 영광이
아버지께 영원히 있사옵나이다. 아멘.
(마태복음 6:9-13).

XII. 회심 전 바울(Paul - before Conversion)
:훼방자·핍박자·폭행자

회심 전 바울을 이해하는 것은 회심 후 그리스도인 바울을 이해하는 데 큰 도움이 된다. 회심 전 바울을 잘 이해하면 할수록 회심 후 바울을 더 잘 이해하게 될 것이다. 회심 전 바울은 유대교에 열심이었음으로 그리스도인들을 심히 훼방하고 핍박하고 폭행하였다.

디모데전서 1:13, "내가 전에는 훼방자요, 핍박자요, 폭행자였으나 도리어 긍휼을 입은 것은 믿지 아니할 때에 알지 못하고 행하였기 때문이라."

사도 바울이 기독교로 회심하기 전 유대교에 있을 때의 상태를 말한다. "전(前)에는"(프로테론; πρότερον; formerly)은 때(時)를 가리키는 부사로써 회심하기 전 유대교에 있을 때에는 그리스도와 그리스도인들에 대하여 훼방자요, 핍박자요, 폭행자였다고 자신의 죄를 숨김없이 고백하였다.

1. 훼방자(블라스페모스, βλάσφημος: a blasphemer)

훼방이란 가장 증오하는 말, 악랄한 말로 욕설을 퍼붓고, 헐뜯고, 비방하여 중상모략 하는 것을 가리킨다.

사도행전 6:11, "사람들을 매수하여 말하게 하되 이 사람이 모세와 하나님을 모독하는 말을 하는 것을 우리가 들었도다."

이 말씀은 스데반을 반대하는 자들은 말하기를 스데반은 성전과 율법과 모세와 드디어는 하나님까지도 모독하는 말을 하였다고 원수들이 뒤집어씌워 한 말이다.

사도행전 26:11, "또 모든 회당에서 여러 번 형벌하여 강제로 모독하는 말을 하게 하고 …"

"**모독하는 말**"(라룬토스 레마타 블라스페마; λαλοῦντος ῥήματα βλάσφημα; blasphemous words)은 훼방하는 말, 헐뜯는 말들이다.

이 말씀은 바울 자신이 과거 유대교에 있을 때 온 회당들을 돌아다니며 유대인들로 하여금 그리스도와 그의 복음과 그리스도인들을 얼마나 훼방하게 하였는가를 아그립바(Agrippa)왕 앞에서 심문받을 때 한 말이다.

2. 핍박자(디오크테스, διώκτης; a persecutor)

바울은 그리스도와 그의 복음과 그리스도인들을 심히 훼방하였을 뿐 아니라 한 걸음 더 나아가서 심히 핍박하였다.

갈라디아서 1:13, "내가 이전에 유대교에 있을 때에 … 하나님의 교회를 심히 핍박하고 멸하고 …"

"**핍박하고**"(에디오콘; ἐδίωκον; I persecuted; 내가 핍박하였다)는 미완료·과거시상(imperfect tense)으로 미완료과거는 과거의 계속적인 행동(a continuous action in the past)을 나타내면서도 완전히 성공하지는 못한 것을 나타낸다. 따라서 사울은 회심할 때까지 그리스도인들을 계속 핍박하여 왔으나 성공하지 못하고 끝도 맺지 못했음을 지적한다.

빌립보서 3:6, "열심으로는 교회를 핍박하고"(디오콘 텐 에클레시안; διώκων τὴν ἐκκλησίαν; persecuting the church)

"**교회**"(에클레시안) 앞에 '관사'(텐)가 있으므로 성도들의 어떠한 장소, 어떠한 모임에도 그리스도인들을 핍박하여 왔다는 사실을 지적한다.

"핍박하고"(디오콘; διώκων; persecuting)는 분사·현재·능동형으로 적극적으로 계속 핍박하는 것을 가리킨다.

열심은 어떤 일에 몰두·골몰하는 것을 말한다. 사울은 유대교에 충성하고 열심이었으므로 그만큼 유대교에 반대되는 어떠한 무리들이나 그들의 주장들을 그대로 묵과할 수 없었다. 그러므로 그는 유대교에 반(反)하는 그리스도인들을 열심을 다하여 핍박해온 것이다. 사울은 자신이 교회를 핍박하는 것은 유일신 하나님을 섬기는 유대교의 율법을 지키는 것이라고 굳게 믿었기 때문이었다. 여기서 분명히 인식하여야 할 것은 잘못된 것에 열심히면 할수록 그만큼 옳은 것은 손상을 입는 것이라는 역사적 교훈이다.

사도행전 7:58, "성 밖으로 내치고 돌로 칠 새 증인들이 옷을 벗어 사울이라 하는 청년의 발 앞에 두니라."

"돌로 칠새"(엘리도보룬, ἐλιθοβόλουν; they stoned [him])

스데반은 초대교회 일곱(7)집사들 중의 수(首)집사로서 최초의 기독교 순교자가 되었다. 그는 돌에 맞아 죽음으로 순교를 당하였다. 돌로 치는 것은 여호와의 이름을 모독하는 자에게 또는 간음죄 지은 여자에게(레 24:16) 가(加)하는 최고의 형벌(capital punishment)이었다. 돌이 많은 낭떠러지에 죄수를 세우고 증인이 먼저 그의 가슴을 향해 돌을 던지고, 다음에 둘째 증인, 그 다음에는 군중이 모두 돌을 던져 드디어 돌무더기를 만드는 것이다. 이때에 돌을 던지는 사람들이 옷을 벗어 사울의 발 앞에 둔 이유는 활동을 자유롭게 하기 위함이었다. 이때 사울을 청년이라고 하였는데 청년(네아니우; νεανίου; of a young man, 젊은 청년)이란 25-40세 나이의 사람을 가리킨다.[47] 당시 사울의 나이는 여러 가지를 고려해볼 때 30세 정도였을 것이다.

후에 사도 바울은 예루살렘 성전에 올라가 사도들을 만나고, 무리들에게 붙잡혀 로마 천부장의 심문을 받을 때에 사도행전 7:58의 내용을 반복하였다.

---

47) McRay, op. cit., p.33.

사도행전 8:1, "사울이 그의 죽임 당함을 마땅히 여기니라 그 날에 예루살렘에 있는 교회에 큰 핍박이 있어 사도 외에는 다 유대와 사마리아 모든 땅으로 흩어지니라."

"**마땅히 여기니라**"(쉬뉴도콘; συνευδοκῶν; consenting)는 현재분사로서 마음속으로 찬성했다, 동의했다, 잘했다의 뜻으로 분사는 동사적 형용사이다(The participle is a verbal adjective). 그러므로 분사는 동사의 성격도 띠고 있으며, 형용사의 성격도 띠고 있다. 분사는 동사처럼 시상(tense)과 태(voice)가 있으며 형용사처럼도 쓰인다.

사도행전 8:3, "사울이 교회를 잔멸할 새 각 집에 들어가 남녀를 끌어다가 옥에 가두니라."

"**각 집에 들어가**"(going from house to house)는 가택수색을 말한다.

교회를 "**잔멸할 새**"(엘루마이네토; ἐλυμαίνετο; ravaged)는 미완료·과거 시상이다. 그러므로 사울은 회심하기 전 과거에는 교회를 계속 핍박하여 왔다. 그럼에도 불구하고 잔멸하지는 못하였다는 뜻이다.

"**잔멸한다**"는 이 단어는 사자나 이리 같은 사나운 맹수들이 초식동물들을 잡아 죽일 때의 잔악·포악성을 나타낸다. 사울이 교회를 계속 핍박할 때의 열심과 열정이 마치 굶주린 맹수가 초식동물들을 잡아 죽이는 것 같이 핍박하였음을 보여준다.

사도행전 8:3; 갈라디아서 1:13, 23; 빌립보서 3:6 등의 "핍박하고, 핍박하고, 핍박하고"는 모두 미완료 과거시상(imperfect tense)이다. 그러므로 과거의 계속적 행동을 나타낸다. 그럼에도 불구하고 교회를 잔멸하지 못하고 오히려 교회는 점점 더 흥왕해져온 것이다.

사도행전 9:1-2, "사울이 주의 제자들을 대하여 여전히 위협과 살기가 등등하여 대제사장에게 가서 다메섹 여러 회당에 가져갈 공문을 청하니 이는 만일 그 도를 따르는 사람을 만나면 남녀를 막론하고 결박하여 예루살렘으로 잡아오려 함이라."

"**위협과 살기**"(아페이레스 카이 포누; ἀπειλῆς καὶ φόνου; threatening and murder;

위협과 살인)는 살인적인 위협(murderous threats)을 말한다. 여전히 위협과 살기가 "등등하여"(엠프네온; ἐμπνέων; breathing out)는 엠프네오(ἐμπνέω; to breath; 숨쉬다, 헐떡헐떡 숨쉬다)의 현재 분사로서 이는 사울이 그리스도인들을 위협하고 결박하기를 숨을 헐떡헐떡 들이마시고 내쉬는 장면을 연상케 한다.

"**대제사장**"은 아마도 가야바였다. 가야바는 예수님을 심문하고 정죄하는 장본인들 중 하나였다. 젊은 사울이 대제사장 가야바에게 직접 가서 공문을 청한 것은 사울이 유대교 지도층에 이미 입문한 것과 대제사장과 개인적으로도 상당히 가까워졌던 것을 암시한다. 바울은 바리새인 중 바리새인이요 열심으로는 교회를 심히 핍박한 자였기 때문이다.

대제사장이 도대체 무슨 권세가 있었기에 사울에게 공문서를 주고 사울은 그 공문서를 지참하고 돌아다니면서 그리스도인들을 핍박하고, 옥에 가두기도 하고, 죽이기까지 할 수 있었는가?

B.C. 47년 줄리어스 시저(Julius Caesar, B.C. 100-44)에 의하여 유대인들의 종교 문제는 유대교의 법에 따라 처리할 수 있도록 권한을 부여하였다. 그런데 그 권한은 산헤드린 공의회가 가지고 있었으며 대제사장은 그 공의회의 의장이었다. 산헤드린 공의회는 대제사장, 서기관들, 바리새인들, 사두개인들, 장로들, 율법사들 등 71인으로 구성되어 있는 유대인들의 최고의 사법기관(judicial body)이었다. 당시 산헤드린 공의회는 유대인들을 처벌할 막강한 세력을 가지고 있었다.

사도행전 22:4-5, "내가 이 도를 핍박하여 사람을 죽이기까지 하고 남녀를 결박하여 옥에 넘겼으니 이에 대제사장과 장로들이 내 증인이라 또 내가 저희에게서 다메섹 형제들에게 가는 공문을 받아 가지고 거기 있는 자들도 결박하여 예루살렘으로 끌어다가 형벌받게 하려고 가더니."

이 말씀은 소아시아에서부터 온 유대인들이 성전에서 사도 바울을 붙잡아 성전 밖으로 끌고 나가 죽이려 할 때 그 소문을 들은 천부장이 달려와 이유를 물었고 이에 바울은 위와 같이 대답하였다. 이 진술은 사도행전 7:58 이하; 8:3;

9:2, 19, 20 등의 총괄이다.

사도행전 22:19-20, "내가 말하기를 주여 내가 주를 믿는 사람들을 가두고 또 각 회당에서 때리고 또 주의 증인 스데반의 피를 흘릴 때에 내가 곁에 서서 찬성하고 그 죽이는 사람들의 옷을 지킨 줄 그들도 아나이다"(행 8:3; 마 10:17; 행 7:57-60, 8:1).

사도행전 26:10-12, "예루살렘에서 이런 일을 행하여 대제사장들에게서 권한을 받아가지고 많은 성도를 옥에 가두며 또 죽일 때에 내가 찬성투표를 하였고, 또 모든 회당에서 여러 번 형벌하여 강제로 모독하는 말을 하게하고, 그들에 대하여 심히 격분하여 외국성들(foreign cities)까지도 가서 핍박하였고, 그 일로 대제사장들의 권한과 위임을 받고 다메섹으로 갔나이다."

이 진술은 사도 바울이 헤롯 아그립바 2세(Herod Agrippa II) 앞에서 심문을 받을 때 바울 자신이 회심하기 전 과거에 그리스도인들을 얼마나 핍박하였는가를 요약한 진술이다.

스데반을 죽일 때에 **"내가 찬동투표를 하였고"**(카테넹카 페폰; κατήνεγκα ψῆφον; I cast a vote). 투표(페폰; ψῆφον; a vote)의 문자적 의미는 해변이나 강가에 있는 조약돌을 가리킨다. 그런데 당시에는 조약돌들이 가부를 묻는 투표에 사용되었다. 흰 조약돌(white pebble stone)은 석방·방면·면제에, 검은 조약돌(black pebble stone)은 찬동·정죄·심판의 투표로 사용되었다. 사울(바울)은 스데반을 돌로 쳐 죽일 때에 찬동표를 던졌다. 이것은 바울이 산헤드린 공의회 71인 회원 중의 한 사람이었음을 증명한다. 유대인들에게 있어서 사형선고 찬반투표는 산헤드린 공의회뿐이었기 때문이다.

고린도전서 15:9, "나는 사도 중에 지극히 작은 자라 내가 하나님의 교회를 핍박하였으므로 사도라 칭함을 받기에 감당치 못할 자로라."

회심 전 바울은 교회를 심히 훼방하고, 핍박하고, 폭행했기 때문에 사도라 칭함을 받기에 합당치 못한 자라고 고백했다. 바울은 자신을 만삭되지 못하고 태어난 자, 죄인 중의 괴수라고 고백하였다.

3. 폭행자(휘브리스테스; ὑβριστής; an insolent, a violent person)

폭행자는 다른 사람의 권리를 무시하는 자, 자기의 권리를 남용하는 자를 가리킨다. 바울이 교회를 핍박할 때에는 폭행자였다.

이 단어가 마태복음 22:6에서는 사람을 폭행하여 죽이는 자로, 누가복음 18:32에서는 능욕을 받는 자로, 로마서 1:30에서는 능욕하는 자로, 데살로니가 전서 2:2에서는 폭행자로 사용되었다.

사울이 교회를 심히 훼방하고, 핍박하고 폭행하는 이유들은 무엇이었는가?

1. 하나님과 유대교에 대한 충성과 열심 때문이었다.

사울에게 있어서 기독교는 하나님을 모독하는 신흥 종교로, 그리스도인들은 유대교에서 그토록 엄격히 지키는 율법들(의식적 율법들과 제사의식)을 다 버렸으므로 배교자로 생각하였기 때문이다.

유대인들은 주장하기를,

1) 할례를 받아야 구원을 얻는다(행 15:1).
2) 의식적 율법을 지켜야 한다(행 15:5).
   - 음식에 관한 규례(먹고 마시는 것)(레 11:2-23).
   - 절기들(유월절, 장막절, 맥추절, 오순절)(레 23:2; 롬 14:5).
   - 월삭(full moon, 만월) 때 제사지내는 것(민 10:10, 28:11-14).
   - 안식일 지키는 것.
3) 장로들의 유전을 지키는 것.
4) 신화를 믿는 것.

그런데 그리스도인들은 이 모든 것들 곧 의식적인 율법들은 그리스도 예수께서 십자가 상에서 죽으심으로, 육체로 도말하심으로써 폐지되었다고 믿고 반대하였기 때문에 훼방당하고 핍박당하고 폭행당하였던 것이다.

2. 그리스도인들은 하나님에 대한 참람죄를 범하고 있다라고 생각했기 때문이다.

유대인들은 예수는 나사렛 동네에서 가난한 목수의 아들로 태어나 30세에 이르러서는 자신이 메시아라고 자처하면서 자신은 하늘에서 내려온 산 떡이라, 하나님을 아버지라, 나를 본 자는 아버지를 보았느니라, 아버지와 나는 하나이니라, 내가 다시 오면 너희를 나 있는 곳으로 인도하리라, 자신을 믿기만 하면 죄 사함 받고 죄와 사망에서 구원하여 영생 복락을 받아 누린다고 하면서 사람들을 미혹하다가 최고 중범자들이 받는 형벌인 십자가에 못 박혀 죽은 자 곧 하나님께 저주받아 죽은 자를 자신들의 구주와 주님으로 믿으니 이는 하나님께 대한 참람된 모독죄로 간주하였다.

유대인들은 "… 나무에 달려 죽은 자는 하나님께 저주를 받은 자로 생각하였다"(신 21:23).

유대주의자들은 그리스도와 그리스도인들은 하나님을 모독하고 율법을 파괴하고, 유대교를 와해시키는 위험한 존재들로 생각했기 때문에 교회를 더욱 열렬히 훼방하고 핍박하고 폭행하였던 것이다.

디모데전서 1:13b, "… 도리어 긍휼을 입은 것은 내가 믿지 아니할 때에 알지 못하고 행하였음이라"(16절 참조).

믿지 않을 때에 행한 것은 그리스도인들을 훼방하고, 핍박하고, 잔해한 일들이다. 이 일들은 적극적 불신앙의 행동들이다.

"도리어 긍휼을 입은 것은"(알라 엘레에덴; ἀλλὰ ἠλεήθην; but I was shown mercy) 엘레에덴은 엘레에오(ἐλεέω; to have pity, mercy on; 불쌍히 여기다, 긍휼을 베풀다)의 과거·수동형이다. 따라서 바울은 회심할 때 이미 하나님의 긍휼을 입었다.

사도 바울은 전에는 훼방자요, 핍박자요, 폭행자였다. 그러므로 하나님의 진노를 받아 마땅한 자였다. 그러나 하나님은 바울에게 공의로 심판하지 아니하시고 오히려 긍휼을 베풀어주셨다. 바울은 하나님의 긍휼을 입은 자가 되었다.

"내가 믿지 아니할 때에 알지 못하고 행하였기 때문이라."

이 말씀은 바울이 회심하기 전 그리스도인들을 훼방하고, 핍박하고, 폭행한 이유를 밝힌다. 왜냐하면(호티; ὅτι; because) 하나님을 아버지로, 그리스도 예수를 구주와 주님으로 믿지 않을 때에 무지(無知)하여 행하였기 때문이다. 신지식(神知識)에 대한 무지가 어떠한가!

"**믿지 않을 때에**"(엔 아피스티아; ἐν ἀπιστίᾳ; in unbelief)라는 전치사구(句)는 "불신앙 가운데서"라는 뜻이며,

"**알지 못하고 행하였음이라**"(아그노온 에포이에사; ἀγνοῶν ἐποίησα; I acted in ignorant)는 무지(無知) 중에 행동하였음을 가리킨다. 참으로 무지는 죄이다(행 26:9). 물론 여기서 말하는 무지는 하나님과 그의 계시에 대한 무지를 말한다. 유대주의자들은 그리스도에 대한 적개심 때문에 그리스도인들을 핍박하면서 그것이 하나님을 섬기는 것이라고 착각하였다(요 16:2). 참으로 불신앙과 무지는 그토록 무서운 죄를 범하는 주범들인 것이다.

● '**아그노에마**'(ἀγνοήμα; a sin of ignorance; 무지의 죄)

'아그노에마'(ἀγνοήμα)는 아(ἀ; no; 否)와 기노스코(γινώσκω; to know, understand; 알다, 이해하다)로 구성된 합성어이다. 그러므로 아그노에마의 문자적 의미는 무지(無知)로 인하여 범하는 죄를 뜻한다. 이 단어는 아그노에오(ἀγνοέω; not to know; 알지 못하다, 무지하다)에서 인출되었다. 사도 바울은 "너희가 모르기를 원치 아니하노니"라고 말씀하시면서 지식을 촉구하였다(롬 1:13; 고전 12:1; 고후 1:8).

당시 분별력 없는 우매한 군중들은 종교계의 지도자들인 대제사장들, 서기관들, 백성의 장로들, 바리새인들의 하수인들이 되어 검과 몽치를 가지고 예수님을 잡아 넘겼다(마 26:47; 막 14:43). 무지몽매한 자들의 열심은 하나님의 일을 오히려 더욱 망친다.[48]

예수 그리스도의 죄용서를 위한 기도

우리 주님 예수 그리스도께서는 십자가에 못 박혀 운명하시기 전 '원수들의 죄를 용서하여 주옵소서'라고 성부 하나님 앞에 탄원의 기도를 드리셨다.

---

48) 조영엽, 『인죄론』 (기독교문서선교회, 2014.2.14.) pp.202-203.

누가복음 23:34 "아버지여! 저희를 용서하여 주옵소서 저들은 자기들이 무엇을 하고 있는지를 알지 못하나이다."

"**저희들**"은 대제사장들, 서기관들, 바리새인들, 사두개인들, 장로들, 로마 병정들, 무지몽매한 무리들 전체를 가리킨다.

"**자신들이 무엇을 하고 있는지 알지 못하나이다**" 저들은 자기들이 죽이는 분이 누구이신지, 그 죄가 얼마나 큰 죄인지, 그 댓가가 얼마나 무서운 것인지도 알지 못하였다. 그러한 무지몽매한 자들의 "**죄를 용서하여 주옵소서**"라고 간구하셨다.

스데반 집사의 죄용서를 위한 기도

사도행전 7:60 "무릎을 꿇고 크게 불러 가로되 주여 이 죄를 저들에게 돌리지 마옵소서 이 말을 하고 자니라"하고 저들의 죄를 용서하여 주옵소서라고 탄원 기도를 드렸다.

"**자니라**"(에코이메테; ἐκοιμήθη; he fell asleep; 잠들었다)는 상징적 표현으로 육체적 죽음을 뜻한다(마 9:24, 막 5:39, 눅 8:52, 살전 5:10). 왜냐하면 우리 주님 예수 그리스도께서 영광 중에 재림하실 때 신령한 몸, 영광스러운 몸으로 다시 부활할 것이기 때문이다(고전 15:42-44).

죄는 미워하고 사람은 사랑하여야 한다. 그러나 죄인과 죄인이 범한 죄를 분리할 수 있는가? 분리할 수 없다. 따라서 죄인은 죄인의 신분에 따라서 그리고 죄질의 정도에 따라서 그것에 보응하는 형벌을 받아야 마땅하다. 그러나 나같은 죄인도 용서함 받았으니 우리도 주님의 교훈대로 일흔번씩 일곱번이라도 용서하여야 마땅하지 않은가?(마 18:22)

사도행전 6:15, "공회 중에 앉은 사람들이 다 스데반을 주목하여 보니 그 얼굴이 천사의 얼굴과 같더라"

"**천사의 얼굴과 같더라**"(호세이 프로소폰 앙겔루; ὡσεὶ πρόσωπον ἀγγέλου; just like the face of an angel) 스데반 집사의 얼굴이 천사의 얼굴과 꼭 같았다는 뜻이다.

XIII. 사울의 회심(The Conversion of Saul)

다마스커스 소재, 성 아나니아 교회

사도 바울은 A.D. 33년경 회심하였다.

1. 하늘로부터(해보다 더 밝은) 빛을 보았음

사도행전 9:3, "사울이 길을 가다가 다메섹에 가까이 이르더니 홀연히 하늘로부터 빛이 그를 둘러 비추는지라"

"하늘로부터 빛"이 사울에게 비추었다. "하늘"(우라노스; οὐρανός)은 외기권(Outer Space)을 가리키며, 빛(light)은 번개(lightning)에 사용되었다. 이 빛은 매우 큰 빛, 해보다 더 밝은 빛, 번쩍번쩍하는 밝은 빛이었다(행 22:6; 26:13).

"**홀연히**"(엑사이프네스; ἐξαίφνης; suddenly; 갑자기)는 부사로서 '빛이 비추니라'는 동사를 설명한다.

"**정오**"(헤메라스 메세스; ἡμέρας μέσης; at midday; at noon)는 낮 12시를 가리킨다(행 22:6; 26:13).

"**비추다**"(페리아스트랍사이; περιαστράψαι; to shine around)는 페리(περι; around; 주위)와 아스트랍토(αστράπτω; to shine; 비추다)로 구성된 합성어이다. 따라서 비추다는 사울의 주위를 번쩍번쩍 플래시(flash)처럼 비추는 것을 뜻한다.

정오경 홀연히 하늘로부터 해보다 더 밝은 번쩍번쩍 비치는 빛을 본 결과 사울은 땅에 꺼꾸러지고, 보지도·먹지도·마시지도 못하게 되었다.

2. 땅에 꺼꾸러짐

사도행전 9:4a "땅에 엎드러져 …"

"**땅에 엎드러져**"(페손 에피 텐 겐; πεσὼν ἐπὶ τὴν γῆν; falling on the ground), 엎드러져(πεσὼν; falling)는 꺼꾸러지다(핍토; πίπτω; to fall down)의 분사형이다.

3. 보지도, 먹지도, 마시지도 못함

사울은 3일 동안 보지도, 먹지도, 마시지도 못하였다(9:7-9).

4. 음성을 들었음

사도행전 9:4b-5 "… 들으매 소리가 있어 이르시되 사울아 사울아 네가 어찌하여 나를 핍박하느냐? 하시거늘 대답하되 주여 누구시니이까? 이르시되 나는 네가 핍박하는 예수라"

사울은 부활·승천하시고, 하나님 우편에 계신 주님의 말씀을 직접 들었다.

"**하늘로부터 음성을 들었다**"(에쿠센 포넨; ἤκουσεν φωνήν; he heard a voice; 그는 음성을 들었다).

"**사울아! 사울아!**"(Σαούλ Σαούλ; Saul Saul)는 반복적으로 부르는 것은 통례였으며 또한 강조를 나타낸다.

사울이 묻기를, "**주여! 뉘시이니까?**"(티스 에이 큐리에; τίς εἶ κύριε; Who are you, Lord?)

주님이 대답하시기를, "**나는 네가 핍박하는 예수라**"(I am Jesus whom you are persecuting). 여기서 그리스도인들을 핍박하는 것은 곧 그리스도를 핍박하는 것으로 간주하였다.

주님은 "사울아 사울아 네가 어찌하여 나의 교회를 핍박하느냐"라고 묻지 아니하시고 "네가 어찌하여 나를 핍박하느냐"라고 물었다. 그 이유는 교회는 상징적으로 그리스도의 몸이기 때문이다(엡 1:22-23; 4:15; 5:23; 골 1:18). 그리스도와 교회와의 유기적 연합(organic unity)을 가리킨다. 따라서 그리스도인들을 핍박하는 것은 곧 그리스도를 핍박하는 것으로 간주된다. 반면에 주님의 이름으로 지극히 적은 소자에게 냉수 한 그릇 대접하는 것은 주님을 대접하는 것으로 간주하신다(마 10:42).

5. 주께서 사울에게 지시

사도행전 9:6, "너는 일어나 시내(市內)로 들어가라 네가 행할 것을 네게 이를 자가 있느니라."

주님은 사울에게 "다메섹 시내로 들어가라, 네가 앞으로 할 일이 무엇인지 너에게 말할 사람이 있다"고 하셨다. 그리하여 사울은 동행하는 사람들에 이끌리어 다메섹(Damascus)으로 들어갔다.

사도행전 9:11, "주께서 이르시되 일어나 직가라하는 거리로 가서 유다의 집에서 다소 사람 사울이라 하는 사람을 찾으라 그가 기도하는 중이라."

아나니아(Anania)는 전승에 의하면 베드로와 안드레가 아나니아를 다메섹교회의 감독으로 세웠으며 최후에는 순교하였다. 사도행전 22:12에 의하면 아나니아는 경건한 사람, 모든 유대인에게 칭찬 받는 사람이라고 하였다.

"직가에 있는 유다의 집"

"**직가**"(루멘 유데이안; ῥύμην εὐθεῖαν; Straight Street)는 다메섹 시(市)를 동(East)에서 서(West)로 직선으로 관통하는 넓고도 긴 거리의 명칭이다. 이 거리는 고린도 양식의 석조가 늘어선 화려한 길이다. 그리고 그 거리 끝에는 동문(East gate)과 서문(West gate)이 있었다. 사울이 유한 집은 직가에 있는 유다의 집이었다.

6. 사울이 철저한 회개의 기도를 드림

"**그가 기도하는 중이라**"(프로슈케타이; προσεύχεται; bow down and He is praying). 이 단어의 진정한 의미는 머리를 숙이고 허리를 굽히고 무릎을 꿇고 기도하는 중이라는 뜻이다. 따라서 '나는 죄인이로소이다'라는 뜻으로 죄인이 죄를 철저히 회개하는 자세를 가리키며, 또한 이 단어는 현재 직설법(present indicative)이므로 자신이 실제로 행동에 옮기는 것을 강조한다.

- **사울은 기도의 사람이었다**(행 16:13, 16, 25, 20:36, 22:17). 사도행전 16:13에 의하면 사도 바울은 안식일에 기도처를 찾았으며, 25절에 의하면 바울과 실라가 심야에 기도하고 찬송을 불렀으며, 20:36에 의하면 밀레도에서 에베소교회 장로들을 불러 고별 설교를 한 뒤, 그들과 함께 무릎을 꿇고 기도하였으며, 22:17에 의하면 예루살렘 성전에서 기도드릴 때 주님의 계시를 받았다.
- 사울은 다메섹의 "**직가 거리**"에 있는 유다의 집에서 회개의 기도를 철저히 드렸다. "나는 죄인이로소이다, 나는 죄인들 중 괴수로소이다, 나는 죄 중에 가장 큰 죄 곧 주님을 반역한 죄, 그리스도인들을 죽인 살인죄를 범했나이다. 주님은 이러한 죄인을 벌하지 아니하시고 죄 용서해주시고, 구원해주시고, 이방

인들을 위한 사도로 세워주시나이까"라고 기도드렸다.

아나니아가 사울을 만남(행 9:11-12)

아나니아는 직가에 있는 유다의 집에 들어가 사울을 만났다.

아나니아가 사울에게 안수함(행 9:17)

아나니아는 사울에게 안수(기도)하므로 사울은 다시 보게 되었다. 안수기도는 몸의 아픈 부위에 손을 얹고 기도하는 것을 말한다. 주님은 사도시대 초기에는 사도들에게 신유의 은사(Healing)를 주셔서 병든 자들을 고쳐주셨다. 그 이후로 병고침은 간절한 기도의 응답으로 하나님께서 직접 고쳐주신다. 물론 사도시대처럼 죽은 자를 고치시는 역사는 없다.

7. 회개의 결과들

1) 이방인들을 위한 사도가 됨

사도행전 9:15, "주께서 이르시되 이 사람은 내 이름을 이방인들과 왕들과 이스라엘 자손들에게 전하기 위하여 택한 나의 그릇이라"

"**이방인들**"(에드노스; ἔθνος; Gentiles; 이방인들)은 유대인이 아닌 모든 이방 족속들을 가리킨다(마 4:15; 롬 3:29, 11:11, 15:10; 갈 2:8).

이방인들·왕들·이스라엘 자손들이라는 순서에서 이방인들을 강조한다. 사도 바울은 로마서 11:13; 갈라디아서 1:16; 2:8-9; 에베소서 3:8; 디모데후서 4:17 등에서 자신은 이방인을 위한 사도로 택함을 받은 사도라고 하였다.

2) 성령충만을 받음

사도행전 9:17, "··· 성령으로 충만하게 하신다"(플레스데스 프뉴마토스 하기우; πλησθῇς πνεύματος ἁγίου; be filled of⟨with⟩ Holy Spirit).

성령충만이란, 구원받은 사람(성령세례 받은 사람)이 성령의 감화·능력·지배(influence, power and control)를 많이 받는 것을 의미한다. **충만이란**, 가득함을 뜻한다. 이는 마치 물이 잔(cup)에 가득 찬 것 같이!

이와 같이 성령충만 받은 사람은 그 사람의 생각·언어·행동 모든 면에 있어서 성령께서 감화·인도·주장·지배하신다. 성령충만한 사람은 자기의 생각·언어·행동을 죄의 성질이 있는 자신의 뜻대로 할 수 없다. 성령충만 받은 사람은 비정상적인 생각과 행동을 하는 것이 아니라, 참으로 하나님 보시기에 아름다운 정상적인 생활을 한다.

3) 다시 보게 됨

사도행전 9:18, "…다시 보게 된지라…"(아네블렙센; $ἀνέβλεψέν$; regain〈restore〉 his sight; 그의 시력을 다시 찾다, 회복하다).

시력만 다시 회복되었을 뿐만 아니라 영안(spiritual eyes)도 밝게 되어 세상과 영계(spiritual world)를 모두 바로 보게 되었다.

4) 세례를 받음

사도행전 9:18, "… 세례를 받고"(에밥티스데; $ἐβαπτίσθη$; was baptized; 세례를 받았다).

사울은 다메섹에서 아나니아로부터 세례를 받았다.

> **웨스트민스터 신앙고백서 소요리문답 94문**
> "세례는 물(water)을 가지고 성부와 성자와 성령의 이름으로 씻는 거룩한 의식으로서 그리스도께 접합됨과, 은혜 언약의 혜택들에 참여함과, 주님의 사람 되기로 약속하는 것을 표시(mark)하며, 인(seal)치는 것이다."

5) 힘을 얻음

사도행전 9:19, "음식을 먹으며 강건하여지니라"

삼일 동안 금식 기도한 후 다시 음식을 먹으며 힘을 얻었다. 뿐만 아니라 영력(靈力)도 얻었다.

계시의 전달방법과 기록된 말씀

히브리서 1:1-2, "옛적에 선지자들로 여러 부분과 여러 모양으로 우리 조상들에게 말씀하신 하나님이 이 모든 날 마지막에 아들로 우리에게 말씀하셨으니 이 아들을 만유의 후사로 세우시고 또 저로 말미암아 모든 세계를 지으셨느니라."

- 계시(아포칼룹시스; ’αποκάλυψις; Revelation)는 하나님과 하나님의 뜻을 나타내심이다.
- 예수 그리스도께서 도성인신(Incarnation)하시기 전에는 여러 시대, 여러 모양으로 계시되었다. 다시 말하면 1,600년이란 장구한 세월 동안 처음에는 꿈·환상·음성·비이적 현상 등 여러 모양으로 계시하였고, 그 후에는 선지자들과 선도들을 통하여 계시하였으며, 이 모든 날 마지막(구약시대 끝)에는 도성인신하신 하나님의 아들 예수 그리스도로 말씀하시고(요 1:1) 최종적으로는 기록된 말씀(Written Words)으로 종결하셨다. 따라서 이 시대에 꿈을 꾸었다, 환상을 보았다, 음성을 들었다는 등 소위 직통계시란 비성경적이다. 우리는 계시의 최종성(finality)을 믿어야 한다.

다메섹(Damascus)[49]

- 다메섹은 이 세상에서 사람들이 가장 오래전부터 살기 시작한 고대 도시들 중 한 곳이다. 요세푸스(Josephus)에 의하면 다메섹은 아담의 아들, 셈의 손자 우즈(Uz)에 의하여 세워졌다고 한다. 다메섹은 선사시대로부터 사람들이 거주했던 곳으로 보인다.
- 다메섹은 레바논 산맥 동쪽 구타 평원(Ghuta plain)에 자리잡고 있다.
- 다메섹은 예루살렘에서 동북쪽으로 약 240km(150mile)떨어진 곳 아바나 강(Abana River)유역 평야에 위치하고 있다.
- 다메섹은 동쪽으로 아라비아 사막을, 서쪽으로는 소아시아로, 북쪽으로는 알레포로, 남쪽으로는 예루살렘과 알렉산드리아를 잇는 교통의 중심지, 상업의 중심지였다.

---

49) John McRay, op.cit., pp.62-63.

다메섹(다마스커스) 옛터

- 다메섹은 이 세상에서 사람이 가장 일찍이 살기 시작한 고대도시들 중 하나이다. 족장시대에는 가나안 7족속 중 하나인 아모리 족속이 살았다(창14:15; 15:2).
- 다메섹은 고대도시로 수천 년 동안 시리아의 수도이다.
- B.C. 1200년경에는 아라마에안 왕국(Aramaean Kingdom)의 수도였으며, 그 이후로 다메섹은 앗스르, 바벨론, 페르시아, 헬라, 로마, 이슬람 등이 차례로 지배하여 왔다.
- B.C. 1040년경에는 다윗이 조바 하다데져(Zobah Hadadezer)왕이 지배하던 다메섹을 점령하였으며(삼하 8:5-6; 대하 18:5),
- B.C. 930년 벤 하다드(Ben Hadad) 통치기간에는 시리아의 수도였으며,
- B.C. 822년에는 여로보암이 다시 점령했으나,
- B.C. 740년에는 시리아왕 티클레스 필레서(Tigleth Pileser)가 다시 점령하였다.
- B.C. 732년에는 앗수르가 점령하여 B.C. 333년까지 통치하였다.
- B.C. 200년경에는 알렉산더 왕국의 계승인 셀류시드(Seleucids)왕조가 지

카시온 산에서 본 다메섹(다마스커스) 전경

배하며 헬라문화를 펼쳤다.
- B.C. 64년 이래는 로마제국이 점령하여 바울 당시 다메섹은 시리아의 로마 행정구역이 되었다.
- 바울 당시 다메섹에는 나바티안 아랍인들(Nabatean Arabs)을 위시하여 유대인들도 많이 살았다. 나바티안은 유프라데스부터 사해에 이르기까지의 고대 아람 왕국이었다. 유대인 사학자 요세푸스에 의하면 당시 다메섹에는 유대인들이 10,500명(War. 2,561) 내지 18,000명(War. 7,368)이나 살고 있었으며 그 중에 상당수가 그리스도인들이었다.
- A.D. 66년 유대인들이 폭동을 일으켰을 때 수많은 유대인들이 로마군에 의하여 학살을 당하였다.

XIV. 회심 직후의 경험들
(Experiences after Conversion)

사도 바울은 회심 직후 아라비아로 갔다(A.D. 44년경).

바울은 그리스도인들을 핍박하기 위하여 다메섹으로 가는 도중 부활하시고 승천하신 예수 그리스도의 현현(나타나심)을 경험하고 난 후 이방인들을 위한 사도로 부르심을 받았다.

갈라디아서 1:16b-17, "… 내가 곧 혈육과 의논하지 아니하고 또 나보다 먼저 사도된 자들을 만나려고 예루살렘으로 가지도 아니하고 오직 아라비아로 갔다가 다시 다메섹으로 돌아갔노라."

1. 첫 번째 부정사: 혈육과 의논하지 아니하였다.

"**의논하지 않았다**"(우 프로사네데멘; οὐ προσανεθέμην; I did not consult or communicate; 나는 …와 의논하지 않았다, 상담하지 않았다, 통하지 않았다). 그런데 이 단어는 일반적으로 어떤 사람과 의논한다 또는 상의한다는 개념보다 강한 단어이다. 이 단어는 어떤 정보를 얻기 위하여 자격 있는 상담자로 인정된 어떤 사람과 의논한다는 뜻이다.[50]

혈과 육(Fresh and Blood)
- 혈과 육(살키 카이 하이마티; σαρκὶ καὶ αἵματι; flesh and blood; 살과 피)은 일반

---

50) Dunn, James D.G. Jesus, *Paul and the Laws*, (Louisville westminster, 1990), p.109f.

적으로는 **죽을 인간**(mortal humanity)을 가리킨다(마 16:17).
- 혈과 육은 **죄의 성질이 있는 사람**(하나님의 나라를 유업으로 받을 수 없는)을 가리킨다(고전 15:50).
- 혈과 육은 **인간의 연약함과 무지**를 가리킨다(마 16:17).
- 혈과 육은 **예루살렘교회의 지도자들**을 가리킨다(갈 1:16).
- 혈과 육은 **내 생각·내 지식·내 뜻**을 반영하는 나 자신을 가리킨다.

바울은 앞으로 어떻게 해야 할지를 모를 죽을 인간, 죄의 성질이 있어 하나님의 일을 반대하는 인간, 연약하고 무지한 인간, 예루살렘의 지도자들과 의논하지 않았다.

바울이 의논할 분, 상담할 분, 분명한 해답을 주실 분은 자신을 사도로 삼아 주신 하나님 아버지와 예수 그리스도뿐이시다.

2. 두 번째 부정사: 예루살렘으로 올라가지도 않았다.

(**우데 아넬돈**; οὐδὲ ἀνῆλθον; **neither did I go up**; 올라가지도 않았다)

"**예루살렘으로 올라갔다**"(아넬돈 에이스 예로솔루마; ἀνῆλθον εἰς Ἱεροσόλυμα; I went up to Jerusalem).

예루살렘은 다메섹에서 남쪽으로 약 150마일(240Km, 600리) 떨어져 있다. 그러나 사람들은 **예루살렘으로 올라간다고 말한다**. 동서남북 어느 곳에서도 예루살렘으로 올라간다. 또는 예루살렘에서 내려간다고 표현한다(마 20:17; 막 10:32f; 눅 2:42; 요 2:13; 5:1; 행 11:2; 18:22; 21:15; 갈 1:17, 18; 2:1; 삼하 8:7; 느 1:3; 7:7). 그 이유는 예루살렘은 해발 2,500m의 고원지대로 팔레스타인의 다른 지역들보다 높은 지역에 있기 때문이다.

예루살렘은 유대교의 중심지요, 기독교의 탄생지요, 바울이 성장한 곳이요, 가말리엘 문하에서 배운 곳이요, 유대교에 열심히 대단하여 스데반을 위시하여 그리스도인들을 핍박한 곳이므로 바울은 예루살렘을 너무나 잘 알고 있었다.

예루살렘에는 베드로를 위시하여 야고보와 다른 사도들, 교회의 지도자들,

친분이 있는 유명인사들, 의논할 사람들이 많이 있었다. 그러나 바울은 그들을 의논의 대상으로 삼지 않고 오직 어머니의 태로부터 택정하시고 은혜로 부르시고 그의 아들 예수 그리스도를 이방에 전하기 위하여 사도로 삼아 주신 하나님 아버지만을 의논의 대상으로 믿었다.

이는 자신의 사도직이 예루살렘교회의 지도자들에게 있지 않다는 것과 동시에 다른 사도들의 권위를 부정한다는 것은 결코 아니다.

3. 아라비아로 갔다.

"**아라비아로 갔다가**"(알라 아펠돈 에이스 아라비안; ἀλλὰ ἀπῆλθον εἰς Ἀραβίαν; but I went to〈into〉Arabia)

"**즉시**"(유데오스; εὐθέως; immediately; 즉시, 곧)는 부사로 아라비아로 갔다는 동사를 수식한다.

1) 아라비아는 어디인가?

1세기 유대인들에게는 아라비아는 지리적으로 어느 곳을 말하는가? 몇 가지 설이 있다.

(1) 일반적으로 아라비아는 홍해와 페르시아만 사이 아랍인들이 사는 매우 방대한 아라비아 반도(Arabia peninsula)를 가리킨다. 그러나 아라비아 반도는 너무나 방대한 지역이므로 신빙성이 없다.

(2) 아라비아는 아라비아에 있는 시내산(mount Sinai in Arabia)이라고 한다(갈 4:25). 이 주장도 신빙성이 없다. 그 이유는 다메섹에서 시내산까지는 상당히 먼 거리이기 때문이다.

(3) 아라비아는 시리아의 남쪽 국경에서부터 나바티안 왕국(Nabataeans)의 수도인 페트라(Petra)까지를 말한다.[51] 이 주장은 상당한 신빙성이 있다.

(4) 아라비아는 아라비아 반도 북부지역 다메섹 가까운 남쪽 사막이라고 한

---

51) Strabo, *Geography*, 16.4.21.

페트라(Petra)로 들어가는 계곡

다. 이 주장은 상당한 신빙성이 있다.
(5) 아라비아는 상징적 표현으로 적막한 곳, 인적이 드문 곳, 하나님과 교통하기 좋은 곳이라고 한다. 본문의 아라비아는 상징적 표현이 아니라 일정한 지역을 가리킨다.

2) 바울이 회심 후 아라비아로 간 이유는 무엇인가?

바울은 왜 자신이 아라비아로 갔는지 그 이유를 밝히지 않았다.
(1) **영적 준비를 위하여** - 바울은 사도직을 잘 감당하기 위하여 은밀한 중에 하나님과 깊은 영적 교제를 나누며, 깊은 명상을 하며, 주께서 그에게 주신 말씀의 뜻을 깊이 새기며, 연단을 쌓으며, 성령충만한 자가 되며, 하나님의 능력을 받기 위하여 한적한 아라비아로 갔다. 모세와 엘리야가 그리하였던 것 같이, 주님의 제자들이 3년 동안 훈련을 받은 것같이, 바울은 아라비아에서 영적 준비를 하였다.

페트라(Petra)

(2) **전도하기 위하여** - 바울이 아라비아로 간 것은 아라비아에 있는 이방인들에게 그리스도의 복음을 전하기 위함이었다. 바울은 갈라디아서 1:15-17에서 "그러나 내 어머니의 태로부터 나를 택정하시고 그의 은혜로 나를 부르신 이가 그의 아들을 이방에 전하기 위하여 … 내가 … 아라비아로 갔다가"라고 하였다.

3) 바울은 아라비아에 얼마동안 있었는가?

갈라디아서 1:18, "그 후 3년 만에 …" (메타 에테 트리아; μετὰ ἔτη τρία ; after 3 years; 3년 후에)는 "3년 후에"라는 말씀이요 "3년 만에"라는 뜻은 아니다. 따라서 3년이란 만 3년(full 3 years)이 아니라 만 1년과 전후(前後) 몇 개월씩이었을 것이다.

4. 다시 다메섹으로 돌아 왔다(returned to Damascus).

사도 바울은 아라비아 사막으로 갔다가 3년 후(A.D. 34-37)에 다메섹으로 다시 돌아 왔다. 그리고 다메섹에 있는 이방인들과 유대인들에게 복음을 전하였다.

1) 회심 후 즉시 전도 시작

사도행전 9:20-22, "즉시로 각 회당에서 예수가 하나님의 아들이심을 전파하니 듣는 사람이 다 놀라 말하되 이 사람이 예루살렘에서 이 이름을 부르는 사람을 멸하려던 자가 아니냐? 여기 온 것도 그들을 결박하여 대제사장들에게 끌어가고자 함이 아니냐? 하더라 사울은 힘을 더 얻어 예수를 그리스도라 증언하여 다메섹에 사는 유대인들을 당혹하게 하니라."

바울은 다메섹에서 회심한 직후 즉시로 유대인들의 회당에서 자신이 지금까지 그토록 반대하여 온 "예수는 하나님의 아들"이라, "예수는 그리스도"라고 전파하기 시작하였다.

"**즉시로**"(유데오스; εὐθέως; immediately)는 부사로서 예수는 하나님의 아들이라는 절을 수식한다.

사울이 다메섹 회당에서 즉시로 전도한 복음의 내용은 둘로서 하나는 "예수는 하나님의 아들이시다." 다른 하나는 "예수는 그리스도이시다."

(1) 예수는 하나님의 아들이시다(Jesus is the Son of God).

사도 바울은 그의 서신들에서 15회 이상 "아들 또는 하나님의 아들"이라고 언급하였다(롬 1:3-4, 9; 5:10; 8:3, 29, 32; 고전 1:9; 15:28; 고후 1:19; 갈 1:16; 2:20; 4:4, 6; 살전 1:10).

"**예수**"는 "자기 백성 곧 택한 백성을 죄에서 구원하셨다"는 뜻이다(마 1:18). "예수"라는 명칭은 예수의 인성(人性)과 역사성(歷史性)을 나타낸다.

"**하나님의 아들**"은 성질상 하나님과 동일함과 동등함을 가리킨다. 유대인들의 언어 사용법에 "… 의 아들, son of …"이라 함은 종속적 의미를 뜻하는 것이 아니다.

성자 예수 그리스도의 자격(資格)은 영원적 자격(eternal sonship, 子格)이시다. 웨스트민스터 신앙고백서 제2장, 제3장, "성자 하나님은 영원히 성부 하나님에게서 나시었으며, 성령은 영원히 성부와 성자에게서 나시었다"(요 1:14, 18). 성자의 영원적 출생에 의한 하나님의 아들은 3위 1체적 의미에서 하나님의 아들이시다.[52]

(2) 예수는 그리스도이시다(this one is Christ: 이 분은 그리스도이시다)
"그리스도"라는 명칭은 히브리어 메시아(מָשִׁיחַ; Messiah)에서 인출되었다. 메시아는 **"기름부음 받은 자"**(the Anointed One)라는 뜻으로 구약시대에는 왕·선지자·제사장 임명 시에 머리에 기름을 부었다. 신령한 영적 의미에서 그리스도는 우리의 만왕의 왕이시오, 대선지자시오, 대제사장이시다. 그리스도는 왕으로서 통치하시고, 선지자로서 예언하시고, 대제사장으로서 자신을 우리의 죄를 대속하시기 위하여 희생의 제물로 드리셨다[53]

사도 바울이 어떻게 예수는 하나님의 아들이시요 그리스도라고 밝히 증거할 수 있었는가? 그는 회심 전 유대교에 있을 때 예수에 대한 그리스도인들의 지식을 잘 알고 있었으며, 회심 시 주께서 계시로 깨닫고 확실케 하셨기 때문이다.

5. 다메섹에서 탈출

사도행전 9:23-25, "여러 날이 지나매 유대인들이 사울 죽이기를 공모하더니 그 계교가 사울에게 알려지니라 저희가 그를 죽이려고 밤낮으로 성문까지 지키거늘 그의 제자들이 밤에 광주리에 사울을 담아 성에서 달아내리니라."

사도 바울은 밤에 다메섹에서 복음을 전하므로 생명의 위험을 받았다. 그러므로 바울의 제자들이 밤에 바울을 광주리에 태우고, 성벽을 타고 내려와 예루살렘으로 갔다.

---

52) 조영엽, 『기독론』(생명의 말씀사, 2007), pp. 15-26.
53) Ibid., pp. 20-22.

XIV. 회심 직후의 경험들   109

- 바울은 후에 고린도교회에 보낸 서신에서 고린도후서 11:32, "다메섹에서 아레다왕의 고관이 나를 잡으려고 다메섹 성을 지킬 새 광주리를 타고 들창문으로 성벽을 내려가 그 손에서 벗어났노라"
- 당시 다메섹은 나바티아 왕국(Nabatean Kingdom)시대(A.D. 37-61) 아레타스 4세(Aretas IV, B.C. 9-A.D. 40)가 통치하던 때였다. 아레타스는 헤롯 안디바의 장인으로 B.C. 9년부터 A.D. 40년까지 나바티안 왕국을 통치하였다. 이는 아마도 로마 황제가 나바티아 왕국이 로마제국에 합병된 이래 아레다왕의 방백(왕의 신하)이 바울을 체포하려 할 때 광주리를 타고 성벽문(window in the wall)으로 내려와 피신하게 되었다(욥 5:19; 시 23:4; 시 27:5).

다메섹에서 광주리를 타고 탈출

XV. 이방인들을 위한 사도
(An Apostle for the Gentiles)

디모데전서 2:7, "이를 위하여 내가 전파하는 자와 사도로 세움을 입은 것은 참 말이요 거짓말이 아니니 믿음과 진리 안에서 내가 이방인의 스승이 되었느니라."

바울이 다메섹으로 가는 도상(道上)에서 부르심을 받아 회심하기 전에는 그리스도인들을 심히 훼방하고 핍박하고 잔해하던 자였다(딤전 1:13). 그러나 하나님은 미쁘시고 의로우사 바울을 죄와 사망 가운데서 구속하시고, 하나님의 자녀로 삼으실 뿐만 아니라 충성되이 여겨 사도의 직분을 맡기셨다. 그러므로 사도 바울은 디모데후서 1:11에서도 "내가 이 복음을 위하여 전파자(반포자)·사도·교사로 세우심을 입었노라"고 하였다. 사도 바울은 그리스도 예수의 복음을 전파하기 위하여 반포자와 사도와 교사로 세우심을 입었다.

본문에서 전파자·사도·교사 등 주격들(nominatives)은 모두 "세우심을 입었다"(I was appointed)는 수동형 동사(passive verb)와 함께 서술되었다.

1. 전파자(케룩스; κῆρυξ; a herald, ambassador, proclaimer, announcer, preacher; 사신·대사·선포자·반포자·설교자)

이 단어는 이곳(딤전 2:7)과 디모데후서 1:11; 베드로후서 2:5에 나타난다.

이 단어의 통상적 의미는 왕의 신하가 왕의 명을 만조백관 앞에서 공적으로 권위로 선포하여 만백성에게 알리는 것, 군 총사령관의 대변인이 사령관의 교시를 전(全) 장병에게 공적으로 권위로 선포하는 것 등을 뜻한다.

본문에서 전파자는 하나님의 전권대사·사신·선포자·반포자로서 하나님의 메시지를 신적 권위(神的權威)를 가지고 공적으로 능력 있게 두려움 없이 담대하게 선포하는 자이다. 사도 바울은 고린도후서 5:20에서 전파자들을 그리스도를 대신하는 그리스도의 대사들(프레스뷰오멘; πρεσβεύομεν; ambassadors)이라고 하였다. 주석가 벵겔(Bengel)은 전파자를 '하나님의 대사'(God's ambassador)라고 하였다.

"**전파**"(반포, 선포)의 내용은 케리그마(κήρυγμα; proclamation, message, gospel, preaching; 선포, 메시지, 복음, 설교)이다. 케리그마는 복음으로서 **복음의 핵심**은 그리스도 예수의 처녀 탄생·대리적 속죄의 죽음·육체적 부활·승천·재위·재림 그리고 그리스도 예수를 믿음으로 말미암아 받는 축복상들 곧 성도의 부활 ·영광의 자유·천국의 기업·영생복락 등이다.

"**전파자**"는 이 기쁜 소식을 온 세계만방에 나가서 권위 있게 능력으로 전하고 가르치는 자이다. 이 얼마나 영광스럽고도 복된 특권이며 사명인가! 그러므로 사도 바울은 내가 이 복음을 전하지 않으면 내게 화가 미치리로다(고후 9:16)라고 하였으며, 디모데에게 "너는 이 말씀을 전파하라 때를 얻든지 못 얻든지 항상 힘쓰라 범사에 오래 참음과 가르침으로 경책하며 경계하며 전하라"(딤후 4:12)고 명령하였다.

● 전파자는 하나님께로부터 받은 생명의 말씀을 나가서 죽어가는 영혼들에게 권위 있게 가감 없이 공적으로 전파 전달하는 것이 사명이다.

요나 선지자는 큰 도시 앗수르의 수도 니느웨로 가서 너희가 회개하지 않으면 40일 후에는 니느웨 성이 무너질 것이라고 외쳤을 때 그들은 즉시로 하나님을 믿고 금식하며 굵은 베옷을 입고 회개하였다. 왕도 회개하였다. 이에 하나님이 그들의 행한 것 곧 그 악한 길에서 돌이켜 떠난 것을 감찰하시고 뜻을 돌이키사 그들에게 내리시라고 한 재앙을 내리지 않으셨다(욘 3:3-6, 10).

예수님은 회개치 아니하는 완악한 유대인들에게 니느웨 사람들은 요나 선지자가 외칠 때 즉시 회개하였으나 너희는 요나보다 더 위대한 내가 회개를 촉구해도 마이동풍(馬耳東風)이니 심판 때에 니느웨 사람들이 일어나 이 세대 사람들을 정죄하리라고 하셨다(마 12:41-42).

● 전파자는 사도 바울뿐만 아니라 온 목회자들 그리고 넓은 의미에서는 온

성도들이 다 전파자들(전도인들)이다. 전도인의 사명은 때를 얻든지 못 얻든지 나가서 죽어가는 영혼들에게 그리스도 예수의 복음을 권위 있게, 능력 있게, 담대하게 전하는 자이다.

2. 사도(아포스톨로스: ἀπόστολος; apostle)

- "**사도**"는 '보내심을 받은 자', '전달자'(One sent forth, messenger)를 뜻한다. 보내신 자는 그리스도이시며, 보내심을 받은 자들은 사도들이며, 사도들에게 주어진 메시지는 구원의 복음이었다.
- 사도들은 신약시대 초기에 복음을 전파하고, 교회를 설립하고, 목양하는 특별한 사명을 수행하기 위하여 그리스도 예수께서 친히 선택·임명하시고, 철저하게 교육과 훈련을 시켜 보내심을 받은 자들이었다.
- 사도들의 수는 12명이었다. 가룟 유다가 자살한 후에는 맛디아로 대신하였으며(행 1:16-5-26), 요한의 형제 야고보가 순교한 후에는 바울로 대신하였다(행 12:2; 갈 1:1).
- 사도들은 그리스도 예수의 생애 특히 그의 부활의 산 증인들이었으며(행 10:39, 41; 22:13-15; 요 15:27; 고전 15:8), 그리스도 예수로부터 사명을 직접 받았으며(막 3:14; 눅 6:13), 그 사명을 수행하였다. 그 사명은 곧 복음을 전파하고, 교회를 세우고, 목양하는 일이었다.
- 사도직은 사도시대 그들에게만 국한된 비상 직원이요 영구 직분이 아니므로 사도들의 후계자들이란 없다. 사도들 이후에는 감독·장로·목사들이 사도적 사명을 감당해 오고 있다(1:1 참조).

3. 이방인들을 위한 사도

"**이방인들**"(에드노스; ἔθνος; Gentiles)은 유대인이 아닌 다른 모든 민족들(all races)을 가리키며, 또한 사신 우상을 섬기는 자들(Pagans/ Heathens)을 가리킨다. 하나님은 이들을 구원하시기 위하여 바울을 이방인들을 위한 사도로 세우신 것이다. 물론 사도 바울은 이방인들을 위한 사도로 세우심을 받았다고 하여 이방인들만을 대상으로 복음을 전하고 가르쳤다는 뜻은 결코 아니다. 바울은 전도여행 시 가는 곳마다 유대인들이 허락하는 한 먼저 회당에 들어가 복음을 전하였다(행 5:5; 13:14; 14:1; 17:1, 10, 17; 18:4, 19; 19:8 등).

사도행전 9:15, "주께서 이르시되 가라 이 사람은 내 이름을 이방인과 임금들과 이스라엘 자손들에게 전하기 위하여 택한 나의 그릇이라."

로마서 11:13, "내가 이방인인 너희에게 말하노라 내가 이방인의 사도인 만큼 내 직분을 영광스럽게 여기노라."

갈라디아서 1:16, "그의 아들을 이방에 전하기 위하여 …" 그의 아들(휘온 아우투; υἱὸν αὐτοῦ; his Son)은 하나님의 아들 예수 그리스도를 가리킨다.

갈라디아서 2:8-9, "베드로에게 역사하사 그를 할례자의 사도로 삼으신 이가 또한 내게 역사하사 나를 이방인에게 사도로 세우셨느니라 … 우리는 이방인에게로 …."

에베소서 3:8, "모든 성도 중에 지극히 작은 자보다 더 작은 나에게 이 은혜를 주신 것은 측량할 수 없는 그리스도의 풍성함을 이방인에게 전하게 하시기 위함이라."

디모데후서 4:17, "… 나로 말미암아 선포된 말씀이 온전히 전파되어 모든 이방인으로 듣게 하려 함이니."

4. 스승: 교사
(디다스칼로스; διδάσκαλος; a teacher, instructor; 선생·교사·가르치는 자)

교사는 가르치는 자로서 바른 지식이 있어야 하며, 바른 지식을 잘 가르치는 재능·기술·능력이 있어야 하며, 가르치는 사명이 있어야 한다.

1) 교사는 가르치는 내용을 바로 알아야 한다.

교사는 자신이 가르치는 하나님의 말씀에 대하여 체계적으로 깊이 있게 바로 알아야 한다. 그렇기 때문에 교사는 부지런한 면학도(a diligent student)이어야 하며, 바른 스승·바른 목회자·귀한 저서들로부터 바른 신앙적 지식들을 균형 있게 많이 획득하여야 한다. 교사는 진리를 사모하는 학구열이 있어야 한다. 가르치는 교사가 기도와 묵상 그리고 말씀 연구에 온 심혈을 다 기울이지 않고 세상 헛된 것들을 일삼는다면 양떼들의 영혼들이 굶주리고, 쇠약해지고, 병들고 죽어갈 수밖에 없다.

2) 교사는 잘 가르치는 능력·기술을 개발·연마하여야 한다.

교역자의 자격들 중 하나는 "가르치기를 잘 하며"(디다크티코스; διδακτικός; apt at teaching, able to teach)는 잘 가르칠 수 있는 재능·기술·능력(talent, skill, ability)을 말한다. 가르치는 자가 아무리 지식이 많아도 가르치기를 잘 못하면 배우는 자들이 이해를 잘 못할 것이다. 그러기에 존 칼빈(John Calvin)은 "가르칠 줄 모르는 사람은 교역을 하지 말고 차라리 다른 일을 하는 것이 좋다"고 하였다.

사도행전 15:35, "바울과 바나바는 안디옥(비시디아)에 유하며 … 주의 말씀을 가르치며 전파하니라."

바울과 바나바는 사람들을 전도하여 그리스도 앞으로 인도할 뿐만 아니라 또한 그들에게 하나님의 말씀을 가르쳤다.

사도행전 20:20, "유익한 것은 무엇이든지 공중 앞에서나 각 집에서나 꺼림이 없이 너희에게 전하여 가르치고"

사도 바울은 에베소에서 공중 앞에서나 각 집에서 2년 동안 가르쳤다. 그리하여 소아시아 지방에 사는 사람들은 유대인이나 헬라인이나 다 주의 말씀을 들었다(19:10).

사도행전 21:28, "… 이 사람은 각 처에서 … 모든 사람을 가르치는 자 …"

이는 멀리 소아시아에서부터 온 유대인들이 사도 바울을 붙잡고 유대인들에게 말한 고소의 내용이었다.

진실로 사도 바울은 전파자·사도·교사로 세우심을 받아 죽기까지 사명에 충성하였다.

XVI. 사도 바울의 제1차 예루살렘 방문(행 9:26-30)

사도행전에는 사도 바울이 다메섹(Damascus)에 있는 그리스도인들을 핍박하기 위하여 다메섹을 향하여 가는 도중 기독교로 회심한 이후 예루살렘성을 다섯 번 방문한 것으로 기록되어 있다.

1. 사도 바울 - 예루살렘 방문

- 제1차 예루살렘 방문(행 9:26-30)
- 제2차 예루살렘 방문(행 11:27-30)
- 제3차 예루살렘 방문(행 15:1-29)
- 제4차 예루살렘 방문(행 18:22)
- 제5차 예루살렘 방문(행 21:15-26)

사도 바울은 다메섹 도상(道上)에서 회심 후 3년 후(A.D. 37년경)에 예루살렘으로 올라가 베드로, 야고보, 요한 등 예루살렘교회 지도자들을 만나 신앙의 교제를 나누었다. 그리고 그 교제기간에도 예수 그리스도의 십자가의 죽으심과 부활에 대하여 증거하였다.

갈라디아서 1:18-19, "그 후 3년 만에 내가 게바를 심방하려 예루살렘 올라가서 저와 함께 15일을 유할 새 주의 형제 야고보 외에는 다른 사도들을 보지 못하였노라."
사도 바울의 첫 예루살렘 방문은 회심 후 3년 후였다. "그 후 3년 만에"는 유대교에서 기독교로 개종한 후 3년이라는 견해가 지배적이다. 그런데 여기서 3

년이란 만 3년을 가리키는가? 아니면 유대인들의 계산법에 의하여 만 2년과 차지 않은 한해였는지 아니면 가운데 꽉 찬 1년과 앞뒤로 차지 않은 2년이었는지는 알 수 없다(막 8:31; 10:34; 눅 9:22; 18:33).

2. 사도 바울이 예루살렘으로 올라간 이유와 목적은 무엇인가?

게바와 사귀고 신앙의 교제를 나누기 위함이었다. "게바"(Κηφᾶς; Cephas)는 아람어 이름이며, 베드로(Πέτρος)는 헬라어 이름이다(마 16:18; 요 1:42; 고전 1:12). 갈라디아서 2:9, 11, 14에는 게바라고 불렀고, 2:7, 8에는 베드로라고 불렀다. 그러나 마태복음 16:18에는 게바와 베드로 두 이름이 다 나타난다. 베드로(Πέτρος)는 반석(rock)이라는 뜻이다.

"**심방하려고**"(히스토레사이; ἱστορῆσαι; to visit, to become acquainted with; 방문하다, …와 사귀다)는 '방문하기 위하여, 또는 사귀기 위하여, 또는 교제하기 위하여'라는 뜻이다.

사도 바울은 베드로로부터 무엇을 배우기 위하여 예루살렘에 올라간 것은 결코 아니다. 물론 사도로 인정을 받기 위하여 올라간 것은 더욱 아니다. 바울은 그 당대에 유명한 라반(Raban; 랍비들 중 대표 7인)이었던 가말리엘로부터 율법의 엄한 교육을 받은 대 학자(great scholar)였다. 만일 바울이 베드로로부터 무엇을 배울 필요가 있었다면 3년이라는 긴 세월을 기다려야 했을 하등의 이유가 어디 있었겠는가? 뿐만 아니라 베드로는 배운 것이 없는 갈릴리 호수의 어부 출신이 아닌가?

3. 체류기간? 체류한 곳?

사도 바울이 예루살렘에 체류한 기간은 15일이었다. 좀 더 구체적으로 말하면 14박 15일이었다. 그러면 그 15일 동안 어디에서 유하였을까? 아마도 베드로와 함께 유하였을 것이다. 또 한편 예루살렘에는 바울의 누님이 살고 있었으니(행 23:16) 누님의 집에도 유하였을 것이다. 한역(韓譯)에서는 누님을 생질이라고 오역하였다. 사도 바울의 예루살렘에서의 15일간 체류는 영원히 잊을 수 없는 소중한 기회였을 것이다.

4. 게바(베드로)와 야고보와의 대화?

아마도 바울은 **베드로로부터** 역사적 예수(historical Jesus)에 관하여 상세히 관심 있게 들었을 것이다. 베드로 자신이 예수님으로부터 처음 부르심을 받은 것, 예수님의 이적·기사의 역사들, 비유의 말씀들, 고난과 죽으심, 예수님을 3번이나 부인한 것, 고기 잡으러 다시 돌아간 것, 부활하신 주님이 나타나셔서 하신 말씀들, 오순절 성령충만 받은 후 3,000명 이상의 큰 무리들에게 담대히 예수 그리스도를 증거한 것 등 많은 중요한 사건들에 관하여 소상히 들었을 것이다.

● 한편 바울은 자신과 자신의 사도직에 관하여 베드로에게 상세히 전하였을 것이다. 바울은 길리기아 다소에서 낳고, 난 지 8일 만에 할례를 받고, 이스라엘의 족속이요, 베냐민 지파요, 히브리인 중의 히브리인이요, 율법으로는 바리새인이요, 열심으로는 교회를 핍박하고, 율법의 의로는 흠이 없는 자인 것과(빌 3:5-6), 다메섹 도상에서 부활하신 주님의 부르심을 받아 회심하고, 아라비아로 (3년) 갔다가 다시 다메섹으로 돌아갔으며 지금 예루살렘을 방문한 그 모든 과거의 행적들을 소상히 전하였을 것이다.

그리하여 유대인의 사도 베드로와 이방인들의 사도 바울은 서로 교제하며 복음 사역에 서로 위로와 격려를 하였을 것이다.

또 **주의 형제 야고보**를 만났다. 주의 형제 야고보는 요셉과 마리아에게서 태어난 예수님의 바로 밑의 동생이다. 야고보 밑에는 시므온, 요셉, 유다도 있었다(마 13:55; 막 6:3). 야고보는 초대 예루살렘교회의 기둥이요, 감독이요, 공의회 의장이었다(행 12:17; 21:18; 갈 2:9, 12). 야고보는 항상 성전에서 기도를 많이 하여 무릎이 낙타 무릎같이 되었다고 하며, 신앙과 행위가 일치한 사람이며, 가난한 과부와 고아들을 불쌍히 여긴 사람이며, 돌에 맞아 죽은 순교자이다.

"**다른 사도들을 보지 못하였노라.**" 베드로와 야고보 이외에 다른 사도들을 보지 못하였다. 사도행전 8:1에 의하면 스데반 집사의 순교 직후 계속되는 핍박으로 성도들은 산지사방으로 흩어졌기 때문이다. 사도 바울은 예루살렘에 체류하며 예루살렘교회 지도자들과 교제하는 동안에도 예루살렘 성문을 출입하며 주 예수 그리스도를 담대히 전하였다(행 9:28-29).

〈저 북방 얼음 산과〉

저 북방 얼음 산과
또 대양 산호섬

만왕의 왕된 예수
이 세상 오셔서

저 남방 모든 나라
수 많은 백성들

만 백성 구속하니
참 구주시로다.

큰 죄악 범한 민족
다 구원 얻으려

저 부는 바람따라
이 소식 퍼지고

참 빛을 받은 무리
곧 오라 부른다.

저 바다 물결좇아
이 복음 전하자 아멘.

XVII. 사도 바울의 제2차 예루살렘 방문(행 11:27-30)

제2차 예루살렘 방문은 제1차 예루살렘 방문 후, 11년 후이었다. 제1차 선교 여정 떠나기 전에 바울과 바나바가 안디옥교회에서 모금한 구제금을 가지고 예루살렘교회를 방문하였다.

사도행전 11:27-30, "그때에 선지자들이 예루살렘에서 안디옥에 이르러 그 중에 아가보라는 한 사람이 일어나 성령으로 말하되 천하가 크게 흉년들리라 하더니 글라우디오 때에 그렇게 되니라. 제자들이 각각 그 힘대로 유대에 사는 형제들에게 부조를 보내기로 작정하고 이를 시행하여 바나바와 사울의 손으로 장로들에게 보내니라."

1. 신약시대의 선지자들

"선지자들"(프로페타이; προφῆται; prophets; 선지자들)은 신약시대 초기에 있었던 비상 직원들 중의 한 직분이었다. 신약시대에 초기에 있었던 비상 직원들이란 사도·선지자·전도인 등이었다.

신약시대 선지자들은 아가보, 바나바, 시므온, 루기오, 마나엔, 유다, 실라(행 11:28; 13:1, 2; 15:32; 고전 12:28; 엡 2:20; 3:5; 4:11; 딤전 1:18; 4:14; 계 11:6) 등이었다.

선지자들은 말씀 전파의 은사를 많이 받았으며, 장차 되어질 일들을 예언도 하며, 죄와 불의를 책망도 하였다. 유다와 실라는 하나님의 말씀을 전파함으로써 성도들을 온전케 하였으며, 아가보는 흉년이 들 것을 예언하였다(행 11:28; 15:32). 그들은 항상 영감을 받은 사도들 다음으로 가는 중요한 직분이었다.

2. 신약시대 선지자들과 구약시대 선지자들과의 차이점

신약시대 선지자들은 하나님의 말씀을 구두(口頭)로 선포는 하였으나 구약시대 선지자들처럼 문서(文書)로 기록하지는 않았으며, 선지자로서의 자격도 구약시대 선지자들보다는 미흡하였으며, 사역 기간도 매우 단기적 일시적이었다. 신약시대 선지직은 사도직과 같이 신약성경이 기록된 말씀으로 완성되었을 때 이미 끝났으므로 그 이후로는 존재하지 않는다.

선지자들 중 한 사람인 아가보는 유대에 큰 흉년들 것(행 11:28)과 바울이 옥에 갇힐 것(21:10)을 예언하였다. 그 예언대로 로마의 제4대 글라우디오 황제 때에 특히 A.D. 44-47에 팔레스타인 전역에 큰 흉년이 들었다.[54]

글라우디오(Claudius I) 황제 때 로마와 팔레스타인과 그리스에 큰 흉년이 들었다. 로마제국 전역에 흉년이 동시에 일시적으로 들었다는 말이 아니라, 각기 다른 때 다른 지역에 큰 흉년이 들었다. 글라우디오(Claudius)는 로마의 제4대 황제로 A.D. 41년 1월부터 54년 10월까지 약 14년 재위하였다.

- **로마에 큰 흉년**: 글라우디오 황제 재위 제2년과 제10년에는 로마에 큰 흉년이 들었다.[55]
- **팔레스타인에 큰 흉년**: 글라우디오 황제 재위 제4년부터 4년간(A.D. 44-47) 유대 전역에 큰 흉년이 들었다. 이때에 안디옥교회는 힘대로 구제금을 모아 바울과 바나바 편으로 예루살렘교회에 보냈다.
- **그리스에 큰 흉년**: 글라우디오 황제 재위 제9년에는 헬라에 큰 흉년이 들었다.[56]

1. 안디옥(시리아)교회 온 성도들이 힘써 구제헌금을 함

안디옥교회의 온 교회 성도들은 유대교에서 개종한 유대인 그리스도인들과

---

54) Jos. *Ant.* III. 15:3, XX.55, 2:5, 5:2.
55) Eus. Chron 1:7.
56) Ibid.

사신 우상을 섬기다 개종한 이방인 그리스도인들을 말한다. 그리스도 안에서는 유대인이나 이방인이나 구별이 없다(갈 3:28).

아가보의 예언대로 온 유대에 큰 흉년이 들었을 때 안디옥교회 성도들은 각기 힘대로 구제헌금을 하여 바울과 바나바 편으로 예루살렘교회 장로들에게 전달하고 장로들은 가난한 성도들에게 분배하였다.

사도행전 11:29, "제자들이 각각 그 힘대로 유대에 사는 형제들에게 부조(扶助)를 보내기로 작정하고 이를 실행하여 바나바와 사울의 손으로 장로들에게 보내니라."

"**각각 그 힘대로**"(카도스 유포레이토 티스; καθὼς εὐπορεῖτό τις; just as anyone was prosperous)는 각기 번성함에 따라, 번성하는 것만큼이라는 뜻이다. 안디옥교회 성도들은 각기(anyone) 한 사람도 빠짐없이 물질의 축복을 받은 대로 물질의 다소를 막론하고, 힘을 다하여 구제 헌금을 하여 바울과 바나바 편에 예루살렘교회의 장로들에게 보냈다.

"**장로들에게**(to the elders) **보냈다**"는 말씀은 이미 헤롯이 야고보 사도와 몇몇을 칼로 죽인 후였고 베드로도 죽이려 하여 피신한 때였으므로 구제금을 장로들에게 전달하였다.

2. 마게도니아와 아가야 교회 온 성도들도 힘써 구제 헌금을 함

로마서 15:26-27, "이는 마게도니아와 아가야 사람들이 예루살렘 성도 중 가난한 자들을 위하여 기쁘게 얼마를 동정하였음이라 저희가 기뻐서 하였거니와 또한 저희는 그들에게 빚진 자니 만일 이방인들이 그들의 신령한 것을 나눠 가졌으면 육신의 것으로 그들을 섬기는 것이 마땅하니라."

마게도니아는 발칸 반도 고원과 그리스 반도 사이에 위치한 유럽의 관문이다. 마게도니아 지방에는 빌립보, 데살로니가, 베뢰아 등 주요 도시들이 있었다. 마게도니아는 B.C. 148년 로마에 합병되었으며, 마게도니아와 아가야는 그리스의 2도(道, province; 로마제국이 분할한)이었다. 그리고 당시 인구 20만 명의 데살로니가는 마게도니아의 수도였다.

마게도니아와 아가야의 성도들도 예루살렘의 궁핍한 믿음의 형제 자매들을 위하여 기쁜 마음으로 정성껏 구제 헌금을 하여 보냈다.

"**기쁘게 얼마를 동정 하였느니라**"(코이노니안 티나; κοινωνίαν τινὰ; some contribution; 상당한 기부)는 기쁜 마음으로 상당한 기부를 하였음을 뜻한다.

마게도니아와 아가야의 성도들은 예루살렘교회 성도들에게 신령한 빛, 복음의 빛을 졌다. "**그들의 신령한 것**"(프뉴마티코이스; πνευματικός; spiritual things; 신령한 것들)은 신령한 축복들(spiritual blessings), 곧 예수 그리스도로 말미암은 구원 영생의 복음을 말한다. 저들은 예루살렘교회 믿음의 형제자매들에게 신령한 빛을 진 영적 채무자들이다.

구원 영생의 복음을 전해 준 예루살렘 모교회(mother church)의 믿음의 형제자매들이 기근과 흉년으로 극한 가난 속에서 헐벗고 굶주리는 가운데 기아 상태에서 죽어가고 있으니 그들에게 육신의 것으로 그들을 돕는 것이 마땅하지 않는가!

3. 고린도교회 온 성도들도 힘껏 구제 헌금을 함

고린도전서 16:1-3, "성도를 위하는 연보에 대하여는 내가 갈라디아 교회들에게 명한 것같이 너희도 그렇게 하라. 매주일 첫날에 너희 각 사람이 이를 얻은 대로 저축하여 두어서 내가 갈 때에 연보를 하지 않게 하라. 내가 이를 때에 너희의 인정한 사람에게 편지를 주어 너희의 은혜를 예루살렘으로 가지고 가게 하리니."

"**성도들을 위하는 헌금에 관하여는**", "… 에 관하여는"(페리 데; περὶ δὲ; now about)은 사도 바울의 문장의 한 형식이다. 고린도전서 7:1에는 "너희의 쓴 말에 관하여는"(now concerning the things you wrote), 12:1에는 "신령한 것에 관하여는"(now concerning spiritual gifts; 신령한 은사들에 관하여는)이라고 하였다.

"**성도들을 위하는 연보**"는 예루살렘의 궁핍한 믿음의 형제자매들을 위한 연보이다(행 16:3).

"**연보**"(로기아; λόγια; collection; 모금)는 구제를 위한 헌금을 말한다. 사도 바울은 예루살렘의 가난한 성도들을 돕기 위하여 구제 헌금을 요청하였었다.

고린도교회 성도들은 각 사람이 물질의 축복을 받은 대로 매 주일 하나님 앞에 바쳤다.

"**각 사람**"(each one)이 한 사람도 빠짐없이 하나님께 드렸다.

"**이를 얻은 대로**." 물질의 축복을 받은 대로, 받은 것만큼 힘껏 하나님께 드렸다.

"**매 주일**"(on the first day of every week). 매주일 첫날에 하나님께 드렸다. 매 주 첫날은 주일 날 곧 주님의 날(Lord's day = Sunday)이다(행 20:7; 계 1:10).

"**기쁘고 감사한 마음으로**" 하나님께 드렸다(롬 15:26; 고후 9:7).

안디옥교회, 마게도니아교회, 고린도교회 등이 예루살렘의 궁핍한 믿음의 형제자매들을 위하여 각각, 이를 얻은 대로, 힘대로, 매 주일, 기쁘고 감사한 마음으로 하나님께 드린 구제 헌금은 오고 오는 모든 시대, 모든 교회, 모든 성도들에게 헌금 생활의 원리가 되었으며, 모범이 되었다.

4. 북메소포타미아 나라도 구호식량을 지원함

유대인 역사가 요세푸스(Josephus)에 의하면 "A.D. 46년경 북 메소포타미아의 이자테스(Izates)왕의 어머니 헬레나(Helena)는 사람들을 애굽의 알렉산드리아로 보내어 엄청난 식량을 구입하고 또 다른 사람들을 구브로(Cyprus)로 보내어 무화과 열매를 구입하여 예루살렘의 극빈자들에게 분배하였다. 우리 온 백성들 가운데 그녀의 이름은 영구히 빛난다"[57]라고 하였다. 요세푸스는 계속해서 말하기를, "그 여자의 아들 이자테스왕이 흉년으로 비참한 상황을 알고는 거금(a great sum of money)을 예루살렘의 지도자들에게 보냈으며 그 구호금은 극심한 기근에 처해 있는 많은 사람들에게 분배하였다."[58] 이자테스왕의 후임

---

57) Josephus, *Ant*. ⅩⅩ.51-52.
58) Ibid., *Ant*. ⅩⅩ.53.

모노바주스(Monobazus)도 구호품을 예루살렘에 보냈다고 한다.

5. 교회 헌금에 관한 교훈

고린도후서 8:20-21, "이것을 조심함은 우리가 맡은 이 거액의 연보로 인하여 아무도 우리를 훼방하지 못하게 하려 함이니 이는 우리가 주 앞에서만 아니라 사람 앞에서도 선한 일에 조심하려 함이라."

"**조심함**"(스텔로메노이; στελλόμενοι; avoiding; 피하는)은 그 누구도 우리를 훼방하지 못하게 하기 위함이다.

사도 바울은 하나님의 교회들이 하나님의 돈을 취급할 때에 그 누구에게도 여하한 훼방이나 비난, 비판도 받지 않도록 전지하신 하나님 앞과 사람들 앞에서 올바른 신앙 양심과 바른 자세로 정당하게 적법한 절차를 밟아 사용할 것을 주의하였다. 교회의 돈은 교회 성도들 전체의 공금이요, 하나님의 돈이기 때문이다.

제 2 부 사도 바울의 선교여정
(Apostle Paul's Missionary Journey)

사도 바울은 다메섹(Damascus)으로 가는 도상(道上)에서 회심한 직후 아라비아로 가서 3년 동안 영적 사역(靈的 事役)을 준비하고, 다시 다메섹으로 돌아와 이방인들과 유대인들에게 천국복음을 전파하기 시작하였다. 사도 바울은 회심 후 로마 감옥에서 참수(decapitation)로 순교할 때까지(About A.D. 67) 약 35년 동안 천국복음 전파에 헌신하였다.

사도 바울의 제1차 선교여정

Ⅰ. 사도 바울의 제1차 선교여정
(A.D. 46-48 or A.D. 47-48, 행 13:1-14:28)

사도 바울의 제1차 선교여정은 구브로 섬, 비시디아 안디옥, 이고니온, 루스드라, 더베 등 지중해 연안 서남부 지역(지금의 터키 서남부 지역)을 중심으로 선교활동을 하였다.

안디옥교회에서 바울과 바나바를 파송
1. 구브로 섬에서
   1) 살라미에서 - 회당에서
   2) 바보에서
      (1) 서기오 바울
      (2) 엘루마
2. 비시디아 안디옥에서 - 회당에서
3. 이고니온에서 - 회당에서
4. 루스드라에서
5. 더베에서
6. 안디옥으로 돌아옴
7. 제3차 예루살렘 방문
   1) 예루살렘 공의회 4 금계 결의

안디옥(시리아)교회에서 바울과 바나바를 파송(행 13:1-3)

사도행전 13:2, "성령이 가라사대 바나바와 사울(바울)을 따로 세우라 하시니 이에 금식하며 기도하고 안수하여 보내니라."

안디옥(시리아)교회는 바울과 바나바를 이방인들을 위한 선교사로 파송하였다. 그리하여 그들은 제1차 선교여정을 떠나게 되었다.

사도행전 13장에서 28장까지는
 1. 바울 중심
 2. 안디옥교회 중심
 3. 국외 선교 중심이었다.

바나바(Barnabas)는 구브로에서 태어난 레위인으로 원래 본명은 요셉이며, 가난한 자들을 구제하기 위하여 밭을 팔아 사도들에게 바친 사람이며, 안디옥교회의 초기 목회자이었다(행 4:36-37; 11:26).

이때까지만 해도 바나바는 안디옥교회에서 제1의 존재였다. 그러나 바나바와 바울이 구브로에 이르렀을 때부터 다시 말하면 바울의 제1차 선교여정 때부터는 위치가 바뀌기 시작하였다.

특주 5: 사도 바울 - 선교팀의 지도자(Apostle Paul – Leader of Mission Team)

- 사도 바울은 그의 선교 사역의 대부분을 그의 동역자들(Co-workers)과 동사(同事)하였다.
- 그의 동역자들이란 바나바, 누가, 실라, 디모데, 디도, 두기고, 마가, 아리스다고, 브리스길라와 아굴라 등이다.
- 사도 바울이 동역자들이라고 거명된 이들은 실제상은 사도 바울의 제자들이다. 바울은 대인관계에 있어서도 인격적이었다.
- 사도 바울은 마가 때문에 동역자 바나바와 헤어진 후 다음 선교지로 떠나

기 전에 다른 동역자를 찾았으며 마침내 실라를 택하였다(행 15:36-41).
- 사도 바울이 더베와 루스드라에 이르러서는 디모데를 데리고 떠났다(행 16:1-3).
- 사도 바울이 빌립보 감옥에 투옥될 때는 실라와 같이 투옥되었고, 같이 기도하였고, 같이 찬송을 불렀고, 같이 출옥하였다(행 16:23-25).
- 사도 바울이 압비볼리와 아볼로니아를 떠나 데살로니가로 갈 때에도 실라와 디모데와 동행하였다(행 17:1; 살전 1:1).
- 사도 바울이 에베소에서는 가이오와 아리스다고와 같이 하였다(행 19:29).
- 사도 바울이 마게도니아에서 아시아로 건너갈 때에는 소바더, 아리스다고, 세군도, 가이오, 디모데, 두기고, 드로비모와 함께 하였다(행 20:4).
- 사도 바울이 가이사의 법정에 서기 위하여 로마로 떠날 때에도 아리스다고와 함께 하였다(행 27:2).
- 사도 바울이 로마 감옥에 투옥되었을 때 누가와 함께 하였다(딤후 4:11).
- 사도 바울은 마가, 아리스다고, 데마, 누가 등을 나의 동역자라고 하였다(몬 1: 24).

위에서 살펴 본 바와 같이 사도 바울은 그의 선교 사역에 자초지종을 그의 동역자들과 동사(同事)하였으며, 바울이 말하는 그의 동역자들이란 실제상은 사도 바울의 제자들이었다.

안디옥교회에서 바울과 바나바를 파송(행 13:1-3).

사도행전 11:20-26에 의하면 예루살렘에서 안디옥으로 피난 간 히브리파 유대인들(유대인들의 혈통·언어·전통·문화를 그대로 보존하고 사용하는 유대인들)이 안디옥에 사는 헬라파 유대인들(헬라의 언어·풍속·문화를 따르는 유대인들)과 이방인들에게 전도하여 안디옥교회를 설립하게 되었다. 그리고 바울과 바나바가 1년 이상 동사(同事) 목회를 하고(11:20-21, 26), 교회가 성장한 후에는 선교사로 파송되었다(행 13:1-3). 따라서 안디옥교회는 최초로 이방인의 교회가 되었고, 예수님을 구주로 믿는 성도들을 처음으로 그리스도인들(Christians)이라고 부르기 시작하였다. 그리스도인이란 "그리스도께 속한 자"라는 뜻이다. 물론 바울과 바나바는 안디옥교회 설립의 중추적 역할을 하였다. 그러므로 예루살렘교회는 안디옥교회의 모교회(mother church)요, 안디옥교회는 예루살렘교회의 자매 교회(sister church)이었다.

우리는 안디옥교회와 관련하여 몇 가지 사실에 주목한다.

- 안디옥교회를 개척한 멤버들은 핍박이 심하여 예루살렘을 떠나 흩어진 디아스포라(diaspora)들이었다.
- 안디옥교회는 안디옥에 살고 있는 헬라인들과 헬라파 유대인들로 구성된 최초의 다민족 교회이었다. 유대인들로만 구성된 예루살렘교회와는 대조적이었다.
- 안디옥교회는 예루살렘교회에서 파송한 바나바와 당시 수리아와 길리기아 지방에서 선교 활동하던 사도 바울이 한 팀이 되어 부흥 발전한 교회였다.
- 안디옥교회는 최초의 이방인의 교회가 되었고, 예수 그리스도를 믿는 성도들은 최초로 "그리스도인들"이라는 이름을 갖게 되었다.
- 안디옥교회는 이방선교의 중심 선교센터(Mission Center)가 되었으며, 교회의 사명을 잘 감당한 모범적 교회가 되었다.
- 안디옥교회는 팔레스타인 지역에 큰 흉년이 들었을 때 온 성도들은 각기 온 정성을 다하여 구제금을 모금하여 바나바와 바울 편에 예루살렘교회에 보냈다(행 11:27-30).

하나님께서 안디옥교회 한 교회를 통하여 엄청난 하나님의 일을 하였다. 참으로 우리가 본받을 교회이다.

베드로 동굴 교회(St. Peter's Grotto; the cave church)

베드로가 안디옥에 와서 선교하였다고 하여 베드로 동굴 교회라고 부른다. 동굴 교회는 초기 그리스도인들이 비밀리에 모여 예배드린 처소이다. 교회 유적은 안디옥 시내에서 동쪽으로 4km 쯤 떨어진 실피우스산(Mt. Silpius) 야산 중턱에 있는 동굴 교회이다. 높이 13m, 넓이 9.3m, 길이 7m의 크기이다. 입구의 내실 바닥은 모자이크 십자가형으로 되어 있다. 교회 내부는 핍박자들의 공격을 피하기 위하여 4km 정도의 좁은 굴 통로가 여기저기로 갈라져 있다.

베드로 동굴 교회의 내부(제단과 의자)

- 안디옥(Antioch)[59]: 현재 지명은 터키의 안타키아(Antakya).
- 안디옥은 시리아 일대를 장악한 셀류크스 니카드르 1세 Seleukos Ⅰ. Nicator(B.C. 358-281) 또는 안디오코스 2세(B.C. 261-246)에 의하여 세워진 도시이다.
- 안디옥(Syrian Antioch)은 예루살렘에서 북쪽으로 약 500km. 사도 바울의 고향인 다소(Tarsus)에서 동남쪽으로 약 100km 떨어진 곳이다. 안디옥(시리아)은 비시디아 안디옥과 구별하여야 한다(행 13:1, 4). 이외에도 안디옥

---

59) Everett C. Blake, op. cit., pp.69-72.

이란 무려 16곳이나 된다.
- 안디옥은 지중해 연안 동남쪽 끝에 위치한 산악지대의 넓은 평야에 자리 잡은 해안 도시로, 서쪽으로는 소아시아로, 동쪽으로는 시리아로, 남쪽으로는 예루살렘과 애굽의 알렉산드리아로 가는 대로(大路)에 위치한 육지와 해상의 교통 중심지였다.
- 안디옥은 당시 이태리의 로마, 애굽의 알렉산드리아에 이어 세 번째 큰 도시로 당시 인구는 약 25만 내지 30만이었다. 그 중에 약 10%는 유대인들이었으며, 유대인들 중에는 부자들이 많이 있었다.[60] 그 도시에는 아나톨라인(본토인), 로마인, 헬라인, 구스디아인, 유대인 등이 살고 있었다.
- 안디옥은 알렉산더 대제가 유럽과 아시아를 하나로 묶어 헬레니즘 문화를 창출한 도시였다. 요세푸스에 의하면 B.C. 2세기 이후 많은 유대인들이 안디옥에 정착하여 A.D. 1세기에는 유대인의 수가 많이 증가되었다고 한다. 따라서 언어들도 상이하였다. 본토인들은 아나톨리어, 로마인들은 라틴어, 유대인들은 히브리어, 구스디아인들은 아프리카어 등 각기 자국어를 사용하면서도 헬라어를 공통으로 사용하였다.
- 안디옥은 수리아 지방의 로마 행정 수도가 되었고, 도시 근교에는 헬라 여신(女神) 다프네(Daphne)신전이 있었다.
- 예루살렘교회는 첫 순교자 스데반 집사가 돌에 맞아 순교한 후(행 7:59-60), 예루살렘에 핍박이 더욱 심하여(행 8:1) 그리스도인들은 지중해 연안 구브로(Cyprus)섬과 소아시아 여러 지방으로 흩어졌다.
- 사도 바울은 이러한 다민족, 다문화, 다종교의 대도시에 이방세계를 향한 선교본부를 정했다.
- 안디옥은 A.D. 252년 - 300년 사이 10번이나 종교회의가 개최되었다.
- A.D. 526년에는 안디옥 지방에 큰 지진이 일어나 수천 명이 희생되었다. 얼마 후에 또 두 번이나 큰 지진이 일어났다.
- 안디옥은 A.D. 635년 무슬림(Muslim)이 점령하여 지금은 약 4만 2천 명의

---

60) F. F. Bruce, *Paul: Apostle of the Heart Set Free* (Grand Rapids: Eerdmans, 1977), p.130.

> 터키족만 사는 낙후된 작은 도시로 옛날 부귀와 영화를 찾아 볼 수 없다. 물론 로마인, 헬라인, 유대인, 구스디아인 등은 하나도 찾아볼 수 없다.

1. 구브로 섬에서(On Cyprus Island, 행 13:2-12)

구브로: 현재 지명 키프러스(Cyprus) - 사도 바울의 첫 번째 선교지

사도행전 13:4, "두 사람이 성령의 보내심을 받아 실루기아로 내려가서 거기서 배 타고 구브로에 가서"

바울과 바나바는 A.D. 47년 3월 초 제1차 선교여정 시 시리아 **안디옥의 항구인 실루기아**(Seleucia)로 내려가서 배를 타고 구브로 섬 동쪽 항구인 살라미(Salamis)에 도착하였다. 살라미는 현재 화마구스타(Famagusta) 북쪽에 있다.

이때 바울과 바나바는 바나바의 조카 마가 요한을 수종자(helper)로 데리고 갔다.

실루기아에서 구브로 섬까지는 208km(130mile) 내지 256km(160mile)의 먼 거리이다. 물론 어느 항로로 항해하는가에 따라서 거리가 다소 달라진다.

당시 예루살렘교회에는 환란과 핍박이 불어 닥치고, 스데반 집사는 순교 당한 후 예루살렘의 성도들은 베니게·구브로·안디옥 등지로 흩어지면서 가는 곳마다 예수 그리스도와 그의 천국 복음을 전하였다. 구브로 섬에도 유대인들이 많이 살았고 그곳에도 복음이 이미 전파되었다(행 11:19-20, 13:4).

- **실루기아**(Seleucia; Σελεύκεια; 흰 빛이라는 뜻)항구. 현재 지명은 터키의 셀류귀에(Seluquiyeh).
- 실루기아는 지중해로 들어가는 오론테스 강(Orontes River) 하구에 위치한 안디옥(시리아)의 항구 도시였다.
- 실루기아는 수리아 왕국의 창설자 셀류코스 1세(Seleucus Nicator)가 자신의 이름을 따라 실루기아라 명명하였다. 셀류코스는 마게도니아의 필립왕 휘하에 있었던 탁월한 장교로서 알렉산더 대제가 아시아 원정시 동행했으

며, 셀류코스는 B.C. 312년부터 280년까지 32년간 통치하면서 그가 지배한 거의 모든 지역에 헬라문명과 문화를 보급하였다. 그는 아들의 친구인 프톨레미(Ptolemy)에 의하여 77세 때 살해당하였다. 로마제국은 B.C. 64년에 이 지역을 점령하였다. 실루기아는 지금은 옛 터만 남아있다.[61]

실루기아의 테클라(Tekla of Seleucia) 기념교회

테클라는 사도 바울과 바나바가 제1차 선교여정 시 이고니온을 방문했을 때 주님을 구주로 영접하고 평생을 주님께 헌신한 사도 바울의 여제자였다. 테클라는 이고니온 지역에서의 박해를 피하여 길리기아 지방 서쪽 도시인 실루기아로 내려와 평생 헌신·봉사·기도의 생활을 하였고, 후에 그녀를 기리기 위하여 테클라 기념교회가 세워졌다.

테클라는 박해를 피하여 시리아의 다마스커스 근처에 있는 마아로울라(Maaloula) 마을로 들어가 말년을 보냈다. 마아로울라에도 테클라 기념교회가 세워졌다.

- **구브로**(Κύπρος; Cyprus): 길리기아와 수리아에 접근한 지중해에서 약 100km 떨어진 지중해 동북부에 있는 길이 224km, 폭 69km에 이르는 총 면적 92,502km²의 큰 섬으로 현재는 "키프러스"라고 부른다. 구브로는 이태리 남쪽 지중해에서 사르디니아와 시실리 다음으로 큰 섬이다. 원주민은 헬라인이며, 베니게인도 많이 있다. 구브로는 바나바의 고향이기도 하다(행 4:36, 15:39).
- 구브로는 B.C. 707-669년까지는 앗수르가 지배하였으며, B.C. 570-545년까지는 애굽이 지배했으며, B.C. 333년에는 마게도니아의 알렉산더 대제가 B.C. 57년에는 로마가 점령하고, B.C. 30년 로마제국의 식민지가 되었다. 그리고 B.C. 22년에는 구브로 섬을 바보, 살라미, 아마투스, 라페토스(Paphos, Salamis, Amathus, Lapethos) 등으로 4분 하였는데 바보와 살

---

61) Everett C. Blake, *Biblical Sites in Turkey*, (Istanbul: Red House, 1990), p.72.

라미는 주요 도시들이었다(Nobbs, "Cyprus", 280). A.D. 635년에는 이슬람이, A.D. 12세기에는 사라센제국이, 12-15세기에는 영국이, 15-19세기에는 터키가 1878년부터 1960년까지는 영국이 지배하였는데, 1906년 8월 이후 키프러스 공화국(Republic of Cyprus)이 되었다. 1974년 이후 키프러스는 약 인구 784,000명 중 36%를 차지하는 북부 키프러스 터키 공화국(이슬람)과 남쪽의 64%를 차지하는 키프러스 공화국(그리스도인, 정교)이 공존하고 있다. 북쪽은 가난하고, 남쪽은 부유하다.

바울과 바나바는 이 큰 섬, 중요한 두 도시에서 복음을 전했다.

1) 살라미에서 (in Salamis)

살라미 야외극장

사도행전 13:5, "살라미에 이르러 하나님의 말씀을 유대인의 여러 회당에서 전할새 마가요한을 수행원(helper)으로 두었더라."

살라미는 구브로 섬 동쪽 해안의 가장 중요한 항구도시로 현재 파마구스타(Famagusta) 북쪽 7km 지점이다. 살라미에는 제우스(Zeus)신전, 야외극장(원형극장), 로마식 목욕탕 등의 유적들이 남아있다. A.D. 1세기에는 살라미에도 상당수의 유대인들이 살았으며 하나 이상의 회당들이 있었다.

바울과 바나바는 살라미에 있는 유대인 회당들에서 하나님의 말씀을 전파하였다. 그러나 그들이 살라미에서 얼마나 체류하였는지 전도의 효과가 얼마나 컸는지는 알 수 없다.

2) 바보에서 (in Paphos)

사도행전 13:6, "온 섬 가운데로 지나서 바보에 이르러…"

사도 바울은 살라미에서 어러 회당에서 복음을 전도한 후 바보에 이르러 또 복음을 전하였다.

- **바보**는 구브로 섬 서쪽 끝에 있으며 살라미에서 약 160km(100mile) 거리이다. 바보는 오랫동안 구브로 섬의 수도이었으며, A.D. 4세기까지 무역과 경제의 중심지였으며, 그 지역 로마 식민지 본부가 있었다. 옛 바보(old city)는 오늘날의 바보에서 동쪽으로 16km 떨어져 있다.
- 바보는 **아프로디테(Aprodite) 여신의 탄생지**로 그리고 숭배의 중심지로 유명하다. 신전(temple) 주위로는 거대한 대리석들로 벽(wall)을 쌓았다.
- 바보에는 B.C. 3세기부터 돌을 깎아 만든 거대한 왕릉들(왕릉 4호는 가장 잘 보전되어있음), B.C. 3세기에 세워진 야외극장, B.C. 2세기에 세워진 음악당(ὄδειον), 장터 그리고 A.D. 2세기경 세워진 "디오니서스의 집"(House of Dionysus)으로 알려진 로마인들의 빌라벽의 모자익(mosaic), 데세우스의 집(House of Theseus)이라 불리는 구브로 섬에서 가장 큰 집(120×80m. 100개 이상의 방)의 화려한 모자익 마루(mosaic floors), 카타콤(Catacomb) 등이 유명하다.[62] 이 저택은 아마도 로마의 구브로 총독의 관저이었을 것이다.
- A.D. 4세기 중엽에는 이 지역에 큰 지진이 발생하여 수도를 살라미로 옮겼다. 후에는 아랍의 침공으로 많은 피해를 입었다.

---

62) Michalis Toubis S.A, *Saint Paul, His life and Work* (Athens, Toubid, 2004), p.30-37.

바울과 바나바는 마가 요한을 데리고 살라미에서 떠나 온 섬 가운데로 지나서 바보에 도착하였다. "온 섬 가운데로 지나서"(through the whole island)는 로마제국이 섬들에 만든 대로(大路), 곧 Roman road를 가리킨다.[63]

(1) 서기오 바울(Sergius Paulus, 행 13:7, 8, 12) - 구브로 총독

서기오 바울은 로마 정부에서 파견한 구브로 섬을 통치하는 "**총독**"(안투파토스; ἀνθύπατος; a proconsul ; 지방 총독)으로서 지혜가 있는 사람이었다(행 13:7, 8, 12; 18:12; 19:38).

"**지혜가 있는 사람**"이란 "안드리 수네토"(ἀνδρὶ συνετῷ; an intelligent man)로 지적인 사람, 영리한 사람을 가리킨다.

서기오 바울의 딸은 그리스도인이었고, 그의 아들 가이우스 카리스타니우스 후론토(Gaius Caristanius Fronto)도 그리스도인이었다. 램세이(Ramsay)는 그의 저서『신약의 신뢰성』(Trustworthiness of the NT)에서 그같이 밝혔다.

서기오 바울은 바울과 바나바를 불러 하나님의 말씀을 듣기를 원하였다. 다시 말하면 그는 하나님의 말씀을 경청하기 위하여 바울과 바나바를 초청하였다. "**듣고자 하더라**"(아쿠사이; ἀκοῦσαι; wanted to hear ; 듣기를 원하였다)는 제1과 거 능동형으로 자원하여 적극적으로 주의 깊게, 자세히 듣기를 원하였다는 뜻이다. 그는 이방인으로서 개종한 바울의 첫 열매이므로 바울은 그의 개종을 크게 기뻐하였을 것이다. 뿐만 아니라 서기오 바울 같은 영향력 있는 큰 인물이 개종한 것은 그를 통하여 하나님의 엄청난 역사를 기대하게 한다.

(2) 엘루마('Ελύμας; Elymas, 행 13:8-11) - 마술사, 점쟁이

엘루마는 박수·마술사·점쟁이·거짓선지자(sorcerer, magician, fortuneteller, false prophet)라는 뜻이다. 그는 구브로 섬의 로마 정부 총독 서기오 바울로 하여금 하나님의 말씀을 받지 못하도록 방해한 사람이다. 바울이라고 하는 사울이 성령이 충만하여 거짓 선지자 "바 예수"(Βαριησοῦς; Bar-Jesus)를 주목하여 "모든 궤사

---

63) David W. J. Gill, "Paul's Travels through Cyprus (Acts 13:4-12)", *TynBul* 46. 2. (1995. 11), 219-28.

와 악행이 가득한 자야, 마귀의 자식아, 모든 의의 원수야, 주의 바른 길을 굽게 하는 자야!"라고 꾸짖었다. 그리고 소경이 되리라고 하자 엘루마는 즉시 소경이 되었다. 이 증거를 보고 총독 서기오 바울은 예수님을 구주로 영접하였다. 초대 교회는 사도들에 의하여 이적의 역사가 많이 일어났다.

2. 비시디아 안디옥에서(In Antioch of Pisidia, 행 13:13-14)

사도행전 13:13-14, "바울과 및 동행하는 사람들이 바보에서 배타고 밤빌리아에 있는 버가에 이르니 요한(마가)은 저희에게서 떠나 예루살렘으로 돌아가고 저희는 버가로부터 더 나아가 비시디아 안디옥에 이르러 안식일에 회당에 들어가 앉으니라."

바울과 바나바 일행은 바보에서 배타고 밤빌리아의 버가(Perga in Pamphylia)에 상륙하여 비시디아 안디옥으로 갔다. 바울과 바나바는 그들의 첫 선교여정 시 두 번이나 버가를 거쳐 비시디아 안디옥을 오갔다(행 13:13-14:25).

마가는 버가에서 다시 예루살렘으로 돌아갔다. 아마도 선교여정의 싫증과 어머니를 보고 싶은 향수병(home sick) 그리고 마가의 사촌형(ἀνεφίος; cousin; 골 4:10) 바나바에 대한 바울의 지도에 대한 불만 때문이었으리라.

버가(Perga)[64]: 현재의 지명은 무르투나(Murtuna)이다.
- **버가**는 해안에서 8km(5mile) 내지 11km(7mile) 내륙에 있으며, 아타리아(Attalia) 항구에서 동쪽으로 19km(12mile) 떨어진 무역도시로 케스트로스 강(Cestros River)과 카타라크티스 강 사이(Katarraktis River)를 따라 펼쳐진 도시로 소아시아 해안 도(道)인 밤빌리아의 수도였다. 당시 밤빌리아에는 사데·버가·아스펜도스·아탈리아(Sade, Perga, Aspendos, Attalia)등의 도시들이 있었으며, 아탈리아(지금은 Antalya)는 아직도 중요한 항구이다.
- B.C. 334년에는 알렉산더 대제가 남하하여 이 지역을 점령하였으며,

---
64) Everett C. Blake, op. cit., pp.90-92.

버가 성

B.C. 218년에는 셀류코스가 이 지역을 지배하였으며, B.C. 188년에는 로마가 이 지역을 점령하였다.
- **버가**에는 15,000명이나 수용할 수 있는 야외극장(theater), 장터(Agora), 매우 큰 경기장(stadium), 원형으로 잘 건축된 돌성문(Hellenistic gates)과 성벽(wall)들은 터키에서도 가장 잘 보전된 유적들이다. 그 이외에도 아테네 여신전의 크기·미·건축은 놀랍다.

- **비시디아 안디옥**: 현재의 지명은 지금 터키의 얄바크(Yalvac)로 과거에는 중요한 도시였으나 지금은 다 폐허가 되었다. 지금의 비시디아 안디옥에는 인구 3만 5천(35,000)명의 아랍인들만 가난하게 살고 있다.
- 비시디아 안디옥은 지금의 얄바크(Yalvac)에서 북동쪽으로 약 1km 위치에 있으며, 이 도시의 북쪽 정상은 1,236m의 고원지대이다.
- 비시디아 안디옥은 서쪽 에베소에서 동쪽 유프라데스강까지 연결된 로마길(Roman road)의 경유지이다. 버가에서 비시디아 안디옥까지는 북쪽으로 약 176km(110mile) 거리이다.

I. 사도 바울의 제1차 선교여정 **139**

버가 성문

● 비시디아 안디옥은 시리아의 왕 셀류코스 니카도르 1세(Seleucus Nicator Ⅰ)가 그의 아버지 안디오커스(Antiochus)의 이름을 따라 안디옥이라 불렀다. 이 왕조의 대부분의 왕들은 안디오커스라는 이름으로 통치되었기 때문에 안디오커스라는 도시가 16곳이나 생겼다. 그런데 성경에는 시리아의 안디옥과 비시디아 안디옥 두 곳이 중요하게 다루어지고 있다.

● 비시디아 안디옥[65]은 북쪽은 산악지대이며, 남쪽 동서에는 아름다운 큰 쌍둥이 호수(호이란 호수와 베이세허 호수〈Lake Hoylan and Lake Beysehir〉)가 있으며, 평야는 분지로 좋은 토양이므로 로마제국 당시 이태리에서 가난한 농민들이 이주하여 농업이 발달하였으며, 지금은 터키 전체의 70% 또는 80%의 사과 생산지이다.

● 비시디아 안디옥에는 본토인인 부르기아인, 그리고 유대인, 로마인, 헬라인 등 약 10만 명이 살았다. 부르기아인들은 다산신(多産神)을 믿었다.

● 비시디아 안디옥은 동서의 길이는 192km(120mile), 남북의 길이는

---

65) Ibid., p.56.

비시디아 안디옥 성벽

비시디아 안디옥 도로

I. 사도 바울의 제1차 선교여정 141

비시디아 안디옥 수로

80km(50mile), 동북쪽은 갑바도기아, 동남쪽은 밤빌리아, 서쪽은 아시아도에 싸여있는 내륙지방이다.
● 비시디아 안디옥은 교통·무역의 중심지요, 많은 유대인들과 로마군에서 퇴역한 사람들도 그곳에 정착하였다. 로마의 글라우디오스(Claudius) 황제 때 로마군에서 25년 이상 복무하고 퇴역한 사람들에게는 로마 시민권을 부여하고 그곳으로 이주시켜 땅을 무상으로 분배하는 등 많은 혜택들을 주었다. 당시 비시디아 안디옥은 지중해 연안에서는 가장 번영하는 곳이었다.[66)]
● 비시디아 안디옥은 아우구스투스(Augustus)황제 때 로마의 식민지가 되었다.
● 비시디아 안디옥에도 고대 유적들이 많이 있다: 여신상·돌 성문·성벽·수로·야외극장·공중목욕탕·사원들·체육관·교회 등…[67)]

바울과 바나바는 제1차 선교여정 시 위험한 산악지대인 버가에서 비시디아 안디옥에 이르러 안식일에 회당에 들어가 유대인들에게 천국복음을 전파하여 많은 사람들이 예수님을 구주로 믿게 되었다(행 13:14-41). 당시 버가, 밤빌리아,

---
66) John McRay, *Paul His Life and Teaching* (Baker Academy, 2004), p.122.
67) UNal Demirer, *Pisdian Antioch* (Ankara, 2002), pp.1-133.
　　ST. Paul, op. cit., pp.39-41.

비시디아 안디옥 등지에도 많은 유대인들이 살았다.[68] 그러므로 유대인의 회당들이 있었다. 비시디아 안디옥은 1세기 당시 유대주의(Judaism)의 중심센터가 되었다.

바울은 유대인들이 회당을 허용하는 한 회당들에서 전도·설교하였다(13:5; 14:1; 17:1, 10, 17; 18:4, 19; 19:8). 안식일에는 유대인들이 회당에 모이고, 회당장은 외부강사를 초청하거나 또는 허락하였기 때문에, 바울은 전도 시에 회당을 최대한 사용하였다(행 13:15-16).

1) 비시디아 안디옥 회당에서 바울의 설교(행 13:14-41)

사도 바울은 도시에서, 시골에서, 회당에서, 장터에서, 서원에서, 집에서 … 때를 얻든지 못 얻든지 천국복음을 전하였다.

청중들은 유대인들과 이방인들이었다. 회당장들을 비롯한 회당 직원들·회당 신자들·하나님을 경외하는 사람들·그 도시에 유력한 인사들·일반 시민들 그리고 안디옥에 사는 이방인들이 다 몰렸다(행 13:15-16, 26, 44, 48, 50).

사도행전 13:16. "바울이 일어나 손짓하며 말하되 이스라엘 사람들과 및 하나님을 경외하는 사람들아 들으라."

- **설교의 제스처**: 사도 바울이 일어나 **"손짓하며"**(카타세이사스, κατασείσας; motioning; gesturing) 설교하기 시작하였다. **"손짓하며"**는 몸짓·손짓·얼굴의 표정 등으로 설교·강론 등에서 효과를 가져 온다. 사도 바울은 설교할 때 제스처(gesture)를 적절하게 사용했다.

- **설교의 내용**은 **"예수는 구주이시다"**(행 13:23)이며, **설교의 핵심**은 이스라엘의 역사로부터 시작하여 세례 요한까지 언급하고, 예수 그리스도의 십자가의 고난, 대리적 속죄의 죽으심, 육체적 부활 그리고 예수 그리스도를 구주로 믿음으로 죄 사함을 받고, 사망에서 구원함을 받고, 의롭다 칭함을 받고(칭의), 영생 복락을 누리리라는 복음의 핵심들이다(행 13:27-41).

---

68) Philo, *Legat.*, pp.281-82.

특히 사도행전 13:27-41의 설교의 핵심은 열 가지이다.
- 구약 예언의 성취(13:27-29)
- 예수 그리스도의 무죄(13:28)
- 십자가에 못 박힘(13:28)
- 새 무덤에 장사지낸바 됨(13:29)
- 시체가 썩지 아니함(13:34, 35)
- 하나님이 다시 살리심(13:30, 33, 34, 37)
- 예수 그리스도 부활의 증거(13:31)
- 죄 사함 받음(13:38)
- 의롭다함을 받음(칭의)(13:39)
- 복음의 핵심을 계속 반복 설교(13:42, 44) 등이다.

(1) 구약 예언의 성취

사도행전 13:27, "선지자의 말을 응하게 하였도다."

예수 그리스도의 십자가의 고난, 대리적 속죄의 죽음, 육체적 부활 등은 선지자들의 예언들 곧 성경에 기록한 말씀들을 다 응하게 하였다.

사도행전 13:27, "선지자들의 말을 응하게 하였도다."

사도행전 13:29, "성경에 그를 가리켜 기록한 말씀을 다 응하게 한 것이라"(요 13:18; 15:25; 17:12; 18:9, 32; 19:24, 28, 36 …).

(2) 예수 그리스도의 무죄(無罪, Sinlessness)

사도행전 13:28, "죽일 죄를 하나도 찾지 못하였으나…"

- 예수님은 원죄(Original Sin), 유전죄(inherited sin)로부터 자유하시며 그 죄들과 관계가 없으시다. 원죄는 인류의 시조 아담의 범죄, 그 범죄로 인한 원의(original righteousness)의 손상, 아담의 범죄로 인하여 야기되고 퍼지는 죄의 성질 그리고 유전죄 등을 말한다. 그 이유는 예수님은 성령님의 잉태로 말미암아 처녀의

몸에서 탄생하였으므로 인간의 연약성은 이어 받았어도 죄의 성질은 이어 받지 않았기 때문이다(창 3:15; 마 1:18-2:11; 눅 1:30-38; 2:1-20; 갈 4:4). 만일 예수님이 이 세상 사람들처럼 부정모혈로 태어난 아담의 후손(남자의 후손)이라면 원죄의 성질을 부모의 혈통을 통하여 유전적으로 이어받을 수밖에 없었을 것이다.

● **예수님은 자범죄(Actual Sins)가 없으시다.** 자범죄는 사람들이 개인적으로 직접 짓는 죄들을 말한다. 이런 의미에서 자범죄를 일명 본죄(本罪), 또는 개인이 짓는 죄들(personal sins)이라고도 부른다. 예수님은 일평생 죄를 의식한 일이나, 죄의식에 대한 여하한 느낌이나, 죄 되는 말이나 행동을 하시지 않으셨다. 예수님은 죄 때문에 심적으로나 육체적으로 고통을 받으신 일이 없으시다. 죄를 제거하기 위하여 노력한 일도 없으셨다. 죄 사함 받기 위하여 하나님 앞에 죄를 고백하는 기도도 전연 없었다. 예수님은 시험과 유혹을 받은 일은 있으나 범죄한 일은 없으시다. 예수님은 정신적으로나, 육체적으로나, 말로나, 행위로나 어떠한 형태로든지 범죄한 사실이 없다. 오히려 예수님은 다른 사람들을 위하여 '저희 죄를 용서하여 주옵소서'라고 간구하셨다.

예수님은 성전에서 가르치시기는 하였지만 자신을 위하여 희생제물과 제사를 드린 일이 없으시다(히 7:27). 그 이유는 예수님은 죄가 없으시기 때문이다.

(3)범죄 불가능성(Impossibility)

예수 그리스도는 범죄 불가능하다. 도성인신하신 예수 그리스도는 신성과 인성의 본질적 연합체(一位二性)이므로 원죄와 유전죄로부터 자유하므로 범죄 불가능하다.

- ● **예수 그리스도의 신성(deity, 神性)은 범죄 불가능하다.** 그리스도는 그의 속성들에 있어서 영원불변하시고(히 13:8), 전지하시고(요 2:25), 전능하시고(마 28:18), 거룩하시기 때문(레 11:44-45)에 범죄할 수 없다.
- ● **예수 그리스도의 인성(humanity, 人性)도 범죄 불가능하다.** 그리스도의 인성은 죄가 없으며, 그의 신성의 보호와 감화를 받으며, 죄에 대하여는 강하기 때문에 범죄할 수 없다. 다시 말하면, 그리스도의 신성이 그의 인성을 주관하

시기 때문에 범죄 불가능하다. 그의 인성이 연약하다고 하는 말씀은 죄에 대하여 연약하다는 말씀이 아니다. 죄에 대하여는 죄 없으신 분, 거룩하신 분이므로 죄에 대하여는 더욱 의분하신다. 만일 예수 그리스도께서 범죄 가능성이 있어서 죄를 범하였다면 죄인을 죄에서 구속할 수 없으며, 우리의 구속주가 될 수 없다.

(4) 십자가에 못 박힘

사도행전 13:29, "… 나무에서 내려다가"

유대인들에게 있어서 십자가 사형은 본래는 비(非) 유대인 세계에서 유대인 세계로 넘어온 것이다.[69] 십자가 사형은 로마제국의 사형법이었다.

유대인들에게 있어서 십자가 사형은 랍비들의 법적 전통이나 모세의 법에 위배된다. 그러나 당시 종교계의 지도자들은 예수님을 십자가에 못 박는 일에 서슴지 않고 앞장섰다. 유대인들에게 있어서 십자가 사형은 종교적 특성과 의미를 지니고 있다. 유대인들의 십자가 사형은 구약 신명기 21:23 말씀으로 조명하여야 한다. 유대인 역사는 십자가 사형이 로마제국처럼 성행하거나 강조하지는 않았다. 유대교에서는 지금도 구약만을 경전으로 믿고 있으며 모세의 율법을 중요시한다. 그들은 십자가 사형을 감행하지 않고 그 대신에 돌로 쳐 죽이는 일을 많이 하였다(요 8:5; 신 22:24; 겔 16:38-40).

십자가에 처형당하는 사람들에 대한 인식은 로마인들이나 헬라인들이나 유대인들이 다 동일하다. 즉 십자가에 처형되는 사람은 죄인들 중에도 가장 큰 죄인이다. 유대인들은 나무와 십자가를 구분하지 않았으며 또한 나무에 달리는 것과 십자가에 못 박히는 것도 구별하지 않았다. 그들은 십자가에 못 박혀 죽은 자를 하나님의 저주를 받은 자라고 하였다. 그러므로 신명기 21:23 말씀대로 "나무에 달린 자마다 저주 아래 있는 자"라고 하였다. 십자가의 죽음은 사회적으로나 윤리적으로나 극히 불명예스러운 죽음이었다. 십자가의 죽음은 저주받은 자의 죽음이다.

---

69) Y. Yadin, *Epigraphy and Crucifixion*, pp.18-22.

(5) 그러면 예수님이 십자가상에서 돌아가신 이유는 무엇인가?

예수님이 십자가에 못 박혀 사형을 당하여야 할 정도로 무슨 큰 죄를 범하였는가? 예수님은 흉악범이었는가? 세상 나라를 전복하려고 한 반역자였는가? 천만에 말씀이다. 예수님은 여하한 죄도 없으므로 십자가상에서 돌아가실 하등의 이유가 없으시다. 빌라도도 예수님으로부터 죄를 찾지 못하였다(마 27:23, 24). 오로지 예수님이 십자가상에서 참혹하게 죽으신 것은 우리를 위하여 그리고 우리를 대신하여(for and on behalf of) 받은 형벌이다. "그가 찔림은 우리의 허물을 인함이요 그가 상함은 우리의 죄악을 인함이라 그가 징계를 받음으로 우리가 평화를 누리고 그가 채찍에 맞음으로 우리가 나음을 입었도다. 우리는 다 양 같아서 그릇 행하여 각기 제 길로 갔거늘 여호와께서는 우리 무리의 죄악을 그에게 담당시키셨도다"(사 53:5-6)라고 이사야 선지자는 예언하였다.

예수님은 진실로 순교의 나무에 달려 죽으셨다. 진실로 예수님은 자기를 낮추시고 … 부끄러움을 개의치 아니하시고 십자가를 지셨다(빌 2:8; 히 12:2). 예루살렘과 유다와 로마에 사는 모든 사람들은 이미 십자가의 죽음이란 어떤 죽음이며 어떤 사람들이 받는 죽음인가를 잘 이해하였다. 그런 사람들에게 사도들(apostles)은 십자가에 못 박힌 예수 그리스도를 개인의 구주로 영접하고 믿으라고 전하니 십자가의 도가 유대인들에게는 거치는 돌이 되고, 멸망 받을 자들에게는 미련하고 어리석게 생각되었다. 그러나 동일한 십자가의 도가 구원을 받는 우리들에게는 하나님의 능력이요 하나님의 지혜이다(고전 1:18, 23).

(6) 새 무덤에 장사 지낸 바 되심

사도행전 13:29, "무덤에 두었으나"

예수님의 장사에 있어 인간의 생각으로는 전연 예기치 못했던 새로운 일이 발생하였다. 하나님께서는 예수님의 성체(聖體)를 안장하시기 위하여 아리마대 요셉(Joseph of Arimathea)으로 하여금 아무도 장사지낸 바 없는 새 무덤을 준비케 하셨다.

아리마대 요셉은 어떤 인물인가?

아리마대(Arimathea)는 예루살렘 서북쪽 약 32km(20mile) 떨어진 곳으로 욥바(Joppa) 동쪽 작은 언덕 마을이다. 아리마대 요셉은 도덕적으로 흠 없는 의인(눅 23:47), 경제적으로 부유한 부자(마 27:57), 유대인들의 대표기구인 산헤드린 공의회 의원, 예수님을 따르는 제자, 하나님의 나라를 고대하는 자였다. 그는 산헤드린 공의회가 예수님을 십자가에 못 박아 처형하기로 결의할 때 동의하지 않고 반대한 정의의 사람이며 하나님의 사람(눅 23:50-51)이었다.

성경은 진술하기를 예수님의 성체가 봉안된 무덤은 큰 바위를 깎아서 만든 "아직 사람을 장사한 일이 없는 새 무덤"이라고 하였다(마 27:60; 눅 23:53). 우리말 성경에 "바위에 판 무덤"이란 큰 바위를 깎아서 만든 무덤(tomb cut in the rock)을 가리킨다. 이것은 분명히 하나님의 섭리에 의하여 이루어진 것이다. 새 무덤만이 예수 그리스도의 성체(聖體)를 안장하기 적합하다. 진실로 "고난 받은 종 메시아는 사람들의 멸시와 천대를 받아도 그의 죽음은 부(富)하리라." "그 무덤이 악인과 함께 되었으며 그 묘실이 부자와 함께 되었도다"(사 53:9)고 한 이사야 선지자의 말씀이 응하였다.

실로 예수님은 십자가 좌우의 두 죄인들과 같이 동열에 처하여 천한 무덤에 들어갈 것이었으나 실제로는 아직 사람을 장사지낸 바 없는 요셉이라는 부자의 새 무덤에 봉안되었다. 예수님은 공생애 기간 중 말씀하시기를 "여우도 굴이 있으나 인자는 머리 둘 곳이 없다"(마 8:20; 눅 9:58)고 말씀하셨는데 예기치 못했던 새로운 무덤에 장사 지낸 바 되었으니 어찌 하나님의 섭리가 아니겠는가! 또 새 무덤이 예수님이 십자가에 달리신 장소에서 가깝다는 사실은 곧 그날이 저물었으므로 주님의 몸을 급히 장사지내는 데 아주 좋은 조건이었다.

윌버 스미스(Wilbur Smith)는 다음과 같이 기록하였다.

"무덤이 있었던 장소는 지리적으로 명확하고 그 무덤을 소유했던 사람은 1세기 초기에 살았으며 무덤은 예루살렘에서 가까운 언덕 바위를 깎아서 만든 것이었으며, 신화적인 요소나 구름에 싸인 것도 아니며, 지리적으로 중요함을 가지고 있었다. 무덤 앞에 있던 파수꾼들은 올림푸스(Olympus) 산에서 본 공상적인 존재도 아니었다. 산헤드린 공의회는 예루살렘에서 자주 모이는 의회였다…". [70]

큰 바위를 깎아서 만든 무덤은 대리석 같은 큰 돌들로 만든 관과 묘로서 지금도 소아시아 지방, 파묵칼레/히에라폴리스(Pamukkale/Hierapolis)에는 1km에 약 1,200개 정도가 산재해 있다. 이것은 세계에서 가장 오래된, 그리고 가장 많은 큰 돌들을 깎아 만든 돌관, 또는 돌무덤들이다. [71]

(7) 시체가 썩지 아니함

사도행전 13:34, "… 그를 일으키사 다시 썩음을 당하지 않게 하실 것 …"

사도행전 13:35, "또 다른 시편에 일렀으되 주의 거룩한 자로 썩음을 당하지 않게 하시리라 하셨느니라."

사도행전 13:37, "하나님께서 살리신 이는 썩음을 당하지 아니하였나니"

예수님이 세상을 떠나시고 부활하실 때까지 예수님의 시체는 무덤 속에서 썩지 않았다. 요한복음 19:34에는 "창으로 옆구리를 찌르니 피와 물이 나오더라"고 기록되어 있다. 예수님의 옆구리를 창으로 찔렀을 때 그 창이 심장을 뚫어 심장의 극심한 충격과 더불어 피가 그 창 자리를 통하여 다 쏟아져 나왔다. 그 외에도 머리에는 가시관(crown of thorns)을 썼으므로 머리 온 주위에도 피가 흘러 나왔으며, 양 손과 양 발에도 못(nail)을 박았으므로 피가 흘러나왔다. 예수님이 십자가상에서 운명하신 후 피 뿐만 아니라, 물까지 흘러나왔다는 사실은 곧 예수님이 분명히 죽으셨으며 또한 무덤 속에서 썩음을 당치 않았다는 실증이다. 그 이유는 썩음의 시작은 피의 응고인데 피가 없을 뿐 아니라 운명 시부터 부활 시까지의 기간도 금요일 오후부터 주일 새벽 미명까지 단기간이었기 때문이다.

---

70) Wilber M. Smith, *Therefore Stand: Christian Apologetics*, p.386.
71) Tevhit Kekec, *Pamukkale/Hierapolis* (Istanbul, 1991). pp.26-27.

하나님께서는 다윗을 통하여 예수님이 죽은 후 그 시체가 썩지 않을 것이라고 예언하였다. "이는 내 영혼을 음부에서 버리지 아니하시며 주의 거룩한 자로 썩지 않게 하실 것임이라"(시 16:10)고 예언하신 바로 그 말씀이 이루어진 것이다. **"주의 거룩한 자"**(thine Holy One)는 예수 그리스도를 가리킨다(막 1:24; 눅 4:34; 행 3:14; 눅 1:35). 예수 그리스도는 죽임을 당하셨으나 그 시체는 썩지 않았다.

● **사도 베드로**는 오순절 날 열한 명의 사도들과 같이 서서 수많은 무리들에게 설교할 때 시편 16:8-11의 말씀을 인용하여 "내 영혼을 음부에 버려두지 아니하시며 주의 거룩한 자로 썩음을 당치 않게 하시리라"(행 2:27). "그리스도의 부활하심을 말하되 저가 음부에 버림이 되지 않고 육신이 썩음을 당하지 아니하리라"(행 2:31)고 외쳤다.

● **사도 바울**도 안디옥에서 이스라엘 사람들과 하나님을 경외하는 사람들에게 설교할 때에 시편 16:10의 말씀을 인용하였다. "… 주의 거룩한 자로 썩음을 당하지 않게 하시리라 하셨느니라. 다윗은 당시에 하나님의 뜻을 좇아 섬기다가 잠들어 조상들과 함께 묻혀 썩음을 당하였으되 하나님의 살리신 이는 썩음을 당하지 아니하였느니라"(행 13:35-37). 하나님의 살리신 이는 예수 그리스도를 가리킨다. 전능하신 하나님은 예수 그리스도를 음부에 버려두지 아니하시며 썩음을 당치 않게 하셨다.

(8) 하나님이 다시 살리심

사도행전 13:30, "하나님이 죽은 자 가운데서 그를 살리신지라."
사도행전 13:33, "곧 하나님이 예수를 일으키사 …"
사도행전 13:34, "또 하나님이 죽은 자 가운데서 그를 일으키사 …"
사도행전 13:37, "하나님께서 살리신 이 …"

성경은 예수 그리스도의 부활을 성부 하나님의 사역이라고 가르친다. 성부 하나님은 그의 권능(초자연적 능력)으로 예수 그리스도를 죽음에서 다시 살리셨다.

시편 기자는 하나님이 예수 그리스도를 죽음에서 다시 살리실 것을 예언하였다. 하나님은 "너는 내 아들이라"(시 2:7)고 말씀하셨다. 하나님과 그리스도와의 관계는 부자(父子) 관계이다. 이 부자 관계는 사람들의 생식방법에 의한(육체적 탄생에 의한) 부자 관계가 아니라, 삼위일체적 의미에서 영원출생에 의한 아들이시다.

"너는 내 아들이라"고 말씀하신 성부 하나님은 또한 "주의 거룩한 자로 썩지 않게 하실 것이다"(시 16:10)라고 약속하셨다. 주의 거룩한 자는 독생자 곧 예수 그리스도를 가리키며, "썩지 않게 하시리라"는 말씀은 죽어 장사지낸바 된 후에도 그 육체가 썩지 아니하고 다시 부활하실 것을 예언한 말씀이다.

로마서 10:9, "하나님께서 그를 죽은 자 가운데서 살리셨도다."

그리스도를 죽은 자 가운데서 살리신 이(주어; subject)는 하나님이시요, 살리심을 받은 이(목적어; object)는 예수 그리스도이시다. "죽은 자 가운데서"라는 표현은 "죽음에서부터"(에크 네크론; ἐκ νεκρῶν)라는 뜻이고, 이는 죽은 자를 의미한다(참조: 행 3:15; 6:30; 13:30, 37; 롬 4:24; 6:4; 8:11; 고전 6:14; 15:15; 고후 4:14; 갈 1:1; 엡 1:20; 골 2:12; 살전 1:10).

사도행전 2:24; 13:30, "하나님께서 사망의 고통을 풀어 살리셨다."

고통(pain)이란 "오디나스"(ὠδῖνας)로서 "해산의 고통"(birth pains)을 의미한다(갈 4:19, 27; 계 12:2). 그러한 죽음의 고통을 하나님께서 풀어주셨다(시 18:5; 116:3). "풀다"(루오; λύω; to loose)는 "자유케 하다, 해방시키다"(to free, to liberate)라는 뜻이다. "풀다"는 "매다, 속박하다"의 반대이다. 하나님이 사망의 고통에서 예수 그리스도를 풀어주셨으므로 더 이상 사망의 고통이 예수님을 속박하지 못한다.

(9) 예수 그리스도 부활의 증거

사도행전 13:31, "갈릴리로부터 예루살렘에 함께 올라간 사람들에게 여러 날 보이셨으니 저희가 이제 백성 앞에 그의 증인이라."

예수 그리스도는 부활하신 후 여러 번, 여러 장소에 나타나심으로 자신의 부활을 자증하셨다. 예수 그리스도의 부활은 예수님이 죽으셨다가 3일 만에 다시 살아나리라고 하신 예언의 말씀(막 8:31; 9:9, 31; 10:34; 요 2:19)은 참이며, 예수님은 보내심을 받은 하나님의 아들이시며(요 3:16), 죄인들을 위한 구원사역을 성공하셨으며(롬 4:25), 참 그리스도인들의 구주이시요(행 2:36), 주님이심을 증거한다.

예수 그리스도께서 부활하신 후 12회 나타나 보이셨음.

예수 그리스도께서 나타나 보이신 순서를 따라서 그의 육체적 부활의 사실을 증명하고자 한다.

- 막달라 마리아(Mary Magdalene)에게 나타나심(요 20:10-18).
- 막달라 마리아와 다른 여인들에게 나타나셨음(마 28:1-10; 막 16:9-10; 눅 24:1-53; 요 20:11-18).
- 베드로에게 나타나셨음(고전 15:5; 눅 24:34; 요 20:3-9).
- 엠마오로 가는 두 제자에게 나타나셨음(막 16:12; 눅 24:13-35).
- 10사도들(Apostles)에게 나타나셨음(눅 24:36-49; 요 20:19-23).
- 예수님이 11사도들에게 나타나셨음(막 16:14; 요 20:24-31).
- 7사도들(Apostles)에게 나타나셨음(요 21:1-24).
- 모든 사도들(All Apostles)에게 나타나셨음(마 28:16-20; 막 16:14-18).
- 500여 신도들 앞에 나타나셨음(고전 15:6, 7).
- 야고보(James)에게 나타나셨음(고전 15:7).
- 승천하시기 직전 모든 사도들(All Apostles)에게 보이셨음(행 1:4-8; 참고: 마 28:18-20; 막 16:19; 눅 24:44-53).
- 승천하신 후 바울에게 나타나셨음(고전 15:8; 행전 9:1-9).

(10) 죄 사함 받음

사도행전 13:38, "그러므로 형제들아 너희가 알 것은 이 사람을 힘입어 죄 사함을 너희에게 전하는 이것이며"

죄는 하나님의 성품, 하나님의 뜻, 하나님의 법을 위반하거나 또는 순종함에 부족한 것이다. 인류의 시조 아담과 하와는 불순종·불신앙·교만 등으로 하나님의 계명을 범하였으며, 아담의 후손들은 죄의 성질들을 이어받아 각각 개인 개인이 의식 또는 무의식 중에, 의도적 또는 연약하여, 내면적 또는 외면적으로, 작은 죄 또는 큰 죄를 범한다. 그 결과 사람은 다 죄의 값으로 사망에 이르게 되었다(롬 3:10, 23, 6:23).

은혜와 자비와 긍휼의 하나님은 우리를 위하여 독생자 예수 그리스도를 이 세상에 내보내시고 독생자 예수 그리스도는 우리를 위하여(for us) 그리고 우리를 대신하여(instead of us) 십자가 상에서 피 흘려 죽으심으로 우리를 죄와 사망 가운데서 구속하여 주셨다. 그리하여 우리가 그의 피로 죄 사함을 받고 진노함에서 구원을 얻었다(엡 1:7; 벧전 1:19). 나의 죄를 씻기는 예수 그리스도의 피 밖에 없네!

(11) 의롭다함을 받음(칭의)

사도행전 13:39, "또 모세의 율법으로 너희가 의롭다하심을 얻지 못하던 모든 일에도 이 사람을 힘입어 믿는 자마다 의롭다 하심을 얻는 이것이니라."

모세의 율법이란 모세가 시내산에서 하나님께로부터 받은 10계명(출 20:1-17; 신 5:7-21)을 말한다. 모세의 율법은 우리가 지켜야 할 하나님의 법의 요약이다. 그런데 우리가 모세의 율법으로 의롭다 하심을 얻지 못하는 이유는 우리가 모세의 율법을 온전히 지킬 수 없기 때문이다. 사도 바울은 로마서 10:5에서 "모세가 기록하되 율법으로 말미암는 의를 행하는 사람은 그 의로 살리라 하였거니와"라고 레위기 18:5과 신명기 6:25 말씀을 인용하였다. 이 말씀의 본(本) 뜻도 모세의 율법을 지키는 것으로는 의롭다 함을 얻을 자가 한 사람도 없다는 말씀이다.

그러나 "이 사람을 힘입어 믿는 자마다 의롭다 하심을 얻는 이것이니라." 이 사람은 예수 그리스도를 가리키며 "힘입어"(엔 투토; ἐν τούτῳ; by this man; 이 사람으로 말미암아)는 그의 고난과 죽으심으로 말미암아 성취하신 온전한 의를 믿음으로 말미암아 의롭다 하심을 얻는다는 말씀이다. 의롭다 하심을 얻는다는 말씀은 마치 의인처럼 의인으로 간주된다는 뜻이다. 이것을 신학적 용어로는 칭의라고 한다.

● **칭의**(Justification)는 예수 그리스도의 온전한 의를 그리스도인에게 전가(imputation) 시키므로 죄인을 의롭다라고 선언하시는 하나님의 법정적 선언이다. 우리는 오직 믿음으로만 받는 것이다. 그러므로 칭의를 이신칭의(Justification by Faith alone)라고 한다.

2) 복음의 핵심을 반복 설교(행 13:42, 44)

사도행전 13:42, "… 다음 안식일에도 이 말씀들을 하라 하더라."

사도행전 13:44, "그 다음 안식일에는 온 시민이 거의 다 하나님의 말씀을 듣고자 하여 모이니."

비시디아 안디옥 성도들은 사도 바울과 바나바로부터 복음의 진수, 구원의 도리에 관한 하나님의 말씀을 받고 그 다음 안식일에도 계속 받도록 간청하였다. 달고 오묘한 그 말씀, 생명의 말씀이기 때문이다.

3) 사도 바울의 설교에 대한 반응(행 13:42-52).

(1) 많은 이방인들이 그리스도께로 돌아옴

사도 바울로부터 하나님의 말씀을 받은 많은 이방인들이 예수 그리스도를 구주로 영접하고 기뻐하였다. 그리고 하나님께 영광을 돌렸다(행 13:48).

"**기뻐하였다**"(에카이론; ἔχαιρον; had rejoiced; 기뻐하였다)는 미완료 과거 시상이다. 미완료 과거(imperfect tense)는 과거의 계속적 행동(a continuous action in the past)을 강조한다. 죄 사함 받은 기쁨, 구속의 은총에 감사하는 기쁨, 하나님의 자녀가 된 기쁨, 영생복락을 누리게 된 기쁨, 중생한 자의 영혼에서부터 샘솟듯 복 받쳐 오르는 기쁨이 계속되었다.

"**영광을 돌렸다**"(에독사존; ἐδόξαζον; had glorified; 영광을 돌렸다)는 독사조(δοξάζω; to magnify, praise, glorify ; 확대하다, 찬양하다, 영광을 돌리다)의 3인칭·복

수·미완료 시상이다. 따라서 하나님께 계속 영광을 돌리었다. "기뻐하였다"와 동일한 시상이다.

"그 다음 안식일에는 온 성이 거의 다 하나님의 말씀을 받고자 회당에 운집하였으며, 영생을 주기로 작정된 자는 다 믿더라"(행 13:44, 48). 비시디아 안디옥에서의 바울의 선교는 열매가 매우 컸다.

(2) 유대인들이 바울과 바나바를 핍박하여 내쫓음.

이에 유대인들과 그들의 지도자들이 시기가 가득하여 그 성안의 치안을 담당하는 관원들과 **일부 귀족부녀자들**과 무지몽매한 사람들을 충동시켜 바울과 바나바를 핍박하게 하여 그 지경에서 내쫓았다(13:50). 일부 귀부인들은 유대교로 개종한 이방 여자들이었다. 지리학자 **스트라보**(Strabo)는 보도하기를 당시 로마제국 전역에서 일부 이방 여인들이 유대교로 개종하고, 영향력 있는 남자들과 결혼하여 귀부인이라는 말을 들었다. 유대주의자들은 숫자가 열세이므로 치안을 담당하는 관원들과 귀부인들 그리고 무지몽매한 사람들을 충동시켜 바울과 바나바를 핍박하고 비시디아 안디옥에서 내쫓았다. 바울과 바나바는 비시디아 안디옥에서 말할 수 없는 핍박을 같은 동족인 유대인들로부터 받았음으로 훗날 로마 감옥에서 순교하기 전 비시디아 안디옥에서 어떠한 핍박을 받았는지를 언급하였다(딤후 3:11).

3. 이고니온에서(In Iconium, 행 14:1-5)

바울과 바나바는 비시디아 안디옥에서 유대주의자들과 일부 귀족부녀자들과 무지몽매한 사람들에 의하여 쫓겨나 이고니온으로 가서 장기간 유하면서 유대인 회당에서 또 복음을 전하였다.

이고니온은 현재는 터키의 꼬냐(Konya)이다. 꼬냐는 이스탄불, 앙카라에 이어 인구 50만 명의 터키에서 중요한 도시이다.

I. 사도 바울의 제1차 선교여정 155

이고니온[72]은 비시디아 안디옥에서 동쪽으로 약 144km(90mile) 떨어진 소아시아의 중심부 남쪽에 위치한 곳으로, 비시디아·브루기아·갑바도기아 사이에 있는 타우르스(Taurus) 산맥 북쪽에 있다. 당시는 안디옥·루스드라와 더불어 로마 식민지 행정 구역 갈라디아 도(道)에 속하였으며, 해발 1,000m의 중앙 고원 평야로 땅이 비옥하고 물이 풍부한 농업지대이다. 당시 이고니온은 곡식과 과일들이 생산되는 크고 부한 도시였다.

이고니온은 가장 오래된 도시들 중 하나이다. 이고니온의 역사는 적어도 8세기(B.C.)로 올라간다. 주전 7000년경에 이고니온 남서쪽 약 50m에 카탈 후육(Catal Huyuk) 지역에는 신석기 시대(Neo-lithic) 사람들의 유품들과 골동품들이 발굴되었다.

이고니온은 B.C. 3세기 이후 셀류코스 왕조, 버가모(B.C. 187년), 갈라디아(B.C. 165년), 본도(B.C. 129년), 갈라디아(B.C. 36년)의 지배를 차례로 받다가 B.C. 25년 이후 로마에 점령되었다.

A.D. 235년에는 종교회의가 열렸고,

A.D. 660년 이후 3세기 동안 아라비아의 지배를 받다가

A.D. 1097년 셀주크 투르크 제국의 수도가 되고

A.D. 1190년 이후로 터키의 도시가 되었다.

1) 이고니온 회당에서 바울의 전도(행 14:1-5)

바울과 바나바는 예전과 다름없이 유대인들의 회당에 들어가 하나님의 말씀을 담대하고도 능력 있게 전하므로, 그리고 주께서 사도들의 손으로 표적과 기사(signs and wonders)를 행하게 하시므로 많은 유대인들과 이방인들이 예수 그리스도를 구주(personal Saviour)로 영접하였다. 주께서 사도들에게 이적들과 기사들을 행하게 하심은 참 사도들임을 입증하고, 복음을 효과적으로 전파하기 위함이었다. 사도행전 14:1 이하는 많은 유대인들과 헬라인들이 그리스도인들이

---

72) John McRay, op. cit., pp.123-124.
　　Everett C. Blake, op. cit., pp.83-84.

되었음을 발견한다. 그러나 설교의 내용이 무엇인지, 어떤 이적과 기사들을 행하셨는지에 대하여는 자세한 기록이 없다. 다만 많은 유대인들과 헬라인들이 구원 받은 것을 보면 복음의 핵심인 구원·영생의 도리를 전한 것이 틀림없다.

그러나 비시디아 안디옥과 이고니온에서 온 불신앙의 유대인들과 이방인들은 무지몽매한 사람들을 충동하여 바울을 돌로 쳐 죽이려 하였다. **"선동하여"** (호르메, ὁρμή; a rush)는 이성(reason; 理性)의 지배를 받지 않는 폭력적 행동을 뜻한다. 그 당시 돌로 때려죽이는 것(stone to death)은 유대인들의 사형법이었다. 그리하여 바울과 바나바는 이고니온을 떠나 루스드라로 가서 거기서 또 복음을 전파하였다.

4. 루스드라에서(In Lystra, 행 14:6-20)

바울과 바나바는 이고니온(현재 터키의 꼬냐, Konya)에서도 유대인들의 핍박을 받아 루스드라로 피하였다.

루스드라는 이고니온에서 남쪽으로 약 32km(20mile) 떨어진 곳, 비시디아 안디옥에서는 동쪽으로 약 208km(130mile) 떨어진 곳이다. 현재는 카툰세라이(Khatun Serai) 근처에 옛 터가 남아있다.

- 루스드라와 더베는 루가오니아의 남갈라디아 지역에 있는 도시들이다(행 14:6). 헷 족속, 앗수르, 페르시아, 알렉산더 대왕 등이 이고니온 지역을 지나가면서 여러 민족들이 흘러 들어와 정착하게 되었다. 이곳에는 헬라인들과 유대인들뿐만 아니라 다른 민족들도 많이 살고 있었다.
- **루스드라**는 어거스터스(Augustus) 로마 황제가 그 지역의 타우르스 족(Taurus)을 제압하고 로마군을 주둔시킨 곳이다.
- 바울과 바나바는 A.D. 47년경에 시작한 제1차 선교여정과 A.D. 49년 또는 50년에 시작한 제2차 선교여정 때도 루스드라에서 복음을 전하였다(행 14:6; 16:1).

> ● 루스드라[73]는 디모데의 고향이다. 디모데는 루스드라와 이고니온에 있는 형제들에게 칭찬을 받는 자로 바울의 제2차 선교여정 시 동행하였다.

루스드라에서 앉은뱅이를 일으키심(행 14:8-14)

사도행전에 기록된 사도 바울의 두 번째 설교는 루스드라에서의 설교이었다. 바울과 바나바는 루스드라에서도 계속 복음을 전하고, 나면서부터 앉은뱅이를 일으키는 이적도 행하였다. 나면서부터 앉은뱅이 된 사람에게 "네 발로 바로 일어서라 하니 그 사람이 즉시로 일어나 껑충껑충 뛰며 걸었다"(행 14:10).

이고니온에서 이적을 행하신 것처럼 의사인 누가는 불치의 불구자 앉은뱅이를 일으킨 바울의 이적을 그대로 보도하였다. 이런 이적으로 인하여 루스드라 성에는 큰 소동이 벌어졌다. 이때에 루스드라 성 바로 밖에 있는 쓰스 신당(Zeus temple)의 제사장이 바울의 이적 행함을 보고 바울과 바나바를 사람의 형체를 취하여 나타난 신들(gods)로 생각하고 소(oxen)와 화환들(garlands)을 가지고 와서 무리들과 함께 바울과 바나바에게 예배하려고 하였다. 그들은 바울은 머큐리(Mercury)신(神, 신들의 사신)의 화신(化身)으로, 바나바는 쥬피터(Jupiter, 우뢰와 하늘의 신)신의 화신으로 생각하였다. 제우스, 머큐리, 쥬피터 등은 로마의 신들(gods)이다. 제우스신은 로마의 최고 신이다.

바울과 바나바는 심히 괴로워하여 옷을 찢고 무리 가운데 뛰어 들어가 "여러분들이여 어찌하여 이런 일들을 하느냐? 우리도 여러분들과 같은 성정을 가진 사람"이라고 하면서 책망하고 만류하였다(계 19:10 참조).

"같은 성정을 가진 사람"(호모이오파데이스; ὁμοιοπαθεῖς; of like nature or feelings)이란 동일한 성질과 감정을 가진 사람 다시 말하면 신(神)이 아닌, 죄의 성질이 있는, 연약한 사람을 가리킨다.

"옷을 찢고"(디아렉산테스; διαρρήξαντες; rending)는 슬픔의 표시이다. 그리고 계속해서 그리스도의 복음을 또 증거하였다. 헛된 일을 버리고 천지와 바다와 그

---

73) Ibid., pp.124-125.
   Ibid., pp.85-86.

가운데 만물을 지으시고 살아계신 하나님께로 돌아오게 하기 위함이다.

1) 루스드라에서 사도 바울의 전도 - 이방인들에게

사도행전 14:15-17, "가로되 여러분이여 어찌하여 이러한 일을 하느냐 우리도 여러분과 같은 성정을 가진 사람이라 너희에게 복음을 전하는 것은 이 헛된 일을 버리고 천지와 바다와 그 가운데 만유를 지으시고 살아계신 하나님께로 돌아오라 함이라 하나님이 지나간 세대에는 모든 족속으로 자기의 길들을 다니게 묵인하셨으나 그러나 자기를 증거하지 아니하신 것이 아니니 곧 너희에게 하늘로서 비를 내리시며 결실기를 주시는 선한 일을 하사 음식과 기쁨으로 너희 마음에 만족케 하셨느니라."

사도 바울은 루스드라에 있는 사람들의 종교적 확신을 비판하지 않고, 다만 이방의 헛된 종교를 분명히 반대하였다. 그러므로 헛된 일(우상숭배)에서 돌이킬 것(행 14:15), 살아계시고 참되신 하나님, 천지와 바다와 그 가운데 있는 모든 것을 창조하신 하나님만이 우리의 신앙의 대상으로 믿고 예배드릴 것을 설교하였다.

(1) 헛된 신들(gods)을 버리라

"**헛된 일들을 버리고**"(ἀπὸ τούτων τῶν ματαίων) : 헛된 일들은 무가치한 일들로 구약성경에는 거짓 신들(false gods)을 섬기는 것에 사용되었다(삼하 12:2). 헛된 일들은 거짓 신들 곧 이방신들(heathen gods)을 섬기는 우상 숭배 행위를 가리킨다.

많은 거짓 신들, 많은 우상들

고린도전서 8:5, "하늘에나 땅에나 신(god)이라 칭하는 자가 있어 많은 신(神)과 많은 주(主)가 있으나"

1. 하늘에도 거짓 신들(gods)이 많이 있다.

그런데 본절에서 하늘(우라노스; οὐρανός)이란 외기권(outer space), 태양계(stellar), 은하수(galaxy) 세계를 말한다. 외기권을 태양계라고 하는 이유는 외기권에는 해·달 그리고 무수한 별들이 있는 천계(天界)이기 때문이다. 은하수는 태양계에 대한 시적 표현이다. 옛날이나 지금이나 우상을 섬기는 사람들은 해·달·별들을 신들(gods)로 섬겨왔다.

본 절에서 '하늘'이란 천국을 가리키지는 않는다. 비록 천국(οὐρανός)이라는 동일한 단어를 사용하였지만 천국은 아니다. 왜냐하면 천국에는 영원 자존자이시요 창조자이시요 절대 주권자이신 하나님, 하나님께 수종드는 천군천사들과 앞서간 성도들의 영혼들이 부활의 몸을 기다리며 안식하는 곳이기 때문이다. 천국에는 우상이 있을 수 없다.

2. 땅에도 거짓 신들(gods)이 많이 있다.

땅(게스; γῆς; earth; 지구, 땅)은 육지와 바다를 포함한 지구 곧 우리가 살고 있는 이 세계를 말한다. 옛날이나 지금이나 사신우상을 섬기는 사람들은 자기들이 믿는 신(神)들이 하늘이나 땅이나 그 아래에 사는 것으로 믿었다. 그리고 그 신들을 믿고 섬기고 그것들이 복(福)을 줄 줄로 믿고 그것들에게 복을 기원한다.

남미(南美)의 원주민들은 태양을, 바벨론에서는 별들을, 애굽에서는 소·고양이·매·악어 등을, 메소포타미아의 셈족은 산·나무·돌·샘 등을, 가나안 족은 뱀을, 고린도에서는 아프로디테(Aphrodite) 여신(女神)을, 그리스에서는 신들(gods)이 너무나 많아 심지어는 "알지 못하는 신"(unknown gods)들을 섬겼다(행 17:23).

그러면 사람이 어떻게 거짓 신들(gods)을 숭배할 수 있을까?

- 본래 사람은 **"하나님의 형상대로"**(in the image of God) 지음을 받은 존재였다. 하나님의 형상이란 의·진리·거룩을 포함하는 하나님의 도덕적 속성들과 영적인 면 그리고 지능적인 면에서의 하나님의 형상대로 지음을 받았다. 그러므로 사람이 범죄 타락하기 전에는 의롭고 진실되고 거룩하게 살았으며, 하나님과 교제하였으며, 하나님의 모든 법도를 바로 알고 시행하였다.
- 본래 사람은 **"만물의 영장으로"**(as a crown of creature) 지음을 받은 존재였다. 그러므로 하늘과 땅과 그 가운데 있는 모든 것들과 땅 아래에 있는 모든 것들을 주관하고 다스리고 소유하고 살도록 독특한 존재로 지음을 받았

다. 그러한 사람이 어떻게 하나님이 우리를 위하여 지으신 세계의 해·달·별들·소·뱀·악어·학·물고기 같은 것들을 신들(gods)로 숭배하며 그것들에게 복을 기원할 수 있는가? 어떻게 사람이 만든 수공물들이 복을 줄 것으로 믿고 그것들에게 복을 기원할 수 있을까?

그 이유는 사람이 범죄 타락하여 그들의 영적·도덕적·지능적 하나님의 형상들이 상실 또는 파괴되었기 때문이다. 다시 말하면 사람의 마음의 생각과 도덕적 성향들과 영적 상태가 철저하게 병들고, 불구가 되고, 비틀어지고, 뒤틀리고, 비정상적이고, 악해졌기 때문이다. 이것을 신학적으로는 정신의 전적 부패, 마음의 전적 부패, 의지의 전적 부패라고 말한다.

에베소서 4:18, "저희 총명이 어두워지고 저희 가운데 있는 무지(無知)함과 저희 마음이 굳어짐으로 말미암아 하나님의 생명에서 떠나 있도다."

로마서 1:21-25, "… 오히려 그 생각이 허망하여지며 미련한 마음이 어두워졌나니 … 썩어지지 아니하는 하나님의 영광을 썩어질 사람과 금수와 버러지 형상의 우상으로 바꾸었느니라 … 이는 저희가 하나님의 진리를 거짓 것으로 바꾸어 피조물을 조물주 보다 더 경배하고 섬김이라."

시편 115:4-7; 135:15-17, "열방의 우상은 은금이요, 사람의 수공물이라 입이 있어도 말하지 못하며, 눈이 있어도 보지 못하며, 귀가 있어도 듣지 못하며 그 입에는 아무 기식(숨 쉬는 소리)도 없나니"(사 44:18-19).

제1계명, "너는 나 외에는 다른 신들을 네게 있게 말지니라."

제2계명, "너를 위하여 새긴 우상을 만들지 말고, 또 위로 하늘에 있는 것이나, 아래로 땅에 있는 것이나, 땅 아래 물속에 있는 것의 아무 형상이든지 만들지 말며, 그것들에게 절하지 말며, 그것들을 섬기지 말라"(출 20:3-4).

(2) 살아계신 하나님께로 돌아오라(15b)

살아계신 하나님(living God)과 헛된 신들(false gods)·거짓신들·무가치한 신들과는 대조적이다.

하나님은 영원 자존하신 하나님, 살아계신 하나님, 모든 생명의 근원되시는 하나님이시다.

마태복음 22:32, "나는 아브라함의 하나님, 이삭의 하나님, 야곱의 하나님이로라 하나님은 죽은 자의 하나님이 아니요, 산자의 하나님이시라"(막 12:27; 눅 20:38; 눅 24:5).

하나님은 죽은 자를 살리시는 하나님, 장차 산자와 죽은 자를 심판하실 하나님이시다.

데살로니가전서 1:9, "하나님은 살아계시고 참되신 하나님 …"

(3) 창조주 하나님께로 돌아오라

사도행전 14:15b, "천지와 바다와 그 가운데 만물을 지으시고 살아계신 하나님께로 돌아오게 함이라."

사도행전 17:24, "우주와 그 가운데 있는 만물을 지으신 하나님 …"

영원 자존·전지·전능하신 창조주 하나님
- 하나님은 천지(天地)와 그 가운데 있는 모든 만물을 자신의 초자연적 능력의 말씀으로(창 1:7, 15, 24, 30; 롬 4:17; 골 1:16),
- 무(無)에서 유(有)를,
- 즉각적으로(장기간에 걸쳐서 창조하신 것이 아니다),
- 6일 동안(24시간 하루)에 창조하셨다.

특주 6: 창조의 6일[74]

첫째 날(The First Day) 창세기 1:3-5
"태초에 하나님이 천지를 창조하시니라"(창 1:1).

본 절에 천지는 우주 전체(the entire universe)를 가리킨다. 하나님께서는 창조의 첫째 날 하늘들과 땅 전체를 창조하셨다.

1. 하늘 창조(Creation of the Heavens)
하나님께서는 창조의 첫째 날 하늘들을 창조하셨다.

하늘은 히브리어로 샤마임(שָׁמַיִם; heavens)이다. 이 단어는 복수 명사로서 직역하면 하늘들(heavens)이다. 사도 바울은 사람들이 쉽게 이해하도록 하기 위하여 하늘들을 첫째 하늘, 둘째 하늘, 셋째 하늘 등 셋으로 구분하였다(고후 12:1-4).

1) 첫째 하늘(The First Heaven): 첫째 하늘은 지구를 둘러싼 대기권(atmosphere)을 가리킨다. 하나님께서 첫째 하늘을 창조하실 때에는 아직도 구름 층(윗 궁창)이 없었다. 그 이유는 창공 위의 물과 창공 아래의 물은 하나님께서 창조의 둘째 날 분리하셨기 때문이다. 이 창공에서 구름이 지구를 덮으며, 새들이 지저귀며 난다. 하나님이 가라사대 물들은 생물로 번성케 하라. 땅 위 하늘의 창공에는 새가 날으라 하셨다(창 1:20).

하나님은 창조의 첫째 날 빛(light)도 창조하셨다(창 1:3-5). 빛을 가장 먼저 창조하신 이유는 무엇일까? 빛은 모든 생명체의 근원이기 때문이다. 하나님께서는 빛을 창조하시고, 빛과 어두움을 분리하여 빛을 낮이라 하고 어두움을 밤이라 하셨다. 이것이 하나님의 분리의 사역, 성별의 사역(work of separation)이다. 만일 하나님께서 빛과 어두움을 낮과 밤으로 분리하지 않으셨다면, 수면·안식·가정의 행복한 생활 등 수많은 문제들에 직면하게 될 것이다.

---

74) 조영엽,『신론·인죄론』(생명의 말씀사, 2007), pp.203-243 참조.
조영엽,『신론』(기독교문서선교회개정판, 2012.5.25. 개정5판), pp.232-260.

하나님께서는 태양(sun)을 창조하기 전에 빛을 먼저 창조하셨다. 빛은 창조의 첫째 날 창조되었으며, 태양은 창조의 넷째 날 창조되었다. 그러면 태양 없이 어떻게 빛을 발할 수 있었겠는가? 하나님은 전능하셔서 빛의 휴대자 없이도 빛이 비취도록 하셨다. 그리고 그 빛이 지구를 돌면서 창조의 넷째 날 태양이 창조될 때까지 낮과 밤이 바뀌도록 분리하게 하였다.

천문학에 의하면 빛이 별에서부터 지구까지 도달하기까지는 약 200만 년(약 200만 광년: light years)이 걸리며, 그 거리는 1,000,000,000,000,000,000,000,000,000마일(ten quintillion miles)이라고 한다. 참으로 천문학적 숫자이다. 그럼에도 불구하고 하나님은 빛이 즉각적으로 지구에 도달하도록 하셨다(창 1:15). 전지전능하신 하나님은 사람들에게 빛을 주시기 위하여 별들을 2백만 년 전에 창조하신 것이 아니다.[75]

2) 둘째 하늘(The Second Heaven): 둘째 하늘은 대기권 밖의 공간, 즉 외계(外界 = outer space)를 가리킨다. 외계를 태양계 또는 별세계(stellar)라고도 부른다. 이 외계에는 해와 달을 위시하여 수많은 별들(stars)이 운행하고 있다.

하나님께서는 하늘을 창조하시고, 발광체들(luminaries)을 두시고, 그것들로 하여금 빛을 비추게 하시며, 년·월·일·시를 나뉘게 하시며, 낮과 밤을 나뉘게 하시며, 시간과 공간의 질서를 유지하게 하시며, 유기체들의 생명을 보존 발전케 하시며, 시대의 징조들로 사용하신다(창 1:14-18).

3) 셋째 하늘(The Third Heaven): 셋째 하늘은 하나님께서 임재하시는 천국(天國)을 말한다. 사도 바울이 환상 중에 본 셋째 하늘은 바로 이 천국을 가리킨다(고후 12:2).

하나님께서는 창조의 첫째 날, 셋째 하늘 창조 시에 수를 헤아릴 수 없이 많은 천사들(angels)도 선하게 창조하셨다(단 7:10; 계 5:11; 9:16). 골로새서 1:16에서 하나님께서 보이지 않는 것들도 창조하셨다고 했는데, 바로 이 보이지 않는 것들은 영물들, 곧 천사들을 가리킨다. 욥은 각 천사들을 하나님께서 직접 창조하셨다는 의미에서 하나님의 아들들이라고 표현하였다(욥 1:6).

---

75) Whitecomb, *The Early Earth* (Baker House, 1986), p.60.

2. 지구 창조(Creation of the Earth)

하나님께서는 창조의 첫째 날 지구(땅)도 창조하셨다. 하나님께서는 자신의 초자연적 능력의 말씀으로 하늘들을 무(nothing)에서 유(something)로 창조하신 것과 같이, 지구도 기존재료 없이 무에서 창조하였다.

하나님께서 지으신 천체들이 이 우주에는 헤아릴 수 없이 많이 산재해 있는데, 그 중에서도 유독 이 지구만이 우리 인간을 위한 처소가 되었을 뿐만 아니라, 이 지구만이 예수 그리스도의 지상 천년 왕국이 될 것이다.

지구는 모든 생명체들의 유일한 거주지

지구 표면 공기의 77%는 질소(nitrogen), 21%는 산소(oxygen), 0.03%는 이산화탄소(carbon dioxide)와 물이다.

지구 표면의 71%는 물로 덮여 있다. 지구 표면에만 액체로서의 물(liquid water)이 존재할 수 있다. 그리고 사람 몸의 70%는 물이다. 빛과 공기와 물은 생명체를 위한 필수적 요소들이다. 따라서 성경에 물을 생명수(water of life)라고 한 것은 의미가 깊다.

지구와 아폴로 8호(The Earth and Apollo 8)

인류 역사상 처음으로 아폴로 8호 우주 비행선 선장 프랑크 보만(Frank Borman), 기장 제임스 로벨 2세(James A. Lovell, JR.), 달 착륙 비행사 윌리엄 앤더스(William A. Anders)는 1968년 12월 24일 지구에서 약 240,000마일(384,000Km) 떨어진 달 궤도(lunar orbit)에 진입하였다. 아폴로 8호 우주 비행사들은 우주 비행선 안에서 지구의 파랗고, 생동력 있고, 찬란한 광경을 보고 감탄하였다. 그리고 그들은 달 궤도를 돌면서 지구와 달의 사진들을 지구로 전송하면서 크리스마스 전야(Christmas Eve) 특별 메시지를 지구에 사는 모든 사람들에게 보냈다. 메시지의 내용은 창세기 1:1-10의 말씀을 낭독한 것과 짤막한 축복의 인사였다.

그들은 한 지면(종이)에 기록된 성경 말씀을 번갈아 낭독하였다.

앤덜스(Anders)는 창세기 1:1-4의 "태초에 하나님이 천지를 창조하시니라 땅이 혼돈하고 공허하며 흑암이 깊음 위에 있고 하나님의 신은 수면에 운행하시니라 하나님이 가라사대 빛이 있으라 하시매 빛이 있었고, 그 빛이 하나님의 보시기에 좋았더라 하나님이 이 빛과 어두움을 나누사"를 읽고,

로벨(Lovell)은 창세기 1:5-8의 "빛을 낮이라 칭하시고 어두움을 밤이라 칭하시니라. 저녁이 되며 아침이 되니 이는 첫째 날이니라. 하나님이 가라사대 물 가운데 궁창이 있어 물과 물로 나뉘게 하리라 하시고, 하나님이 궁창을 만드사 궁창 아래의 물과 궁창 위의 물로 나뉘게 하시매 그대로 되니라. 하나님이 궁창을 하늘이라 칭하시니라. 저녁이 되며 아침이 되니 이는 둘째 날이니라"를 읽고,

보만(Borman)은 창세기 1:9-10의 "하나님이 가라사대 천하의 물이 한 곳으로 모이고 뭍이 드러나라 하시매 그대로 되니라. 하나님이 뭍을 땅이라 칭하시고 모인 물을 바다라 칭하시니라. 하나님의 보시기에 좋았더라"를 읽었다. 그리고 보만은 즐거운 구주 성탄! 하나님께서 아름다운 지구에 사는 모든 사람들에게 축복하시기를(… A merry Christmas and God bless all of you - all of you on the good Earth!)라고 하였다.

이 지구야말로 하나님께서 우리를 위하여 지으신 가장 아름다운 유일한 거주지다. 비록 사람들은 이 지구를 파괴하고 있지만 말이다.

둘째 날(Second Day): 창세기 1:6-8

하나님께서는 창조의 둘째 날 궁창을 창조하였다. 궁창은 히브리어로 라키아 (רָקִיעַ= firmament; 창공)이며, 이 지구 위의 거대한 천장(a vast canopy)을 가리킨다.

하나님께서는 궁창(창공)을 만들어 창공 위의 물과 창공 아래의 물로 나누셨다. 창공 위의 물은 구름이요, 창공 아래의 물은 시냇물이나 강이나 바닷물이다. 하나님의 창조의 둘째 날의 사역도 분리의 사역(work of separation)이었다.

하나님은 물을 창조하시고 그 물을 궁창 위와 궁창 아래로 분리시켰다. 궁창 위(공중)에 떠 있는 수증기의 양은 약 54조 4,600억 톤이며, 매년 지구 표면에 내리는 비와 눈(rain and snow)의 총량은 약 18만 6천 입방 마일로서 지구 표면

을 약 1미터 깊이로 덮기에 충분하다고 판정된다. 그리고 지면의 물은 일광의 능력에 의하여 공중으로 들어 올려진다.[76] 그리고 궁창 위의 물(구름층 또는 수중 기층)과 궁창 아래의 물(강, 호수, 바다)로 하여금 각기 맡은 임무를 감당하게 하시며, 또한 상호 협력하게 하신다.

궁창 위의 물(구름 층)은 발광체들(해, 달, 별들)이 발사하는 직사광선을 방어하고 조정하며 산소와 수소를 저장하는 일을 하게 하신다. 사람과 모든 생명체들은 빛(light)이 없으면 살 수 없듯이 물(water)이 없으면 살 수 없다. 사람의 몸은 70% 이상이 물이다.

셋째 날(The Third Day): 창세기 1:9-13

1. 하나님께서는 창조의 셋째 날 육지와 바다를 분리하셨다.

하나님은 창조의 첫째 날 지구를 창조하셨으나, 땅이 형태가 없었고 (formless) 공허(void)했다(창 1:2). 그러므로 땅이 사람을 위해서는 적합하지 못했다. 따라서 하나님은 창조의 셋째 날 육지와 바다를 분리하셨다. 하나님의 창조의 셋째 날 사역도 분리의 사역(work of separation)이었다.

하나님은 능력의 말씀으로 방대하고도 광활한 땅의 일부는 순간적으로 해발 (sea level)보다 높아지게 하셔서 육지(land)로 만드시고, 일부는 해발보다 낮게 하셔서 바다(sea)로 만드셨다. 그리고 마른 땅을 육지라 하고, 물을 바다라고 하셨다.

2. 하나님께서는 창조의 셋째 날 모든 식물계도 창조하셨다.

하나님은 모든 식물들, 즉 종자가 눈에 띄지 않는 무화 식물, 씨 맺는 채소 (herbs), 열매 맺는 과일 나무들(fruit trees)을 창조하셨다. 물론 이 모든 것들(풀, 채소, 과수)은 씨를 심어서 나무로 자라나게 하여 열매를 맺도록 창조하지 않으시고, 완전 성장한(full grown) 풀, 채소, 과일 나무로 창조하셨다. 물론 씨는 열매 안에 들어 있다. 하나님께서는 과수들도 그 종류대로 열매를 맺게 하셨다(창 1:11). 그리고 그것들은 하나님의 창조의 원리에 의하여 계속 생산토록 하셨다.

---

76) 박형룡, 『신론』, p.374.

풀·채소·과수들은 해·달·별들이 창조되기 하루 전에 창조되었다. 특히 식물들은 빛이 있어서 그 다음날 빛의 휴대자인 태양을 창조할 때까지 생명을 지탱할 수 있었다. 그리고 식물들은 사람의 인체에 필요한 모든 물질적 요소들을 공급해 주었다. 흙은 여기에 필요한 모든 원소들을 제공한다.

3. 하나님께서는 창조의 셋째 날 바다도 창조하셨다.

이 모든 우주 세계에서는 지구(earth)만이 엄청난 물을 저장하고 있다. 물은 지구의 72% 면적을 덮고 있다. 물은 우리 인간과 모든 생명체들에게 있어서 절대로 필요하다. 요한계시록 22:17은 구원과 관련하여 생명의 물(water of life)이라고 하였다. 참으로 하나님께서 인생들에게 가장 위대한 선물인 영생을 상징함에 있어서 생명의 물이라고 말씀하신 것은 그 얼마나 적절한 표현인가! 영생과 물은 우리 모두에게 값없이 주시는 하나님의 고귀한 선물들이다.

하나님께서 바다와 육지를 나누기 전에는 물이 땅을 덮고 있었으나 후에 하나님이 정하신 곳(바다)으로 내려가게 하셨다(시 104:6-9). 노아의 대홍수 이전의 바다와 지금의 바다는 큰 차이가 있다. 다시 말하자면 지금의 바다는 노아 홍수 이전의 바다보다 훨씬 더 깊어졌다. 그 이유는 노아 홍수 6주 간 동안에 하늘의 홍수 창문이 열려 측량할 수 없는 엄청난 물이 쏟아져 내려왔기 때문이다(창 7:11-12). 대홍수로 말미암아 골짜기들이 침몰됨으로써 그 엄청난 물이 큰 바다라는 곳으로 모이게 되었다. 그리하여 지금 바다는 방대한 물 저장소(reservoirs)로 기능을 발휘해 오고 있다.

노아 홍수 이전에는 육지가 하나요, 바다도 하나였을 것이다. 그러나 노아 대홍수로 말미암아 육지와 바다는 육대주 오대양으로 나뉘게 되었다. 이 육대주는 끝마다 상호 연결되어 있는 것을 보면 노아 홍수 이전에는 육지가 하나였음을 더욱 뒷받침한다.

바다의 깊이는 산의 높이보다 더 크다. 사실상 에베레스트 산(MT. Everest)은 해발 8,848m(29,028 feet)인 반면에, 바다의 가장 깊은 곳은 태평양 연안 괌섬 근처, 마리아나 해구(Mariana Trench) 지역으로서 그 깊이는 10,915m(35,810feet)라 한다.[77]

---

77) Ibid. p.54.

넷째 날(Fourth Day): 창세기 1:14-19

하나님께서 창조의 넷째 날 해(sun)·달(moon)·별들(stars)을 창조하셨다. 이들은 광명체들(light bearers)로서 우리를 위하여 창조하셨다. 이 광명체들은 지구와 생명체들이 창조된 이후에 창조되었다.

1. 해(창 1:16)

하나님께서는 큰 광명(the greater light)으로 낮을 주관하게 하시고라고 하셨다. 큰 광명은 해(sun)를 가리키며, 해는 달보다 크므로 큰 광명이라고 하였다. 그리고 해로 하여금 낮을 주관하게 하였다.

2. 달(창 1:16)

하나님께서는 작은 광명(the lesser light)으로 밤을 주관하게 하시고라고 하셨다. 작은 광명은 달(moon)을 가리키며, 달은 해보다 작으므로 작은 광명이라고 하셨다. 하나님은 달로 하여금 밤을 주관하게 하셨다. 물론 해와 달이 우주 공간에 떠 있는 무수한 별들 중 가장 큰 별들은 아니다.

3. 별들(창 1:16)

하나님께서는 또 "별들을 만드시고"라고 하셨다. 하나님께서는 별들을 창조하시되 헤아릴 수 없을 정도로 수많은 별들을 창조하셨다. 천문학계에 의하면 우리의 육안으로는 약 2,500개의 별들을 볼 수 있다고 한다.[78] 그러나 그와 같은 수(數)는 실제 존재하는 별들의 수에 비하면 극히 일부에 불과하다. 하나님께서는 어느 날 밤 아브라함을 밖으로 불러내어 가라사대 하늘을 우러러 뭇 별들을 셀 수 있나 보라고 말씀하시고, 또 그에게 이르시되 네 자손이 이와 같으리라(창 15:5)고 하셨다. 그리고 몇 년 후에 하나님께서는 아브라함에게 또 약속하시기를 내가 너의 자손을 하늘에 별들처럼, 그리고 바닷가의 모래처럼 많게 하시리라고 하셨다(창 22:17).

이 우주는 너무나 광대하여 거의 무한한 것같이 보이며, 우주에 운행하는 별들은 그 수가 너무나 많아서 헤아릴 수 없다. 오로지 이 무수한 별들을 창조하신 전지전능하신 하나님만이 별들의 수를 헤아리며, 그 별들에게 이름들을 지

---

78) Dillow, Joseph C., *The Waters Above* (Moody Press, 1982), p.304.

어 주실 수 있다. 시편 147:4에서는 전지하신 하나님만이 별의 수효를 계수하시고 라고 말씀하셨고, 이사야 40:26에서는 주께서는 그 수효대로 만상을 이끌어 내시고 각각 그 이름을 부르시나니 그의 권세가 크고 그의 능력이 강하므로 하나도 빠짐이 없느니라고 하셨다.

1) 우주의 다양성(The Diversity of the Universe): 이 우주에 존재하는 수많은 별들은 모두 유사한 것같이 보이나, 실제로는 별들의 크기, 모양, 위치 등이 각각 상이하다. 창조주 하나님께서는 이 우주의 다양성에 관하여 해의 영광도 다르며, 달의 영광도 다르며, 별의 영광도 다른데, 별과 별의 영광이 다르도다(고전 15:41)라고 말씀하셨다. 실로 그러하다. 참으로 천체(天體)야말로 광대하며, 그 뭇별들은 찬란하고 아름답다. 그 이유는 그 모든 별들도 다 지혜로우신 하나님의 독특한 산물들이기 때문이다.

2) 해, 달, 별들의 임무(Duties of Sun, Moon and Stars): 해·달·별들은 빛을 지닌, 혹은 빛을 반사하는 거대한 물체들이다. 해·달·별들은 공중에 떠서 일정한 궤도를 운행하며 하나님께서 부여하신 책임들을 잘 수행하고 있다. 즉 조명자들(illuminators)로서 어두움을 밝히며, 시간 규정자들(time regulators)로서 주야를 나누며, 사시와 일자와 연한을 정하며, 지상에 빛을 비추어 유기적 생명체의 발전을 가능케 한다.

3) 하나님께서는 해, 달, 별들을 종교적 징조들로도 사용하신다. 옛날에 하나님께서는 애굽에 재앙을 내릴 때 어두움의 재앙을 내리셨다(출 10:21-23). 뿐만 아니라, 하나님께서는 여호수아 장군이 아모리 족속과 싸울 때, 여호수아의 군대가 원수들을 완전히 전멸하여 대승리를 얻을 때까지 해와 달의 운행을 정지시키고, 햇빛과 달빛이 하루 온종일 팔레스타인 중앙 지대를 비취게 하셨다(수 10:12-13).

예수님이 베들레헴 말구유에 탄생하셨을 때, 별은 동방 박사들을 예수님이 누우신 곳까지 인도하였다(마 2:2, 7, 9, 10). 예수님이 십자가상에서 운명하실 때는 해가 빛을 발하지 못하여 어두움이 3시간 동안 계속되었다(마 27:45).

4) 특히 장래의 중요한 사변들과 심판들의 징조들(signs)**을 나타내는 임무도 수행**

한다. 주님께서 재림하시는 날에는 이 둘째 하늘에 있는 천체(天體)들에 어마어마한 큰 변화들이 일어나게 될 것이다:

예수님은 이 세대의 종말에 있을 심판을 경고하면서 예언하시기를 "그날 환난 후에 즉시 해가 어두워지며 달이 빛을 내지 아니하며 별들이 하늘에서 떨어지며 하늘의 권능들이 흔들리리라"(마 24:29)고 하셨다(막 13:24-25; 눅 21:25 참조).

사도 베드로는 요엘서 2:28-32의 예언을 사도행전 2:19-20에서 인용하기를 "… 주의 크고 영화로운 날이 이르기 전에 해가 변하여 어두워지고 달이 변하여 피가 되리라"고 하였다.

사도 요한은 에게 해(Aegean Sea)에 있는 한 외로운 섬, 밧모섬으로 정배를 갔다(계 1:9). 거기서 그는 말세에 일어날 특별한 사변들을 환상으로 계시받았다. "내가 보니 여섯째 인을 떼실 때에 큰 지진이 나며 해가 총담 같이 검어지고 온 달이 피같이 되며 하늘의 별들이 … 땅에 떨어지며"(계 6:12). 해, 달, 별들의 ⅓이 각각 어두워진다(계 8:12)고 하였다.

다섯째 날(Fifth Day): 창세기 1:20-23

하나님께서는 창조의 다섯째 날 물고기들과 새들(fishes and birds)을 종류대로 창조하셨다. 그리고 그들에게 복을 주어 가라사대 "생육하고 번성하라"고 하셨다. '번성하라'는 말씀은 히브리어로 이슈레추(יִשְׁרְצוּ)로서 많이 산출해 내라, 떼를 이루라는 뜻이다. 그런데 물의 물고기들과 공중의 새들은 모두 유사점들이 있다. 즉 ① 무정처 ② 지느러미와 날개로 신속히 활동 ③ 난생 번식 등이다. 그들은 다 신속한 동작을 위하여 달걀 모양의 유선형 몸체들을 가졌다. 그들의 주요한 운동의 방편은 지느러미와 날개이다. 그들의 생김, 몸의 형태, 지느러미와 날개의 위치와 동작 등은 모두 신속한 활동을 위하여 만들어졌다.

1. 새들(Birds)

새들은 날개를 가지고 날아간다. 조류학계에 의하면 현재 약 8,600종류의 새들이 있다고 한다.[79] 그러나 처음에는 현재보다 더 많은 종류의 새들이 있었다

---

79) John C. Whitecomb, *The Early Earth*, Baker, Grand Rapid, 1997, p.112.

고 한다. 하나님께서는 새들도 그 종류대로 창조하셨다(창 1:21; 레 11:13-23).

2. 물고기들(Fishes)

하나님은 바다의 거대한 짐승 같은 물고기들도 기존 재료 없이 즉각적으로 창조하셨다. 제5일의 창조 사역에서 처음 언급된 동물들이 그 큰 물고기와 물에서 번성하여 움직이는 모든 생물이라고 하였는데 물고기들도 종류대로 창조하였다(창 1:21). 그러므로 진화란 불가능하다. 찰스 다윈(Charles Darwin)과 그의 제자들은 새들과 물고기들의 기원을 설명함에 있어서 완전히 실패하였다.

여섯째 날(Sixth Day): 창세기 1:24-27

하나님께서는 창조의 여섯째 날 모든 동물들과 사람을 창조하셨다.

1. 모든 동물들(all animals)

하나님께서는 창조의 마지막 날 온 땅의 모든 동물들, 즉 가축(4족 가축)들(창 47:18; 출 13:12), 발 없이 또는 보이지 않는 발로 기어다니는 것들(레 11:20-23), 야생 동물들(짐승들, wild beasts)을 창조하셨다.

2. 사람(human)

하나님께서는 창조의 마지막 절정에 이르러 사람을 남자와 여자로, 육체와 영혼의 단일체로, 하나님의 형상대로, 만물의 영장으로 창조하셨다. 사람 창조에 관한 구체적 진술은 인죄론(人罪論)에서 거론하였다.

창세기 1:26, "사람을 만들고." '만들고'라는 단어는 야차르(יָצַר)로서 형성하다, 만들다, 빚다(form)라는 뜻이다. 사람의 육체(몸)는 흙(흙에 들어 있는 요소들)으로 지음을 받았다. 그리고 코에 생명을 불어넣어 산 사람이 되게 하셨다(창 2:7). 이 단어는 마치 도예가가 진흙으로 도자기를 만들 때 사용되는 표현이다. 그와 같이 하나님은 다른 모든 피조물들은 초자연적 능력의 말씀으로만 창조하셨지만, 사람은 흙으로 빚어 만드셨다.

하나님께서는 또 여자(하와)를 남자(아담)를 돕는 배필로, 아담의 옆구리의 갈빗대로 만드셨다(창 2:20-22). 하나님께서는 하와를 아담의 머리로 또는 발로 만들지 않고 옆구리의 갈빗대로 만드셨다는 말씀이 가르치는 하나의 영적 교훈은 여자가 남자보다 우월하다거나 반대로 열등하다는 것을 부인하며, 돕는 배필(helper)로서 동시에 남녀의 구별과 직분의 상이함을 가르친다.

하나님께서 지으신 모든 피조물들 중에 사람만이 유난히 하나님이 직접 빚어서 만드신, 가장 아름다운, 가장 멋있는 예술적 작품, 하나님의 걸작품이다.

일곱째 날(Seventh Day): 창세기 2:1-3

하나님께서 "… 마치시고(finished) 일곱째 날에 안식하시니라"(rested).

하나님께서는 엿새 동안 모든 피조물들을 창조하시고 일곱째 되는 날 안식하셨다. 전능하신 하나님께서 일곱째 되는 날 안식하신 것은 피곤하셨기 때문이 아니라(사 40:28-31), 하나님의 자녀들로 하여금 엿새 동안 힘써 일하고 일곱째 되는 날에는 하나님을 섬기며 안식케 하기 위한 하나의 패턴(pattern)으로 그리하신 것이다. 우리 하나님은 엿새 동안 힘써 일하고, 주님의 날 하나님을 섬기며 안식하는 자들에게 복 주기를 기뻐하신다.

하나님께서 모든 창조의 역사를 마치고 이 날에 안식하셨다는 말씀은 하나님의 창조의 사역이 6일 창조로 완성되었음을 분명히 가르친다. 소위 계속적 창조라는 것은 존재하지 않는다. 하나님께서는 6일 동안 모든 피조물 세계를 창조하셨고 그 순간부터 "천지는 없어지리라"(마 24:35)고 하신 주님의 말씀이 응할 때까지 그 모든 피조물들을 보존하며 섭리하신다.

하나님께서는 창조의 각 날의 사역을 끝마치시면서 좋았더라(It was good)고 하셨다(창1:4, 10, 13, 18, 21, 25). 그리고 마지막으로 창조하신 후에는 "하나님이 그 지으신 모든 것을 보시니 보시기에 심히 좋았더라"(It was very good, 창 1:31)고 하셨다. 하나님께서 본인 자신이 창조하신 그 모든 피조물들을 보고 그렇게 기뻐하심은 그 피조물들이 하나님의 권능, 지혜, 영광을 반사하기 때문이다.

(4) 은혜의 하나님께로 돌아오라.

사도행전 14:17, "… 하늘로부터 비를 내리시며, 결실기를 주시는 선한 일을 하사 너희 마음을 음식과 기쁨으로 만족케 하셨느니라."

본문의 "하늘"은 첫째 하늘 곧 지구를 둘러싼 대기권(Atmosphere)을 가리킨다. 이 하늘 아래 구름이 덮여 있고, 새들이 지저귀며 날아간다.

가물어 메마른 땅에 하나님은 때로는 소낙비를 쏟아 부어 주시고, 때로는 보슬비를 내려주셔서 결실기를 주시며 음식을 주신다. 이는 하나님이 베푸시는 자연 은총의 일부이며, 하나님의 선하심의 증거이다.

(5) 유대인들의 원정 핍박(행 14:19-20)

비시디아 안디옥과 이고니온에서 온 유대인들이 바울을 돌로 쳐서 죽은 줄로 알고 성(city) 밖으로 끌어내어 버렸다. 이 유대인들은 율법주의적 유대주의자들(legalistic Judaizers)로서 유대교의 열심분자들이다. 사람을 성 밖에서 죽이거나 성 밖에 장사지내는 것이 통상례였으나 그들은 무법자들이라 성 안에서 돌로 쳐 죽이려 하였다. 그러나 복음을 받은 그리스도인들이 용기를 내어 거의 죽게 된 바울을 그날 밤에 다시 시내 모처로 옮겨 치료와 안식을 취하게 하였다.

바울은 루스드라에서도 실신하기까지 돌에 맞았지만 그가 생명을 내놓고 전한 복음의 열매를 맺었다. 그 때에 디모데의 할머니 로이스, 어머니 유니게 그리고 디모데가 복음을 받고 그리스도인이 되었다. 그리고 하나님의 큰 일을 하였다.

5. 더베에서 바울의 전도(In Derbe, 행 14:20-21)

바울은 루스드라에서 유대인들의 돌에 맞아 실신하였다가 다시 깨어나 그 다음날 바나바와 함께 더베로 가서 복음을 전하여 많은 사람들을 예수 그리스도 앞으로 인도하였다. 그러나 사도 바울의 설교 내용에 대하여는 자세한 기록이 없다. 누가는 더베에서의 바울과 바나바의 사역에 대하여 매우 짧게 기록하였다.

- 더베는 루스드라에서 동남쪽으로 약 96km(60mile) 떨어진 곳이다.
- 더베는 B.C. 25년 길리기아 왕 아뮌타스의 사후 로마령이 되고 A.D. 41

년 글라우디오 황제에 의해 로마의 갈라디아 도가 되었다. 그리하여 글라우디오-더베(Claudio-Derbe)라고 명하였다.
- 더베는 이고니온 지방에 속하며 로마시대 때 발전하였다. 더베는 지형적인 여건으로 많은 사람들이 모여 살지는 못했지만 적은 무리가 언덕 위에 살면서 외부의 침입자를 막기 위하여 성벽을 쌓았다.
- 더베는 소아시아 루가오니아(Lycaonia) 동남쪽 모퉁이에 위치한 도시로 바울은 제1차 선교와 제2차 선교여정에 아마도 제3차 선교까지도 이곳에서 복음을 전하였다.

바울은 디모데에게 보낸 그의 서신 디모데후서 3:11에서 "내가 박해를 받음과 고난과 또한 안디옥과 이고니온과 루스드라에서 당한 일과 어떠한 박해를 받은 것을 네가 과연 보고 알았거니와 주께서 이 모든 것 가운데서 나를 건지셨느니라"고 하였다. 바울의 육체의 가시는 안디옥과 이고니온과 루스드라 등지에서 받은 핍박의 결과이다(고후 12:7).

6. 안디옥(시리아)으로 돌아옴(행 14:22-26)

바울과 바나바는 더베에서 다시 루스드라→이고니온→비시디아 안디옥→버가→앗달리아로 내려가서 거기서 배 타고 다시 안디옥으로 돌아갔다. 바울과 바나바는 구브로 섬을 경유하지 않고 안디옥에 돌아온 후 제1차 선교여정의 결과를 온 성도들에게 보고하였다. 가는 곳마다 하나님의 말씀을 전파하여 많은 무리들이 하나님 앞으로 돌아와 예수 그리스도를 구주로 믿는 구원의 역사가 일어났고, 온갖 위험 가운데에도 구출해 주셨다.

안디옥으로 돌아온 바울과 바나바는 예루살렘 공의회에 참석하기까지 상당한 기간 동안 아마도 1년 이상(A.D. 50년까지) 안디옥에 머물렀다(행 14:28). 물론 어디에 머물든지 어디로 가든지 그들은 주야로 복음을 전하였다.

바울과 바나바가 안디옥에 오래 머무는 동안 예루살렘에서 몇몇 할례당 사

안디옥 성벽

람들이 와서 이방 남자들이 구원을 받으려면 모세의 법대로 할례를 받아야 한다고 가르쳤다.

　바울과 바나바는 예루살렘에서 온 사람들과 상당한 변론 후에 안디옥교회는 바울과 바나바와 몇몇 사람을 예루살렘에 있는 사도들과 장로들에게 보냈고, 사도들과 장로들은 바울 일행을 열렬히 영접하고, 예루살렘 공의회는 이방인들도 주 예수의 은혜로 구원 받는다고 결의하였다(행 15:1-11).

　갈라디아서: 사도 바울이 제1차 선교여정 시 구브로 섬, 비시디아 안디옥, 이

고니온, 루스드라, 더베 등지에서 복음을 전하고(행 13:4-14:28), 예루살렘 공의회에 참석하기 전 A.D. 46-48년경 또는 A.D. 47-48년경 아마도 시리아의 안디옥에서 갈라디아 여러 교회(갈 1:2)에 보낸 서신이다(남 갈라디아설).

로마제국 통치 당시 갈라디아 도(province)는 안디옥·이고니온·루스드라·더베 지역으로 지금은 터키 중부지방이다.

7. 사도 바울의 제3차 예루살렘 방문(행 15:1-29)

사도행전 15:1-2, "어떤 사람들이 예루살렘에서 (안디옥으로) 내려와서 형제들을 가르치되 너희가 모세의 법대로 할례를 받지…다툼과 변론이 일어나는지라 형제들이 이 문제에 대하여 바울과 바나바와 및 그 중에 몇 사람을 예루살렘에 있는 사도와 장로들에게 보내기로 작정하니라."

"**어떤 사람들**"(티네스; τινες; some men; 어떤 남자들)은 모세의 의식적 율법들을 주장하는 유대주의자들(Judaizers)을 가리킨다. 그들은 사도행전 15:5, "바리새파 중에 믿는 어떤 사람들이 일어나 말하되 이방인에게 할례를 주고 모세의 율법을 지키라 명하는 것이 마땅하다"라고 하는 자들과 같은 자들이다. 그들은 결단코 예루살렘의 사도들이나 교회를 대표하는 사람들이 아니다. 사도 바울은 갈라디아 교회에 보낸 서신에서 "그들은 가만히 들어온 거짓 형제들이라"(갈 2:4)고 하였다.

바울과 바나바와 유대에서 내려온 사람들과 사이에 할례 문제로 큰 논쟁이 벌어졌다. 유대에서 내려온 사람들 곧 할례당들은 할례를 받지 않으면 구원을 받지 못한다고 주장하였다.

이에 안디옥교회는 바울과 바나바와 다른 몇 사람을 증인으로 예루살렘에 있는 사도들과 장로들에게 보냈다(행 15:2).

A.D. 48년경 예루살렘 공의회(The Council of Jerusalem)가 열리고 많은 변론이 있은 후(15:7) 베드로가 외치기를 "지금 너희가 어찌하여 하나님을 시험하여 우리 조상과 우리도 능히 메지 못하던 멍에(율법, 갈 5:1; 마 11:28-29)를 제자들

의 목에 두려느냐? … 주 예수의 은혜로 구원받는 줄 믿노라"(15:10-11)라고 하였다. 베드로는 할례를 받음으로 구원을 얻는 것이 아니라 주 예수 그리스도를 자신의 구주로 믿음으로만 구원을 받는다는 이신득구(salvation by faith alone)의 진리를 밝혔다.

예루살렘 회의에서는 할례를 받음으로 구원을 얻는 것이 아니라 예수 그리스도를 구주로 믿음으로만 구원을 받는다는 것 외에도 우상의 제물과 목메어 죽인 것과 피를 먹지 말 것과 음행을 피할 것을 결의하고 그 결의를 온 교회에 보내기로 하였다(15:20).

사도행전 15:22, "이에 사도와 장로와 온 교회가 그 중에서 몇 사람을 택하여 바울과 바나바와 함께 안디옥으로 보내기로 가결하니 곧 형제 중에 인도자인 바나바라 하는 유다와 실라더라."

1) 예루살렘 공의회 4 금계(4 prohibitions) 결의

예루살렘 공의회에서 결의한 4 금계는 다음과 같다.

① **우상의 제물**(food polluted by idols; 우상들로 말미암아 더러워진 오염된 음식, 고전 8:1-13; 10:23-33; 15:20, 29; 계 2:14, 20). 우상은 헬라어로 에이도론(εἴδωπon; idol, likeness, image)으로 우상, 모양, 형상이다. 우상은 거짓 신들(false gods)을 나타내는 하나의 형상 또는 모양이다.

● 우상의 제물(Idol Sacrifice)이란 우상에게 바치는 제물 곧 거짓 신들에게 바치는 제물이다. 우상에게 바친 제물은 우상들로 말미암아 더러워진 음식(food polluted owing to idols)을 가리킨다. 따라서 우상의 제물은 먹지 않아야 된다.

② **목매어 죽인 고기**(meat of strangled animals; 목매어 죽인 동물들의 고기, 창 9:4; 레 17:15). 목매어 죽인 짐승들이나 가축의 고기는 먹지 않아야 한다. 목매어 죽인 짐승들이나 가축에는 피가 고기 안에 스며들어 있기 때문이다. 반면에 예수

그리스도의 피는 보혈(precious blood)이다.

③ **피 먹는 것**(eating blood, 레 3:17; 17:10-14; 신 12:16, 23)

레위기 17:11, "육체의 생명은 피에 있음이라 내가 이 피를 너희에게 주어 단에 뿌려 너희의 생명을 위하여 속하게 하였나니 생명이 피에 있음으로 피가 죄를 속하느니라." 생명은 피에 있음으로 피를 신성시하며, 피는 어린양 되시는 예수 그리스도의 피를, 예수 그리스도의 피는 죄를 속하는 능력이 있다.

- 피 수혈은 죄인가?(Is it a sin to receive a blood transfusion?)

여호와의 증인 이단들은 사도행전 15:20을 아전인수 격으로 인용하여 수혈(輸血, 환자와 동형의 피를 가진 건강한 사람의 피를 뽑아 환자의 혈관에 주사하는 일)은 하나님의 뜻에 반(反)하는 것이라고 주장한다.[80]

그러나 사도행전 15:20의 말씀은 피를 먹거나 또는 마시는 것을 금한 것이다(창 9:3-4; 행 15:28-29). 수혈은 먹는 것(eating)도 아니고 마시는 것(drinking)도 아니다. 생명은 피 안에 있으며 피 그 자체이다(레 17:10-12). 생명에는 피가 절대 필요하다. 그러므로 피 수혈은 사람의 생명을 살리는 것이다. 반대로 피 수혈 반대는 사람의 생명을 죽이는 것이다. 생명권은 헌법에 보장된 모든 기본권의 전제로서 다른 기본권들보다 우선시 되어야한다. 종교의 자유가 아무리 중요하다고 할지라도 다른 사람의 생명을 박탈하는 종교란 용납할 수 없다.

④ **음행**(sexual immorality, 성적 부도덕, 레 18:6-20)

이방 종교들에서는 음행을 종교적 축제 행위로 간주하고 죄로 여기지 않았다. 바알신 섬기는 자들도 제사의 의식은 음행하는 것이었다. 음행은 피하라.

- 음행(adultery)은 결혼한 부부가 자신의 아내 또는 남편 이외의 자원적 부도덕한 성행위를 말한다.
- 간음(fornication)은 결혼하지 아니한 남녀들의 부도덕한 성행위를 말한다.

피하라(flee, run away, adscond)는 도망가다, 피하다, 도주하다는 뜻이다. 음행

---

[80] *Aid to Bible Understanding* (1971), p.245.

이나 간음을 막는 최상의 길은 피하는 것이다. 이는 마치 요셉이 보디발의 아내를 뿌리치고 도망한 것과 같다(창 39: 7-15).

"**예루살렘에 있는 사도들과 장로들이 결의한 결의문**"은 여러 교회 교인들로 하여금 이 결의문들을 지키게 하였다. "이에 교회들이 믿음에 굳건해지고, 수가 날마다 늘어나니라." 본 절에서 "운"(οὖν; therefore ; 그러므로)은 예루살렘 공의회가 결의한 사항들을 지킨 결과를 가리킨다.

첫째, **믿음이 굳건해졌다**. "믿음이 굳건해지고"(에스테레운토; ἐστερεοῦντο; were strengthened)는 연약한 믿음이 강건해지고 견고해지는 것(being made firm)을 말한다. 이것은 그리스도인의 내적·영적갱신(inner and spiritual renewal)을 가리킨다. 로마서 10:17, "믿음은 들음에서 나며, 들음은 그리스도의 말씀으로 말미암았느니라" 하나님의 말씀을 준행하므로.

둘째, **수가 날마다 늘어 가니라**(에페리스슈온; ἐπερίσσευον)는 양적 성장(growth in numbers)을 말한다. 이것은 전도로 인한 외적 성장(outer growth)이다. 참된 성장은 내적·영적 갱신에 의한 질적 성장과 그 위에 숫자에 의한 양적 성장이 동반되어야 한다. 이것이 참 부흥이다.

우리도 사도들과 장로들이 예루살렘에서 결의한 결의문들만 잘 지켜도 믿음이 견고해지며, 교회가 부흥될 것이다.

〈내 주는 강한 성이요〉

내 주는 강한 성이요 방패와 병기되시니
큰 환난에서 우리를 구하여 내시리로다
옛 원수 마귀는 이 때도 힘을 써
모략과 권세로
무기를 삼으니 천하에 누가 당하랴

이 땅에 마귀 들끓어 우리를 삼키려 하나
겁내지 말고 섰거라 진리로 이기리로다
친척과 재물과 명예와 생명을 다 빼앗긴 대도
진리는 살아서 그 나라 영원하리라
아멘.

〈주와 동행〉

주 가시는 곳에 나도 가기 원합니다.
주 하시는 일을 나도 하기 원합니다.
주 멈추는 곳에 나도 서기 원합니다.
주 쉬시는 곳에 나도 쉬기 원합니다.

나의 입이 온전히 주의 것 되게 하소서.
나의 손이 온전히 주의 것 되게 하소서.
나의 발이 온전히 주의 것 되게 하소서.
나의 삶이 온전히 주의 것 되게 하소서.

주의 눈처럼 나도 바라 보기 원합니다.
주의 심장이 나의 심장 되기 원합니다.
주의 눈물이 나의 눈물 되기 원합니다.
주의 기쁨이 나의 기쁨 되기 원합니다.

II. 사도 바울의 제2차 선교여정
(A.D. 49-52, Paul's Second Missionary Journey, 행 15:39-18:22)

사도 바울의 제2차 선교여정

    사도 바울의 제2차 선교여정은 빌립보, 데살니가, 베뢰아, 아덴, 고린도 등 그리스 남북 대도시들 중심으로 선교 활동을 하였다.

바울과 바나바의 의견 충돌: 바나바는 마가를 데리고 구브로로 떠남.
바울은 실라를 데리고 안디옥(시리아)에서 수리아와 길리기아 지방으로 떠남.
1. 루스드라에서
2. 빌립보에서
    1) 루디아의 개종

  2) 여종에게서 귀신을 내어 쫓음
  3) 바울과 실라가 빌립보 감옥에 수감됨
  4) 빌립보 감옥에서 전도
  5) 바울의 로마 시민권 주장
 3. 데살로니가에서
  1) 안식일에 회당에서
  2) 주해 설교
  3) 복음의 핵심을 설교
 4. 베뢰아에서 - 유대인의 회당에서
  1) 베뢰아 사람들은 더 신사적
  2) 간절한 마음으로 말씀을 사모
  3) 날마다 성경 연구
 5. 아덴에서
  1) 철학자들과 변론: 에피큐리안들, 스토익 철학자들
  2) 철학자들의 반응들
  3) 아레오바고에서
  4) 청중들의 반응
 6. 고린도에서(1년 반)
  1) 갈리오 총독 앞에서 심문 받음
  2) 안디옥(시리아)으로 돌아옴.

  사도 바울의 제2차 선교여정은 그의 제1차 선교여정 때처럼 시리아의 안디옥에서 출발하여 다시 안디옥으로 돌아가는 것으로 마감된다. 그러나 그의 제1차 선교여정이 비시디아 안디옥, 이고니온, 루스드라, 더베 등 소아시아 지방(지금의 터키 서부와 중앙 남부 지역) 중심으로 이루어진 반면, 그의 제2차 선교여정은 북쪽 수리아, 길리기아, 루스드라를 지나, 마게도니아, 빌립보, 데살로니가, 베뢰아, 아덴, 고린도 등 남부 유럽과 그리스를 중심으로 이루어졌다. 사도 바울의 제2차 선교여정은 그의 제1차 선교여정보다 그 여정이 훨씬 더 길다. 사도 바울의 4차 선교여정 중에서 가장 장구한 여정이었다.

바울과 바나바의 의견 충돌(행 15:36-39)
사도행전 15:39, "서로 심히 다투어 갈라지니 …"

바울과 바나바는 서로 심히 다투어 갈라졌다. "심히 다투어"(파록쿠스모스; παροξυσμός; sharp feeling; 날카로운 감정)는 날카로운 감정 대립을 말한다. 그 이유와 배경은 다음과 같다. 바울과 바나바가 제1차 선교여정 시 바나바의 사촌동생(말코스 호 아네피오스 발나바; μάρκος ὁ ἀνεψιός βαρναβᾶ; Barnabas' cousin Mark) 마가를 데리고 떠났다(골 4:10). 그러나 밤빌리아 지방 버가에 이르러 마가는 중도 하차하여 예루살렘 자기 집으로 돌아갔다.

밤빌리아 지방 버가(Perga in Pamphylia)는 아탈리아 항구 동쪽 12마일 내륙 5마일에 위치한 밤빌리아 지방의 수도였다(행 13:13). 아마도 고된 선교여정과 향수병(homesickness)에 젖었을 것이다.

그런데 제2차 선교여정 시 바나바는 또 마가를 데리고 가기를 강력히 원하였다.

사도행전 15:37, "데리고 가고자 하나"(에불레토; ἐβούλετο; desired, wanted; 욕망하였다, 원하였다)는 불로마이(βούλομαι; to will, wish, desire; 원한다, 바라다, 욕망하다)의 미완료 시상(imperfect)이다. 미완료시상은 과거의 계속적 행동을 강조한다. 따라서 바나바는 마가를 데리고 가기를 계속 원하였다. 바나바의 강한 의지의 표현이다. 반면에 바울은 마가와 동행하는 것을 강하게 반대하였다. 그 결과 바울은 실라를 데리고 소아시아와 남부 유럽으로, 바나바는 마가를 데리고 구브로(Cyprus)로 떠나게 된 것이다. 그 때가 A.D. 49년경이었다. 한 선교팀이 두 선교팀이 된 것이다.

빌립보서 1:15-18, "어떤 이들은 투기와 분쟁으로, 어떤 이들은 착한 뜻으로 그리스도를 전파하나니 이들은 내가 복음을 변명하기 위하여 세우심을 받은 줄 알고 사랑으로 하나 저들은 나의 매임에 괴로움을 더하게 할 줄로 생각하여 순전치 못하게 다툼으로 그리스도를 전파하느니라. 그러면 무엇이뇨 외모로 하나 참으로 하나 무슨 방도로 하든지 전파되는 것은 그리스도니 이로써 내가 기뻐하고 또한 기뻐하리라."

바나바는 마가를 데리고 구브로로 떠남(행 15:39).
사도행전 15:39, "… 바나바는 마가를 데리고 배타고 구브로로 갔고"

바나바는 제1차 선교여정 시 버가에서 예루살렘으로 돌아간 마가와 다시 구브로로 갔다. 구브로는 바나바의 고향이다(행 4:36). 바나바와 마가는 사도행전에는 더 이상 나타나지 않는다. 그러나 디모데후서 4:11에서 마가는 유익한 자라고 하였다.

사도 바울의 제2차 선교사역 시작(행 15:36-41)

사도 바울은 제3차 예루살렘 방문을 마치고 안디옥으로 돌아온 후 곧 제2차 선교여정을 떠났다.

바울은 실라를 데리고 안디옥에서 수리아와 길리기아 지방으로 떠났다(행 15:40-41).

사도행전 15:40-41, "바울은 실라를 택한 후에 수리아와 길리기아로 다녀가며 교회들을 굳게 하니라."

실라(Silas)는 예루살렘교회의 지도자들 중 한 사람(행 15:22), 초대교회의 선지자(행 15:32), 로마 시민(행 16:37), 예루살렘교회의 결의문을 안디옥교회로 가지고 간 예루살렘교회의 공적 대표자(행 15:22)로 안디옥교회 성도들이 잘 알고 있었다.

수리아(Syria) 지방은 비시디아 안디옥(Pisidia Antioch)이 중심지요, 길리기아(Cilicia) 지방은 다소(Tarsus)가 수도였다.

사도 바울은 제1차 선교여정을 시리아의 안디옥에서 구브로 섬, 비시디아 안디옥, 이고니온, 루스드라, 더베 지역을 전도했다.

바울은 제1차 선교여정 시에 다녀간 이 지역 교회들을(9:30; 11:25) 재차 방문하여 그들의 믿음을 굳게 하였다. "굳게 하니라"(에피스테리존; ἐπιστηρίζων; confirming, strengthening; 굳게, 견고하게, 튼튼하게)하였다(행 14:22; 15:32).

1. 루스드라에서(In Lystra, 행 16:1-5)

● 바울과 바나바는 제1차 선교여정 시 루스드라에도 복음을 전하였다(행 14:6-20). 그런데 바울의 제2차 선교여정 시에는 실라와 동행하였다.

바울과 실라가 시리아의 안디옥에서 제2차 선교여정을 떠나 더베를 지나 루스드라에 이르렀을 때, 디모데도 선교여정에 동참하기를 원하였다. 디모데는 루스드라와 이고니온 지방 사람들로부터 칭찬을 받는 청년이었다(16:2). 당시 디모데의 나이는 18-22세 정도였다.

● 루스드라는 이고니온에서 남쪽으로 약 32km(20mile) 떨어진 곳, 비시디아 안디옥에서는 동남쪽으로 약 208km(130mile) 떨어진 곳에 있으며 디모데의 고향이기도 하다.

● 바울은 선교여정을 계속하기 전, 디모데에게 할례를 행하였다. 그 이유는 그 지방에 살고 있는 유대인들은 디모데의 아버지가 헬라인이라는 사실을 알고 있기 때문이었다. 디모데의 어머니는 유대교에 독실한 유대인이요, 아버지는 헬라인(이방인)이었다. 디모데는 이방인 아버지의 강한 영향으로 다른 유대인 사내아이들처럼 난 지 8일 만에 할례를 받지 못하였다. 아시아 지역의 많은 이방인들이 유대인들의 우월한 도덕률과 교훈에 큰 관심을 가지고 동경하면서도 유대교로 개종하지 않은 이유들 중 하나는 할례 때문이었다. 이런 사실에 비추어 볼 때 이방인 아버지에게서 태어난 디모데는 난 지 8일 만에 할례를 받지 못하였다는 것은 이해가 된다.

● 바울이 후에 디모데에게 할례를 행한 이유는 선교(여정)에 있어서 유대인들에게 거침이 되지 않게 하기 위함이었다. 유대인 어머니의 아들로서 할례를 받지 않은 것은 유대인들에게는 거치는 돌이 되었기 때문이다. 그러므로 바울

은 고린도전서 9:20, "내가 유대인들에게는 유대인 같이 된 것은 유대인들을 얻기 위함이요 …"라고 하였다.

사도행전 16:4-5, "여러 성으로 다닐 때에 예루살렘에 있는 사도들과 장로들이 결의한 결의들을 주어 지키게 하니 이에 교회들이 믿음에 굳건해지고, 수가 날마다 늘어 나니라."

사도 바울의 제1차 선교여정과 제2차 선교여정 사이에 예루살렘 공의회가 열렸다. 이 공의회에서는 할례 문제가 쟁점이었다. 드디어 예루살렘 공의회는 4대 결의문을 결의하고 안디옥·시리아·길기기아·소아시아 등지에서 기독교로 개종한 이방인들에게 공문서를 보냈다. 그 공문에서 4대 결의안을 지키라고 하였다.

바울과 실라와 디모데는 소아시아 여러 성(城)들을 다니며 전도하였다. 그러나 누가는 그 성들의 이름은 밝히지 않았다. 그러나 그 여러 성들에는 이고니온과 비시디아 안디옥 등이 포함되어 있다고 본다. 왜냐하면 이고니온(14:1)과 비시디아 안디옥(13:14) 그리고 더베와 루스드라는 이미 언급하였기 때문이다.

바울의 아시아 전도가 막힘(행 16:6-7)

사도행전 16:6-7, "성령이 아시아에서 말씀을 전하지 못하게 하시거늘 브루기아와 갈라디아 땅으로 다녀가 무시아 앞에 이르러 비두니아로 가고자 애쓰되 허락지 아니하시는지라."

바울 일행은 계속하여 부르기아·갈라디아·무시아·카리아·비두니아 등 소아시아 서부 지역으로 들어가려고 애썼으나 하나님의 성령이 허락지 않았다. 하나님의 뜻은 다른 곳 곧 복음의 씨앗이 아직 뿌려지지 않은 유럽대륙에 있었기 때문이다.

바울이 본 환상(Paul's Vision, 행 16:9-10)

바울은 드로아에서 한 밤에 환상(vision) 중에 마게도니아 사람 하나가 서서 바울에게 간청하기를, "마게도니아로 건너 와서 우리를 도우라"(Come over to Macedonia and help us!)라는 음성을 들었다. "간청하니라"(파라칼레오; παρακαλέω; to beseech, beg, plea)는 '간청하다, 빌다, 호소하다'라는 뜻이다. 이는 복음을 전해달라는 간절한 호소이다. 하나님은 계시를 환상이라는 방편을 통하여 바울에게 전달하였다. 하나님의 계시가 문서로 완성되기 전에 환상은 계시 전달의 한 방편이었다(행 2:17; 10:9ff; 18:9; 23:11). 요셉(마리아의 남편)에게도, 빌라도의 아내에게도 꿈속에서 환상으로 나타났다. 그러나 하나님의 계시가 문서로 완성된 후에는 종전의 모든 계시의 방편들은 정지되었다. 따라서 오늘날 환상, 직통계시, 꿈, 비(非)이적현상 등은 거짓이다.

사모드라게 나이키(승리의 여신)

바울은 환상 중에 들은 말씀을 하나님의 계시와 뜻으로 믿고 즉시 마게도니아로 떠나기로 하였다. 바울은 드로아(Troas)에서 배(ship)를 타고 사모드라게(Samothrace) 섬을 지나 그 다음날 네압볼리(Neapolis) 항구에 도착하였고, 거기서 육로로 북쪽으로 16Km(10mile) 떨어진 빌립보에 도착하였다. 바울 일행은 드로아에서 빌립보까지 직행한 것이다.

"드로아" 항구는 마게도니아와 그리스를 잇는 에게 해(Aegean Sea)의 중요한 항구도시들 중 하나이

사모드라게 신전

다(행 16:8, 20:5, 고후 2:12). 드로아는 지중해 연안 소아시아 북서쪽 항구 도시로서(터키) 이곳을 통하여 아세아에서 유럽으로 건너간다. 드로아에서 마게도니아까지는 약 160km(100mile) 떨어진 곳이다. 드로아는 에베소보다도 인구가 많았던 번창한 대 항구도시였다.

"**사모드라게**"는 에게 해 북동쪽에 있으며 에게 해에 있는 섬들 중 세 번째로 큰 섬이다. 이 섬에서 가장 높은 산은 사오스 산(Mt. Saos)으로 1,664m로 풍부한 물리치료적 물과 푸른 초장이 있다. 이 섬에는 카베어로이(καβειροι; the Great Gods) 신전과 알시노에(Arsinoe) 납골당, 야외극장 등의 유적들이 있으며, 사도 바울 일행은 이 섬에서 하루를 지내고 네압볼리로 갔다.[81]

• **네압볼리**는 B.C. 7세기 중엽에 세워졌으며, 중요한 상업 중심지가 되었다. 필립 2세는 B.C. 340년에 이 지역을 지배하였다. 이 도시에는 소수의 그

---

81) ST. Paul, op. cit., pp.48-51.
John McRay, op. cit., pp.139-140.

Ⅱ. 사도 바울의 제2차 선교여정   189

네압볼리 수로

리스인들이 살았다.[82]
- 네압볼리는 사도 바울이 A.D. 49년 겨울, 유럽 전도를 위하여 첫 발을 내딛은 곳이다. 사도 바울은 드로아에서 환상을 보고 드로아 항구에서 바닷길로 185km의 먼 거리를 건너와 네압볼리에 도착한 바울은 로마길(Roman Road)을 따라 빌립보로 갔다. 네압볼리에서 빌립보까지는 북쪽으로 약 16km 거리로 차로 약 20분 걸린다.
- 네압볼리에는 사도 바울이 네압볼리에 도착한 것을 기념하는 기념교회가 있다.
- 네압볼리[83]는 "새로운 성읍"이라는 뜻으로 빌립보 도시를 위한 마게도니아의 남해안의 유일한 항구였다. 지금은 그리스의 까발라(Kavalla)에서 16km(10mile) 떨어져 있고, 마게도니아 경계선 바로 안쪽 트라세(Thrace) 해안에 위치해 있다.
- 네압볼리는 현재 약 8천 명, 인근까지는 약 15만여 명의 인구가 살고 있고,

---
82) Ibid., p.53.
83) John McRay, op. cit., pp.141-142.

빌립보·압비볼리·아볼로니아·데살로니가로 연결된 로마시대의 도로가 연결되어 있다.

2. 빌립보에서(In Philippi, 행 16:11-40)

사도 바울은 마게도니아 지방의 첫 성(first district)이요, 유럽의 관문인 이 빌립보에도 복음을 전하고 교회를 세웠다. 그리하여 빌립보교회는 유럽에서는 제일 먼저 세워진 교회가 되었다.

마게도니아의 첫 성(first district of Macedonia)은 마게도니아의 제1행정구역을 말한다. 로마제국은 B.C. 168년 마게도니아 지방을 점령하고 그 지역을 4대 행정구역으로 분할하였는데, 당시 빌립보는 마게도니아의 첫 성(경계선으로부터)이요, 주요도시였다. 따라서 빌립보에도 독립적인 행정부처가 있었다.

사도 바울이 A.D. 49년 제2차 선교여정 시에 이곳에도 복음을 전하여 첫 개종자 루디아를 위시하여 아름다운 초대교회가 세워졌다.

- 빌립보[84]는 에게 해에서 약 16km 내륙으로 들어가 카발라(Kavala) 북서쪽 17km 지점 판가이온산(Mt. Pangaion)과 올비로스산(Mt. Orvilos) 사이에 있다.
- **빌립보** 지역은 B.C. 5000년경 사람들이 살았다. B.C. 360/350년 빌립보에서 매우 가까운 곳에 타스(Thrasians; Thasos 섬에 사는 타시안)들이 정착하여 살았으며 그들이 이 지역을 빌립보라고 명하였다.
- 빌립보는 금과 은이 나는 판가이온산과 올비로스산의 광산 가까이 있다.
- 빌립보(Philippi): 빌립보는 마게도니아 왕 빌립 2세(Philip II of Macedonia)가 B.C. 356년 이 성읍을 점령하고 자신의 이름을 따라 빌립보라 명명하였다(행 16:12, 20:16).

빌립 2세는 높은 성벽을 쌓고, A.D. 10세기에 성(wall)을 다시 쌓았다. 지금도 성벽의 일부가 남아 있다.

B.C. 130년에는 아드리아 바다에서부터 네압볼리까지 그리스 북쪽을 통과

---

84) Ibid., pp.142-143.

하는 로마 길(Via Ignatia)을 공사하여 빌립보에 큰 번영을 가져왔다. 이 길은 돌들을 깔아 마차도 다닐 수 있는 길이다.

B.C. 42년에는 마크 안토니(Mark Antony)와 옥타비우스(Octavius)가 부루터스(Brutus)와 카시우스(Cassius)와의 치열한 전투에서 승리하고, 그 지역을 발전시켰다. 부루터스와 카시우스는 로마의 장군들로 줄리어스 시저(Julius Caesar)를 살해한 음모자들이었다. 그리고 B.C. 27년부터는 그 지역에 로마 퇴역군인들을 정착시키고 로마 시민권을 부여하였다. 그리고 옥타비우스는 이 도시를 로마의 식민지로 만들고(행 16:12), 군사적 전초기지로 만들었다.

- 빌립보는 서쪽은 로마로, 동쪽은 이스탄불로 연결되는 돌들로 만든 로마 길(Via Ignatia), 옛 로마 광장, 재판소, 도서관, 장터, 야외극장, 목욕탕, 여관들, 창고들, 감독사택, 감옥, 초기 바실리카(교회) 등의 유적지들이 남아 있다. 빌립보도 에베소같이 지진으로 폐허가 되었다.
- 당시 빌립보에는 유명한 의과대학이 있어서 그곳에서 배출되는 의사들은 헬레니즘 세계 각처에서 의료 행위를 하였다. 누가복음과 사도행전을 기록한 역사가요 의사인 누가(Luke, historian and medical doctor)도 빌립보 사람이었다. 어떤 이들은 누가는 빌립보에서 의학 공부를 하였다고 한다.
- 빌립보는 로마의 식민지였으므로 비록 이 도시의 공식 언어는 라틴어였으나 그들의 생활·언어·습관·문화는 헬레니즘의 영향을 많이 받았다. 빌립보에는 헬라인·로마인·아시아인 등 여러 민족이 살았으나 유대인은 소수였으므로 회당도 없었다. 사도 바울 당시 빌립보에는 5,000 - 10,000명이 거주하였으나 지금은 폐허만 남았다.

1) 루디아의 개종(The Conversion of Lydia, 행 16:13-15)

사도행전 16:12-15, "거기서 빌립보에 이르니 이는 마게도니아 지방의 첫 성이요 또 로마의 식민지라 이 성에서 수일을 유하다가 안식일에 우리가 기도할 것이 있을까하여 문 밖 강가에 나가 거기에 앉아서 모인 여자들에게 말하는데 두아디라 시에 있는 자색 옷감 장사로서 하나님을 섬기는 루디아라 하는 한 여자가 말을 듣고 있때 주께서 그 마음을 열어 바울의 말을 청종하게 하신지라 그와 그 집에 다 세례를 받고 우리에게 청하여 이르되 만일 나를 주 믿는 자로 알거든 내 집에 들어와 유하라하고 강권하여 머물게 하니라."

빌립보에 도착한 바울 일행(바울·실라·디모데)이 며칠 휴식하고 안식일에 기도하기 위하여 성문 밖으로 간기테스 강(Gangites River)가에 나아가 강가에 모여 있는 여자들에게 복음을 전파할 때, 두아디라 성의 자주장사 루디아가 마음 문을 열고 주님을 영접하였다. 루디아는 유럽에서 첫 번째 개종자가 되었다. 그러나 설교의 내용은 기록되어 있지 않다. 루디아와 그 온 집안이 주님을 구주로 영접하고 세례를 받은 역사가 일어난 것을 보니 설교의 내용이 복음의 핵심인 구속의 도리를 전파한 것임에 틀림없다.

"두아디라 성의 자주장사 루디아"

"두아디라"(Thyatira)는 소아시아 서쪽 지중해 연안 버가모에서 동남쪽으로 약 20마일(32km) 떨어진 교통의 요지요, 염색·옷 제조·도자기·놋 세공이 발달된 곳, 무역이 성한 곳이었다.

"루디아"(Lydia)는 빌립보에 살면서 인근 도시인 두아디라에서 자주 장사 하는 여자 사업가였다. "자주 장사"는 한 단어(포르퓌로폴리스; πορφυρόπωλις; a seller of purple fabrics and clothes)로서 자줏빛 천 또는 옷을 파는 사업가를 말한다. 자주(purple)는 매우 화려하고 값비싼 고급 천 또는 옷이다. 당시 자주는 두아디라 산(産)과 레바논 산(産)이 유명하였으며 빌립보에는 부자들이 많았다. 자주(명사)는 권력층 인사들이나 부자들이 입는 고급 옷이었다.

사도 바울이 복음을 전할 때, 주께서 루디아의 마음을 열어(opened up) 말씀을 주의 깊게 받아들이게 함으로써 **루디아는 유럽에서 첫 번째 회심한 그리스도인**이 되었다. 그리고 회심 후 루디아와 온 집안이 다 바울로부터 세례를 받았다.

"**온 집안**"(호 오이코스; ὁ οἶκος; the household)은 온 가족은 물론 집안의 하인들까지도 포함된다. 사도 바울이 빌립보에서도 복음을 전하여 루디아와 그 온 집안이 다 예수님을 구주로 영접하고, 세례를 받고, 그녀의 집에 유하도록 강권하였으나 사도 바울이 전한 복음의 내용은 기록되어 있지 않다.

루디아는 바울·실라·디모데·누가를 "강권하여"(파레칼레센; παρεκάλεσεν; she besought) 자신의 저택에 유하게 하였다. 그리하여 그녀의 환대는 빌립보교회의 전통이 되었으며, 그녀의 집은 빌립보에서는 물론 유럽에서도 첫 번째 교회가 되었다(16:40). 사도 바울이 마게도니아로 떠날 때에도 루디아와 빌립보교회 성도들이 크게 도왔고, 데살로니가에 있을 때에도 두 번이나 크게 쓸 것을 도왔다.

- 빌립보교회는 안디옥교회, 에베소교회, 서머나교회, 버가모교회, 두아디라교회, 사데교회, 빌라델비아교회, 라오디게아교회, 베뢰아교회, 데살로니가교회 등과 더불어 초대교회들 중 한 교회가 되었다.
- 빌립보에는 루디아와 온 가족이 세례 받은 맑은 물이 흐르는 작은 개천, 6세기경 세워진 교회, 고대 경기장, 바울이 갇혔던 감옥, 장터 … 등등의 유적들이 남아 있다. 빌립보에는 루디아기념교회가 세워졌으며 루디아기념교회 안에는 바울과 루디아의 모습이 유리에 그려져 있다.

2) 바울이 귀신들린 여종에게서 귀신을 내어 쫓음(행 16:16-18)

바울과 실라와 디모데가 "기도하는 곳"(텐 프로슈켄; τὴν προσευχὴν; the place of prayer; 기도자의 장소)으로 가다가 귀신(프뉴마 퓨도나; πνεῦμα πύθωνα; a demonic spirit; 마귀의 영) 들린 여종 하나를 만났다.

귀신(퓨돈; πύθων)은 그리스 신화에서 나오는, 아폴로 신을 감싸 보호하는 큰 뱀 또는 용을 말한다. 이 단어가 후에는 귀신(마귀의 영)을 가리키게 되었다(레 19:31; 20:6, 27; 왕상 28:7). 아폴로 신상은 고린도만 북쪽 파나수스(Parnassus) 산 남쪽 기슭에 있다.

귀신들린 여종은 장래 운명을 예언하는 점쟁이(a fortune-teller)이다.

"점치는"(만튜오메네; μαντευομένη; practising soothsaying; 점치는, 운수 보는)은 만튜오마이(μαντεύομαι; to divine, practise divination)의 현재·분사이다. 이 단어는 현대어로는 점치는, 운수 보는 것(fortune telling)을 뜻한다.

이 귀신 들린, 운수 보는 점쟁이는 돈을 많이 벌어 주인에게 큰 수입을 가져다주었다. 주인들에게는 이 여인이 큰 소득의 원천이었다. 귀신들린 여종은 바울 일행을 따라 다니면서 "이 사람들은 지극히 높은 하나님의 종들로 구원의 길을 너희에게 전하는(선포하는) 자들이라"하며 여러 날을 괴롭혔다. 귀신들은, 하나님이 지극히 높으신 이요, 하나님의 종들은 구원의 도리(길)를 선포하는 자들이라는 사실을 잘 안다.

구약시대 유대인들은 하나님을 "지극히 높으신 이"(the Most High)라고 불렀고(민 24:16; 사 14:14; 단 3:26), 신약시대 산지사방에 흩어져 있는 유대인들과 이방인들도 하나님은 "지극히 높으신 이"라고 불렀다. 그러나 신약에서는 이 명칭을 사용하지 않았다.

귀신들린 여종이 바울 일행을 "구원의 길을 전하는 자들"이라고 하였는데, 이 때 **"구원의 길"**(호돈 쏘테리아스; ὁδὸν σωτηρίας; a way of salvation)이라는 "길"(ὁδὸν; way) 앞에 정관사가 없다. 정관사의 유무는 구원의 진리의 절대성과 상대성을 구분하는 역할을 한다. 따라서 여기에 정관사가 없다는 것은 이 귀신들린 점쟁이 여종은 귀신의 말을 전달한 것뿐이요, 자신은 구원의 길(도리)을 알지 못함을 나타낸다.

바울은 귀신들린 여종의 영혼을 불쌍히 여겨서 귀신에게 직접 명령하시기를, "예수 그리스도의 이름으로 내가 네게 명하노니 그에게서 나오라"하시니 귀신이 즉시 나왔다. **"예수 그리스도의 이름으로"**는 **"예수 그리스도의 능력으로"**라는 뜻이다. 예수 그리스도의 능력 앞에는 귀신들도 떨 수밖에 없다. 사도 바울은 기도를 많이 하므로 능력을 받아 귀신들린 자에게서 귀신을 내쫓았다.

3) 바울과 실라가 빌립보 감옥에 수감됨(행 16:19-24)

바울과 실라는 빌립보에서 복음을 전하다가 매를 맞고 감옥에 투옥되었으나 간수를 전도하여 구원하였다.

사도 바울의 선교여정 중 약 25%는 감옥에서 보냈다.

사도행전 16:19-24, "종의 주인들은 자기 이익의 소망이 끊어진 것을 보고 바울과 실라를 잡아 가지고 저자로 관원들에게 끌어갔다가 상관들 앞에 데리고 가서 말하되, 이 사람들이 유대인인데 우리 성을 심히 요란케 하여 로마 사람인 우리가 받지도 못하고 행치도 못할 풍속을 전한다 하거늘, 무리가 일제히 일어나 송사하니 상관들이 옷을 찢어 벗기고 매로 치라 하여 많이 친 후에 옥에 가두고 간수에게 분부하여 든든히 지키라 하니, 그가 이러한 영(명령)을 받아 저희를 깊은 옥에 가두고 그 발을 차꼬에 든든히 채웠더니."

여종(점쟁이)의 주인들(점쟁이의 포주들)은 자기들의 수입원이 끊어진 것을 알고 즉시로 바울과 실라를 잡아다가 저자(장터)로 끌고 가 관원들 앞에 세우고 이들이 우리를 매우 괴롭힌다고 허위 진술을 하였다. 그리고 엄한 형벌을 가(加)해 달라고 하였다.

"저자로 끌고 가"

"저자"(아고라; ἀγορά; marketplace; 장터)는 동서고금을 막론하고 대부분 도시 중심에 자리 잡고 있었으며, 여러 가지 기능을 동시에 수행하였다.
- 장터는 물건을 사고 파는 곳(마 11:16; 20:3; 23:7),
- 장터는 서로 만남과 교제의 장소(마 23:7; 막 12:38; 눅 7:32; 11:43; 20:46),
- 장터는 품꾼들을 고용하기도 하며(마 20:3; 행 17:5),
- 장터는 철학자들(소크라테스, 플라톤 같은)이 철학을 강론하기도 했으며(행 17:17; 막 6:56),
- 장터는 시민을 공개적으로 재판하는 재판장으로도 사용되었다(행 16:19; 19:38).

"상관들"(스트라테고이스; στρατηγοῖς; chief magistrates)은 2인으로 구성된 도시의 치안 질서를 책임진 치안군 지휘관들(military leaders)을 가리킨다.

여종(귀신들린 점쟁이)의 주인들은 재판에 유리한 판정을 내리도록 허위와 기만으로 상관들에게 상고하였다.

여종의 주인들은,

●바울과 실라는 사회의 혼란을 야기시키는 자들이라고 하였다.

사도행전 16:20, "이 사람들이 … 우리 성(city)을 심히 요란케 하여"
"심히 요란케 하여"(에크타라수신; ἐκταράσσουσιν; are greatly troubling)는 크게 심히 문제를 일으켜, 온 성을 시끄럽게 하고, 혼란케 하고 있다는 매우 강한 표현이다.

●자신들은 로마인이라고 민족적 우월감을 과시하였다.

사도행전 16:20-21, "… 이 사람들은 유대인들인데 로마 사람인 우리 …" 여종의 주인들은 로마 시민권자들로서 유대인들과 자신들을 대조하면서 민족적 우월감을 과시하였다.

●사도 바울이 전하는 복음을 거부하였다.

사도행전 16:21, "로마 사람인 우리가 받지도 못하고 행치도 못할 풍속을 전한다." 종의 주인들은 사도 바울이 전하는 복음을 받아들일 수도 없고, 지킬 수도 없는 풍속들이라고 하였다.

여종의 주인들이 이렇게 고소하자마자 그곳에 모여 있던 무리들은 즉시로 지지 반응을 보였다. 그리고 일제히 일어나 송사하였다.

"**무리들**"(오클로스; ὄχλος; crowd)은 무리들, 폭도들, 군중들로서 백성들(라오 λαός; people)의 일부를 가리킨다.

이에 상관들은 여종의 주인들과 무리들의 고소를 액면 그대로 수용하여 바울과 실라의 옷을 찢고 벗긴 후에 그들을 매로 치라고 명령하였다.

그들은 바울과 실라를 매로 때리고 옥에 가두고 발에 착고를 든든히 채웠다.

"**매**"(흐라브도스; ῥάβδος; rod)는 막대기, 채찍, 몽둥이를 말한다. 이 단어의 동사 흐라브디조(ῥαβδίζω; to beat with a rod)는 돌이나 쇠붙이가 달린 채찍으로 때리다(행 16:22; 고후 11:25), 손으로 때리다(마 26:67; 요 18:22)라는 뜻으로, 심한 고문으로서 살이 찢어지고 피가 나는 가혹한 형벌이다. 그러므로 어떤 죄수들은 고문이 심하여 간수에게 속히 죽여 달라고 하소연도 하고, 자살을 시도하기도 했다.

"**차꼬**"(크쉴론; ξύλον; stocks)는 죄인이 도망가지 못하도록 나무로 만든 형틀(발목을 구멍에 끼워 고정시키는 형틀)을 가리킨다. 차꼬는 도주하지 못하게 하고 또 고통을 주기 위하여 사용되었다.

예수 그리스도의 이름 때문에 많은 신자들을 감옥에 집어넣었던 바울이 이제는 그가 친히 예수님의 이름 때문에 감옥에 던져진 것이다. 바울은 감옥에서 자신이 과거에 그리스도인들을 무참히 핍박하였던 일들을 되돌아보며 이제는 자신이 그리스도와 그의 복음을 위하여 고난에 참여하게 된 것을 기뻐했다. 지금도 빌립보에는 사도 바울이 갇혔던 감옥이 있다.

빌립보 감옥

고린도후서 11:23-27, "… 옥에 갇히기도 더 많이 하고 매도 수 없이 맞고 여러 번 죽을 뻔 하였으니,
- 유대인들에게 40에 하나 감한 매를 5번 맞았으며,
- 세 번 태장으로 맞고(채찍 끝에 납을 달아 때리는 로마식 형벌),
- 한 번 돌로 맞고,
- 3번 파선되었는데 일주야를 바다에서 지냈으며,
- 여러 번 강들(rivers)의 위험과,

- 강도들의 위험과,
- 동족들의 위험과,
- 이방인들의 위험과,
- 시내(city; 도시)에서의 위험과,
- 광야의 위험과,
- 바다의 위험과,
- 거짓 형제들(이단들)로부터의 위험을 당하고,
- 또 수고하고 애쓰고 여러 번 자지 못하고,
- 주리며 목마르고 여러 번 굶고 춥고 헐벗었노라."

고린도후서 4:8-10, "우리가 사방으로 우겨 쌈을 당하여도 싸이지 아니하며 답답한 일을 당하여도 낙심하지 아니하며 핍박을 받아도 버린바 되지 아니하며 거꾸러뜨림을 당하여도 망하지 아니하고 우리가 항상 예수 죽인 것을 몸에 짊어짐은 예수의 생명도 우리 몸에 나타나게 하려 하심이라."

⟨나는 향기를 날리리라⟩

동풍이 불어도
서풍이 불어도
나는 향기를 날리리라.
남풍이 불어도
북풍이 불어도
나는 향기를 날리리라.
파도가 날 때려도
천둥이 날 밟아도
나는 향기를 날리리라.

태양이 날 태워도
어둠이 날 덮어도
나는 향기를 날리리라.
북풍이 불어도
눈보라가 쳐도
나는 향기를 날리리라.
나를 지으시고,
만물을 지으신 이가
내 안에서 향기를 뿜어내시리라.

4) 빌립보 감옥에서 전도(행 16:25-31)

사도행전 16:25-28, "한 밤중에 바울과 실라가 기도하고 하나님을 찬미하매 죄수들이 듣더라."

"**한 밤중에**"(카타 토 메소누크티온; κατὰ τὸ μεσονύκτιον; about midnight; 깊은 밤에) 심야에, 야삼경에(행 20:7; 막 13:5; 눅 11:5).

"바울과 실라가 기도하며 하나님을 찬미하매"는 우리의 기도의 대상, 찬송의 대상은 하나님뿐임을 나타낸다.

"**기도하며**"(프로슈코메노이; προσευχόμενοι; praying. 프로슈코마이; προσεύχομαι; to pray; 기도하다)의 현재분사로서 이 단어의 어원적 의미는 하나님 앞에 허리를 굽히고 엎드려 계속 간절히 기도드리는 것을 뜻한다. 허리를 굽히고 엎드려 기도하는 것은 하나님 앞에서 자신을 겸손히 낮추고 하나님만 높이며 존경하며 숭배하는 기도의 자세를 가리킨다.

"**찬미하며**"(휨눈 톤 데온; ὕμνουν τὸν θεόν; singing hymns to God)는 휨네오(ὑμνέω; to sing, praise; 노래하다, 찬양하다)의 미완료(imperfect)시상이다. 따라서 바울과 실라는 계속 찬미하고 있었으며 그 찬미는 아직도 끝나지 않았음을 나타낸다. 찬미는 노래로 하나님께 영광을 돌리는 것이다.

따라서 바울과 실라는 기도드리고 찬미하며, 찬미하고 기도드리는 기도와 찬송의 연속 철야기도였다.

● 바울과 실라가 감옥에서 깊은 밤중에 하나님 앞에 무릎을 꿇고 간절한 기도를 드리며, 찬송을 불렀는데 그러면, 어떤 기도를 드렸을까?

아마도 자신들을 죄와 사망에서 구속하시기 위하여 주님이 받으신 그 고난을 생각하며, 자신들이 지은 죄들을 회개하며, "복음을 위하여 받는 고난을 감수하도록 하여 주시옵소서! 주님의 일에 더욱 충성하도록 속히 석방시켜 주시옵소서! 감옥의 간수들과 죄수들도 예수 그리스도를 구주로 믿어 죄 사함 받고 구원 영생 누리게 하여 주시옵소서!"라고 열정적 기도를 드렸을 것이다.

● 어떤 찬송을 불렀을까? 어려운 일 당할 때 하나님께 간절히 매달리는 기도는 이해가 가나 그런 역경 속에서 어떻게 찬송이 그토록 나올 수 있었을까?

"환란과 핍박 중에도 성도는 신앙 지켰네!" 대단한 신앙의 영웅들이었음을 알 수 있다.

"다른 죄수들이 듣더라."

"다른 죄수들"(호이 데스미오이; οἱ δέσμιοι; the prisoners)은 실제상 죄를 범한 죄인들이다. 그들은 민법이나 형법 등을 범하고 감옥에 수감된 죄수들이다. 그런 점에서 바울과 실라는 다른 죄수들로부터 구별된다. 왜냐하면 바울과 실라는 그들의 변호들에서도 밝히 나타냈듯이 그들은 죄를 범한 죄인들이 아니기 때문이다.

"듣더라"(에페크로온토; ἐπηκροῶντο; listened to)는 흔히 사용하는 아쿠오(ἀκούω; to hear; 듣다)가 아니라, 깊은 관심을 가지고 주의 깊게 경청한다는 "에파크로아오마이"라는 단어를 사용하였다.[85] 에파크로아오마이(ἐπακροάομαι; to listen attentively; 듣다, 경청하다)의 미완료과거(imperfect)시상으로서 죄수들은 계속 듣고 있었음을 나타낸다. 따라서 바울과 실라는 계속 기도하며 찬미하며, 다른 죄수들은 계속 바울과 실라의 기도와 찬미를 주의 깊게 듣고 있었다.

하나님은 바울과 실라의 간절한 기도와 찬송을 받으시고 큰 이적을 행하셨다.

5) 빌립보 감옥에서 발생한 4대 사건들(행 16:26)

사도행전 16:26, "이에 홀연히 큰 지진이 나서 옥터가 움직이고 문이 곧 다 열리며 모든 사람의 매인 것이 다 벗어진지라."

바울과 실라의 간절하고도 계속적인 기도는 하나님이 들으시고 역사하셨다. 이는 마치 엘리야의 기도와 같다.

"홀연히"(아프노; ἄφνω; suddenly; 갑자기)는 부사로서 큰 지진을 수식한다(행 2:2; 딤전 5:22; 살전 5:3).

① 큰 지진이 발생하였다.

"큰 지진"(세이스모스 메가스; σεισμὸς μέγας; a great earthquake)은 문자 그대로 어

---

[85] Abbott-smith, *Manual Greek Lexicon of the N.T.* p.164.

마어마한 지진을 말한다. 큰 지진의 규모와 강도가 몇도 인지는 모르나 감옥의 터가 진동하고, 감옥의 문틀들과 문들이 다 틀어져 열리며, 죄수들을 묶었던 수갑들, 차꼬들, 형틀들, 고리들이 다 풀어지는 대지진이었다. 이와 같은 현상들을 보니 하나님은 대지진과 함께 죄수들을 풀어주는 역사도 직접 하셨음을 알 수 있다.

② 감옥의 터가 진동하고 흔들렸다.

"옥터가 움직이고"(살류데나이 타 데멜리아 투 데스모테리우; σαλευθῆναι τὰ θεμέλια τοῦ δεσμωτηρίου; the foundations were shaken)는 감옥의 기초·기반들이 몹시 진동하여 흔들렸다. 그럼에도 불구하고 한 사람의 인명피해도 발생하지 않았다.

③ 옥문들이 다 열리어졌다.

"문들이 곧 다 열리며"(에네오크데산; ἠνεῴχθησαν; were opened; 열려졌다)는 "모든 문들이 돌아가며 즉시(파라크레마; παραχρῆμα; at once) 다 열려졌다."

감옥의 모든 문들은 출입시 이외에는 항상 철저히 닫혀있다. 철창들은 항상 굳게 잠겨 있고, 열지 못하도록 이중 삼중으로 자물쇠로 잠가놓는다. 그런데 그 감옥의 크고 작은 문들이 다 열려진 것이다.

④ 쇠사슬들이 다 벗겨졌다.

"모든 사람의 매인 것이 다 풀어진지라."

"모든 사람"(판톤; πάντων; all)은 바울과 실라와 모든 죄수들을 가리키며,

"매인 것"(데스마; δεσμὰ; bonds; 묶는 것)은 손이나 발을 묶는 쇠사슬들(chains)을 가리키며,

"다 벗어진지라"(아네데; ἀνέθη; loosened; 풀어졌다)는 묶여져 있던 쇠사슬들이 다 풀어진 것을 말한다. 묶여 있던 손이나 발이나 전연 아무 아픔이나 상처도 없이 풀어진 것이다.

바울과 실라의 간절한 기도와 하나님께 드린 찬송은 하나님의 놀라운 큰 역사를 가져 왔다. 다시 말하면 바울과 실라의 간절한 기도와 찬송이 큰 지진을 일으키고, 옥터를 움직이고, 옥문들을 열고, 쇠사슬들을 풀어놓은 것이 아니라 전능하신 하나님이 바울과 실라의 기도와 찬송을 받으시고, 하나님이 직접 자

신의 초자연적 능력의 역사로 큰 지진을 일으키시고, 옥터를 진동시키시고, 옥문들을 여시고, 쇠사슬들을 풀었다는 말씀이다.

6) 간수가 자결하려 함(행16:27)

사도행전 16:27, "간수가 자다가 깨어 옥문들이 열린 것을 보고 죄수들이 도망간 줄 생각하고 검을 빼어 자결하려 하거늘"

"**간수**"(데스모퓔라크; δεσμοφύλαξ; jailer, keeper; 간수, 교도관).

"**자다가 깨어**"(엑쉬프노스; ἔξυπνος; awake from sleep; 잠에서 깨어나) 간수들은 죄수들의 철창문들을 잘 잠근 후에는 자기 방에서 잠자곤 하였다.

옥문들이 "**열린 것을 보고**"(이돈 아네오그메나스; ἰδὼν ἀνεῳγμένας; seeing having been opened)는 완료·분사·수동형으로 옥문들이 활짝 넓게 열려져 있는 상태를 가리킨다.

"**죄수들**"(데스미우스; δεσμίους; bound ones, prisoners; 감금되어 있는 자들, 감옥수들)이 "**도망간 줄 생각하고**"(노미존 에크페퓨게나이; ομίζων ἐκπεφευγέναι; supposing had escaped)는 도망간 줄로 추측하고,

"**검을 빼어**"(스파사메노스 텐 마카이란; σπασάμενος τὴν μάχαιραν; he drew his sword; 그의 검을 빼어)는 로마 병정들이 소지하고 있는 단도(a short sword)를 가리킨다. 옛날 단도는 자결하는 데도 사용되었다.

"**자결하려하거늘**"(에멜렌 헤아우톤 아나이레인; ἤμελλεν ἑαυτὸν ἀναιρεῖν; was about to kill himself; 자결하려는 순간)이다. 바로 어제는 바울과 실라를 그토록 감금시키고 옷을 찢어 벗기고, 무자비하게 때리고, 도주하지 못하도록 발목을 차꼬에 든든히 채운 간수(교도관)가 지금은 자결하려는 그 모습을 상상해 보라.

당시 로마법에 의하면 죄수들이 도망가면 그 책임이 간수들에게 있고, 따라서 죄수가 받을 형벌을 간수가 대신 받도록 되어있다(Code of Justinian 9. 4. 4.). 그러므로 그 간수는 심한 고문을 받고 사형을 당하느니 오히려 스스로 목숨을 끊는 것이 훨씬 편한 선택이라고 생각하고 그 간수는 자결하려 하였던 것이다.

사도행전 16:28, "바울이 크게 소리 질러 가로되 네 몸을 상하지 말라 우리가 다 여기 있노라."

이 말씀은 자결하려는 간수에게 자결하지 말라는 이유를 설명한다. 다시 말하면 바울이 크게 소리 질러 네 몸을 상하지 말라. 우리가 다 여기 있다는 것은 간수가 자결하지 말라는 이유이다. 바울은 간수가 자결하려는 이유를 알았다.

"**크게 소리질러**"(에포네센 … 메갈레 포네; ἐφώνησεν δὲ μεγάλῃ φωνῇ; cried out with a loud voice)는 포네오(φωνέω)의 과거·직설·능동형이다.

"**네 몸을 상하지 말라**"(메덴 프라케스 세아우토 카콘; Μηδὲν πράξῃς σεαυτῷ κακόν; Do not harm yourself; 네 자신을 해하지 말라)는 부정적 명령이다.

"**우리가 다 여기있노라**"(하판테스 갈 에스멘 엔다데; ἅπαντες γάρ ἐσμεν ἐνθάδε; because we are all here; 왜냐하면 우리가 다 여기 있다). 원문에는 갈(γάρ; because; 왜냐하면)이라는 접속사가 있어서 그 이유를 밝힌다. 왜냐하면 우리가 다 여기 있기 때문이다. 바울과 실라는 물론 죄수들도 다 남아 있었다.

그러면 어찌하여 죄인들이 도망가지 않고 그대로 남아 있었을까?

바울과 실라의 기도와 찬송소리가 그들의 마음에 있고, 하나님의 직접적 간섭의 역사를 경험하는 죄수들이었기에 그들은 도망가는 것이 두려웠을 것이다.

사도행전 16:29, "간수가 등불을 달라고 하며 뛰어 들어가 무서워 떨며 바울과 실라 앞에 부복하고"

심야이니 간수는 정말 죄수들이 도망가지 않고 그대로 있는지를 확인하기 위하여 등불을(자기 가족에게? 간수의 부하?) 달라고 하였다.

"**등불**"(포타; φῶτα; lights, torch; 횃불)은 복수로서 횃불들을 가리킨다.

"**뛰어 들어가**"(에이세페데센; εἰσεπήδησεν; he rushed in; 그가 급히 서둘러 들어갔다)(행 14:14).

"**무서워 떨며**"(becoming trembling with fear; 두려워 부들부들 떨며)

"**부복하고**"(프로세페센; προσέπεσεν; he fell before; … 앞에 엎드렸다) 간수는 바울과 실라 앞에 무릎을 꿇고 엎드렸다(v. 29. 10:25. 14:11).

7) 간수와 온 집안이 구원받음(행 16:30-31)

사도행전 16:30, "그들을 밖으로 데리고 나가 이르되 선생들이여! 내가 어떻게(무엇을) 하여야 구원을 얻으리이까?"

간수가 바울과 실라를 감옥 밖으로 데리고 나왔다. 그리고 "선생들이여! 내가 어떻게 하여야 구원을 얻으리이까"라고 중요한 질문을 하였다.

바로 어제 간수가 바울과 실라를 대한 것과 지금 바울과 실라에 대한 간수의 태도가 얼마나 다른가? 과거에는 죄수들을 무자비하게 매로 때리고, 감방에 가두고, 발목에 차꼬를 채우고 고문하던 자들이 지금은 겁에 질려 어쩔 줄 모르는 태도가 얼마나 대조적인가?

"**선생들이여!**"(퀴리오이; κύριοι; Sirs)라는 호칭은 주(Lord; 主)라는 뜻으로 권위와 권세를 소유하신 통치자(Ruler), 상전(Master), 소유주(Owner)를 뜻한다. 이 호칭은 만일 큰 지진이 나지 않았다면 간수가 죄인들에게 도저히 사용할 수 없는 명칭이다. 이 간수는 바울과 실라를 얼마나 대단한 존재로 여겼는가를 알 수 있다.

이 간수는 바울과 실라의 기도와 찬송을 듣다가 피곤하여 잠이 들었고 그 후에 일어난 초자연적 역사를 경험하면서 바울과 실라는 죄인들이 아니라는 확신을 갖게 되었을 것이다.

"**내가 무엇을 하여야 구원을 얻으리이까?**"

이 질문은 자신은 구원받지 못한 상태에 있음을 밝힌다. 간수의 심각한 질문은 그의 영적 필요성과 바울과 실라로부터 예수 그리스도에 대한 기쁜 소식을 받을 수 있는 마음의 문을 열어 놓는 것을 보여준다.

- 이 질문은 가장 심각한 질문, 인간의 궁극적 문제, 금생과 내생의 문제, 구원 영생의 문제이다.
- 이 질문은 어떤 율법교사가 예수를 시험하여 이르기를 선생님이여! 내가 무엇을 하여야 영생을 얻으리이까?(눅 10:25)
- 이 질문은 한 부자 청년이 묻기를 내가 무엇을 하여야 영생을 얻으리이까(눅 18:18)라는 질문과 유사한 질문이다.

● 이 질문은 또한 그러면 형제들아 우리가 어찌할꼬?(행 2:37)와도 유사한 질문이다.

"내가 무엇을 하여야 구원을 얻으리이까?" 그 간수는 사람이 무슨 선한 일을 하여야 구원을 얻는 것으로 생각하였다. 이 질문은 범죄 타락한 인간의 보편적 질문이다.

사도행전 16:31, "가로되 주 예수를 믿으라 그리하면 너와 네 집이 구원을 얻으리라."
바울과 실라는 오순절 이후 계속 선포되어온 그리스도 중심의 복음을 빌립보 감옥 간수에게도 전하였다(2:38-39; 3:19-26; 4:12; 8:12, 35; 10:43; 13:38-39).

"**주 예수를 믿으라**"(피스튜손 에피 톤 퀴리온 예순; Πίστευσον ἐπὶ τὸν κύριον Ἰησοῦν; Believe on the Lord Jesus). 주 예수는 삼위의 제2위이신 성자 하나님의 명칭들 중 하나이다.

"**주**"(퀴리온; κύριον; Lord; 주(主))는 권위와 권세·능력을 소유하신 절대 주권자·통치자·주인을 가리키며,

"**예수**"(예순; Ἰησοῦν; Jesus; 예수)는 "자기 백성을 죄에서 구원하신다"는 뜻으로 예수님을 구주로 믿는 자들의 구주이심을 뜻한다. 예수는 우리를 육신의 정욕에서, 죄에서, 사탄의 권세에서, 죽음에서 구원하시는 구주이시다.

"**믿으라**"(피스튜손 에피; Πίστευσον ἐπὶ; believe on)는 피스튜오 에피(πιστεύω ἐπὶ)구문으로서 신앙의 대상자이신 주 예수를 자신의 구주(Personal Saviour)로 전적으로 믿고(신뢰하고) 의지하고 순종하며 헌신하는 것을 뜻한다.

"**그리하면**"은 주 예수를 믿으라는 명령에 대한 결과(consecutive after imperative)를 강조한다.[86]

"**너와 네 집이 구원을 얻으리라.**"
"**너**"(수; σύ; you; 너)는 단수로서 간수를 지적하며,
"**네 집**"(호 오이코스; ὁ οἶκός; the household; 집안의 온 식구들)은 집안의 가족들뿐만 아니라 하인들(종들)까지도 포함된다.

---

86) Ibid., p.225.

"너와 네 집은" 빌립보에서 루디아의 온 가족 한 사람 한 사람이 주님을 자신의 구주로 믿어 구원 받은 사건을 상기시킨다(행 16:15).

구원을 얻으리라"(소데세; σωθήσῃ; shall be saved). 이 말씀은 또한 가정의 가장(家長)이나 또는 어떤 단체의 장(長)이 주 예수를 믿을 때의 파장이란 엄청난 사실을 깨우쳐 준다(행 11:14; 16:15; 18:8; 고전 16:15). 그러나 구원은 개별적이다.

그들은 이방인들이다. 이방인들도 주 예수를 믿기만 하면 구원을 얻으리라는 진리이다. 반면에 누구든지 주 예수를 믿지 않으면 구원이 없다는 진리!

● 구원이란 쏘테리아(σωτηρία; salvation)로서 구출(deliverance)을 말한다. 죄에서, 사탄의 권세에서, 육신의 정욕에서, 사망에서, 구출이며 한걸음 더 나아가서 영생복락을 포함한다.

"믿으면 구원을 얻으리라"는 말씀은 믿음이 우리를 구원한다는 뜻이 아니라 믿음이 구원의 도구·방편(instrument, method)이라는 뜻이다. 그러므로 성경은 믿음으로 말미암아(디아 피스테오스; διὰ πίστεως; by or through faith; 믿음으로 말미암아)라는 전치사구(句)를 항상 강조한다. 즉 사람 편에서는 하나님께서 선물로 주신 믿음을 통하여, 믿음을 수단으로 하여 구원을 받는다는 진리이다. 믿음이 구원 자체는 아니지만 구원을 받는 유일한 방편이요 수단이다.

● 믿음으로 구원을 얻는다는 이 진리는 다른 말로하면 인간의 행위·공로로는 구원을 얻지 못한다는 뜻도 내포되어 있다.

사도행전 16:32, "주의 말씀을 그 사람과 그 집에 있는 모든 사람에게 전하더라."
바울과 실라는 한 간수로부터 구원에 관한 심각한 질문을 받고 그 집안 온 가정에게 구원 영생의 도리를 증거하였다.

사도행전 16:30에 간수가 "그들을 데리고 나가"라고 하였는데 간수가 바울과 실라를 어디로 데리고 나갔는지는 밝히지 않았는데 본 절에서는 그 장소가 곧 간수의 집이었음을 밝힌다. 그런데 그 간수의 집은 감옥 사무실 위에 있는 집(quarters)이었을 것이다. 당시 로마의 법은 간수가 죄수를 어디로 데리고 가든지 간수의 책임과 보호이었음으로 간수가 바울과 실라를 데리고 나간 것은 문제가

복원된 루디아의 세례장소

되지 않는다. 물론 바울과 실라는 죄를 범한 죄인 죄수들이 아니었다.

사도행전 16:33-34, "그 밤 그 시각에 간수가 그들을 데려다가 그 맞은 자리를 씻어주고 자기와 그 온 가족이 다 세례를 받은 후 그들을 데리고 자기 집에 올라가서 음식을 차려주고 그와 온 집안이 하나님을 믿음으로 크게 기뻐하니라."

"**그 밤 그 시각에**"(엔 에케이네 테 호라 테스 누크토스; ἐν ἐκείνῃ τῇ ὥρᾳ τῆς νυκτὸς; the very hour of the night)는 바로 그날 밤 그 시간에 "**즉시**"(파라크레마; παραχρῆμα; at once, immediately; 곧바로, 조금도 지체함 없이)이다.

① "**그 맞은 자리를 씻어주고**"(엘루센 아포 톤 플레곤; ἔlousen avpo. tw/n plhgw/n; he washed from the stripes; 그가 매 맞은 자리를 씻어 주었다)

그 간수는 구원 받은 후 먼저 할 일을 조금도 지체하지 않고 즉시 시행하였다.

② "**자기와 온 가족이 다 세례를 받은 후**"

"**세례를 받고**"(에밥티스데; ἐβαπτίσθη; was baptized). 간수와 그의 온 가족이 다 세례를 받았다. 세례를 받았다는 것은 믿음을 전제로 한다. 그러므로 그와 온 집안이 믿고 세례를 받았다.

루디아가 세례받은 장소

루디아가 세례를 받은 곳은 빌립보 시내에서 서쪽으로 1.6km 떨어진 지점에 있는 간지테스 강가인데 이 간지테스 강은 폭이 좁아서 내천(川)이나 물은 많이 흐른다. 이 강 옆에는 루디아교회가 있다.

빌립보 감옥의 간수와 그 온 가족이 다 받은 세례는 물을 뿌리는(sprinkling) 세례였을까? 아니면 침수 세례(immersion)이었을까? 세례의 의미와 당시 상황으로 비추어 약식 세례(Sprinkling)이었을 것이다.

● 세례(Baptism)는 물로 씻는 것으로 도덕적 정화의 외적 표시이다. 따라서 세례는 죄 씻음과 죄 사함의 외적 표시이다.

● 칼빈(Calvin)은 "물세례는 죄 씻음을 받고 정결함을 받아 새 사람이 되게 하는 성령세례의 징표이다"[87]라고 하였다.

③ "그들을 데리고 집에 올라가서"

"**올라가서**"(아나가곤; ἀναγαγών; bringing up ; 데리고 올라가서). 이 단어는 전치사 아나(ἀνα; up; 위로)와 동사 아나고(ἀνάγω; to bring up ; 데리고 올라가다)로 구성된 합성어로서 분사이다. 아마도 감옥 위에 붙은 집 계단으로 올라가 식당이 있

---

87) Calvin, *Institutes* IV. 14. 1.

는 방(dining room)으로 인도하였을 것이다.

"**음식을 차려주고**"(파레데켄 트라페잔; παρέθηκεν τράπεζαν; he set meal before them; 그들 앞에 음식을 차려주고) 사랑의 애찬이다. 바울은 할례 받지 않은 자들과 한 식탁에 앉아 식사하였다.

"그와 그 온 집안이 하나님을 믿음으로 크게 기뻐하니라"

"**믿음으로**"(페피스튜코스; πεπιστευκὼς; having believed)는 πιστεύω(to believe; 믿다)의 완료분사이다.

"**크게 기뻐하니라**"(에갈리아사토; ἠγαλλιάσατο; rejoiced greatly)는 미완료과거(imperfect)시상이다. 미완료과거시상은 과거의 계속적 행동으로 크게 기뻐하고 있었음을 뜻한다(벧전 1:6, 8; 4:13). 구원의 기쁨, 죄 사함 받은 기쁨, 하나님이 주시는 기쁨, 영혼의 기쁨 그 기쁨이 어떠했으랴!

초대 예루살렘교회는 "날마다 마음을 같이하여 성전에 모이기를 힘쓰며 … 기쁨과 순전한 마음으로 음식을 먹고 하나님을 찬미하며 또 온 백성에게 칭찬을 받더라"(행 2:46).

8) 평안히 가라

사도행전 16:35-36, "날이 새매 상관들이 부하를 보내어 이 사람들을 놓으라 하니 간수가 그 말대로 바울에게 말하되 상관들이 사람을 보내어 너희를 놓으라 하였으니 이제는 나가서 평안히 가라 하거늘."

상관들이 바울과 실라를 놓아주고자(석방)하는 의도는 바울이 로마 시민권자요, 로마법에도 위법사항이 없고, 하나님의 능하신 일들을 경험했으며, 유대인들의 의도적 술수를 알았기 때문이다.

"**날이 새매**"(헤메라스 데 게노메네스; Ἡμέρας δὲ γενομένης; day coming; 낮이 왔을 때)는 새벽에, 아침 일찍이

"**상관들**"(호이 스트라테고이; οἱ στρατηγοί; 16:20 참조)

"**부하들**"(흐랍두코스; ῥαβδοῦχος; tip staffs; 막대기를 들고 다니는 자들〈One who carries a rod〉)은 집정관을 따라 다니며 죄인들을 체포하는 관리들.

"이 사람들을 놓아주라" 바울과 실라를 놓아주라.

"놓아주라"(아포루손; Ἀπόλυσον; release; 석방하라)는 묶었던 팔, 다리 등을 풀어주라는 뜻이다.

"이제는 평안히 가라"(Now go in peace).

이때 바울과 실라는 그들의 말을 거부하였다.

9) 바울이 로마 시민권자임을 주장(행 16:35-40)

사도행전 16:37, "바울이 이르되 로마 사람인 우리를 죄도 정치 아니하고 공중 앞에서 때리고 옥에 가두었다가 이제는 가만히 우리를 내어 보내고자 하느냐? 아니라 저희가 친히 와서 우리를 데리고 나가야 하리라."

본 절에서 "로마 사람들"(안드로푸스 로마이우스; ἀνθρώπους Ῥωμαίους; men who are Romans)은 로마 시민권자(Roman citizenship)임을 가리킨다. 본문의 배경은 바울과 실라가 복음을 전파하다가 마게도니아의 빌립보 시(市) 감옥에 갇혔다. 상관들이 아전들(하급관리들)에게 옷을 찢어 버리고 매로 치라고 하였다. 많은 매를 맞았다. 날이 새매 상관들이 아전을 보내어 이 사람들을 놓으라고 하였다. 간수가 상관들의 명령을 아전을 통하여 받고 그대로 전하였다. 상관들이 바울과 실라를 조용히 내보내려고 하였다. 상관들이 바울과 실라를 조용히 비밀리에 내보내려 한 이유는 자신들의 죄를 면케 하기 위함이다.

이때에 바울은 예상외의 반응을 보였다. 여종의 주인들에게 고소당하여 치안 판사들 앞에서 재판을 받을 때는 자신이 로마 시민권자라는 사실을 전혀 밝히지 않고 잠잠했다가 지금 출소하라는 명령이 떨어진 때에 로마 시민권자임을 밝혔기 때문이다. 바울은 여기서 처음으로 자신은 로마 시민권자라고 처음 언급하고 자신의 권리를 행사하였다. 바울의 항의는 "로마 사람인 우리를 죄도 정치 아니하고 공중 앞에서 때리고 옥에 가두었다"는 것이다.

"로마 사람"(안드로푸스 로마이우스; ἀνθρώπους Ῥωμαίους; men who are Romans)은 분사구문이다. 이 말씀의 좀 더 정확한 번역은 "로마 사람임에도 불구하고" 혹은 "로마 사람인데도"이다.

"죄도 정치 아니하고"(아카타크리투스; ἀκατακρίτους; uncondemned; 정죄하지 아니하고)는 "조사도 하지 아니하고"(without investigation)라는 뜻이다. 이 단어는 이곳과 22:25에서만 발견된다. 로마 시민권자를 청문회(a public hearing)도 거치지 않고, 많은 사람들 앞에서 때리고, 옥에 가둔 것은 로마의 엄한 국법을 범한 것이라는 논지이다. 많은 사람들 "앞에서"(데모시아; δημοσίᾳ; publically)는 공개적으로, 공중 앞에서라는 뜻이다.

- 로마정부는 B.C. 509년과 B.C. 248년에는 각지의 모든 로마인들을 보호하기 위하여 몽둥이나 회초리(rods or whips)로 고문하지 못하도록 법으로 규정하였다.[88] 로마제국의 여러 민족들이 로마 시민권을 부여 받은 것은 B.C. 89년 경부터였다.

- 로마 시민의 권리들(rights)은 B.C. 23년 아우구스투스 황제(Emperor Augustus) 때로부터 거스려 올라간다. 아우구스투스는 45년간 절대적인 권력을 행사하였다.

- 로마 시민권을 가진 사람들은 로마 시민권이 없는 사람들에 비하면 아주 공정하고 정당한 절차를 밟아 재판을 받도록 법으로 규정되어 있다. 아마도 B.C. 30년 법제정에 의하여 사실상 당시 로마 시민권자는 즉결재판이나 무법한 재판을 받지 않으며, 불명예스러운 채찍이나 고문의 형을 받지 않으며, 십자가의 사형도 금지되었다.[89] 다시 말하면 로마 시민은 불명예스러운 비인격적인 형벌을 받지 않았다. 로마 시민은 공정한 재판을 받도록 법이 규정되어 있다.

"… 이제는 가만히 우리를 내어 보내고자 하느냐?" 이 말씀을 보면 바울과 실라가 로마 시민권자임이 틀림없다.

"가만히"(라드라; λάθρᾳ; secretly; 비밀리에, 몰래)는 "공중 앞에서"(데모시아; δημοσίᾳ)와 매우 대조적이다. 공중 앞에서 공개적으로 때리고 옥에 가둔 것과 가만히 내보내려고 한 것은 매우 대조적이다.

그러면 바울은 왜 자신이 감옥에 투옥될 때 로마 시민권자임을 밝히지 않았

---

88) Meger, op. cit., p.318.
89) A. H. M. Jones, *Studies in Roman Government and Law*, (Oxford University Press, 1960), pp.54-55, 97ff.

을까? 바울은 분명한 의도가 있었을 것이다. 그것은 그가 감옥에 갇힘으로 빌립보 간수와 그의 온 가족을 구원하는 대역사가 일어났다.

사도행전 16:38-39, "아전들이 이 말로 상관들에게 고하니 저희가 로마 사람이라 하는 말을 듣고 두려워하여 와서 데리고 나가 성을 떠나기를 청하니"

두 사람이 옥에서 석방되어 루디아의 집(Lydia's house)에서 성도들을 만난 후 계속 복음 전하기 위하여 떠났고 누가만 빌립보에 남았다(행 16:40).

"**상관들**"(스트라테고이스; στρατηγοῖς; praetors, magistrates)

"**아전들**"(아펭게일란; ἀπήγγειλαν; Officers; 하급관리들)

"**두려워하였다**"(에포베데산; ἐφοβήθησαν; they were afraid; 포베오; φοβέω; to terrify, frighten; 겁에 질려 공포에 떨다)의 3인칭·복수·과거·수동형이다. 그러므로 문법적으로는 두려워하게 되었나이다. 바울과 실라가 자신들이 로마 시민권자임을 어떻게 증명하였는지는 의문이다.

로마 시민권자를 불법으로 처벌했을 경우는 로마법에 따라 중벌을 받았다. 시민권이 박탈되고 심한 경우에는 사형까지 받았다. 이런 형벌을 두려워 한 것이다.

사도 바울은 로마 시민권자임을 빌립보 감옥에서도(행 16:37), 예루살렘에서도(행 21:27-36) 변호하였다.

3. 데살로니가에서(In Thessalonica, 행 17:1-9)

사도행전 17:1, "그들이 암비볼리와 아볼로니아로 다녀가(지나, had passed through) 데살로니가에 이르니 거기 유대인의 회당이 있는지라."

"그들"은 바울·실라·디모데(17:2, 10, 14)이다. 바울과 실라는 빌립보 감옥에서 출감한 후 즉시 암비볼리와 아볼로니아를 지나 데살로니가에 도착하였다. 빌립보에서 데살로니가까지는 약 102.4km(약 64mile)거리이다.

바울과 실라가 암비볼리와 아볼로니아를 지나 데살로니가로 직행한 것은 어떤 중요한 이유와 목적이 있었음이 분명하다. 그것은 곧 데살로니가에는 유대인의 회당이 있었기 때문이었을 것이다.

- **암비볼리**(Amphipolis)[90]는 마게도니아에서 가장 중요한 도시들 중 하나로 빌립보에서 서남쪽으로 약 48km(30mile)떨어진 곳에 위치한 대도시로 에게 해(Aegean Sea)가 내려다보이는 에게 해에서 3마일 떨어진 곳, 전망 좋은 아름다운 해안도시이다. 또한 암비볼리는 빌립보, 암비볼리, 데살로니가를 연결하는 로마의 중요한 고속도로(Via Egnatia) 선상에 있는 교통의 중심지인 동시에 상업도시, 전략적 요충지이기도하였다. 암비볼리에는 다섯 개의 전망대들(towers)이 있는데 그들 중에서 가장 중요한 전망대는 북서쪽에 위치한 씨타워(C-Tower)이며, 지금은 두(2) 전망대만 남아있다. 북쪽 성벽 207미터가 7미터 높이로 잔존되어 있다.

사자상(압비올리)

- 암비볼리 지방은 비옥한 땅으로 포도, 무화과 등의 열매를 생산하며, 이곳 판기우스 광산에서 채굴한 금·은의 물류창고, 제조업 등의 중심지였다. 암비볼리는 필립 2세, 알렉산더 대제 때, 그리고 로마시대에도 번창하였다.
- 암비볼리는 니키아스(Nikias)의 아들 아고나스(Agonas) 장군

---

90) St. Paul, op. cit., pp.67-68.

에 의하여 B.C. 437년 세워졌으며, 로마제국이 A.D. 68년 점령한 뒤 마게도니아의 첫 행정구역의 수도였다(I.S.B.E. 1:118). 아마도 이 도시에는 유대인이 거주하였다는 증거가 없다.
● 암비볼리의 상징은 사자(lion)이다. 이 사자상은 B.C. 4세기 트로이의 창건자 라오메돈(Laomedon)의 무덤비이다. 사도 바울은 이 도시를 지나가면서 사자상도 보았을 것이다.

● **아볼로니아**(Apol-lonia)[91]는 암비볼리에서 서남쪽으로 약 43km(36mile) 떨어진 곳에 위치한 도시로 암비볼리와 데살로니가의 중간지점에 위치해 있다. 아볼로니아에서 데살로니가까지는 약 62km이다. 아볼로니아는 할키디안스(Halkidians)에 의하여 B.C. 432년 볼비호수(Volvi lake) 남쪽에 세워진 고대도시이다. 이 도시의 고속도로는 볼비강 북쪽으로 지나간다.
● 이 지역은 로마시대, 비잔틴시대, 오토만 시대에 군사적 요충지였다. 이 도시에는 궁전·원형극장·장터·운동장·시의회·공중목욕탕·방어진지·카라반들을 위한 여인숙·공동묘지 등이 있었다.

● **데살로니가**(Thessalonica)[92]는 유럽의 관문인 마게도니아 지방의 칼시더스 반도 서쪽 가장 큰 더마익 만(Thermaic Gulf) 어귀에 위치한 중요한 항구도시로 헬라 신화의 본산인 2,917m 높이의 올림푸스산(Mt. Olympus)이 보이는 곳이다. 한국의 백두산(2,744m)보다 더 높다. 데살로니가 지역에는 신석기 시대(Neo-Lithic)부터 사람들이 정착한 것으로 여겨진다.
● 데살로니가는 그리스의 알렉산더 대제 사후(死後), B.C. 332년에 그리스를 통치한 알렉산더의 후임 알렉산더 대왕의 이복동생인 카산더(Cassander)가 B.C. 316/315년경 이 지역의 25개 작은 마을들을 통합시키고 이 지역을 확장시켰다. 그리고 카산더의 아내의 이름을 따서 "데살로니가"라고 명명하였다.

---

91) Ibid., p.69.
92) Ibid., p.70-81.

Ⅱ. 사도 바울의 제2차 선교여정

데살로니가 타워

● B.C. 168년에는 로마가 이 지방도 점령하였다. 그리고 B.C. 146년에는 데살로니가를 마게도니아의 수도로 삼았다. B.C. 42년에는 자유의 도시로 선포되었다.

델마익 만(Thermaic Gulf)에서 본 데살로니가(Thessaloniki)

- 데살로니가는 예술, 음악, 철학 등의 중심지였다. 교통과 무역의 중심지, 군사 요충지, 로마제국의 마게도니아(로마제국의 행정구역)의 수도였다.
- 데살로니가는 마게도니아 지방의 수도였으며, 당시 인구는 유대인을 포함하여 약 22만 명 정도였다.
- 데살로니가는 비잔틴 제국시대(A.D. 395-1453)에 이르러서는 마게도니아 지역에서는 가장 중요한 정치적·경제적 중심지가 되었다.

로마의 콘스탄틴 대제는 데살로니가 항구를 재건하였으며, 4세기 말과 5세기 초에 튼튼한 성벽을 쌓았다.

데살로니가에는 비진틴 시대 초기에 세워진 대표적 교회가 있다. 이 교회는 콘스탄틴 대제가 기독교를 공인하기 직전에 순교한 성 디메트리우스 기념교회이다. 410년에 건축되었으나 1917년 데살로니가의 대화재로 크게 파손되었고 교회의 지하 부분만 원형이 남아 있다.

A.D. 1430년에는 터키(Turks)에 의하여 점령당하였고, 1821년 독립전쟁

이 시작되고 1921년 드디어 해방이 되었다.

현재는 데살로니끼(Thessaloniki)로 문화와 예술, 상공업의 중심지로 북쪽 그리스의 행정도시, 분주한 항만, 그리스의 제2의 도시로 150만 명의 인구가 살고 있다.

특주 7: 회당의 기원과 분포도

예루살렘 성전은 훼파되고 백성들은 바벨론에 포로로 잡혀가 성전 제사가 불가능해졌을 때 유대인들이 흩어져 사는 곳곳마다 회당이 세워지기 시작하였으며, 회당들은 유대인 공동체의 예배의 장소, 교육의 장소, 만남의 장소가 되었다. **레벨토프**(Levertoff)는 "회당은 바벨론 포로기간 동안 생겨난 것이 분명하다. 유대인 회당의 기원은 바벨론 포로시대부터이다"라고 하였다.[93]

- 회당은 이스라엘이 방대한 지역으로 흩어지므로 예루살렘 성전을 대신하는 축소판 성소들로 해석했다.

유대인 그리스도인들은 A.D. 70년 예루살렘 성전이 파괴될 때까지는 비록 성전제사, 회당예배, 교회예배가 각기 대조적인 예배 형식을 취하였으나 성전에서 성전제사, 회당에서 유대교예배, 교회에서 기독교예배가 계속되었다. A.D. 100년 이전에 유대인 그리스도인들은 마침내 회당에서 쫓겨나게 되었다.

- 로마제국시대와 비잔틴시대는 물론 어느 시대에나 회당은 유대인 공동체의 종교적·문화적·사회적 중심 센터(Center)였다. 사람들이 많이 사는 곳은 회당들이 컸고, 대도시들에는 회당들이 더 많았다. A.D. 90-117년 사이에 파괴된 애굽의 알렉산드리아의 회당(Basilica)은 대단히 크고 웅장했으며 71명의 장로들이 있었다.

- 유대인들이 여러 곳에 흩어짐으로 유대인들을 위한 회당들도 로마, 그리

---

93) Moshe Dathan Reserch on Ancient, *Synagogues in the land of Israel* (Washington D.C. Biblical Archaeology Society, 1984.)

스, 소아시아, 시리아, 바벨론, 메소포타미아, 알렉산드리아 등 방대한 지역 전역에 세워졌다.
- B.C. 1세기에는 유대인들이 사는 곳은 어디나 회당이 있었다. 구브로섬의 살라미(행 13:5)에, 비시디아 안디옥(13:14)에, 이고니온(14:1)에, 베리아(17:10)에, 나사렛(마13:54; 눅 4:16)에, 가버나움(막 1:21; 요 6:59) 등지에 회당들이 있었다.
- 탈무드(Talmud)에 의하면 A.D. 70년 예루살렘이 로마의 디도(Titus)장군에 의하여 멸망되기 전에는 회당이 394개 또는 480개의 회당들이 있었다고 한다. 그리고 예루살렘만에도 80개의 회당들이 산재한다고 했다. 맛사다에도 12×15m 크기의 회당이 있었다. 그런데 로마 병정들이 그 모든 회당들을 모두 파괴하였다.[94]
- 제3세기와 제4세기에는 디베리아 지역에 13개 회당, Sepphoris에 18개 회당, 로마에 11개 회당이 있었다.[95]

큰 회당에는 직업별로 모여 앉았다. 그리하여 여행자들이 오면 자기의 직종인들에게 합류하여 직업도 얻게 된다.[96]

1) 데살로니가 유대인의 회당에서 사도 바울의 설교

사도행전 17:2-3, "바울이 자기의 규례대로 그들에게로 들어가서 세(3) 안식일에 성경을 가지고 강론하며 뜻을 풀어 그리스도가 해를 받고 죽은 자 가운데서 다시 살아야 할 것을 증거하고 이르되 내가 너희에게 전하는 이 예수가 곧 그리스도라 하니"

(1) 안식일에 회당에서 전도 - 때·장소

"바울이 자기의 규례대로"(according to the custom)는 관례대로, 습관을 따라서 "세 안식일에"(on 3 Sabbath days)는 3주 안식일을 가리킨다.

---

94) *Jerusalem Palestine Talmud*, Megillah 3. 1. 73d.
95) Lee Levine, *Ancient Synagogue Revealed*, p.4
96) Socob Nevsner, *A History of the Mishinaic Law of Appointed Times*, 3:168-69.

사도 바울은 **제1차 선교여정 시**(A.D. 46-48)에도 유대인들의 회당들을 그의 전도사역의 교두보로 사용하였다.

- 살라미 섬의 여러 회당들에서(13:5),
- 비시디아 안디옥 회당에서(13:14),
- 이고니온 회당에서(14:1),

사도 바울은 그의 **제2차 선교여정 시**에도 유대인들의 회당들을 그의 전도사역의 교두보로 사용하였다.

- 데살로니가 회당에서(17:1),
- 베뢰아 회당에서(17:10),
- 아덴 회당에서(17:17),
- 고린도 회당에서(18:4)

사도 바울은 **제3차 선교여정 시**에도(행 19:8) 유대인의 회당들을 그의 전도사역의 교두보로 사용하였다.

(2) 주해 설교

사도행전 17:3a "성경을 가지고 가르치며 뜻을 풀어 … 증명하고"

① 성경으로 성경을 해석

"**성경을 가지고**"(아포 톤 그라폰; ἀπὸ τῶν γραφῶν; from the Scriptures; 성경으로부터)는 성경을 근거로, 성경을 가르치고 설교하였다는 뜻이다. 바울은 메시아에 대한 구약의 예언(사 53장)들로부터 시작하여 이루어진(성취된) 역사들을 성경으로 가르치고 설교하였다.

웨스트민스터 신앙고백서 1:9, "성경을 해석하는 무오한 척도는 성경 그 자체이다. 그러므로 성경 어느 부분의 참되고 온전한 뜻을 알고자 할 때는 좀 더 명백하게 말씀한 다른 부분들에 비추어서 연구하고 깨달아야 한다."[97]

---

97) 웨스트민스터 신앙고백서는 영국 런던에 있는 웨스트민스터 사원(Westminster Abbey)에서 131명의 목사들과 30명의 평신도들이 작성했다. 웨스트민스터 총회에서 1647년에 채택되고, 스코틀랜드교회 총회에서 인준되었다. 이 신앙고백서는 그때부터 지금까지 계속 보수

② 뜻을 풀어 해석

첫째 동사 **"뜻을 풀어"**(디아노이곤; διανοίγων; opening up〈completely〉)는 문자적으로는 "완전히 열어서"로서 성경을 잘 해석하여 설교하고 가르쳤다는 뜻이다. 이 단어는 중간태(middle voice)로서 바울은 능동적으로 말씀의 깊은 뜻을 잘 해석하여 가르쳤음을 강조한다.

둘째 동사 **"증언하고"**(파라티데메노스; παρατιθέμενος; setting before them)는 성경을 인용하여 증거하였다는 뜻이다. 이 단어도 중간태로서 바울이 능동적으로 증거하였다는 사실을 강조한다. 바울은 성경으로 성경을 증언하였다.

● 부활하신 예수님은 엠마오로 가는 두 제자에게 나타나셔서 성경을 풀어 깨닫게 하셨다.

부활하신 예수 그리스도께서 예루살렘에서 약 1km 떨어진 엠마오로 가는 의심 많은 도마와 글로바에게 나타나셔서 모세와 모든 선지자들의 글로 시작하여 모든 성경에 쓴 바 자기에 관한 것을 자세히 설명하였다. 그리고 예수님은 떠나셨다. 그때에 도마와 글로바는 서로 말하기를 하나님의 말씀을 받을 때에 우리의 마음이 뜨겁지 아니하냐고 하였다.

누가복음 24:32, 45, "… 우리에게 성경을 풀어주실 때에 우리 속에서 마음이 뜨겁지 아니하더냐? … 이에 저희 마음을 열어 성경을 깨닫게 하시고."

우리도 사도 바울처럼 복음의 핵심을, 본문을 문자적으로, 문법적으로, 교리적으로, 역사적으로, 영적으로, 상징적으로 뜻을 풀어 증거 하여야 한다.

③ 가르침으로(강의식), 설교하므로(설교식) - 설교 방법

"강론하며"(디에렉사토 아우토이스; διελέξατο αὐτοῖς: lectured to them: 그들에게 강의하였다). 바울은 말씀의 깊은 뜻을 논리적으로 그리고 변증적으로 잘 해석하여 강의하였다.

장로교회들과 개혁교회들의 신앙고백서로 사용되고 있다.

(3) 사도 바울은 복음의 핵심을 설교

사도행전 17:3, "그리스도가 해를 받고 죽은 자 가운데서 다시 살아나야 할 것을 증언하고 이르되 내가 너희에게 전하는 이 예수가 곧 그리스도라."

사도 바울이 전한 복음의 핵심은 예수 그리스도의 고난과 대리적 속죄의 죽으심, 육체적 부활, 승천, 재림 등이다.

① **예수 그리스도의 고난**(그리스도가 해를 받고)

● **대리적 고난**(substitionary suffering)

예수 그리스도의 고난은 죄인들을 위한 '대리적 고난'이었다. 죄 없으신 예수 그리스도께서 고난받으신 이유는 무엇인가?

예수 그리스도께서 받으신 고난은 죄인들의 형벌을 대신하여 받으신 고난이다. 사람이 범죄함으로 그 형벌도 사람이 받아야 함과 같이 그리스도께서는 죄인들의 형벌을 대신 담당하셨다. 우주의 대주인이신 그리스도께서 종의 신분을 취하시고 우리의 죄를 짊어지고 우리 대신 고난을 받으셨다.

이사야 53:5, "그가 찔림은 우리의 허물을 인함이요, 그가 상함은 우리의 죄악을 인함이라 그가 징계를 받음으로 우리가 평화를 누리고 그가 채찍을 맞음으로 우리가 나음을 입었도다."

고린도후서 5:21, "하나님이 죄를 알지도 못하신 자로 우리를 대신하여 죄를 삼으신 것은 우리로 하여금 저의 안에서 하나님의 의가 되게 하려 하심이니라."

"죄를 알지도 못하신 자"는 죄 없는 자를 가리킨다(요일 3:5; 히 4:15). 죄 없으신 자가 세상의 죄(사람들의 죄)를 대신 담당하셨다(요 1:29; 벧전 2:24; 요일 2:2). 그리고 자신이 성취하신 의를 그를 믿는 모든 자들에게 전가시켜 주심으로 의인으로 삼으셨다.

그리스도의 죽으심은 단순한 자연사(自然死)가 아니다. 자연사는 전인류의 죄로 인한 형벌이다. 우리가 시험을 받고 고난을 받는 것은 우리의 죄 때문이요, 예수 그리스도께서 받으신 고난은 우리의 죄를 대신하여 받으신 고난이다. 그는 진정한 하나님의 어린양이 되시어 우리의 질고를 대신 담당하셨다. 예수 그리스도의 고난은 우리를 위한 대리적 고난이었다.

● 전인(全人)의 고난(Suffering of Soul and Body)

예수 그리스도께서 받으신 고난은 '영혼과 육체'를 포함한 전인의 고난이었다. 예수 그리스도의 인성은 영혼과 육체로 구성되어 있으므로 그의 고난은 전인의 고난 곧 정신과 육체의 고난이었다.

그리스도의 고난은 인성(humanity)만의 고난이었고 신성(deity)의 고난은 아니었다는 말은 고난에 있어서 신성은 전연 관계가 없다는 뜻이 아니라, 신성이 인성을 모든 고난에 견디게 하며, 죄에 대항하여 싸워 승리하도록 지원한 것이라는 뜻이다.

● 전(全) 생애의 고난(Suffering of whole life)

예수 그리스도께서 받으신 고난은 '전 생애' 장기적 고난이었다. 예수 그리스도께서 받으신 고난은 이 세상에 도성인신하신 때로부터 십자가 상에서 운명하실 때까지 전 생애의 고난이었다.

유대 땅 조그마한 마을 베들레헴의 말구유에서 탄생하시고(눅 2:4-7), 탄생하신 직후 애굽으로 망명하시고(마 2:13-14), 나사렛 목공소에서 노동하시고(마 2:23), 로마제국으로부터 식민지 백성으로 억압당하시고, 최후에는 빌라도로부터 고난을 받아 십자가 상에서 참혹하게 운명하시기까지(눅 23:1-25) 전 생애가 고난으로 연속되었다. 사탄의 계속적이고도 반복적인 무참한 공격, 백성들의 냉정함과 무감각, 증오와 불신앙, 원수들의 핍박, 고독함의 강압, 죄인 구속을 위한 중대한 사명과 책임감 등으로 인한 정신적, 육체적 고난(mental and physical suffering)은 예수 그리스도의 전 생애의 날들과 시간들에 수를 놓았다.

● 독특한 고난(Unique Suffering)

예수 그리스도께서 받으신 고난은 죄 없으신 분이 받으신 고난이므로 '독특한 고난'이었다. 고난의 범위에 있어서 가장 광대하고, 고난의 종류에 있어서 가장 다양하고, 고난의 정도에 있어서 가장 혹독하였다. 그 이유는 온 세상의 택한 백성들의 모든 죄를 짊어지셨기 때문이다. 그리스도는 거룩, 의, 진실 등 그의 성품과 속성들에 따라서 그의 고난은 더욱 참혹하였다. 그의 고난은 참혹하여 차마 볼 수 없었다(사 53:4, 10; 행 8:32-33). 최후 십자가의 고난이 임박하였을 때에 예수 그리스도께서는 겟세마네 동산에서 더욱 심히 고민하시고, 슬퍼하시고, 통곡하시고, 눈물을 흘리셨다(마 26:38; 히 5:7).

● 말기의 집중적 고난(Centralized Suffering)

주님의 고난은 그의 말기에 접어들면서 더욱 '집중적 고난'이었다. 성육신에서부터 시작된 고난이 그의 생애의 종말에 고난의 가혹도가 점점 더 증가되어 절정에 이르렀다.

마태복음 27:46, "제 9시 즈음에 그리스도께서 크게 소리내어 가라사대 나의 하나님 나의 하나님 어찌하여 나를 버리시나이까?"

제9시는 오후 3시를 가리킨다. 이 말씀은 그리스도의 고난을 단적으로 표현한 외마디 절규이다. 이 말씀은 십자가상에서 말씀한 가상 7언들 중 4번째 말씀이다. 하이델베르그 요리문답 제37문은 진술하기를 "그가 땅 위에서 사신 모든 때에 고난당하였으나 특별히 그의 생애의 종말에 더욱 그리하였다"고 하였다.

그리스도께서 "내 때가 가까웠으니"(마 26:18), "내가 고난을 받기 전에 너희와 함께 이 유월절 먹기를 원하고 원하였노라"(눅 22:15) 하신 말씀들은 주님의 고난이 새로운 단계에 접어든 것을 의미하지 않는가?

요한복음 12:27, "지금 내 마음이 민망하니 무슨 말을 하리요! 아버지여 나를 구원하여 이때를 면하게 하여 주옵소서! 그러나 내가 이를 위하여 이때에 왔나이다."

히브리서 5:7-9, "그는 육체에 계실 때에 자기를 죽음에서 능히 구원하실 이에게 심한 통곡과 눈물로 간구와 소원을 올렸고 그의 경외하심을 인하여 들으심을 얻었느니라 그가 아들이시라도 받으신 고난으로 순종함을 배워서 온전하게 되었은즉 자기를 순종하는 모든 자에게 영원한 구원의 근원이 되시고.

- **빌라도 법정에서 당한 고난**(Suffering, 마 27:27-31)

십자가의 처형은 예수 그리스도의 고난의 절정이다. 빌라도 총독의 군병들이 예수님을 총독의 관저인 안토니아 성(Castle of Antonia)으로 끌고 갔다. 관저의 뜰은 매우 넓은 지역이라 법정으로도 사용되었다. 관저에는 온 군대를 집합시켜 놓았다. 온 군대란 군사적으로는 전 장병들을 가리킨다. 단위부대 전 장병들은 보병대(cohort)로서 약 300-600명의 군사를 가리킨다. 다시 말하자면 약 300-600명의 군병들을 집결시켰다. 무죄한 한 사람을 놓고 300-600명의 군사들로 하여금 감시케 한 것은 인류 역사에 희귀한 일이다.

홍포(scarlet robe)를 입힘

군인들은 예수님의 옷을 벗기고 홍포를 입혔다(마 27:28; 막 15:17; 요 19:2). 요한은 말하기를 홍포는 로마 군인의 겉옷이라고 하였다. 저들이 예수님의 옷을 벗긴 것은 공개적인 수치를 드러내 보이기 위함이며 홍포를 입힌 것은 왕으로 조롱하기 위함이었다. 홍포는 진홍색 외투를 가리킨다. 당시 홍포는 위엄과 직분(dignity and office)을 상징하였다. 로마제국 당시 홍포는 황제들·왕들·총독들·고위관리들·군 고위층들이 입었다. 그러나 빌라도가 그의 병정들로 하여금 예수님께 입힌 홍포는 오래되어 낡고 쓸모없는 로마 군인의 옷이었을 것이다. 로마 병정과 대제사장들, 백성의 장로들, 유대인 무리들은 예수님을 "유대인의 왕이여!"라고 계속 외치며 조롱·멸시·천대하였다. 희롱을 다한 후 홍포를 벗기고 다시 그의 옷을 입혀 십자가에 못 박으려고 끌고 갔다(마 27:31).

가시관(crown of thorns)을 씌움

머리에는 가시관을 씌웠다(마 27:29). 왕관은 일반적으로 황금으로 만든 금관으로 아름답고 귀하고 값비싼 보석들로 장식되었다. 그러나 저 흉악한 무리들은 예수님께 왕관 대신에 가시 면류관을 만들어 씌웠다. 그 가시관을 어떤 가시들로 엮어 만든 것인지는 알 수 없으나 다만 그 가시관이 단단하고도 끝이 뾰족뾰족한 가시들로 둥글게 엮어 만든 것임에는 틀림없다. 저들이 예수님께 가시관을 씌운 것은 구속주의 고통을 계속 가중시키기 위함이며, 동시에 왕으로 조롱하기 위함이었다. 팔레스타인 지방에는 가시나무들이 많이 있는데 어떤 가시나무들은 사람의 키만큼이나 크다. 예수님이 머리에 가시관을 쓰시고 갖은 멸시와 천대 그리고 피 흘리는 고통을 당하신 것은 우리를 죄에서 구속하시기 위하여 우리 대신 받으신 고난이었다.

오른손에 갈대(a reed)를 들리움

오른손에는 갈대를 잡게 하였다(마 27:29). 갈대는 요단강 둑에서 많이 자란다. 갈대를 주님의 오른손에 잡게 함은 왕권을 상징하는 홀(笏: scepter)을 연상케 한다. 왕들은 일반적으로 그들의 왕권을 상징하는 상아 또는 금(ivory or gold)으로 만든 지팡이 같은 홀을 오른손에 잡고 다녔다. 저들이 주님의 오른손에 갈대를 잡게 한 것도 왕으로서 조롱하기 위함이었다. 저들은 예수 그리스도를 과대망상증 환자로 취급하여 갖은 조롱을 다 퍼부었던 것이다.

무릎을 꿇음(kneeled before Jesus)

로마 병정들은 예수님 앞에 무릎을 꿇었다(마 27:29). 일반적으로 무릎을 꿇는 행위는 사람들이 왕 앞에 하는 행위이다. 그들은 무릎을 꿇고 "유대인의 왕이여 평안할지어다"라고 희롱하였다. 이런 행위도 주님을 왕으로 조롱하기 위함이었다.

침을 뱉음(spit)

얼굴에 침을 뱉었다(마 26:67; 27:30). 성자 예수님의 얼굴에 침을 뱉는 것은 가장 심한 천대와 멸시와 모욕이다. 그들이 주님의 얼굴에 침 뱉으며, 이것은 형언할 수 없는 모욕이다. 주먹으로 치며 혹은 손바닥으로 때리기도 하고 채찍으로 치기도 하였다. 채찍(whip)은 끝에 쇠붙이, 짐승의 뼈 또는 돌 같은 것을 부착한 회초리이다. 그러므로 채찍에 고문당하는 사람들은 심한 고통으로 가끔 기절도 하였다.

갈대로 머리를 때림(smote)

갈대로 머리를 때렸다(마 27:30). 그리하여 고통을 가중시켰다. 가시관을 씌운 것만 해도 형언할 수 없이 콕콕 찌르고 아픈데 가시관을 씌운 예수님의 머리를 계속 사정없이 때리니 아프고 쓰리고 고통스러움이 어떠하셨을까? 예수님의 이마와 온 머리 주위에는 피로 얼룩졌다. 그것은 그 얼굴이 타인들보다 상하였다는 이사야 선지자의 예언(사 52:14)이 성취된 것이 아니었던가! 그 당시 로마 군병들의 잔인성은 세상에 널리 알려져 있는 사실이다. 그러나 예수님은 성부 하나님의 뜻에 복종하여 그들의 불의한 처사를 다 감당하셨다. 그들은 희롱을 다한 후 자색옷(홍포)을 벗기고, 벗겼던 주님의 옷을 다시 입히고 십자가에 못 박으려고 골고다 언덕으로 끌고 나갔다.

골고다(Golgotha) 언덕으로 오르심

원수들은 무죄하신 예수님께 십자가를 지우고 사형 집행 장소인 골고다 언덕까지 가면서도 계속 채찍질하였다(마 27:31-33). 당시의 사형수들은 조롱과 멸시 그리고 가혹한 고문을 당한 뒤 자신이 매달려 죽을 무거운 십자가를 지고 형장으로 가게 되어 있다. 예수님은 육신이 매우 쇠약하여져서(눅 23:26), 십자가를 홀로 지고 갈 수 없으므로 구레네 사람 시몬으로 하여금 십자가를 같이 지고 가도록 강요당하였다(예수님은 십자가를 전연 지지 않고 시몬만이 예수님 대신 십자가를 지고 갔다는 말씀이 아니다). 그리하여 시몬이 십자가의 한 끝을 짊어지고 예수님을 따랐을 것이다. 시몬은 그리스도인이었을 것이라고 생각한다.

골고다는 히브리어로 해골의 곳(skull place)이라는 뜻이다(마 27:33; 요 19:17). 누가는 골고다를 갈보리라고 하였는데 갈보리는 헬라어로 해골(크라니온, κρανίον)이란 뜻이다. 골고다는 공동묘지이며 또한 사형 집행장이었다. 갈보리는 예루살렘 성 밖 서북쪽에 위치한 조그마한 언덕이다. 예루살렘 성 내에서는 사형집행을 허용치 않았으므로 성문 밖에서 사형시켰다. 예수님은 예루살렘 성문 밖(outside the gate)에서 고난당하셨다. 그러므로 예수도 자기 피로써 백성을 거룩케 하려고 성문 밖에서 고난을 받으셨느니라. 그런즉 우리도 그 능욕을

지고 영문 밖으로 그에게 나아가자!(히 13:12-13)

십자가 위에 패(title)를 붙임

　패(title)에는 빌라도가 "유대인의 왕"(the king of the Jews)이라는 글을 써서 십자가 위에 붙였다(마 27:37; 막 15:26; 눅 23:38; 요 19:19). 패는 보통 처형당하는 죄수의 머리 위에 그의 죄목을 써서 부착하는 것이 통례였다. 그런데 예수님의 십자가 위에는 "유대인의 왕"이라고 쓰여진 패가 부착되었다. 유대인들에게는 유대인의 왕이라는 것 자체가 신성모독으로 여겼을 것이다. 그러므로 유대인들은 빌라도에게 자칭 "유대인의 왕"으로 바꾸어 쓰라고 요청하였다. 그러나 빌라도는 저들의 요구를 즉각 거절하였다. 일반적으로 패에는 죄목을 써서 붙이는 것이 통례인데 예수님은 죄가 없으니 죄명 대신에 신분을 표시하는 패가 붙여졌다는 점은 관심 있게 주목하여야 할 것이다.

희롱함

　"성전을 헐고 삼 일에 짓는 자여 만일 네가 하나님의 아들이어든 십자가에서 내려오라"(마 26:61)라고 하면서 희롱하였다.

② 예수 그리스도의 죽음(죽은 자 가운데서)

십자가에 못 박음

　조롱과 멸시 그리고 채찍질 등으로 심한 고문을 가한 후에 십자가에 못을 박았다. 십자가의 사형은 십자가 형틀로 만든 큰 나무 기둥에 등(back)을 땅으로 향하여 반듯이 눕히고 그의 양 팔은 수평나무 기둥에 줄로 묶고, 그의 발은 수직 나무 기둥에 동일한 방식으로 고정시키고 못을 박는다. 그런 후에 십자가는 곧추 세워 땅에 파놓은 구덩이에 꽂는다. 대개의 경우 작은 말뚝이나 받침대가 사형수의 몸을 떠받침으로써 몸이 찢겨지는 것을 방지한다. 주님은 우리를 위하여, 우리의 자리에서, 우리 대신에 참혹히 죽임을 당하셨다.

쓸개 탄 포도주(wine mixed with gall; 마 27:34)

그들은 예수님께 쓸개 탄 포도주를 주었으나 맛만 보시고 마시지 아니하셨다(마 27:34). 십자가에 못 박혀 죽는 사람들은 숨을 거두기까지 호흡하는 것이 매우 고통스럽다. 팔과 발목은 십자가에 동여매어 있어서 고통은 더욱 심하다. 십자가에 처형되는 사람들 중에는 십자가상에서 심지어는 9일 동안도 고통 받은 일이 있다고 한다. '쓸개 탄 포도주'는 몰약을 섞은 술을 말한다. 몰약은 아라비아에서 바위나 모래에서 자라나는 작은 가시나무에서 채취하는 송진(gum)에서 생산되는 쓴 물질이다. 그런데 그들이 쓸개 탄 포도주를 준 이유는 십자가의 고통을 덜어주기 위함이었다. 주님은 그것을 맛보시고 마시기를 거절하셨다. 예수님은 죽음의 고통을 약효로 감소하는 길을 택하지 않으시고 죄인들이 받아야 할 극한 고통을 대신하여 다 받으셨다. 이는 구약 예언(시 69:21)의 성취이다. 몰약 없는 식초는 로마 군인들이 일상적으로 마셨다고 한다.

창으로 옆구리를 찌름(pierced by a spear; 요 19:34)

창은 가늘고 긴 나무 자루 끝에 날이 선 뾰쪽한 쇠붙이를 부착한 고대의 공격용 무기들 중 하나였다.

잔인무도한 로마 병정들 중에 한 병정이 예수님의 옆구리를 창(spear)으로 찔렀다. 그리고 죽음을 확인하기 위하여 또 재차 찔렀다(요 19:34). 옆구리에서는 물과 피가 나왔다. 그것은 무엇을 뜻하는가? 이 말씀은 예수님은 우리와 똑같은 혈과 육을 가진 인간이었음을 증명할 뿐만 아니라, 십자가상에서 육신은 완전히 죽었음을 또한 입증한다. 창으로 옆구리를 찔렀을 때 그 창은 심장을 관통하였을 것이며, 심장파열로 인하여 물과 피가 다 쏟아져 나왔다는 것은 완전히 죽었음을 가리킨다. 의학적으로도 심장이 파열될 때 물과 피가 분리된다고 한다.

피는 생명이므로(레 17:11), 피가 없이는 속죄가 이루어지지 않는다(히 9:22). 죄인인 우리는 그리스도의 피로 속죄함 받고 영생을 얻었다. 그렇게 예수 그리스도의 피는 귀하다. 그러므로 우리는 그의 피를 보혈(precious blood)이라고 부른다. 그리고 예수 그리스도의 보혈은 능력이 있다. 그러므로 그의 보혈은 태초로부터 이 세상 끝날 때까지 만세 전에 예정된 모든 사람들을 죄와 사망에서 구원하고도 남는다. 물은 영생을 상징한다(요 4:14; 7:38; 요일 5:6). 전설에 의하면 예수님을 십자가에 못 박은 병정과 백부장은 예수님을 구주로 영접하고 후에 순교 당하였다고 한다.

다리가 꺾이지 아니함(legs were not broken)

이날은 예비일(the day of preparation)이다. 예비일은 금요일이다. 금요일은 일반적으로 안식일(토요일)을 지키기 위하여 준비하는 날이므로 예비일 또는 준비일이라고 한다. 유대인들에게는 안식일이 큰 날이요, 또 유월절 잔치가 안식일에 시작되므로 그 안식일에 시체를 십자가에 달려두지 아니하려 하였다. 그리하여 그들은 빌라도에게 십자가 사형수들의 다리를 꺾어 시체를 치워 달라 하니 로마 군병들이 가서 예수와 함께 십자가에 못 박힌 한편 강도와 또 다른 한편 강도의 다리를 꺾고 예수께 이르러서는 다리를 꺾지 못하였다. 그 이유는 예수님은 이미 영혼이 떠났기 때문이다(요 19:30-33).

십자가에 못 박혀 죽는 사형수들은, 일반적으로는 2-3일, 길게는 4-5일, 심지어는 8일 정도까지 고통이 계속되므로 고통을 가중시켜 더 빨리 죽도록 다리뼈를 꺾었다. 다리뼈를 꺾음으로 피의 손실, 숨막힘, 몸무게의 압력 등으로 빨리 죽게 된다. 다리뼈를 꺾는 것은 로마 병정들이 십자가에 달린 자들에게 통상적으로 하는 일이었다.

사도 요한은 "그 모든 뼈를 보호하심이여 그중에 하나도 꺾이지 아니하도다"(시 34:20)라고 하신 시편의 말씀을 요한복음 19:36에서 "이 일이 이룬 것은 그 뼈가 하나도 꺾이지 아니하리라 한 성경을 응하게 하려 함이니라"고 인용, 기록하였다.

구약 시대의 유월절 양은 뼈를 하나도 꺾지 않았다(출 12:46; 민 9:12; 시 34:20). 구약 시대 유월절 양은 예수님을 상징하는 예표였다.

예수님이 돌아가신 날: 금요일(Friday)

예수님이 십자가에 못 박혀 돌아가신 날은 금요일이었다. 그 이유는 4복음서 전체가 예수님이 십자가에 못 박혀 돌아가신 날 다음날은 안식일이었다고 밝히 언급하고 있기 때문이다(마 27:62; 28:1; 막 15:42; 눅 23:54; 요 19:31). 안식일이 토요일이니 안식일 바로 전날은 금요일이 아닌가! 그리고 4복음서 전체가 여인들이 예수님의 무덤을 찾아간 것은 안식일 후 첫날이었다고 언급하였다(마 28:1; 막 16:2; 눅 24:1; 요 20:11). 안식일 다음날(안식 후 첫날)은 주일이 아닌가! 마태복음 24:40의 3주3야(three days and three nights)는 해지기 전 금요일의 일부, 토요일 전체 하루 그리고 토요일 해진 후부터 주일의 일부이다. 유대인들은 낮의 일부 또는 밤의 일부도 하루로 생각하였다(창 42:17-18; 삼상 30:12-13; 왕상 20:29; 대하 10:5, 12; 에 4:16; 5:1). 물론 성경은 예수님이 3일 안에 다시 부활하셨다고 말씀하고 있다(고전 15:4).

예수님은 죽으셨다가 3일 안에 다시 부활하실 것을 예언하셨다(마 16:21; 막 8:31; 눅 9:22). 예수님의 성체(holy body)는 예비일(안식일을 준비하는 날, 금요일) 저녁에 무덤에 안장되었다(마 27:62; 28:1; 막 15:42; 눅 23:54, 56; 요 19:31, 42). 그들은 안식일을 범하지 않기 위하여 성급히 허둥지둥 장례를 치른 것이다. 왜냐하면 유대인들에게 있어서 안식일은 금요일 저녁 해질 무렵부터 시작되기 때문이다. 여성도들은 십자가의 처형과 무덤에 장사되는 것을 보고 집에 돌아와 안식일에 쉬었다(안식일=토요일, 눅 23:56). 그리고 안식 후 첫째 날(주일=일요일) 일찍이 무덤에 갔다(마 28:1; 막 16:1-2; 눅 24:1; 요 20:1). 그 동일한 날(주일) 예수님은 무덤에서 부활하시고, 엠마오로 가는 2제자들과 함께 거닐었다(눅 24:13). 그들이 예수님이 이르기를 자기들의 주님이 십자가에 못 박혀 죽으시고 지금은 이 일이 일어난 지 3일이나 되었다(눅 24:21)고 하였다. 이상의 모든 말씀들의 결론은 예수님은 금요일에 운명하셨다가 주일 아침 일찍(여인들이 무덤을 찾기 전) 부활하셨음을 분명히 한다. 예수님이 금요일에 운명하셨다가 주일에 부활하신 것은 성경의 교훈이요, 역사적 사실이요, 성도들의 신앙고백이다.

③ **예수 그리스도의 부활**(다시 살아나사)

예수 그리스도는 죽으신 지 삼일 안에 사망과 음부의 권세를 깨치시고 다시 육체로 부활하셔서 부활의 증인이 되셨다.

요한복음 11:25-27, "예수께서 가라사대 나는 부활이요 생명이니 나를 믿는 자는 죽어도 살겠고 무릇 살아서 나를 믿는 자는 영원히 죽지 아니하리니 이것을 네가 믿느냐 가로되 주여 그러하외다 주는 그리스도시요 세상에 오시는 하나님의 아들이신 줄 내가 믿나이다."

고린도전서 15:20, "그리스도께서 죽은 자 가운데서 다시 살아 잠자는 자들의 첫 열매가 되셨도다."

사도신경, "… 죽은 자 가운데서 다시 살아나시며 …"

예수 그리스도의 부활은 그의 승귀(높아지심)의 첫 단계이다. 그리스도의 승귀는 그의 부활·승천·재위·재림 등이다.

(4) 사도 바울의 설교의 결과

사도행전 17:4, "그 중에 어떤 사람 곧 경건한 헬라인의 큰 무리와 적지 않은 귀부인도 권함을 받고 바울과 실라를 좇으나."

① **경건한 헬라인의 큰 무리**(A great multitude of the worshipping Greeks)

예배하는 헬라인의 큰 무리는 하나님을 두렵고도 떨리는 마음으로 믿는 헬라인의 큰 무리를 가리킨다.

"**경건한**"(세보메논; σεβομένων; fearing; 두려워하는)은 세보마이(σεβομαι; to fear〈worship〉 God; 하나님을 경외하다, 두렵고 떨림으로 섬기다)의 현재분사이다. 현재분사는 현재의 계속성(continuation)을 강조한다.

헬라인들은 사신우상을 섬기던 이방인들로서, 개종한 이후에는 유일신 창조주 하나님을 경외(God-fearing)하는 참 신자들이 되었다.

이방인 로마군의 백부장 고넬료와 그의 온 집안도 하나님을 경외하였으며(행 10:2), 두아디라의 비단장사 루디아 여사장도 하나님을 경외하였다.

② **적지 않은 상류층 귀부인들**

"**적지 않은 귀부인들**"(not a few prominent〈leading〉 women). (수에 있어서) 적지

않은 상류층(high class) 귀부인들을 가리킨다.

"**권함을 받고**"(에페이스데산; ἐπείσθησαν; were persuaded; 설득되었다)

"**따르나**"(프로세클레로데산; προσεκληρώθησαν; threw in their lot; 그들의 표를 던졌다)의 단순한 번역은 합류하였다(joined)이다.

하나님을 경외하는 헬라인의 큰 무리와 적지 않은 상류층 귀부인들도 바울로부터 하나님의 말씀을 받고 그들을 따르게 되었다.

사도 바울이 전한 복음은 다양한 민족, 다양한 사회적 신분의 사람들이 받아들여 참 그리스도의 교회가 세워졌다.

로마서 1:16, "내가 복음을 부끄러워하지 아니하노니 이 복음은 모든 믿는 자에게 구원을 주시는 하나님의 능력이라 첫째는 유대인에게요, 또한 헬라인에게로라."

(5) 유대인들이 바울과 실라를 핍박(행 17:5-9)

사도행전 17:5-7, "그러나 유대인들은 시기하여 저자의 어떤 불량한 사람들을 데리고 떼를 지어 성을 소동케 하여 야손의 집에 침입하여 그들을 백성에게 끌어내려고 찾았으나 발견하지 못하매."

유대주의자들은 안디옥과 이고니온과 루스드라에서와 같이 사도 바울이 전하는 복음을 믿지 않았다. 따라서 그들의 불신앙은 바울과 실라를 더욱 핍박하게 되었다.

"**시기하여**"(젤로산테스; Ζηλώσαντες; becoming jealous)는 분사로서 유대교 지도자들은 기독교의 복음을 부인·반대하고, 복음의 사자들인 바울과 실라의 명성과 인기에 시기·질투하였다. 그리고 그들의 시기·질투는 개인적 적대감으로 나타났다. 그리하여 그들은 장터를 점령하고 지배하는 불량한 사람들(깡패들)을 매수·동원하여 성(城 = city)을 소동케 하였다. 옛날이나 지금이나 깡패들은 언제나 있어 왔다.

"**저자**"(market; 옥외 장터)

"**어떤 불량한 사람들**"(wicked loafers; 〈장터에서〉 건들거리며 상인들을 괴롭히는 악한 불량배들을 말한다).

　"떼를 지어"(오클로포이에산테스; ὀχλοποιήσαντες; having gathered a crowd)는 분사로서 불량배들을 모으고

　"성을 소동케 하여"(에도루분; ἐθορύβουν; disturbed; 소란케 하였다)는 미완료형으로 계속 폭력을 휘둘렀음을 가리킨다(행 14:4f, 19; 살전 2:14-16).

　"야손의 집에 침입하여"(에피스탄테스; ἐπιστάντες; coming in)는 분사로서

　"그들을 끌어 내리고 찾았으나"(에제툰 아우투스 프로아가게인; ἐζήτουν αὐτοὺς προαγαγεῖν; sought them to bring forward)

　야손의 집을 샅샅이 수색하였으나 발견하지 못하였다. 그들의 생각에는 야손이 사도 바울을 숨긴 것으로 생각했기 때문이다. 야손은 하나님의 종 사도 바울 일행의 숙소를 제공한 고로 큰 수난을 당하였다. 이는 마치 디모데와 누가가 빌립보에서 피신한 것 같이 바울과 실라도 피신하였다.

　"백성에게 끌어내리려고" 여기서 "백성들"(데몬; δῆμον; mob; 폭도)은 폭력배들을 가리킨다. 일종의 인민재판이다.

　사도행전 17:8-9, "무리와 읍장들이 이 말을 듣고 소동하여 야손과 그 나머지 사람들로 부터 보(bond)를 받고 놓으니라."

　"보를 받고"(라본테스 토 히크논; λαβόντες τὸ ἱκανόν; taking the security)는 로마의 법적 용어로서 보석금(security or a bond)을 뜻한다. 다시 말하면 야손과 다른 사람들이 보석금을 내고 사도 바울과 실라를 석방시켰다.

4. 베뢰아에서(In Berea, 행 17:10-15)

　사도행전 17:10, "밤에 형제들이 곧 바울과 실라를 베뢰아로 보내니 그들이 이르러 회당에 들어가니라."

　데살로니가에 있는 믿음의 형제들이 바울과 실라를 밤중에 베뢰아로 피신시켰다. 왜냐하면 유대주의자들이 불량배들을 동원하여 바울과 실라를 해치고자 했기 때문이다.

"**곧 바울과 실라를 보내니**"(유데오스…에케펨푸안; εὐθέως διὰ νυκτὸς ἐξέπεμψαν; immediately … sent forth)는 즉시로 지체 없이 곧 보냈다는 뜻이다. 이 말씀은 당시의 상황이 얼마나 긴박하였는가를 단적으로 표현한다.

- "**베뢰아**"[98]는 데살로니가에서 남서쪽 방향으로 약 80km(50mile) 떨어진 한 작은 도시로 해안에서 약 40km 내륙에 있다. 지금은 약 6천 명이 살고 있는 베리아(Verria)이다. 베뢰아에도 데살로니가와 같이 신석기시대부터 사람들이 살기 시작하였다고 여겨진다.
- 당시 베뢰아는 베르미온 산(Mt. Vermion) 동쪽 기슭에 위치한(알렉산더 대제가 태어난) 펠라(Pella) 근처이다.
- 베뢰아에는 B.C. 700년경 마게도니아인들이 정착하였다.
- 베뢰아는 B.C. 168년 로마제국의 지배하에 놓이게 되었고 마게도니아의 4 행정구역 중 제3구역의 수도가 되었다.
- 베뢰아는 A.D. 1204년 에피루스(Epirus)의 데스포타테(Despotate)와 니카이아(Nikaia)제국이, 1387년에는 오토만(Ottomans)제국이, 그 후에는 발칸전쟁(Balkan War)후 1912년 그리스의 일부가 되었다. 그러나 베뢰아는 역사적으로나 정치적으로도 그리 중요한 위치는 아니었다.
- 베뢰아에는 Vergina 유적지, Dion에 있는 고대 공중목욕탕, 사도 바울의 기념비 등이 있다.
- 베뢰아에도 유대인 회당이 있었다.

사도행전 17:10, "밤에 형제들이 곧 바울과 실라를 베뢰아로 보내니 저희가 이르러 유대인의 회당에 들어가니라."

바울과 실라는 베뢰아에 도착한 직후 유대인의 회당에 들어가 또 동일한 복음을 전하였다(17:13). 베뢰아 회당에는 사도 바울의 집회 첫 시간부터 많은 사람들이 참석하였다.

---

98) Ibid., pp.82-87.

1) 베뢰아 유대인 회당에서 바울의 설교(행 17:10-12)

사도 바울은 베뢰아에서도 복음을 전하므로 베뢰아 사람들은 간절한 마음으로 말씀을 받고, 날마다 성경 말씀을 상고하며 부흥되었다. 그러나 베뢰아에서도 사도 바울이 전한 복음의 내용에 대하여는 기록이 없다.

사도행전 17:11-12, "베뢰아 사람은 데살로니가에 있는 사람보다 더 신사적이어서 간절한 마음으로 말씀을 받고 이것이 그러한가하여 날마다 성경을 상고하므로 그중에 믿는 사람이 많고 또 헬라의 귀부인과 남자가 적지 아니하나."

사도 바울의 선교에 대한 베뢰아 사람들의 아름다운 반응이다.

① 베뢰아 사람들은 더 신사적이다

베뢰아 사람들은 "**더 신사적**"(유게네스테로이; εὐγενέστεροι; more noble ⟨than⟩)은 형용사로서 성격과 성품이 더 고상하다는 뜻이다. 이 단어는 "유게네스" (εὐγενής; well born, of noble race, noble-minded; 귀족⟨좋은 가문⟩에게서 잘 태어남, 고상한 생각)의 비교급이다.

- 베뢰아 사람들이 데살로니가 사람들보다 더 신사적이라는 것은 비교급으로서 데살로니가 사람들도 신사적이고 고상한 생각을 가진 사람들인데 베뢰아 사람들은 그 데살로니가 사람들보다 더 신사적이고 더 고상하다는 뜻이다. 베뢰아 사람들은 데살로니가 사람들보다 더 높은 교육과 문화로 인하여 더 신사적이었다.

② 베뢰아 사람들은 "간절한 마음으로 말씀을 받았다."

"**간절한 마음으로**"(메타 파세스 프로두미아스; μετὰ πάσης προθυμίας; with all eagerness)는 전치사구(句)로 "모든 열정으로," "간절히 사모하는 마음으로"라는 뜻이다.

이 전치사 구(句)는 베뢰아 사람들이 얼마나 간절한 마음, 사모하는 마음으로 말씀을 받았는지를 수식한다.

시편 119:131, "내가 주의 계명을 사모하므로 입을 열고 헐떡였나이다"
시편 19:10, "금 곧 많은 순금보다 더 사모할 것이며 꿀과 송이 꿀보다 더 달도다."
시편 42:1, "하나님이여 사슴이 시냇물을 사모하듯이 내 영혼이 주를 찾기에 갈급하나이다."

③ 베뢰아 사람들은 날마다 성경을 상고하였다.

"날마다"(헤메란; ἡμέραν; daily)는 매일, 날마다, 하루도 빠짐없이, 항상 이라는 뜻이다.

"이것이 그러한가 하여"(There things are so!)는 바울로부터 받은 하나님의 말씀을 깊이 묵상하며 되새기며 새김질하는 것이다.

"상고하니라"(아나크리논테스; ἀνακρίνοντες; examining)는 "아나크리노"(ἀνακρίνω; to examine, investigate, question; 시험하다, 조사하다, 묻다)의 현재·분사·능동형이다. 따라서 베뢰아교회 성도들은 받은바 하나님의 말씀을 적극적으로 계속해서 상고하며, 깊이 묵상하며, 되새기며, 새김질하였다. 그들은 참으로 진리를 사모하였다.

베뢰아 성도들의 영적 고상함은 기독교 역사 2천년 동안 뭇 성도들의 귀감이 되어왔음을 그들은 생각지 못하였으리라.

요한복음 5:39, "너희가 성경에서 영생을 얻는 줄 생각하고 성경을 연구하거니와…"(신 6:6-9; 합 2:2 참조).

사도행전 17:12, "그 중에 믿는 사람이 많고 또 헬라의 귀부인과 남자가 적지 아니하나."

그 결과 그들 중에 많은 사람들이 예수 그리스도를 구주로 믿게 되었다.

④ 많은 유대인이 믿었다.

바울은 베뢰아에 있는 유대인의 회당에 들어가서 회당에 모인 다수의 유대인과 헬라인들 남녀노소에게 하나님의 말씀을 전하였다. 그 결과 많은 유대인들이 "믿었다"(에피스튜산; ἐπίστευσαν; believed)은 피스튜오(πιστεύω; to believe, trust; 믿다, 의지하다)의 과거시상이다.

이 단어는 접두어로 전치사 에피(ἐπι; on, upon; … 위에)가 있어서 신앙의 대상이신 하나님께 부동(不動)하여 하나님만을 전적으로 믿고 의지하였다는 말씀이다.

⑤ 많은 헬라의 귀부인들도 믿었다.

상당수의 그리스 상류층(upper class) 여자들을 가리킨다. 그들 중에는 아마도 정부의 관리 부인들이나 사업가들의 부인들도 있었다. 헬라인 귀부인들은 숫자적으로도 남자들보다 더 많을 뿐 아니라 봉사에도 더 크게 수고하였다.

⑥ 남자도 적지 않았다.

헬라의 귀부인들과 남자들은 접속사 카이(καί; and; 그리고)로 연결되어 헬라의 귀부인들과 헬라의 남자들을 가리킨다.

"**적지 않았다**"(우크 올리고이; οὐκ ὀλίγοι; not a few)는 수가 많지는 않으나 그래도 상당수임을 가리킨다. 이들 헬라인 남자들 중에는 헬라인 귀부인들의 남편들이 다수이었을 것이다. 참으로 베뢰아교회는 많은 좋은 신자들로 구성된 교회였다.

유대인들의 핍박

사도행전 17:13, "**데살로니가에 있는 유대인들은 바울이 하나님의 말씀을 베뢰아에서도 전하는 줄을 알고 거기도 가서 무리를 움직여 소동케 하거늘**."

반면에 "**데살로니가에 있는 유대인들**"은 데살로니가에 살고 있는 유대주의자들(Judaizers)을 가리킨다. 그들은 베뢰아에 있는 그리스도인 유대인들과는 대조적이다.

"**거기도 가서**"(엘돈; ἦλθον; they came)는 "베뢰아에 가서"이다. 데살로니가에서 베뢰아까지는 약 75km의 거리이다. 데살로니가에 있는 유대주의자들 중 얼마는 베뢰아까지 갔다.

"**무리**"(오클로스; ὄχλος; crowd)는 백성들(라오스; λαός; people)중의 일부인 무리

들 또는 폭도들을 가리킨다(마 9:23,25, 막 2:4, 3:9, 5:27,30, 눅 8:19, 19:3, 행 21:34-35, 24:12, 18). 민중 신학에서는 민중을 오클로스(ὄχλος)라고 한다. 민중 신학에서 민중(People)이란 정치적으로 억압받는 자들(The Oppressed), 경제적으로 가난한 자들(The Poor), 사회적으로 서민층(Low Class)을 가리킨다.

"움직여 소동케 하거늘"(살류온테스 카이 타라손테스; σαλεύοντες καὶ ταράσσοντες; shaking〈stirring〉 and troubling). 이 두 단어는 모두 분사들이다. 불신앙의 무리들의 열성이 대단하다.

비시디아 안디옥에서 유대인들이 그랬듯이, 이고니온에서도 유대인들이 그랬듯이, 루스드라에서도 유대인들이 그랬듯이, 복음이 전파되는 곳에는 믿고 구원 얻는 구원의 역사가 일어나며 반면에 극렬히 반대하는 사탄의 역사도 따르게 마련이다.

아마도 사도 바울은 유대주의자들의 그러한 적극적이고도 광적인 행동들을 보면서 과거에 자신이 얼마나 열광적으로 기독교인들을 핍박하였는지를 다시 생각해 보았을 것이다. 무지와 불신앙이 얼마나 무서운가를!

사도 바울은 데살로니가에서도 핍박이 심하여 아덴으로 떠났다.

사도행전 17:14, "형제들이 곧 바울을 내보내어 바다까지 가게 하되 실라와 디모데는 아직 거기 유하더라."

사도 바울은 베뢰아에서 얼마동안 유하였는지는 알지 못한다.

"형제들"(호이 아델포이; οἱ ἀδελφοὶ; the brothers)은 베뢰아에 있는 믿음의 형제 자매들 곧 말씀을 간절히 사모하며 그 말씀을 묵상하고 새김질하는 유대인 그리스도인들과 헬라인 귀부인들과 남자들을 모두 가리킨다.

형제들은 서로 의논한 끝에 사도 바울을 아덴으로 피신하도록 결정하고

"곧 바울을 보내어 바다까지 가게 하되 …" 이 말씀은 바울은 배로(by boat) 아덴까지 갔다는 결론을 내리게 한다.

베뢰아교회 성도들은 즉시로 지체함 없이 바울을 아덴으로 떠나게 하였다.

베뢰아에서 바닷가(해안)까지는 48km(30mile) 남동쪽 약 32km(20mile)거리

아덴 신전들

로 아마도 걸어서 갔을 것이다. 그리고 바닷가에서 아덴까지는 배(ship)로 갔다. Dion 북쪽 지역에는 Methone, Pydna, Aliki 등 세 항구가 있었는데 바울은 이 세 항구들 중 어느 한 곳에서 아덴으로 떠났다.

실라와 디모데는 베뢰아에 좀 더 머물러 새로 탄생한 베뢰아교회를 돌보게 하였다.

5. 아덴에서(In Athens, 행 17:16-31)

사도행전 17:15, "바울을 인도하는 사람들이 그를 데리고 아덴까지 이르러 바울에게서 실라와 디모데를 자기에게로 속히 오게 하라는 명을 받고 떠나니라."

안내하는 사람들이 바울을 바닷가까지 가서 배타고 아덴까지 안내하였다. 베뢰아에서 아덴까지는 320km 이상의 먼 거리이다. 아마도 약 12일 정도 걸렸을 것이다. 바울은 헬라 문명의 탄생지, 우상의 도시, 아덴으로 갔다.

그리고 사도 바울은 안내자들에게 베뢰아로 돌아가는 즉시로 실라와 디모데를 아덴으로 속히 오라고 부탁하였다. 바울은 실라와 디모데의 도움이 필요했기 때문이다. 그리하여 실라와 디모데는 아덴에서 바울과 다시 합류하였다(살전 3:1). 그리고는 곧 디모데를 데살로니가로 다시 보냈고(살전 3:2), 실라는 다시 마게도니아의 빌립보로 돌아간 것 같다(행 18:5).

한편 바울은 아덴에서 고린도로 가서(행 18:1) 거기서 데살로니가와 빌립보에서 돌아온 실라와 디모데와 다시 합류하였다(행 18:5; 살전 3:6).

사도행전 17:16-18, "바울이 아덴에서 그들을 기다리다가 그 성에 우상이 가득한 것을 보고 마음에 분하여 회당에서는 유대인과 경건한 사람들과 또 장터에서는 날마다 만나는 사람들과 변론하니 어떤 에피쿠로스와 스토아 철학자들도 바울과 논쟁할 새 어떤 사람은 이르되 이 말쟁이가 무슨 말을 하고자 하느냐 하고 어떤 사람은 이르되 이방 신들을 전하는 사람인가보다 하니 이는 바울이 예수와 부활을 전하기 때문이러라."

바울은 유대인들의 핍박 때문에 베뢰아에서 아덴으로 갔고(A.D. 52), 실라와 디모데는 데살로니가에 머물러 있었다(행 17:13, 14).

바울은 자기를 아덴까지 데려다 준 데살로니가 성도들에게 실라와 디모데를 속히 오게 하라고 부탁하였다(행 17:15). 그리고 실라와 디모데는 아덴에서 바울과 합류하였다(살전 3:2). 실라의 언급이 없는 것을 보면 실라는 아마도 빌립보로 돌아간 것 같다.

바울은 베뢰아에서 배로(by boat) 아덴의 항구인 피래우스(Piraeus)까지 갔고, 거기서는 하막시토스 로(路)(Hamaxitos Road)로 아덴까지 약 8km(5mile) 걸어갔을 것이다. 마게도니아 지방(province)에서 아가야(Achaia) 지방으로 간 것이다. 아가야 지방의 수도는 고린도였으나 가장 중요한 도시는 아덴이었다. 아덴은 아가야 지방의 중심도시였다.

> ●아덴(Athens)[99]은 여신 아테나(Athena)의 이름을 따라 아덴이라 명명한 것이다. 아테나 여신은 전신(全身)이 유방들로 가득한 풍요와 다산(多産)의 여신(女神)이다.

---

99) Ibid., pp.91-101.

- 아덴은 에게 해의 유명한 피래우스(Piraeus)항구로부터 약 5마일(miles)정도 떨어져 있는 2,580km 면적의 세모형 반도인 아티카(Attica)에 위치해 있다. 피래우스 항구는 에게 해의 사로닉 만(Saronic Gulf)에 있으며, 동쪽은 히메토스 산, 북동쪽은 펜데리콘 산, 서쪽은 아니칼레오스 산에 둘러싸인 평야에 자리 잡고 있다. 당시 아덴에는 인구 약 2만 5천 명이었다.
- 아덴은 지리적 여건, 온화한 기후, 환경 등으로 예로부터(B.C. 4000-3000) 사람들이 거주하기 시작하였으며, B.C. 1550-1050년대부터는 중요한 도시로 나타나기 시작하였다.
- 당시 로마, 고린도, 에베소, 다소, 안디옥, 알렉산드리아 등 대도시들에 비하면 인구 약 25,000명의 매우 작은 도시였다. 그러나 아덴은 B.C. 5-4세기에 이미 철학·문학·웅변·건축·조각·교육·음악·체육 등에서 세계 최고의 영화를 누리기 시작하였다.
- 아덴의 철학은 소크라테스, 플라톤, 아리스토텔레스, 에피쿠로스, 제노 등에 의하여 꽃을 피웠다. 고대 아덴의 철학은 지금까지도 철학계에 큰 영향을 주고 있다. 우리는 아덴 중심의 철학을 일반적으로 헬라 철학이라고 부른다.
- 아덴의 조각과 건축은 우상들을 조각하고, 신전들을 건축하므로 더욱 발달되었으며,
- 아덴은 작은 대학도시로 헬라-로마 세계의 지적 수도(intellectual capital)이었다. 사실 아덴은 고대 헬라인들에게 최고의 지성과 문화의 도시였다.
- 아덴은 항구도시로 상업·무역도 활발했으며, 펜텔리우스(Pentelius)산의 대리석과 남부 라우림(Laurim)광산의 은과 주석으로 산업도 크게 발달했으며, 정치적으로는 의회민주정치였다.
- 마게도니아의 필립 2세(Philip II)는 B.C. 338년 아덴을 점령하고, 그의 아들 알렉산더 대제(Alexander the Great)는 헬라 문화를 아시아와 애굽 등으로 확산시켰다.
- 로마는 B.C. 146년 아덴을 점령하고 아덴의 문화는 로마제국 전역에 확

산되었다. 따라서 로마제국 시대 정치와 군사 면에서는 로마가, 문화와 예술 면에서는 헬라가 지배하였다.
- 아덴은 고대(古代)에 가장 관심 있고 잘 알려진 도시들 중 한 곳이었다. 현재는 그리스에서 제일 큰 도시이며 또한 수도이다.

아덴 시(市)에는 신전들(temples)도 많았다.

- 파르테논 신전(Parthenon Athena temple) - 파르테논 신전은 아덴의 황금시대인 B.C. 500년경 아덴 중심지에 있는 바위 언덕에 세워졌다. 아테나(Athena) 여신을 위하여 세워진 신전으로 이 건물은 폭 30.8m, 길이 69.5m, 높이 10.4m 46개의 도리아식 돌기둥들로 둘러 있다. 이 파르테논 신전은 유네스코에 인류 문화 제1호로 지정되어 있다. 아크로폴리스 남쪽에 우뚝 서있는 아테나 신상은 풍요와 다산(多産)의 여신(女神)으로 전신(全身)이 유방으로 가득 찬 여인상이다.
- 아폴로 신전(Apollo temple) - 아폴로 신상은 음악·시·예언·젊음과 미의 신(god).
- 데메테르 신전(Demeter temple) - 데메테르 신상은 농사와 풍요의 여신(女神).
- 에렉테이온 신전(Erechtheum temple) - 에렉테이온 신전은 B.C. 421-406년에 세워진 신전으로 신전을 떠받치고 있는 6명의 아름다운 여신상이 매우 인상적이다.
- 제우스 신전(Zeus temple) - 제우스 신(神)은 그리스의 최고의 신(god). 제우스 신전은 아크로폴리스(Acropolis; 고대 아덴 city) 남동쪽에 위치하며 B.C. 6세기에 착공하여 A.D. 2세기에 완공.
- 아레스 신전(Ares temple) - 아레스는 헬라 신화 제우스와 헤라의 아들, 번개와 전쟁의 신(god).
- 헤파이스토스 신전(Hephaistos temple) - 불과 철금의 신(god) 등 수많은 신전들과 신상(우상)들로 가득 찼다.

사도행전 17:16a, "바울이 아덴에서 그들을 기다리는 동안"은 바울이 아덴에서 실라와 디모데가 데살로니가에서 오기를 기다리는 동안이라는 뜻이다.

에렉테이온 신전

그 성에 "우상이 가득한 것을 보고"(beholding full of images)

아덴시(市)는 우상의 도시였다. 우상들이 가득 하였다. 길가마다, 골목마다, 집마다, 신전마다, 공공건물마다, 장터마다 우상들로 가득 찼다. 공공건물들에는 신들(gods)에게 제사하는 제단들(altars)이 적어도 하나 이상 있었다. 아덴에는 우상이 3만 개 이상이 있었으니 아덴의 사람들보다 우상들이 더 많았고, 아덴에 있는 우상들은 그리스 전역에 있는 우상들보다 더 많았다. 특히 페리클레스(Pericles, B.C. 495-429, 아덴의 정치가이며 장군)시대(약 B.C. 443-429) 15년 동안은 많은 신전들과 공공건물들이 이곳저곳에 웅장하게 세워졌다. 실로 고대 아덴은 우상의 도시, 현대 일본은 우상의 나라이다.[100]

사도 바울은 배 타고 아덴의 항구로 들어가면서 웅장하게 우뚝우뚝 솟은 신전들과 신들의 동상들을 보고 놀랐고 가슴 아파하며 영혼구원 사명에 더욱 충성하도록 결심하였을 것이다.

"**마음에 격분**"(His spirit was provoked or greatly distressed; 그의 영이 격분·분노)

---

100) 조영엽, 『교회론』, pp.583-590(우상과 우상의 제물에 대하여) 참조할 것.

하게 되었다. 크게 실망하게 되었다. 왜냐하면 아덴이 온통 우상들로 가득 찼기 때문이다. 그것은 영혼들을 불쌍히 여기는 마음에서 나오는 진정어린 격분과 실망이었다.

1) 아덴 회당과 장터에서 바울의 설교(행 17:16-34)

사도행전 17:17, "회당에서는 유대인과 경건한 사람들과 또 장터에서는 만나는 사람들과 날마다 변론하니."

바울은 회당과 장터 두 곳에서 구원의 복음을 증거하였다.

① 회당에서는 유대인들과 하나님을 경외하는 이방인들과 변론하였다

"**유대인들과 경건한 사람들**"은 유대인들과 하나님을 경외하는 이방인들(God fearing Gentiles)을 가리킨다. NIV에는 하나님을 경외하는 헬라인들(Greeks)이라고 하였다. 아덴은 헬라인들이 원주민이요 다수였기 때문이다.

"**변론하였다**"(디엘레게토; διελέγετο; He addressed, discussed; 연설하였다, 토론하였다)는 어떤 주제를 가지고 유대인들과 하나님을 경외하는 이방인들과 주고받고 대화를 나누며 복음을 증거하고, 그들의 질문에 답하며 변호하였다. 변론하였다는 그들과 논쟁하였다는 뜻은 아니다.

② "또 장터"(아고라, Agora, market place)에서는 만나는 사람들과 매일 변론하였다"

장터에서는 장터에 나오는 사람들에게 날마다 복음을 전하였다.

"**만나는 사람들**"은 장터에 나온 사람들과 만나는 사람들을 가리킨다.

이는 마치 사도 바울 당시보다 450년 전 소크라테스가 장터에서 사람들과 대화를 통하여 그의 철학을 설파한 것 같이, 바울은 그의 복음을 전하며 묻는 말에 답하였다. 옛날부터 장터나 공원 등에서는 사람들이 모여 서서 또는 앉아서 어떤 주제들을 논하며 변론하여 왔다.

③ **철학자들과 변론**

사도행전 17:18a, "어떤 에피쿠로스와 스토아 철학자들도 바울과 쟁론할새 …"

본 절은 바울의 복음에 대한 변론과 증거에 대한 아덴의 철학자들의 반응이다. 바울은 에피쿠로스 철학자들과 스토아 철학자들과 변론하였다.

에피구레오('Επικούρειος; Epicurean)는 사모스의 에피큐루스(B.C. 341-270)가 창설한 학파로서 그들은 주장하기를 인생의 최대 목적은 행복이다. 이 행복은 정신적·심적 고통·욕정 등에서 벗어난 안정에 있다고 주장하였다.[101] 그러나 세월이 흐름에 따라 그들의 주장은 육욕주의 향락주의로 전락되었다. 그리하여 향락을 인생의 최고 목적으로 삼았다. 그들은 하나님의 존재·하나님의 세계 창조·보존·섭리·영혼의 불멸·사후의 상벌 등을 다 부인하였다. 그들은 영혼도 물질적이며 죽을 때 없어진다고 주장하였다. 그들은 하나님 없이 인생의 향락만 추구하는 모든 향락주의자들의 모본이 되었다.

스토아 철학자들(Στοϊκῶν φιλοσόφων; Stoic Philosophers): 키프러스의 키티움의 제노(Zeno, B.C. 340-265)가 이 학파의 창설자로서 그는 이성을 감정보다 더 중요시하였다. 그들은 에피큐리안의 향락주의를 배격하였다. 그들은 이성과 도덕을 중요시하여 주장하기를, 향락은 좋지 않고 고통은 악이 아니라고 주장하였다. 그들은 영혼의 불멸은 받아 들였으나 죽은 자의 부활은 거부하였다. 그러므로 그들은 로마에서도 환영을 받았으나 사도 바울시대에 이르러는 교만으로 전락하였다.

사도 바울은 이들 에피큐리안들과 스토익 철학자들과 쟁론하였다. 그 이유는 예수와 몸의 부활을 전하였기 때문이다.

사도행전 17:32, "저희가 죽은 자의 부활을 듣고 혹은 기롱도 하고 혹은 네 말을 다시 듣겠다 하니"

기롱한 자들은 에피큐리안들이었을 것이며, 다시 듣겠다고 한 사람들은 스토익 철학자들을 위시한 많은 무리들이었을 것이다.

---

101) R. W. Vonderink, "Epicureans" in *ISBE*(1988), p.12.

"**혹은 기롱도 하고**"(에클류아존; ἐχλεύαζον; scoffed, sneered; 비웃었다, 조롱하였다, 조소하였다, 깔보며 비꼬았다)

"**혹은 네 말을 다시 듣겠다**" 어떤 이들은 사도 바울이 전파한 예수와 부활에 관하여 다시 듣기를 원하였다. 그 결과 많은 사람들이 복음을 받고 예수님을 구주로 영접하였다. 그들 중에는 디오니시우스(Dionysius), 당시 아덴의 최고 사법기구인 아레오파구스(Areopagus)의 의원, 다마리스(Damaris)라 이름 하는 여인, 두아디라 성의 자주(silk)상인 루디아와 온 가족, 남녀 무리들을 포함하는 성도들, 베뢰아에 있는 남녀 무리들을 포함한 성도들, 데살로니가의 귀부인들, 헬라의 경건한 귀부인들과 남녀의 큰 무리들이 포함되어 있다(행 16:14-15; 17:4, 12).

④ **철학자들의 반응들**

사도 바울이 아덴 광장에서 복음의 핵심인 예수 그리스도의 대리적 속죄의 죽으심과 육체적 부활에 관하여 변론하며 증거할 때 아덴의 사람들은 다양한 반응(reaction)을 보였다.

첫째 반응: 부정적

어떤 사람들은 바울을 "말쟁이"(행 17:18)라고 하였다.

그들은 바울이 변론하며 증거하는 복음의 핵심을 전혀 이해하지 못하고 말하기를 "말장이"라고 하였다.

"**말장이**"(호 스펠모로고스; ὁ σπερμολόγος; a seedpicker)는 문자적으로는 작은 새들이 부리로 먹이를 쪼아 먹는 것을 뜻하며, 이 단어가 사람에게 적용될 때에는 말쟁이, 수다쟁이(babbler)로 사용되었다.

둘째 반응: 부정적

또 어떤 사람들은 바울을 "이방 귀신들"을 전하는 자(행 17:18)라고 하였다.

"**이방신들**"(크세논 다이모니온; ξένων δαιμονίων; foreign gods; 이방신들)은 이방 귀신들(demons)은 물론 우상들도 가리킨다. 그들은 살아계시고 참되신 하나님을 알지 못하고 바울도 자기들이 섬기는 이방신들(gentile gods)을 전하는 포고자로 잘못 생각하였다.

"**전하는 사람**"(카탕겔류스; καταγγελεὺς; proclaimer, announcer)은 선포자, 발표자를 가리킨다. 이 단어는 "카탕겔로"(καταγγέλλω; to proclaim, declare; 선포하다, 선언하다)에서 인출되었다.

그러나 사도 바울이 변론하며 선포하며 증거하는 신(God; 神)은 아덴 사람들이 섬기는 많은 신들(다신론)중의 하나가 아니라, 영원자존하시고, 무소부재하시며, 우주와 그 가운데 있는 모든 만물들을 창조하시고, 보존하시고, 섭리하시는 한 분 하나님(the only God)이시다.

셋째 반응: 긍정적

또 어떤 이들은 바울의 가르침을 "새 교훈(새로운 가르침)"(행 17:19)이라고 하였다.

"**새 교훈**"(카이네 … 디다케; new teaching)은 자기들이 지금까지 듣고 배운 것과는 전혀 본질적으로 상이한 새로운 교훈을 가리킨다. 일평생에 처음 듣는 말씀들이다.

그러나 그 새로운 가르침이 무엇인지 분명하게 이해하지는 못하였다. 그러므로 그들은 그 새로운 가르침이 무엇인지 더 듣기를 원하여 아레오바고로 데리고 가서 거기서 바울의 새로운 가르침을 더 자세히 들었다(17:22-31). 그리고 그들 중 얼마는 믿었다. 그러나 아덴에 교회가 세워졌다는 근거는 없다. 복음이 이 세상의 지혜로운 지식층에는 어리석게 생각되므로 잘 전파되지 않는다(고전 1:20-31). 바울은 고린도, 데살로니가, 빌립보, 골로새, 에베소 등지에서 교회들을 개척하였으나 아덴에서는 교회를 개척하지 못했다.

그렇다. 바울은 쓸데없는 말을 지껄이는 말쟁이·수다쟁이가 아니요, 이방 귀신들을 전하는 자도 아니요, 새로운 진리를 가르치는 사도(Apostle)이다.

어떤 사람들은 바울을 말쟁이·수다쟁이라고 하고,

어떤 사람들은 바울을 이방 귀신들을 전하는 자라고 하고,

어떤 사람들은 바울을 새로운 교훈을 가르치는 자라고 하였는데 그 이유가 무엇인가? 그 이유는 바울은 "예수와 예수의 부활"을 전하였기 때문이다.

사도행전 17:19-20, "(그를) 붙들어 가지고 아레오바고로 가며 말하기를 너희 말하는 이 새 교훈이 무엇인지 우리가 알 수 있겠느뇨? 네가 무슨 이상한 것을 우리 귀에 들려주니 그 무슨 뜻인지 알고자 하노라."

- **아레오바고**[102](Αρειος πάγος; Areopagus)는 당시 아덴의 사법, 민법 그리고 형법 등 제반 사건들을 재판하는 법정 곧 고등 사법기구(high judicial body)였다. 아레오바고는 12인으로 구성되었다. 오늘 날도 그리스 대법원(Greek Supreme Court)을 아레오바고라 한다.
- 아레오바고는 헬라어로는 아레스(Αρεσ; Mars; 화성)와 파고스(Παγοσ; Hill; 언덕) 두 단어로 구성되었다. 따라서 아레오바고는 "아레스의 언덕"(Hill of Ares)이라는 뜻으로 그 이름을 따라 "아레오바고"라고 불렀다. 아레스(Αρεσ; Mars; 화성)는 그리스의 번개와 전쟁의 신(god of thunder and war)이다.
- 아레오바고는 아크로폴리스 바로 서쪽, 아고라(Αγορα; 장터) 남쪽 115m 크기의 암석으로 된 바위 언덕 위에 있다. 따라서 아레오바고는 바위 언덕을 지정하는 지명(地名)과 함께 아덴의 시의회를 뜻하는 의미도 갖게 되었다. 사도 바울은 이 바위 언덕에서 설교하였다(행 17:33).
- 아레오바고는 B.C. 5세기경 아덴의 황금시대부터 정치적·사회적·종교적 제반 문제들을 판결하는 법정이었다. 소크라테스도 이곳에서 재판을 받았다. 그러나 로마제국 시대에는 아레오바고의 권한이 대폭 축소되어 종교와 교육 분야만 판결하는 법정이 되었다. 왜냐하면 정치적·사회적 제반 사건들은 로마제국이 담당하였기 때문이다.

"**아레오바고로 가며**"는 법정 법관들에게로 인도하였다는 뜻이다.

"**말하기를**"(레곤테스; λέγοντες; saying)은 "묻기를", "질문하기를"이라는 뜻.

"**이 새 교훈**"(헤 카이네 디다케; ἡ καινὴ διδαχή; this new teaching). 형용사 새로운(카이네; καινὴ; new)은 교훈(디다케; διδαχή: teaching)을 강조한다. 그들의 최고의 관심사는 "새 교훈"이었다. 그러므로 그들은 바울이 전하는 새 교훈이 무엇인지를 간절히 알기를 소원하였다.

---

102) Abbott-Smith, *Manual Greek Lexicon of the N.T.* p.58.
John McRay, op.cit., p.160.

"우리가 알 수 있겠습니까?"(두나메다 그노나이; δυνάμεθα γνῶναι; Can we know?)는 예의를 갖춘 질문이다. 이것은 바울을 재판하기 위하여 법정에 끌고 가는 것이 아님을 보여 준다.

사도행전 17:20, "네가 무슨 이상한 것을 우리 귀에 들려주니 그 무슨 뜻인지 알고자 하노라."

"**어떤 이상한 것들**"(케니존타 티나; ξενίζοντα τινα; some startling things)은 분사형으로 어떤 깜짝 놀라운 것들, 어리둥절한 것들을 가리킨다. 그리고 여기 티나(τινα: some)는 분사를 강하게 한다.

"**우리 귀에 들려주니**"(에이스페레이스 … 아코아스 헤몬; εἰσφέρεις … ἀκοὰς ἡμῶν; bringing … 〈to〉 our ears). 평생에 처음 들은 말, 예수 그리스도의 인격과 사역 그리고 대리적 속죄의 죽으심과 육체적 부활, 성도의 부활과 영생 등에 관한 말씀이시니

"**알고자 하노라**"(그노나이 … 텔레이; γνῶναι … θέλει; to know … wishes)는 사도 바울이 전한 말씀들, 놀라운 말씀들, 어리둥절하게 하는 말씀들이 무슨 뜻인지 간절히 알기를 염원하는 표현이다.

사도행전 17:22, "바울이 아레오바고 가운데 서서 말하되 아덴 사람들아 너희를 보니 범사에 종교심이 많도다."

아레오바고는 17:19과 이곳 22절에만 나타난다. 여기서 아레오바고는 법정으로서의 아레오바고라기보다는 오히려 아레오바고 사람들(법원 판사들, 서기들, 변호사들 …)을 가리킨다.

"**가운데 서서**"(스타데이스 … 엔 메소; σταθεὶς … ἐν μέσῳ: standing … in the midst): 사도 바울은 이 세상 지식인들, 법조인들, 직원들, 스토익 철학자들, 새 교훈을 더 듣기를 원하는 사람들, 헬레니즘의 물결 한복판에 담대히 섰다. 모든 사람들이 그를 주시하고 그가 무슨 새로운 말을 할 것인가에 관심을 갖고 귀를 기울였다.

"아덴 사람들아! 너희를 보니 범사에 종교심이 많도다."

"아덴 사람들아!"(안드레스 아데나이오이; α;νδρες 'Αθηναῖοι; Men of Athens)는 일반적으로 헬라인 연사들이 연설을 시작할 때의 인사말이다. 동시에 친밀감을 갖게 하기 위하여, 복음을 전하기 위하여, 좋은 심리적 여건을 조성하기 위하여, 지혜롭게 아덴 사람들아! 라고 불렀다.

"너희를 보니"(휘마스 데오로; ὑμᾶς θεωρῶ; I observe ⟨see⟩ you)는 사도 바울이 아덴 사람들을 관심을 가지고 관찰한 후 그들의 심리를 잘 파악하고 한 말이다.

"범사에"(카타 판타; κατὰ πάντα)는 "모든 면에서"(in all respects)라는 뜻이며, 매우 포괄적이고 또 광범위함을 말해 준다.

"종교심이 많도다"라는 이 단어는 세이시다이(σεισιδαι; religious; 종교적, 신들을 섬기는)의 비교급으로서 매우 종교심이 많은, 매우 미신적인(very superstitious)이라는 뜻이다. 그런데 여기 종교심이란 귀신들, 미신들을 섬기는 무속 신앙심을 말한다. 아덴 사람들은 다른 사람들보다 종교심이 많았음을 고대 문헌들도 증거한다.[103]

사도행전 17:23, "내가 두루 다니며 너희의 위하는 것들을 보다가 알지 못하는 신에게라고 새긴 단도 보았으니 그런즉 너희가 알지 못하고 위하는 그것을 내가 너희에게 알게 하리라."

"내가 두루 다니며"(for as I was passing ⟨the street⟩ along)는 "내가 아덴 시(市) 길가들을 이곳저곳 두루 거닐며",

"너희의 위하는 것"(the objects of worship; 너희의 예배의 대상들)은 "수많은 사원들, 제단들, 신상들을 위시한 예배의 대상들을",

"보다가"(아나데오론; ἀναθεωρῶν; observed)는 "관심을 가지고 주의 깊게 관찰하였다"는 뜻이다.

심지어는 **"알지 못하는 신(god)에게 라고 새긴 단"**(an altar with this inscription To

---

103) Xenophon, Cyr. Ⅲ, 3:58.
   Josephus, *Ant.* X, 32.

An Unknown God): 아덴에는 신들(gods)의 이름이 새겨진 제단들과 신들(gods)의 이름이 새겨지지 않은 제단들도 있었다. 아덴 사람들이 알지 못하는 신들(gods)을 위한 제단을 쌓고 숭배한 이유는 혹시라도 자신들의 무지(無知)로 알지 못하는 신들의 노여움을 사지 않기 위함이었다. 이것은 그들의 종교심이 얼마나 지대한가를 단적으로 나타낸다.

"**너희가 알지 못하고**"(아그노운테스; ἀγνοοῦντες; being ignorant, not knowing)는 바울이 아마도 의도적으로 "알지 못하는 신"을 가리키며

"**위하는 것들**"(유세베이테; εὐσεβεῖτε; you worship)은 너희가 섬기는 것, 예배하는 것을 말한다.

"**너희에게 알게 하리라**"(투토 에고 카탈겔로; τοῦτο ἐγὼ καταγγέλλω; this I am going to proclaim to you)는 "내가 너희에게 선포하리라"는 뜻으로 하나님의 말씀 선포이다. 이방종교들과 철학자들이 해답을 주지 못하는 비밀들을 하나님의 말씀만이 충족하게 계시해 주신다. 사도 바울은 영계의 비밀을 계시로 알게 하여 주셨음으로 알게 되었고 또 우상 숭배하는 자들에게 밝히 알려 주었다.

헬라인들은 이 세상 지식에 관하여는 탁월하였으나 영계에 관한 영적 지식, 신령한 지식에 관하여는 무지하였다.

그런데 종교심이 많은 헬라인들, 지식인들이 어떻게 그렇게 많은 사신(邪神) 우상들을 만들어 섬겼을까?

태초에 하나님이 사람을 창조하실 때 하나님의 형상대로 창조하시고, 사람으로 하여금 하나님을 믿고 의지하고 섬기며 살도록 영원을 사모하는 마음을 주셨다(전 3:11). 이것은 하나님의 특별한 선물이었다.

그러나 사람이 범죄 타락하므로 말미암아 하나님의 도덕적 형상과 지능적 형상이 크게 손상되고, 철저하게 병들고, 부패되고, 뒤틀리고, 비정상적이 되었다. 따라서 하나님과 하나님의 계시를 바로 깨닫지도 이해하지도 못하게 되었다.[104]

---

104) 조영엽, 『신론·인죄론』 (생명의 말씀사, 2007), p.357.

로마서 1:21-23, "하나님을 알되 하나님으로 영화롭게도 아니하며 감사치도 아니하고 오히려 그 생각이 허망하여지며 미련한 마음이 어두워졌나니 스스로 지혜 있다 하나 우둔하게 되어 썩어지지 아니하는 하나님의 영광을 썩어질 사람과 금수와 버러지 형상의 우상으로 바꾸었느니라."

고린도전서 1:19-20, "지혜 있는 자가 어디 있느냐? 이 세대에 변론가가 어디 있느뇨? 하나님께서 이 세상의 지혜를 미련하게 하신 것이 아니냐?"

2) 아레오바고에서의 사도 바울의 설교(행 17:22-34)

사도행전 17:19-20에서는 에피큐리안들과 스토익 철학자들이 사도 바울에게 "이 새 교훈이 무엇인지 우리가 알 수 있겠나이까?"라고 질문하였다. 22절에서 31절까지는 이 새 교훈은 하나님은 어떠한 하나님이신가, 하나님의 인격과 사역에 대하여 설교하였다. 그리고 32-34절까지는 사도 바울로부터 설교를 청취한 사람들의 반응들이었다.

사도 바울은 하나님을 알지 못하는 자들, 우상 숭배하는 자들에게 '하나님은 어떠한 분이신가?'를 계시로 분명히 선포하였다. 아레오바고에서의 사도 바울의 설교는 약 열세(13) 계시의 말씀을 선포하였다.

(1) 창조주 하나님 - 삼위일체 하나님

사도행전 17:24, "우주와 그 가운데 있는 만물을 지으신 하나님"(God who made the world and all things in it.).

"우주"(코스모스; κόσμος; universe)는 어원적으로는 "질서적 우주"(orderly universe)를 뜻하며, 이 우주에는 하늘들과 땅을 포함한다.

전능하신 하나님은 태초에 자신의 초자연적 능력의 말씀으로, 무(無)에서, 즉각적으로, 6일 동안에 이 방대한 우주와 그 가운데 있는 모든 것들 곧 보이는 것들과 보이지 않는 것들, 영계의 것들과 물질계의 것들을 모두 창조하셨다(창 1:3-31; 골 1:16). 그러므로 만물의 근원은 창조주 하나님이시다.

우주와 그 가운데 있는 모든 피조물들을 지으신 창조자, 조물주는 누구신가?

성경의 첫 절 "태초에 하나님이 천지를 창조하시니라"와 사도신경의 서두 "전능하사 천지를 만드신 하나님 아버지를 내가 믿사오며"는 하나님을 창조자로 선언하고 고백한다. 진정한 의미에서 창조자는 **삼위일체 하나님**이시다.

만일 우리가 창조의 사역을 창세기 1:1; 시편 96:5; 이사야 37:16; 44:24; 예레미야 10:12 등에만 의존한다면 성부 하나님만이 창조의 사역에 참여하신 것 같이 보여진다.

- 만일 창조의 사역을 요한복음 1:3; 골로새서 1:16-17; 고린도전서 8:6 등에만 의존한다면 성자 하나님만이 창조의 사역에 참여하신 것같이 보여진다.
- 만일 우리가 창조의 사역을 창세기 1:2; 시편 33:6, 9; 104:29, 30; 이사야 40:12, 14; 욥기 26:13; 33:4 등에만 의존한다면 성령 하나님만이 창조의 사역에 참여하신 것같이 보여진다.
- 만일 우리가 창조의 사역을 성부, 성자, 성령의 어느 한 위(person)에만 돌린다면 자연적으로 다른 위(another person)의 사역을 축소하거나, 또는 파괴하는 것이 될 것이 아닌가! 창조의 사역에 있어서 어느 한 위의 사역은 중요시하고 다른 위의 사역은 경시하는 과오를 범치 말아야 할 것이다.

그러므로 우리는 피조물들(무형적 존재들과 유형적 존재들)은 모두 성부(聖父)로부터, 성자(聖子)로 말미암아, 성령(聖靈)에 의하여(out of the Father, through the Son, by the Holy Spirit) 창조되었다고 결론지어야 할 것이다. 성부의 창조 활동과 분리될 수 없는 성자와 성령의 창조 활동은 삼위일체의 공동 사역이었다.

(2) 천지의 주재이신 하나님

사도행전 17:24b, "… 하나님께서는 천지의 주재이시니."
창세기 14:19, "천지의 주재시요 지극히 높으신 하나님이시니."
창세기 14:22, "천지의 주재시요 지극히 높으신 하나님이시니."

"**주재**"(퀴리오스; κύριος: Lord; 主)는 주인, 지배자, 소유주(Lord, Master〈Ruler〉, Owner)를 가리킨다.

천지를 창조하신 하나님은 천지의 주인이시요, 지배자이시오, 소유주이시오, 다스리는 자이시다(시 24:1, 50:12, 89:11, 고전 10:26).

(3) 천국에 계신 하나님

사도행전 17:24c, "… 하나님께서는 … 사람의 손으로 지은 전들(나오이스; ναοῖς; temples)에 계시지 아니하시고."

사도행전 17:48, "지극히 높으신 이는 손으로 지은 곳에 계시지 아니하시나니."

영원자존, 무소부재하신 하나님은 사람이 손으로 지은 전들(temples)에 계시지 아니하신다.

솔로몬의 성전은 여호와의 영광이 머무는 곳임에도 하나님이 거하시지 아니하시는데 하물며 아덴 사람들이 사신우상들을 섬기기 위하여 건축한 이방 신전들에 거할 리 천부당만부당하다.

그러면 하나님은 어디에 계신가?

하나님은 존재론적으로는 천국에 계신다. 그러므로 주님은 마태복음 6:9에서 "하늘에 계신 우리 아버지여"(Our Father in heaven)라고 하셨다. 물론 여기서 하늘은 천국을 가리킨다. 유대인들은 천국을 하늘이라고 표현하였다.

(4) 충족하신 하나님

사도행전 17:25, "또 무엇이 부족한 것처럼 사람의 손으로 섬김을 받는 것이 아니니 이는 만민에게 생명과 호흡과 만물을 친히 주시는 자 이심이라."

하나님은 무엇이 부족하고 필요하여 사람의 도움을 받는 분이 아니시다.

"사람의 손으로 섬김을 받는 것이 아니니"(우데 … 데라퓨에타이; οὐδὲ ⟨nor⟩ … θεραπεύεται; nor … is served). 이 단어(θεραπεύεται)는 데라퓨오(θεραπεύω: to care, heal; 치료하다, 고치다)의 육체의 치유(physical healing)를 가리키며, 이 단어에서 영어의 theraphy(테라피 - 물리치료)가 인출되었다. 이는 마치 환자가 의사나 간호사의 도움이 필요한 것처럼, 하나님은 사람의 도움을 필요치 않으신다. 왜냐하면 하나님은 모든 것이 풍족하여 부족한 것이 없기 때문이며, 반면에 하나님은 오히려 우리의 필요를 채워주신다.

(5) 생명의 근원, 부여자 하나님

① 생명을 주시는 하나님

사도행전 17:25b, "이는 만민에게 생명과 호흡과 만물을 친히 주시는 이", "생명과 호흡"(조엔 카이 프노엔; ζωὴν καὶ πνοὴν; life and breath).

생명은 생명체를 존재케 하는 원동력이다. 원동력이란 생명체를 활동시키는 힘(force)이다. 호흡은 생명을 계속 유지하는 힘이다.

하나님은 생명 그 자체요, 생명의 근원이시다.

- **하나님의 생명은 자존적 생명**(self-existent life)**이다.**

그 생명은 하나님 자신 안에 존재하는 영원한 생명이다.

요한복음 5:26, "아버지께서 자기 속에 생명이 있음과 같이 아들에게도 생명을 주어."

요한복음 1:4, "그 안에 생명이 있었으니."

- **하나님의 생명은 절대적 생명**(absolute life)**이다. 절대적 생명은 자존적 생명, 유일한 생명, 독특한 생명이다.**
- **하나님의 생명은 영생**(eternal life)**이다.**

영생(조엔 아이오니온; ζωὴν αἰώνιον; eternal life)은 고통과 죽음이 없는 형언할 수 없는 축복된 삶을 영원히 누리는 것이다. 영생은 시간적 측면에서와 질적 측면에서 고려할 것이다. 영생은 불멸의 영생이다.

- **하나님의 생명은 모든 자연적 생명의 근원이다**(source of all natural life).

하나님의 생명은 모든 피조 생명체들의 근원이요 수여자이므로 모든 생명체들은 그로 말미암아 지은바 되었으며 또한 존재케 되었다. 모든 피조 생명체들은 하나님께로부터 그리스도로 말미암은 생명체들이다(요 1:4; 5:26).

② 호흡을 주시는 하나님

'생기를 그 코에 불어넣으시니'에서 '생기'란 히브리어 니스마트(נשמת)로서 생명의 호흡(breath of life), 곧 생명(life)을 가리킨다. 하나님께서는 생명을 콧구멍에 불어넣으셨다. 성경은 호흡을 생명과 동일시하여 이사야 2:22에서는 사람의 호흡이 코에 있다고 하였다.

따라서 사람의 생명은 전적으로 하나님께로부터 나왔으며, 하나님께 의존되어 있으며, 하나님께서 주관하신다. 사람은 하나님께서 호흡을 주시면 살고 호흡을 거두어 가시면 죽는다. 왜냐하면 호흡은 생명을 유지하는 힘이기 때문이다. 하나님은 생명의 근원이시요, 소유자시요, 주관자이시기 때문이다.

③ 만물을 주시는 하나님

사도행전 17:25c, "… 이는 만민에게 생명과 호흡과 만물을 친히 주시는 자이심이라."

창조주 하나님은 만물을 창조하시고(창 1:1-31) 만물을 친히 주시는 하나님이시다. 그러므로 우리는 만물을 주시는 하나님께 감사하여야 한다.

(6) 온 인류를 한 혈통으로 만드신 하나님

사도행전 17:26, "인류의 모든 족속을 한 혈통으로 만드사, 온 땅에 살게 하시고, 그들의 연대를 정하시며, 거주의 경계를 정하셨으니"

인류의 모든 족속을 한 혈통으로 만드심

"**한 혈통**"(헤노스; ἑνὸς; one: 하나)은 아담 한 사람을 가리킨다. 여기에 혈통(blood)을 추가하였다.

"**한 혈통으로부터**"(에크 헤노스; ἐξ ἑνὸς; from one)는 한 사람(Adam)으로부터이다. 여기서 에크(ἐξ; from; … 으로부터)는 출처, 기원, 시작을 나타내는 전치사이다.

하나님은 아담 한 사람을 창조하시고 그 아담 한 사람으로 하여금 모든 족속의 아버지가 되게 하셨다. 따라서 헬라인이나 로마인이나 유대인이나 어느 민족, 어느 족속이든 모두가 아담의 후손들이다. 따라서 광의적 의미에서 온 인류는 한 가족(one family)이다.

(7) 온 인류를 온 지면에 거하게 하시는 하나님

사도행전 17:26b, "온 땅에 거(居)하게 하시고."

지면(땅)에 **"거하게 하시고"**(카토이케인; κατοικεῖν; to dwell; 거하다, 살다)는 이 지구 온 지면에 비교적 골고루 분산하여 흩어져 살게 하셨다는 뜻이다(창 11:8). 따라서 이 온 땅(지구)의 온 지면은 사람이 사는 거주지이다. 하나님은 사람이 온 지면에 살 수 있도록 높은 산이나 외딴 섬들에도 샘들과 연결시켜 물줄기들을 만들고(수압을 높이어) 물을 공급하신다.

(8) 경계와 연대를 정하신 하나님

사도행전 17:26c, "저희의 연대를 정하시며 거주의 경계를 한하셨으니."

① **"거주의 경계를 정하셨으니"**(determined the boundaries)

"경계"(호로데시아스; ὁροθεσίας; boundaries; 경계들)는 사람들이 어디서 살 것인가 하는 지리적 위치를 가리킨다.

신명기 32:8, "지극히 높으신 자가 … 인종을 나누실 때에 이스라엘 자손의 수효대로 백성들의 경계를 정하셨도다."

② **"연대를 정하셨으니"**(determined the times)

"연대"(카이루스; καιροὺς; seasons, times; 계절들, 기간들, 시기들)는 사람들이 어느 때에 살 것인가를 정하셨다는 말씀이다.

하나님은 각 사람의 거할 곳, 생명의 기간, 나라의 흥망성쇠까지 주관하시는 하나님이시다.

다니엘 2:21, "그는 때와 기한을 변하시며 왕들을 폐하시고 왕들을 세우시며 지혜자에게 지혜를 주시고 지식자에게 총명을 주시는도다."

(9) 내재(Immanence)하시는 하나님

사도행전 17:27b, "… 그는 우리 각 사람에게 멀리 떠나 계시지 아니하도다."

"멀리 떠나 계시지 아니하도다"(우 마크란; οὐ μακρὰν; not far: 멀리 계시지 않다).

이 말씀은 하나님의 내재성(內在性)을 가리킨다. 거리상 공간적으로 가까이 계시다는 뜻이 아니다(렘 23:23). 이 말씀은 우리 각 사람에 대한 하나님의 관심과 사랑과 인자하심이 충만하심을 나타내는 신앙적 표현이다.

하나님이 이 우주 안에 내재 하신다는 말씀은 하나님의 인격·능력·섭리가 이 우주 전체에 다 미친다는 뜻이다. 사실상 하나님의 능력과 섭리는 이 우주에 미치지 않는 곳이 없다. 이런 의미에서 "하나님은 이 우주에 내재 하신다"라고 한다. 하나님은 그의 존재에 있어서 공간을 초월하시지만, 그의 인격·능력·섭리에 있어서 이 우주에 내재하신다. 하나님은 본질적으로는 피조물들과 구별되지만 피조물들과 떨어져 있지 않다. 하나님은 가까이 계셔서 나의 필요를 채워 주시며, 멀리 계셔서 자신의 존재를 구별하신다.

(10) 초월하시는(Transcendence) 하나님

또한 하나님은 초월성(Transcendence)을 가지고 계신다.

● 하나님의 초월성은 공간과의 관계에서 공간과 장소를 초월한다는 뜻이다. 다시 말하면 하나님은 공간의 제한이나 지배를 받지 아니하신다는 뜻이다. 하나님은 우주의 여하한 제한도 받지 않으신다. 오히려 공간은 하나님께 의존하며, 하나님은 공간을 지배하신다. 만일 하나님은 공간 안에 매이고 공간의 지배를 받는다면, 하나님은 더 이상 하나님이 아니시다.

● 하나님의 초월성이 강조하는 또 하나의 교훈은 하나님은 공간 안에 계시지 않는다는 것이다. 하나님은 분명히 그 본체에 있어서 이 세상에 있지 않고 천국에 계신다. 하나님은 천국에 계신 것처럼 이 세상에 계신 분이 아니시다. 하나님의 편재는 하나님이 모든 우주에 계시다는 범신론적 의미에서 생각할 것이 아니다.

● 하나님은 편재하시므로 아무도 하나님의 임재로부터 피할 수 없다. 하나님의 편재성은 하나님 자신의 속성들로 나타난다. 즉 어떤 것에는 그의 영광으로, 어떤 것에는 그의 전지(全知)로, 어떤 것에는 그의 거룩으로, 어떤 것에는 그

의 공의로, 어떤 것에는 그의 사랑으로, 어떤 것에는 그의 자비와 긍휼 등으로 나타난다.

● 시편 기자는 하나님의 초월성과 내재성에 대하여 "내가 주의 신을 떠나 어디로 가며 주의 앞에서 어디로 피하리이까? 내가 하늘에 올라갈지라도 거기 계시며 음부에 내 자리를 펼지라도 거기 계시나이다. 내가 새벽 날개를 치며 바다 끝에 가서 거할지라도 곧 거기서도 주의 손이 나를 인도하시며 주의 오른손이 나를 붙드시리이다. 내가 혹시 말하기를 흑암이 정녕 나를 덮고 나를 두른 빛은 밤이 되리라 할지라도 주에게는 흑암이 숨기지 못하며 밤이 낮과 같이 비취나니 주에게는 흑암과 빛이 일반이니이다"(시 139:7-12)라고 하였다.

● 우리는 하나님의 초월성만 주장한다든지 또는 하나님의 내재성만 주장하는 오류를 범하지 말아야 할 것이다. 만일 우리가 하나님의 초월성만 주장한다면 초연신론(超然神論)에 빠지게 되며, 만일 우리가 내재성만 강조하면 비인격적 범신론에 빠지기 쉽다.

● **초연신론**(transcendentalism)은 하나님이 우리와는 너무나 멀리 초월해 계신다고 함으로써 인간과의 관계를 단절시키며,

● **범신론**(pantheism)은 하나님을 피조물과 동일시함으로써 하나님의 신성(神性)을 부인한다.

자유주의 신학에서는 하나님의 내재성에 편중하여 하나님을 자연·역사·사람 안에 전시되는 실재(實在)라고 주장하며, 반면에 20세기 위기신학(Crisis Theology, 일명 신정통(Neo-orthodoxy))에서는 하나님의 초월성에 편중한다.

하나님의 초월성과 내재성은 서로 모순되는 듯하나 사실은 병립(竝立)되는 성경에 계시된 진리이다.

(11) 사람은 의존적 존재

사도행전 17:28a, "우리가 그를 힘입어 살며 기동하며 존재하느니라."

이 말씀은 인간의 존재와 활동이 전적으로 하나님께 의존됨을 보여준다.

세 단어: 살며, 기동하며, 존재하느니라

① 첫 번째 동사: 살며(live)

"우리가 그를 힘입어 살며"(엔 아우토 갈 조멘; ἐν αὐτῷ γὰρ ζῶμεν; in him for live)는 "그(하나님)의 안에서 살며"라는 뜻이다. 우리는 생명의 근원되시고 생명을 부여하시는 하나님 안에서 산다. 우리는 하나님을 떠나서는 한 순간도(one moment) 살 수 없다. 물고기가 물을 떠나서는 살 수 없음과 같다.

② 두 번째 동사: 기동하며(move)

"우리가 그를 힘입어 기동하며"(카이 키누메다; καὶ κινούμεθα; 움직이며)는 그(하나님)의 안에서 기거 동작한다는 뜻이다. 우리는 하나님을 떠나서는 손, 발 하나도 움직일 수 없다.

③ 세 번째 동사: 존재하느니라(exist)

"우리가 그를 힘입어…존재하느니라"(카이 에스멘; καὶ ἐσμέν; and exist)는 우리는 하나님을 떠나서 존재할 수 없다.

(12) 사람은 하나님의 소생

사도행전 17:28b, "… 너희 시인 중에도 어떤 사람들의 말과 같이 우리가 그의 소생이라."

여기서 사도 바울은 두 헬라 시인들의 말(시, poets)을 인용하여 "우리가 그의 소생이라" 하였다. 그 헬라 시인들은 곧 클레안테스(Cleanthes)와 아라터스(Aratus)이다. 클레안테스(B.C. 330-231)는 32년간 스토익(Stoic) 학파의 지도자였으며, 아라터스(B.C. 315-240)는 길리기아(Cilician) 해안의 시인으로 여러 해 동안 아덴에서 살았고, 제노(Zeno)의 학생이며, 스토아 철학(Stoicism)의 창시자이었다. 그들은 금욕주의를 강조하였다.

"**우리가 그의 소생이라**"(게노스 에스멘; γένος ἐσμέν; we are offspring)는 아덴 사람들이 섬기는 제우스(Zeus)신이다. "우리가 그의 소생이라"는 스토아 철학의 범신론적 주장을 반영한다. 사람에게는 신성(神性)이 있어서 사람이 신(神)이라는 것이다. 그러나 사도 바울은 그들의 범신론을 수용하는 것이 아니라 그들이 이해하고 있는 신(神) 개념을 이용하여 만물의 창조자, 주권자, 섭리자이신 살아계시고 참되신 하나님을 선포한 것이다.

뿐만 아니라 사도 바울은 유대인들에게는 구약성경을 인용하고, 헬라인들에게는 그들이 알고 좋아하는 시(poet)를 인용하여 친근감과 이해력을 촉진시켰다.

(13) 심판주의 공의로운 심판

사도행전 17:31, "이는 정하신 사람으로 하여금 천하를 공의로 심판할 날을 작정하시고 이에 저가 죽은 자 가운데서 다시 살리신 것으로 모든 사람에게 믿을 만한 증거를 주셨음이니라."

"**이는**"(카도티; καθότι: because: 왜냐하면)은 하나님이 모든 사람에게 회개하라고 명하신 이유를 밝힌다. 그 이유는 하나님께서 "정하신 사람"으로 하여금 "정하신 때"에 천하를 공의로 심판하실 날이 올 것이기 때문이다.

"**정하신 사람**"(안드리 호 호리센; ἀνδρὶ ᾧ ὥρισεν; by the man He appointed)은 곧 예수 그리스도를 가리킨다(단 7:13; 마 25:31-46; 행 10:42). 그는 우리의 죄를 대속하시기 위하여 죽으셨다가 다시 부활하신 심판주이시다.

"천하를 공의로 심판할 날을 작정하시고"

"**날을 작정하시고**"(에스테센 헤메란; ἔστησεν ἡμέραν; he set 〈fixed〉 a day)는 어느 한 날을 한 특정한 날로 정(定)하셨는데 한 특정한 날이란 곧 최후의 심판의 날이다.

온 인류를 한 혈통으로 만드시고, 온 땅에 살게 하시고, 그들의 연대와 거주의 경계를 정하신 하나님(17:26)은 또한 "정하신 사람"으로 하여금 "정한 때"에 천하를 심판하실 최후의 심판 날도 정하셨다.

"**공의의 심판**"(크리네인 … 엔 디카이오수네; κρίνειν … ἐν δικαιοσύνῃ; to judge in righteousness)은 심판의 표준이다. 공의로우신 하나님은 성자 예수 그리스도를 심판의 대행자로 삼으시고 공의로 심판하신다.

"**천하**"(텐 오이쿠메넨; τὴν οἰκουμένην; the inhabited earth)는 온 세상에 거하는 만민(모든 사람)을 가리킨다.

"이에 그를 죽은 자 가운데서 다시 살리신 것으로 모든 사람에게 믿을 만한 증거를 주셨음이니라."

예수 그리스도를 죽은 자들 가운데서 다시 살리신 사건은 예수 그리스도를 온 세상의 심판주로 세우셨음을 확증하신 사건이다. 그만한 증거가 어디 있는가?

(14) 청중들의 반응들(Reactions)

사도행전 17:32, "그들이 죽은 자의 부활을 듣고 어떤 사람들은 조롱도 하고 어떤 사람들은 이 일에 대하여 네 말을 다시 듣겠다하니."

"그들이 죽은 자의 부활을 듣고."

"죽은 자의 부활"(아나스타신 네크론; ἀνάστασιν νεκρῶν; resurrection of 〈the〉 dead) 은 예수 그리스도의 육체적 부활을 가리킨다.

부활(아나스타시스; ἀνάστασις)은 아나(ἀνα; up or again; 위로 또는 다시), 히스테미(ἱστημι; to stand; 일어서다)로 구성된 합성어이다. 부활이란 죽은 사람이 일어서는 것, 죽은 사람이 다시 살아나는 것을 뜻한다.

사도 바울은 죽은 자의 부활을 전하고 또 죽었다가 다시 사신 예수 그리스도께서 이 세상 마지막 날 죽은 자들을 다시 살리실 것을 전파했을 때 청중들 중에는 세(3) 가지 반응들이 나타났다.

① **첫째 반응**(The First Reaction) - **기롱하였다.**

"혹은 기롱도 하고"(호이 멘 에크류아존; οἱ μὲν ἐχλεύαζον; some scoffed〈sneered, mocked〉)는 조롱하였다, 비웃었다, 모욕하였다.

헬라인들은 영혼의 불멸은 받아들였으나 죽은 자가 영혼과 육체의 연합체로서의 부활과 심판은 믿지 않았다. 그들은 이 세상 지혜가 지식을 구하므로(고전 7:22), 육체의 부활은 어리석고 미련하게 생각되었다(고전 1:23). 이들은 아마도 에피큐리안들 같이 여겨진다.

② **둘째 반응**(The Second Reaction) - **다시 듣겠다.**

"혹은 이 일에 대하여 네 말을 다시 듣겠다하니"

다른 사람들은 말하기를 죽은 자의 부활에 대하여 "우리가 다시 듣겠다"(파린…아쿠소메다; πάλιν ἀκουσόμεθά; we will hear again)고 하였다. 그러나 그들은 다시 듣지 않았다. 이들은 아마도 스토익(Stoics) 같이 여겨진다. 그들은 영혼의 불멸은 믿으나 몸의 부활은 믿지 않았다. 사람이 사후(死後)에 몸(육체)을 가지고 있다는 것은 원시적 미련한 생각이라고 하였다.

③ **셋째 반응**(The Third Reaction) **- 듣고 믿었다.**

사도행전 17:34, "몇 사람이 그를 가까이하여 믿으니 그 중에는 아레오바고 관리 디오누시오와 다마리라하는 여자와 또 다른 사람들도 있더라."

"**아레오바고 관리 디오누시오**"(Διονύσιος): 디오누시오는 아레오바고 법정의 12인 재판관들 중 한 사람으로 유대인 사학자 요세푸스(Josephus)에 의하면 그는 아덴의 최초 감독이 되었으며 로마의 도미티안(Domitian) 황제 때 A.D. 95년 순교하였다고 전한다.[105] 그리고 디오누시오교회가 아레오바고에 세워졌다고 고고학은 증거한다.[106]

"**다마리**"(Δαμαρις; Damaris)는 외국여성으로 배운 여자라고 하며,

지금까지의 사도 바울의 전도는 많은 열매를 맺었으나(행 13:43, 48; 14:21; 17:21), 아덴에서의 전도는 열매가 적은 것 같다. 바울이 복음을 전하고 고린도로 떠난 이후 아덴에 교회가 세워졌다는 언급이 없다.

6. 고린도에서(In Corinth, 행 18:1-17)

사도 바울은 아덴(Athenia)을 떠나 고린도(Korinthos)로 가서 1년 6개월을 지나며 안식일마다 회당에서 강론하고 유대인과 헬라인을 권면하였다. 제2차 선교여정 마지막 사역이다.

- 고린도(Corinthos)는 동쪽으로는 사로니코스 만(Saronikos Kolpos)과 서쪽으로는 고린도 만(Korinthiakos Kolpos) 사이에 위치한 항구 도시이다.
- 고린도는 발칸 반도 남쪽에 위치한 그리스의 항구 도시이었다. 동쪽에는 에게 해(sea)로 나가는 겐그리아(Cenchrea) 항만, 서쪽에는 아드리아 해

---

105) Eusebius, *Ecclesiastical History*, III, 4:11, IV. 23:3.
106) McRay, *Archaeology and the N.T.* 309-10.

아크로 고린도 옛 성

(sea)로 나가는 레카움(Lechaeum) 항만이 있는 항구 도시이었다. 현지인들은 옛 고린도를 팔레오(Paleo; 故) 고린도라고 부른다. 그리하여 현대적 항구도시인 신 고린도와 구별한다.

- 고린도는 교통의 중심지이었다. 아가야(Achaia) 지역 남북을 잇는 도로가 고린도 시를 통과하며, 서쪽으로는 이탈리아와 스페인을, 동쪽으로는 소아시아, 페니키아, 애굽을 잇는 교통의 중심지이었다.
- 고린도는 고린도 운하를 분계선으로 그리스 남부 아가야에 있는 해발 566m의 돌로 된 언덕 도시이다.
- 고린도에는 정착민인 보헤미아인(Phoemician), 다수의 헬라인, 정치와 사업에 종사하는 로마인, 헬라파 유대인들, 아프리카에서 온 구스디아인 등 다민족 사회를 이룬 도시였다.
- **아크로고린도 성**(The Castle Acrocorinth)은 고린도 남서쪽 모퉁이 높은 바위 언덕에 세워진 성으로 오랜 세월 동안 요새지·은신처이었다.

고린도 아폴로 신전

- 사도 바울 당시에 고린도 시(市)[107]는 약 70만 명의 인구가 살고 있는 대 상업도시였다. 그중에 약 25만 명은 자유인들이었고, 약 40만 명(2/3)은 노예들이었다.
- 고린도는 이태리의 로마, 소아시아의 에베소, 길리기아의 다소, 시리아의 안디옥, 애굽의 알렉산드리아 등과 더불어 대도시들 중 하나이었다.
- 고린도 시는 상업과 무역의 중심지였으며, 아덴과 같은 대학촌은 아니었으나 헬라문화의 영향을 많이 받았다. 그리고 그들의 헬라 철학 사상은 복음을 영접함에 있어서 오히려 장애물이 되었다.
- 고린도에는 적어도 12개의 신전들이 있었는데 그 중에서도 아프로디테 신전(Aphrodite temple)이 가장 유명하였다. 이 신전은 B.C. 6세기경 건축한 것으로 해발 약 470m에 있었으며, 원주 기둥이 38개이었으나 지금은 7개 기둥만 남아 있다. 원주의 높이는 7.2m이고, 직경은 1.8m이다. 이 신전에는 소위 사랑의 여신이라는 천 명 이상의 여사제들(Priestesses)이 있었으

---

107) ST. Paul, op. cit., pp.102-111.

며, 그 여사제들은 아프로디테 여신에게 제사를 드리러 오는 사람들과 행음하는 종교적 창녀들(religious prostitutes)이었다. 다시 말하면 창녀들이 종교의 이름으로 매음 행위를 하였다. 그리하여 향락, 비행 등이 난무하고 성적(性的) 도덕 윤리가 극히 문란하고 타락하였다.

- 아폴로 신전(Apollo temple)은 헬라와 로마의 신화에 나오는 음악·시·예언의 신(god)이며 특히 젊음과 미를 대표하는 신이다.

- 고린도 비마(Bema; 법원)는 총독이 연설할 때 또는 재판할 때 사람들을 내려다 볼 수 있는 높이 약 5m, 넓이 약 15m 정도 크기의 돌단 재판석이다. 사도 바울 당시 고린도 총독은 갈리오(Gallio, A.D. 51-52)이었다.

- 에라스도(Erastus) 이름이 새겨진 돌비는 고린도 시장(agora)과 야외극장을 잇는 돌들로 포장된 길바닥 한 곳에는 라틴어로 고린도시의 재정관 "에라스도가 이 도로 포장비용을 담당하였음"이라고 새겨져 있다. 에라스도는 사도 바울의 전도를 받고 그리스도인이 되었다.

- 고린도에는 2년에 한 번

고린도 운하

씩 큰 운동경기가 있었다. 그 운동경기를 이스트미안 운동경기(Isthmian athletic games)라고 한다. 고대 경기에는 장거리 경주, 경마, 마차 경주, 씨름, 권투, 노래와 시 경연 그리고 후대에는 짐승들과의 결투도 있었다.

운동선수들은 운동경기에 출전하기 위하여 10개월간의 강한 훈련을 받았다. 음식을 조절하고, 술을 금하고, 극기하며, 운동시간, 수면시간도 모두 조절하였다. 감독들로 매도 많이 맞았다. 인내·극기·강한 훈련을 받았다. 고대 로마, 올림피아, 고린도 등 대도시들에서 개최되는 운동경기들의 절정은 마라톤 경주로서 41.6km(26mile 또는 105리) 장거리 코스이었다. 마라톤 선수가 운동장 안으로 뛰어 들어올 때에는 경기장을 꽉 메운 관중들이 일제히 일어나 열렬한 환성으로 환영하였다.

- 야외극장(theater): B.C. 5세기에 건축한 115,000명을 수용할 수 있는 야외극장.
- 음악당(odeion): A.D. 1세기에 세운 3,000명을 수용할 수 있는 음악당. 당시 경기장들은 오늘의 경기장들처럼 대형 원형경기장들로 계단식 좌석들은 전부 돌들로 만들었다. 지금도 로마, 그리스, 소아시아, 이스라엘 등 여러 곳에는 옛날 경기장들이 유적들로 많이 남아 있다.

마라톤 경주에서 1등하는 선수에게는 올리브 잎이나 솔잎 또는 담장넝쿨(Olive leaves, Pine leaves or Celery) 등으로 만든 승리의 월계관을 씌어 주었다. 그리고 그 월계관은 얼마 안가서 마르고, 쇠하므로 버릴 수밖에 없었다.

경기에 출전하는 선수들은 많았으나 월계관을 받아쓰는 선수는 단 한 사람뿐이었다. 그러므로 사도 바울은 고린도전서 9:24에서 "운동장에서 경주하는 선수들이 다 경주할지라도 오직 상 받는 자는 한 사람인줄 알지 못하느냐"고 하였다

- 고린도 운하(Canal)는 6km 길이, 23m 넓이 수심의 운하로 1882-93년 기간 프랑스와 그리스 기술자들이 고린도 만(Corinthian Gulf)과 사로닉 만(Saronic Gulf)의 가장 짧은 지역을 운하로 만들었다. 이것을 이스무스(Isthmus)라고 한다. 그리하여 항해 거리를 296km(185mile)로 단축시켰다.

- 이 운하 계획은 줄리어스 시저(Julius Caesar), 네로(Nero), 하드리안(Hadrian), 헤롯(Herodes) 등에 의하여 시작되었고, 드디어 A.D. 67년 네로가 시공을 시작하였으나 지금의 운하는 1893년 비로소 완공되었다. 그 전에는 배를 바퀴 달린 마차(Wagons)로 옮기곤 하였다.
- 디올코스(Diolkos) : 옛날 고린도 지역은 그리스 본토와 펠로폰테스 반도를 왕래하는 배들로 하여금 가까운 지협을 두고 먼 거리를 우회하였다. 이 지협은 암초와 풍랑이 심해서 파선의 위험이 항상 도사리고 있었다. 그러므로 고대 고린도인들은 고린도 해협에 돌로 포장된 도로를 만들고 특수하게 만든 바퀴달린 수레에 배를 실은 뒤 수레를 끌어 이쪽 바다에서 저쪽 바다로 배를 이동시켰다. 이 선박 이동용 도로를 디올코스(Diolkos)라고 한다. 다시 말해서 디올코스는 선박 이동을 위한 도로이다.

사도 바울은 이러한 도시에 제2차 전도여행 시 교회를 개척하였다(고전 3:6, 10; 4:15; 행 18:1-17). 그리고 그곳에서 주후 51-52년까지 약 1년 반 동안 복음을 증거하였다. 그는 복음을 전하는 동안 유대인들, 이방인들 그리고 세상 연락을 즐기는 사람들로부터 하나님의 말씀과 예수 그리스도의 증거로 인하여 많은 반대와 박해를 받았다. 그럼에도 복음이 전파, 확산되어 이방인들의 많은 수가 예수님을 구주로 영접하게 되었다.

바울이 고린도를 떠난 후에는 아볼로가 에베소로부터 와서 고린도교회를 맡아 시무하게 되었다(행 18:24-28).

- 고린도는 1858년과 1928년에 대지진이 발생하여 완전히 폐허가 되었고, 현재 고린도는 옛 고린도에서 동북쪽으로 약 5.6km(3.5mile) 떨어진 곳에 새로운 한 소도시를 형성하여 지금은 약 21,000명의 인구가 살고 있다.

1) 고린도에서 브리스길라와 아굴라를 만남

사도행전 18:2 아굴라라 하는 본도에서 난 유대인 한 사람을 만났다. 아굴라('Ακύλας; Aquila)는 본도(Pontus) 태생이다. 본도는 비시디아와 함께 소아시아 동북부 지역에 흑해와 연하여 동서로 길게 뻗은 지역이다.

아굴라는 본도 태생으로 이태리 로마에서 살다가 A.D. 52년 로마의 제4대 글라우디오(Claudius, 41-54 황제기간)가 모든 유대인들은 로마에서 떠나라는 추방령을 내렸다. 그리하여 아굴라는 브리스길라와 함께 고린도로 내려왔다. 아굴라와 브리스길라 부부는 이미 로마에서 유대교에서 기독교로 개종하였다.

사도행전 18:3, "생업이 같음으로"

생업이 무슨 업인가? 그 생업은 천막 만드는 일이다. 유대인들은 자자손손 업을 계승하였다. 그러므로 바울은 어렸을 때부터 천막 만드는 일을 배웠다. 바울의 부모는 천막 제조업자로 큰 기업가이었다.

천막의 용도: Tent는 군막사용, 여행자들의 이동용, 사람들의 집 등으로 그 용도가 다양하였다.

자급자족: 사도 바울은 아굴라와 브리스길라와 함께 거하며 천막제조업자(tentmaker)로서 열심히 일하여 자급자족하면서 전도하였다.

사도행전 18:1, 4, "그 후에 바울이 아덴을 떠나 고린도에 이르러 … 안식일마다 바울이 회당에서 강론하고 유대인과 헬라인을 권면하니라."

아덴에서 고린도까지는 서쪽으로 약 80km(50mile) 떨어져 있다. 아덴에서 고린도까지는 이스무스(Isthmus, 지금은 Isthmia) 해안가를 따라 육로로 가는 길과 아덴의 항구인 피래우스(Pieraeus, 지금은 Pireas)에서 고린도의 이스무스 동해안의 겐그리아(Cenchrea) 항구로 가는 길이 있는데, 사도 바울이 육로로 갔는지 아니면 해로로 갔는지는 알려져 있지 않다. 지금 육로는 E-94 고속도로이다.

사도 바울은 매 안식일마다 유대인들의 회당에 들어가 복음을 전하고, 주중에는 날마다 장터에서 강론하고 권면하였다.

"**강론하고**"(디에레게토; διελέγετο: he lectured: 강의하였다)는 "디아레고마이"(διαλέγομαι ; to converse with, discuss; … 함께 대화하다, 토론하다, 변증〈논쟁〉하다)의 3인칭·단수·미완료(imperfect)이다. 따라서 바울은 계속해서 복음을 전파하고 그들과 대화하며 변증하는 일을 끊이지 않았다는 뜻이다.

"**권면하니라**"(에페이덴; ἔπειθέν; he persuaded; 설득하다, 설교하다)는 페이도 (πει,θω; to persuade)의 3인칭·단수·미완료형(imperfect)이다. "권면하니라"는 설교하여 설득하다는 뜻으로 "강론하고"와 시상(tense)이 동일하다. 사도 바울은 하나님의 말씀을 전할 때, 밝히 증거하였으며, 엄숙히 증거하였다.

매안식일 유대인의 회당들에서 유대인들에게, 주중에는 매일 장터 등에서 헬라인들(이방인들)에게 복음을 강론(강의식으로 전하고 대화하며 변증하고)하고 권면(설교, 받아들이도록 설득)하였다.

2) 바울은 그들에게 무엇을 증거하였는가?

사도행전 18:5, "… 바울이 하나님의 말씀에 붙잡혀 예수는 그리스도라 밝히 증언하였다."

하나님의 말씀에 "**붙잡혀**"(수네이케토; συνείχετο; was pressed: 눌리어)는 수네코 (συνέχω; to hold fast; 굳게 붙잡다)의 미완료·수동형으로 하나님의 말씀에 계속 굳게 붙들림을 받는 영적 상태를 가리킨다. 하나님의 말씀에 눌리어, 사로잡혀 복음을 증거하지 않으면 견딜 수 없는 영적 상태를 말한다.

"**예수는 그리스도라**"(Jesus was the Christ) 예수는 그의 인성(人性)을, 그리스도는 그의 신성(神性)을 나타낸다.

"**밝히 증언하였다**"(디아말투로메노스; διαμαρτυρόμενος; solemnly witnessing; 엄숙히 증거하였다).

3) 복음을 전한 결과

사도행전 18:8, "또 회당장 그리스보와 온 집안과 더불어 주를 믿으며 수많은 고린도 사람도 듣고 믿어 세례를 받더라."

"**듣고 믿고 세례를 받더라**"(에피스튜온 카이 에밥티존토; ἐπίστευον καὶ ἐβαπτίζοντο; believed and were baptized). 에피스튜온은(3인칭 복수) 미완료시상(imperfect)이며, 에밥티존토도(3인칭 복수) 미완료시상이므로 이는 듣고 믿고, 세례를 받는 자들이 계속 증가되고 있음을 가리킨다.

로마서 10:17, "그러므로 믿음은 들음에서 나며 들음은 그리스도의 말씀으로 말미암았느니라."

하나님의 말씀을 들음으로 믿음이 성장한다. 왜냐하면 하나님의 말씀은 영혼의 양식이기 때문이다.

● 회당장 그리스보와 온 집안이 예수님을 구주로 믿고 세례를 받았다. 회당장의 회심이야말로 다른 유대인들에게 얼마나 많은 감화와 영향을 주었겠는가! 이는 마치 구브로 섬의 총독 서기오 바울이 회심하므로 많은 사람들에게 큰 영향을 준 것과 같다(행 13:4-8).

● 수많은 고린도 사람들도 주 예수 그리스도를 구주로 믿고 세례를 받았다. 수많은 고린도 사람들 중에는 뵈뵈(롬 16:1, 겐그레아: 고린도 항구), 더디오(롬 16:22), 에라스도(롬 16:23), 구아도(16:23), 글로에(고전 1:11), 가이오(고전 1:14), 스데바나와 그의 집(고전 16:15), 브드나도와 아가이고(고전 16:17) 등을 위시하여 상당수가 주(主)를 믿고 그 증거로서 세례를 받았다. 환란이 극한 때에 "나는 그리스도인이다"는 공적 표시인 세례를 받는 것은 보통 신앙이 아니다.

사도행전 18:11, "1년 6개월을 지내며 그들 가운데서 하나님의 말씀을 가르치더라."

"**지내며**"(에카디센; 'εκάθισεν; stayed: 머물었다)는 어떠한 목적과 사명을 가지고 어떠한 장소에 정착한 것(settling in a place)을 지적한다. 이 단어는 일반적으로 거하다·머물다라는 단어, 메노(μένω; to stay, abide, remain)와 구별된다.

"**하나님의 말씀**"을 "**가르치더라**"(디다스콘; διδάσκων; teaching)는 디다스코(διδάσκω; to teach, instruc; 가르치다, 교훈하다)의 주격·단수·현재·분사·능동형이다. 따라서 사도 바울은 참으로 사명감을 가지고 적극적으로 하나님의 말씀을 가르쳤다.

사도 바울은 이 기간 동안에 전도하여 고린도교회를 세우고, 또 인근 아가야(Achaia) 지방에도 복음을 전했다.

고린도전서 1:2에는 "고린도에 있는 하나님의 교회"의 성도들에게 문안하였다. 그런데 고린도후서 1:1에는 "고린도에 있는 하나님의 교회와 또 온 아가야에 있는 모든 성도에게" 문안한 것을 보면 사도 바울이 에베소에서 A.D. 55년

봄(오순절 전) 기록한 같은 해 말경 추운 겨울 전에 마게도니아에서 기록한 고린도후서 사이 곧, 봄에서 늦가을 사이 약 반년 동안에 급속도로 전도가 확산되고 교회들이 부흥되었음을 보여준다. 이것을 보면 "수년 내에 부흥케 하소서"라고 간구한 하박국 3:2의 말씀이 생각난다.

아가야 지방에서의 첫 열매는 스데바나(Stephanas)인데 그는 사도 바울은 물론 성도들의 부족한 것들도 채워주었다(고전 16:17).

사도 바울은 고린도 지방에서 1년 반 동안 복음을 전하면서 데살로니가전서, 데살로니가후서를 성령님의 영감을 받아 기록하여 보냈다.

- **데살로니가전서: 사도 바울이**(1:1-2; 16:21), **고린도에서**(3:1,2), **A.D. 51-52년경, 데살로니가교회 성도들에게!**

주 예수 그리스도를 구주로 영접한 새 신자들이 환난 중에 흔들리지 않도록 권면하기 위하여(살전 3:3-5), 경건된 신앙생활을 하도록 하기 위하여(살전 4:1-8), 일상생활에 충성하도록 하기 위하여(살전 4:11-12), 그리스도의 재림과 세상 떠난 신자들의 부활과 생존 성도들의 변화와 휴거에 대한 소망을 위하여 데살로니가전서를 기록하였다.

- **데살로니가후서: 실라와 디모데가 데살로니가전서를 전달하고 고린도로 돌아온 후 다시 말하면 사도 바울이 고린도에서 A.D. 51-52년경, 데살로니가전서를 기록한 후 약 6개월 후, 데살로니가교회 성도들에게!**

사도 바울은 이탈리아에서 온 아굴라와 그의 아내 브리스길라와 함께 천막제조업(tent-maker)을 하면서 데살로니가 전서를 기록하여 보냈다(행 18:1-3).

당시 상점(점포)의 앞면은 물건을 파는 상점으로, 상점 뒷면은 물건을 보관하는 창고로 사용하였으며, 상점 위에는 2-4층의 아파트가 있어서 주거지로 사용하였다.

사도 바울이 그의 서신을 상점(점포)에서 기록하였을까? 아니면 아굴라의 집의 어느 한 곳에서 기록하였을까?

로마서 16:3-4, "너희가 그리스도 예수 안에서 나의 동역자들인 브리스길라와 아굴라에게 문안하라 저희는 내 목숨을 위하여 자기의 목숨이라도 내어 놓았나니 나뿐 아니라 이방인의 모든 교회도 저희에게 감사하느니라."

브리스길라와 아굴라는 단독 주택에 거(居)하였으며, 그 단독 주택은 예배 처소로도 사용하였다(고전 16:19). 사도 바울은 브리스길라와 아굴라의 단독 주택의 예배 처소에서 그리고, 상점에서도 하나님의 말씀을 기록하였을 것이다.

데살로니가후서는 데살로니가전서와 내용이 매우 유사하다. 그러므로 환난 당하는 신자들을 격려하기 위하여(살후 1:4-10), 믿음에 견고히 서도록 하기 위하여(살후 2:13-3:15), 그리스도의 재림에 대한 바른 신앙을 갖도록 하기 위하여(살후 2:1-12) 데살로니가후서를 기록하여 보냈다.

특주 8: 발신자, 수신자, 문안 인사, 배달자

1. 발신자(Sender)

사도 바울은 하나님의 뜻으로 말미암아 그리스도 예수의 사도가 되었음을 밝혔다.

로마서 1:1, "예수 그리스도의 종 바울은 사도로 부르심을 받아 하나님의 복음을 위하여 택정함을 입었으니."

고린도전서 1:1, "하나님의 뜻을 따라 그리스도 예수의 사도로 부르심을 입은 바울과 및 형제 소스데네는."

고린도후서 1:1, "하나님의 뜻으로 말미암아 그리스도 예수의 사도 된 바울과 및 형제 디모데."

갈라디아서 1:1, "사람들에게서 난 것도 아니요 사람으로 말미암은 것도 아니요 오직 예수 그리스도와 및 죽은 자 가운데서 그리스도를 살리신 하나님 아버지로 말미암아 사도된 바울은."

에베소서 1:1, "하나님의 뜻으로 말미암아 그리스도 예수의 사도."

빌립보서 1:1, "그리스도 예수의 종 바울과 디모데."

골로새서 1:1, "하나님의 뜻으로 말미암아 그리스도 예수의 사도 된 바울과 형제 디모데."

데살로니가전서 1:1, "바울과 실루아노와 디모데."

데살로니가후서 1:1, "바울과 실루아노와 디모데."

디모데전서 1:1, "우리 구주 하나님과 우리 소망이신 그리스도 예수의 명령을 따라 그리스도 예수의 사도 된 바울은."

디모데후서 1:1, "하나님의 뜻으로 말미암아 그리스도 예수 안에 있는 생명의 약속대로 그리스도 예수의 사도 된 바울은."

디도서 1:1, "하나님의 종이요 예수 그리스도의 사도인 나 바울."

빌레몬서 1:1, "그리스도 예수를 위하여 갇힌 자 된 바울과 및 형제 디모데."

2. 수신자(Recipients)

수신자는 각기 다른 지역, 다른 교회, 다른 성도들이다.

로마서 1:7, "로마에 있어 하나님의 사랑하심을 입고 성도로 부르심을 입은 모든 자에게."

고린도전서 1:2, "고린도에 있는 하나님의 교회 곧 그리스도 예수 안에서 거룩하여지고 성도라 부르심을 입은 자들과 또 각처에서 우리의 주 곧 저희와 우리의 주 되신 예수 그리스도의 이름을 부르는 모든 자들에게."

고린도후서 1:1, "고린도에 있는 하나님의 교회와 또 온 아가야에 있는 모든 성도에게."

갈라디아서 1:2, "갈라디아의 여러 교회들에게."

에베소서 1:1, "에베소에 있는 성도들과 그리스도 예수 안의 신실한 자들에게."

빌립보서 1:1, "그리스도 예수 안에서 빌립보에 사는 모든 성도와 또는 감독들과 집사들에게."

골로새서 1:2, "골로새에 있는 성도들 곧 그리스도 안에서 신실한 형제들에게."

데살로니가전서 1:1, "하나님 아버지와 주 예수 그리스도 안에 있는 데살로니가의 교회에."

데살로니가후서 1:1, "하나님 우리 아버지와 주 예수 그리스도 안에 있는 데살로니가의 교회에."

디모데전서 1:2, "믿음 안에서 참 아들 된 디모데에게."

디모데후서 1:2, "사랑하는 아들 디모데에게."

디도서 1:4, "같은 믿음을 따라 된 나의 참 아들 디도에게."

빌레몬서 1:1-2, "우리의 사랑을 받는 자요 동역자인 빌레몬과 및 자매 압비아와 및 우리와 함께 군사 된 아킵보와 네 집에 있는 교회에게."

3. 문안 인사(Greeting)

문안 인사에는 하나님 우리 아버지와 주 예수 그리스도로 말미암아 은혜와 평강이 있기를 원하노라고 하였다.

로마서 1:7, "하나님 우리 아버지와 주 예수 그리스도로부터 은혜와 평강이 있기를 원하노라."

고린도전서 1:3, "하나님 우리 아버지와 주 예수 그리스도로부터 은혜와 평강이 있기를 원하노라."

고린도후서 1:2, "하나님 우리 아버지와 주 예수 그리스도로부터 은혜와 평강이 있기를 원하노라."

갈라디아서 1:3, "하나님 우리 아버지와 주 예수 그리스도로부터 은혜와 평강이 있기를 원하노라."

에베소서 1:2, "하나님 우리 아버지와 주 예수 그리스도로부터 은혜와 평강이 있기를 원하노라."

빌립보서 1:2, "하나님 우리 아버지와 주 예수 그리스도로부터 은혜와 평강이 너희에게 있을지어다."

골로새서 1:2, "우리 아버지 하나님으로부터 은혜와 평강이 너희에게 있을지어다."

데살로니가전서 1:1, "은혜와 평강이 너희에게 있을지어다."

데살로니가후서 1:2, "하나님 아버지와 주 예수 그리스도로부터 은혜와 평강이 너희에게 있을지어다."

디모데전서 1:2, "하나님 아버지와 그리스도 예수 우리 주께로부터 은혜와 긍휼과 평강이 네게 있을지어다."

디모데후서 1:2, "하나님 아버지와 그리스도 예수 우리 주께로부터 은혜와 긍휼과 평강이 네게 있을지어다."

디도서 1:4, "하나님 아버지와 그리스도 예수 우리 구주로부터 은혜와 평강이 네게 있을지어다."

빌레몬서 1:3, "하나님 아버지와 그리스도 예수 우리 구주로부터 은혜와 평강이 네게 있을지어다."

4. 배달자(Carrier)

사도 바울은 그의 서신들을 누가(Who?) 수신자들(받는 사람들)에게 전달하였는지? 그의 대다수 서신들에는 배달자의 이름이 언급되어 있지 않고, 일부 서신들에만 배달자의 이름이 언급되어 있다.

사도 바울은 그의 초기 서신들인 갈라디아서와 데살로니가전·후서는 누가 전달(배달)하였는지 언급이 없다. 이 경우 바울은 서신을 전달 받는 지역으로 여행하는 신뢰할 만한 성도들에게 부탁하였을 것이다.

사도 바울은 그의 서신들을 전달할 때 신실한 그의 동역자들에게 부탁하였다. 신뢰할 수 있고, 분실될 염려가 없고, 경비도 절약되기 때문이다.

사도 바울은 골로새교회에 보내는 그의 서신은 두기고 편에 전달하였다.

골로새서 4:7-8, "두기고가 내 사정을 다 너희에게 알게 하리니 그는 사랑을 받는 형제요 신실한 일군이요 주 안에서 함께 된 종이라 내가 저를 특별히 너희에게 보낸 것은 너희로 우리 사정을 알게 하고 너희 마음을 위로하게 하려 함이라."

사도 베드로는 베드로전서를 신실한 형제로 여기는 실루아노로 하여금 본도·갈라디아·갑바도기아·아시아·비드기아 지방에 흩어져 있는 그리스도인들에게(벧전 1:1) 전달케 하였다.

베드로전서 5:12, "내가 신실한 형제로 아는 실루아노로 말미암아 너희에게 써서

Ⅱ. 사도 바울의 제2차 선교여정　277

겐그레아(고린도의 옛 항구)

권하고 이것이 하나님의 참된 은혜임을 증거하노니 너희는 이 은혜에 굳게 서라."

겐그레아(Cenchwea)

고린도의 옛 항구. 고린도 동쪽 사로닉 만(Saronic Gulf)에서 약 10km(6mail) 떨어진 항구도시. 이 항구는 사도 바울이 제2차 선교여정에서 예루살렘으로 돌아올 때 승선했던 곳이기도 하다(행 18:18). 사도 바울은 에베소로 떠나기 전 일찍이 서원한 것을 지키기 위하여 이곳에서 머리를 깎았다. 이것은 나실인의 서원이다(민 6:1-21).

겐그레아교회에는 뵈뵈(Phoebe)가 있었는데 사도 바울은 뵈뵈를 믿음의 자매요, 신실한 일꾼이라고 하였다.

바울은 배로 에베소로 가서 잠시 머물면서 유대인의 회당에 들어가 유대인들과 변론하고(대화를 통한 전도), 에베소에서 배타고 가이사랴에 상륙하여 예루살렘으로 올라가 예루살렘교회의 안부를 묻고 다시 안디옥으로 내려갔다(행 18:18-22).

4) 갈리오(Gsllio) 총독 앞에서 심문(행 18:12-17)

사도행전 18:12-17까지는 고린도에 있는 유대인들이 사도 바울을 대적하여 법정으로 끌고 가서 아가야 총독 갈리오에게 "이 사람이 율법을 어기면서 하나님을 경외하라고 사람들을 권한다"라고 고소하였다.

로마 식민지 통치시대의 재판관은 각 관할지역의 총독들이었다.

갈리오(Gallio) 총독은 비마(Bema; 재판석)에 서서 말하기를 바울에게 어떤 범죄 사항이 있으면 총독인 내가 판결하려니와 너희의 법(율법)에 관한 것은 너희가 스스로 처리하라고 기각하여 유대인들과 바울 사이의 종교적 갈등은 당사자들끼리 처리하라고 하면서 나는 그러한 일에 재판장 되기를 원치 않는다고 선을 그었다. 현명한 판단으로 국가와 교회의 관계를 잘 구별하였다. 국가는 교회가 도덕적·윤리적 불법행위를 범하지 않는 한 교회를 간섭할 이유도, 권리도 없다.

갈리오 총독은 매우 냉철하고 공정한 사람으로 현명한 판단을 한 것이다. 갈리오는 스토아 철학자 세네카(Seneca)의 형제요, 네로(Nero)의 가정교사였다. A.D. 51-52년에는 아가야 총독이었음이 비문에 새겨져있다.

일반적으로 지방 총독들은 7월 1일 부임하며 임기는 1년이었다.[108]

5) 사도 바울의 제4차 예루살렘 방문(행 18:22)

사도 바울은 제4차 선교여정을 떠나기 앞서 잠시 예루살렘을 방문하여 교회에 안부를 전하고 다시 육로로 안디옥으로 돌아갔다. 제3차 예루살렘 방문 후 3년 후이었다.

사도행전 18:21-22, "작별하여 가로되 만일 하나님의 뜻이면 너희에게 돌아오리라 하고 배를 타고 에베소를 떠나 가이사랴에서 상륙하여 올라가 교회의 안부를 물은 후에 안디옥으로 내려갔다."

"배를 타고 에베소를 떠나 가이사랴에 상륙하여"는 소아시아 항구도시 에베

---

108) Seneca, *Epistles* 104:1, Pling, *Natural History* 21:33.

소에서 지중해 연안 항구도시 가이사랴까지는 약 800km(500mile)의 항해거리이다.

에베소는 당시 소아시아 서부 지역에서 가장 중요한 도시였다. 항구가 있어서 무역 교통의 중심지였으며, 유명한 도서관, 로마의 다이아나 여신(헬라어로 알테미스,'Αρτέμις)의 신전도 있었다. 전설에 의하면 요한이 예수님의 어머니 마리아를 에베소에서 세상 떠날 때까지 모셨다고 한다.

가이사랴는 헤롯 대제가 건설하고 가이사랴라고 명명하였다.

- 본래 가이사랴는 주전(B.C.) 4세기경 시돈 지방 사람들(Sidonians)이 갈멜산 남쪽 약 37km 부근 지중해 인접지역에 정착하여 세운 작은 도시였다. 그러나 주전(B.C.) 63년 로마의 폼페이우스(Gnaeus Pompeius Magnus)장군이 유대지방을 점령하면서 로마 제국에 편입 되었다.
- 헤롯 대제(대왕)는 이곳을 12년 걸쳐 당대 최대의 항구도시로 건설하였다. 그리고 로마황제 아구스도(Caesar Augustus)의 이름을 따서 가이사랴(Caesarea)라고 명명하였다.
- 가이사랴의 수도 시스템은 갈멜산 남쪽 기슭의 수원지(Tsabarim 샘)에서 가이사랴까지 약 12km(30리) 떨어진 약 8m 높이의 수로(水路)로 되어있었다. 수로는 로마의 아치(arch)형태의 건축양식으로 지어졌으며 꼭대기에는 먼지와 이물질이 들어가지 못하도록 돌로 뚜껑을 만들어 단단히 덮어 씌웠다.
- 수로를 통해 가이사랴의 15,000명 주민들이 물을 공급 받았으며, 도시 곳곳에 분수를 세우고, 공중목욕탕과 화장실에도 물을 공급하였다.
- 적어도 30,000명의 관객을 수용할 수 있는 대규모의 원형극장(Amphitheater)에서 검투사들과 맹수들이 싸웠다.
- 가이사랴에는 인공방파제가 있는데 오늘날 그 위에는 십자군 시대의 망대와 각종 현대식 편의 시설들이 들어서 있다.

가이사랴는 헤롯 대제 시대 이후로 예루살렘을 위한 항구 도시가 되었었다.

예루살렘으로 올라갔다가 안디옥으로 내려갔다. 가이사랴에서 예루살렘까지는 동남쪽으로 96km(65mile)이며 예루살렘에서 시리아의 안디옥까지는 약 483km(300mile) 북쪽에 위치해 있다.

어떤 헬라어 사본에는 "절기를 지키기 위하여 급히 올라갔다"고 기록되어 있는데 그것이 사실이라면 아마도 유월절을 지키기 위하여 올라갔을 것이다.

갈라디아서 2:20, "내가 그리스도와 함께 십자가에 못 박혔나니 그런즉 이제는 내가 사는 것이 아니요 오직 내 안에 그리스도께서 사시는 것이라 이제 내가 육체 가운데 사는 것은 나를 사랑하사 나를 위하여 자기 자신을 버리신 하나님의 아들을 믿는 믿음 안에서 사는 것이라."

III. 사도 바울의 제3차 선교여정
(A.D. 53-57 or 54-58, Paul's Third Missionary Journey, 행 18:23-21:16)

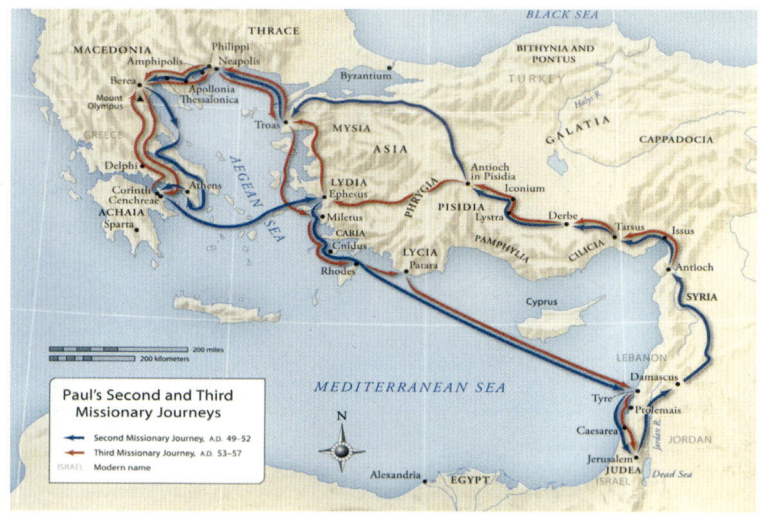

사도 바울의 제3차 선교여정

    사도 바울의 제3차 선교여정은 에베소와 밀레도 등 소아시아 지역(Minor Asia)을 중심으로 선교활동을 하였다.

    1. 에베소에서
        1) 회당에서 - 3개월 동안 강론
        2) 두란노 서원에서 - 2년 동안 강론
        3) 에베소에서의 이적
        4) 에베소에서의 소동

2. 드로아에서
   앗소·미들레네·기오·사모
3. 밀레도에서
   에베소교회의 장로들을 초청.
   1) 에베소에서의 바울 3년 사역 회고
   2) 바울의 비장한 각오(예루살렘으로 올라가는)
   3) 바울의 엄숙한 선언
   4) 감독자의 사명 - 피로 사신 교회
   5) 이단자들에 대한 경고
   6) 하나님과 그의 은혜의 말씀에 부탁
   7) 바울의 모범적 삶
   8) 장로들과 이별 - 고별 설교
      고스·로도·바다라·두로·돌레메이·가이사랴·예루살렘으로
4. 사도 바울의 제5차 예루살렘 방문
   1) 바울이 성전에서 체포당함
   2) 바울이 로마 시민권자임을 밝힘
   3) 산헤드린 공의회 앞에서
5. 바울을 가이사랴로 호송함
   1) 벨릭스 앞에서 심문 받음
   2) 베스도 앞에서 심문 받음
   3) 아그립바 앞에서 심문 받음
   4) 로마로 이송

사도행전 18:22-23, "가이사랴에 상륙하여 올라가 교회의 안부를 물은 후에 안디옥으로 내려가서 얼마 있다가 떠나 갈라디아와 브루기아 땅을 차례로 다니며 모든 제자를 굳게 하니라."

본문은 사도 바울의 제3차 선교여정의 출발(시작)을 말한다. 바울의 제3차 선교여정은 제2차 선교여정 때와 같은 여정(same route)이나 순서는 반대였다. 제2차 선교여정 시에는 부르기아와 갈라디아 지방으로 다녀갔고(행 16:6), 제3차 선교여정 시에는 반대로 갈라디아와 브루기아 지방을 차례로 다녀갔다(행 22:23).

바울은 안디옥에서 갈라디아와 브루기아 지방을 지나 에베소로 갔다. 에베소로 가는 도중에 제2차 전도여행 시에 전도 받은 그곳 제자들(신자들)의 마음을 굳게 하였다.

"**굳게 하였다**"(스테리존; στηριζων; confirmed or strengthened; 굳게 하였다, 견고하게 하였다). 갈라디아와 브루기아 지방에 흩어져 있는 그리스도인들 환난과 핍박이 심하고, 각종 이단 사조가 횡행하는 때에 초신자들(new believers)의 마음을 굳게 하였다.

바울은 안디옥에서…에베소로 갔다. 에베소에서 2년 3개월 동안 유하면서 에베소교회와 두란노 서원, 소아시아 지방과 마게도니아 지방까지 복음을 전하였다. 따라서 바울의 제1차, 제2차 선교여정의 근거지가 안디옥(시리아)이었다면, 그의 제3차 선교여정의 근거지는 에베소이었다.

1. 에베소에서(in Ephesus)

사도행전 19:1, "… 바울이 윗 지방으로 다녀 에베소에 와서 어떤 제자들을 만났다."

"**윗 지방으로 다녀**"(having passed through the upper parts)는 윗 지방을 통과하여 에베소로 갔다는 뜻이다.

"**윗 지방**"(아노테리카 메레; ἀνωτερικὰ μέρη; upper parts)은 신약에는 이곳뿐으로 이 단어는 의학적 술어로서 몸의 상체(上體)를 가리킨다. 당시 안디옥에서 에베소로 가는 주요 도로는 골로새, 히에라폴리스, 라오디게아 등, 아래(남쪽)를 지나갔으나 바울은 위쪽(북쪽) 케이스터 계곡(Cayster valley)을 지나 브루기아 내륙 지방을 통과하여 소아시아의 항구 도시 에베소로 갔다. 단축거리이기 때문이었다고 여겨진다.

브루스(Bruce)는 **"어떤 제자들"**은 과거에는 요한의 제자들이었던 그리스도의 제자들이라고 하였다(Acts, p.253). [109]

바울이 에베소에 도착했을 때 세례 요한의 제자들은 성령에 대하여는 전연 알지 못하였다. 그들은 아볼로의 기사 다음으로 언급되었으니 아마도 아볼로로부터 세례를 받았는데, 당시 아볼로는 세례 요한의 세례만을 알고 있었다(행 18:24-28).

에베소 [110]

- **에베소**('Εφέσῳ ; Ephesus)는 에게 해 연안에서 5km 정도 내륙에 위치한 지중해 연안에 위치한 카이스터 산맥(Cayster) 사이 지중해로 흐르는 카이스터 강(Cayster River) 어귀에 위치해 있다. 지금은 강을 따라 내려온 토사로 약 9.6km(6mile)는 간척지가 되어 면화가 재배되고 있다.
- 에베소의 이름이 최초로 언급된 것은 B.C. 13세기경의 헷족속(Hittite)의 비문에 아파사스(Apasas)로 불렸던 도시가 바로 이 지역이다. 이 지역에는 아나톨리안(Anatolians)이 B.C. 10세기경부터 정착하기 시작하였다.
- 에베소는 안토니(Mark Antony)와 클레오파트라(Cleopatra)가 B.C. 33-32년 겨울까지 보낸 곳이다. 클레오파트라는 애굽의 여왕이었다.

  에베소는 교통의 요지이며, 수출 무역항이며, 상업도시이며, 로마제국의 소아시아 지방의 수도였다.

아테미 신전(The Temple of Artemis)

- 아테미(Diana) 신전은 아야솔룩(Ayasoluk) 남쪽 언덕 약 400m 지점에 있었다. 이 신전은 B.C. 7세기부터 120년 동안 건축하여 완성되었는데 기둥이 127개, 각기 기둥의 높이는 19m, 각기 기둥의 지름은 1.20m, 신전의 크기

---

109) F.F. Bruce, *Acts*, p.253.
110) Selahattin Erdemgil, *Ephesus* (Istanbul, Turistik Yayinlar, 1986), pp.6-157.
 John McRay, op. cit., pp.174-176.

는 115×55m이었다. 이 신전은 B.C. 356년 알렉산더 대제가 태어난 그날 밤에 한 정신병자의 방화로 소실되었다. 에베소인들은 즉시 새 신전을 짓기 시작하였다. 새 신전은 옛 신전과 다소 차이가 있었다. 2.7m 높이의 토대석, 기둥의 높이는 18m, 신전의 크기는 105×55m이었다.

- 아테미 신전은 너무나 찬란하여 세계의 7대 불가사의 중의 하나(One of the seven wonders of the world)였다. 에베소시와 아테미 신전은 A.D. 263년 고트족(Goths)에 의하여 파괴되었다. 고트족은 게르만족(독일)이다.

아테미 신상

아테미 신상

아테미 신전은 그리스 신화에 나오는 달의 여신(the godess of the moon)으로 로마의 다이아나(Diana) 여신과 같다. 아테미 신상은 다산(多産)과 풍요의 신(god)으로 온 몸이 유방으로 가득 찼다.

- 신약시대 당시 에베소는 인구 약 250,000명이 사는 세계에서 4번째 큰 도시(로마·알렉산드리아·시리아의 안디옥 다음으로)였다.

에베소 야외극장

- 에베소는 소아시아에서는 정치·경제·문화·종교의 중심지였다.
- 에베소에는 대리석 거리, 아테미 신전, 하드리안 신전, 아테미 신상, 야외극장, 시장(market), 회당, 로마식 목욕탕, 체육관, 20만 권의 도서가 있던 셀수스(Celsus) 도서관, 창녀촌, 법정, 부촌, 성모 마리아교회, 리스마쿠스 성벽 등이 있었다.
- 에베소는 A.D. 1세기에는 그리스도인들에게는 중요한 도시들 중의 한 도시가 되었다. A.D. 37-42년 사이에 예루살렘에 핍박이 심하여 그리스도인들은 유대와 사마리아와 시리아의 안디옥과 갑바도기아 소아시아 지방 등으로 흩어졌다.
- A.D. 431년에는 제3차 공의회(The Third Ecumenical Council)가 에베소에서 개최되었다. 제1차 공의회는 A.D. 325년 니케아에서, 제2차 공의회는 콘스탄티노플에서 개최되었다.
- A.D. 7-8세기에는 지중해 연안의 다른 도시들과 같이 에베소 지방도 아랍인들의 침략이 시작되고, A.D. 11세기에는 셀주크 투르크족(Seljuk Turks)이 점령하고 A.D. 1390년에는 오스만 제국(Ottoman Empire)이 건설되었다. 지금은 터키의 영토이다.

에베소 셀수스(Celcus) 도서관

　사도 바울은 제2차 선교여정 시 에베소에도 복음을 전하였으며(행 18:18-21), 제3차 선교여정 시 처음에는 회당에서 3개월, 그 다음에는 두란노 서원(the lecture hall of Tyrannus)에서 2년 동안 강론하였다(행 19:8-20). 그 후에 디모데를 에베소교회의 후임자로 세우고 드로아로, 밀레도로, 예루살렘으로, 가이사랴로, 로마로까지 복음을 전하였다. 로마 감옥에 제2차 투옥되었을 동안에는 로마 감옥에서 디모데에게 디모데후서를 최후로 기록하여 보낸 것이다. 에베소교회는 당시 소아시아 지방에서 뿐만 아니라 기독교 영향권 하에서는 가장 중요한 도시들 중 하나이었다.

　● 에베소는 예수님이 사도 요한에게 십자가 상에서 부탁한 말씀을 따라 요한은 예수님의 모친 마리아를 에베소로 모시고 가서 세상 떠날 때까지 돌보고, 사도 요한은 그곳에서 세상을 떠났다고 한다.

1) 에베소 회당에서
- 3개월 동안 강론

사도행전 19:8, "바울이 회당에 들어가 석 달 동안 담대히 하나님 나라에 관하여 강론하며 권면하되 어떤 사람들은 마음이 굳어 순종하지 않고 무리 앞에서 이 도를 비방하거늘 …"

사도 바울은 에베소의 유대인 회당에서,

"3개월 동안" 사도 바울이 한 회당에서 3개월 동안 강론하며 권면한 것은 다른 어느 회당에서보다 가장 긴 기간들 중 하나였다.

바울의 강론 세 가지

●가르침의 태도는 담대하였다.

사도 바울은 어느 때 어떠한 환경 가운데서도 복음을 담대히 전파했다(행 9:28; 13:46; 14:3; 18:26; 26:26).

"**담대히 말했다**"(에팔레시아제토; ἐπαρρησιάζετο; he spoke boldly). 이 단어는 사도행전에 7번, 에베소서 6:20에 1번, 데살로니가전서 2:2에 1번 나타난다. 바울은 복음을 부끄러워하지 않고 오히려 자랑하였다.

●가르침의 방법은 강론과 설교였다.

"**강론하며**"(디아레고메노스; διαλεγόμενος; lecturing; 강의하며, 가르치며)는 보다 더 이성(reason)과 관계되며,

"**권면하되**"(페이돈; πείθων; persuading; 설득하며, 설교하며, 사도행전 18:4과 같음)는 보다 더 마음(heart)과 관계된다.

바울이 고린도에서는 "예수는 그리스도라"(행 18:5)고 증거하고, 에베소에서는 "하나님의 나라"(바실레이아스 투 데우; βασιλείας τοῦ θεοῦ; Kingdom of God)에 관하여 가르치며 설교하였다.

●가르침의 내용은 하나님의 나라(Kingdom of God)에 관한 것이었다.

왕국(βασιλεία)의 개념: 하나님의 절대적 주권·권세·통치(sovereignty, power,

dominion)가 미치는 영역(realm)으로 민족·국가·사회·교회·가정·개인·이 시대·오는 시대 등 모든 영역에 미치는 것을 말한다.[111]

이 시대의 하나님의 왕국은 확장되어 가는 왕국이며, 오는 시대의 하나님의 왕국은 예수 그리스도께서 재림하심으로 순간적으로 이루어질 평화의 왕국이 될 것이다(사 9:6; 호 2:18; 미 4:3; 계 19:19-20; 20:1-2).

예수님의 주기도문에서 "… 나라이 임하옵시며, 뜻이 하늘에서 이룬 것같이 땅에서도 이루어지이다."

2) 에베소 두란노 서원에서 - 2년 동안 강론

사도행전 19:9-10, "… 바울이 그들을 떠나 … 두란노 서원에서 날마다 강론하니라 두 해(2년)동안 이같이 하니 아시아에 사는 자는 유대인이나 헬라인이나 다 주의 말씀을 듣더라."

누가(Luke)의 기록에 의하면 에베소 회당에서 3개월, 두란노 서원에서 2년, 총 2년 3개월(8절)이란 사도 바울의 선교여정 중에 가장 오랫동안 머물렀다.

"**두란노 서원**"(스콜레 투란누; σχολῇ Τυράννου; school of Tyrannus; 두란노 학교)은 아마도 그 지방의 철학자요 웅변가인 두란노가 정규적으로 사용한 학교라고 짐작한다. 서원(σχολη; school; 학교)이라는 이 단어는 신약에 이곳뿐이다. 이 단어는 강의하는 장소 곧 강의실(lecture hall)이 더 정확한 표현이다. 사도 바울이 두란노 서원을 세(rent)로 얻었는지 빌려 사용했는지는 알 수 없으나 서원이 이방인들에게 복음을 전하는 것이 유대인들의 회당보다는 훨씬 유용하였다. 두란노 서원의 원장은 사도 바울이요, 강의를 받는 학생들은 그 넓은 소아시아 지역에서 모여든 유대인들과 헬라인들이었다. 두란노 서원이야말로 기독교 역사상 최초의 정통보수 신학교이었다.

바울은 날마다 강론하였다. 한 헬라어 사본(Western Text)에는 바울이 오전 11시에서 오후 4시까지 가르쳤다고 하였는데, 이 시간은 가장 더운 한 나절이다.

"**강론하며 … 듣더라**"(디아레고메노스 … 아쿠사이; διαλεγόμενος … ἀκοῦσαι;

---

111) 조영엽,『종말-내세론』(서울: 기독교문서선교회 2013.10. 개정증보판), pp.223-224, 239.

lecturing … to hear)는 강의하며(가르치며), 정신차려 귀담아 경청함이다.

사도 바울이 2년 동안 가르치며 설교한 결과 유대인들과 헬라인들이 복음을 받게 되었고, 소아시아의 여러 교회들 곧 에베소, 서머나, 버가모, 두아디라, 사데, 빌라델비아, 라오디게아, 골로새, 히에라폴리스, 드로아 등지의 여러 교회들이 세워지게 되었다.

3) 에베소에서의 이적(Miracles at Ephesus)

사도행전 19:11-12, "하나님이 바울의 손으로 놀라운 능력을 행하게 하시니 심지어 사람들이 바울의 몸에서 손수건이나 앞치마를 가져다가 병든 사람에게 얹으면 그 병이 떠나고 악귀도 나가더라."

사도 바울의 말씀 사역은 능력의 사역으로 이어졌다. 전능하신 하나님은 사도 바울의 손을 통하여 놀라운 이적을 행하게 하셨다.

"놀라운 이적" 또는 **"희한한 이적"**(두나메이스 테 우 타스 투쿠사스; Δυνάμεις τε οὐ τὰς τυχούσας; miracles not of the ordinary kind; 보통 통상적이 아닌 이적들 곧 비상한 이적들〈extraordinary miracles〉)이다. 이적은 하나님의 직접적 그리고 초자연적 능력의 역사이다.

"하나님이 행하게 하시니"(호 데오스 에포이에이; ὁ θεὸς ἐποίει). 에포이에이(ἐποι,ει)는 포이에오(ποιέω)의 미완료(imperfect) 능동형이다. 따라서 하나님은 사도 바울의 손을 통하여 이적을 끊이지 않고 계속 행하셨고(was doing or was performing or continued to work) 그 결과 병자들이 계속 낫고 있었음을 뜻한다.

"행하게 하시니" 하나님은 바울을 이적 행함의 단순한 대행 도구(agent)로 사용하셨다. 다시 말하면 바울 자신이 무슨 능력이 있어서 이적을 행한 것이 아니라 하나님이 바울을 이적 행하는 도구로 사용하셨다.

"심지어는" 바울의 손수건이나 앞치마를 병자에게 얹기만 해도 병이 낳았다.

"손수건"(수다리아; σουδάρια; handkerchiefs; 손수건들)은 얼굴을 닦는 또는 얼굴의 땀을 닦는 손수건을 가리킨다(눅 19:20; 행 19:12). 손수건을 KJV와 RSV에는 napkin으로, NIV에는 piece of cloth로 번역되었다.

"앞치마"(시미킨디아; σιμικίνθια; aprons; 앞치마들)는 일하는 사람들이 몸의 앞부분만을 덮는 앞치마로서 여인들이 부엌에서 일할 때 입는 앞치마와는 같지 않다.

"병든 사람에게 얹으면", "병이 떠나고"(아팔라세스다이; ἀπαλλάσσεσθαι; departed, left, removed; 떠났다, 옮겨졌다〈눅 12:58; 행 15:15-16; 19:12; 히 2:15〉).

"악귀도 나가니라." "악귀"(포네라; πονηρα; evil; 악귀)는 악령들 곧 귀신들(evil spirits or demons)을 가리킨다(눅 6:17; 8:2; 13:32). 따라서 본문에 병든 사람들이란 귀신들려 병든 사람들을 가리킨다.

많은 사람들이 죄를 고백하고 회개함(행 19:18-19).

에베소에 사는 유대인들과 헬라인들이 다 이 일을 알고 두려워하여 주 예수의 이름을 높이며, 많은 마술사들은 그들의 마술책들을 가지고 와서 모든 사람들 앞에서 불살랐는데 그 책값을 계산한 즉 약 은 5만냥이나 되었다(행 19:17, 19).

"마술책들"(타스 비블루스; τὰς βίβλους; little papyrus rolls)은 파피루스에 기록된 두루마리 책들이다.

"모든 사람들 앞에서"(에노피온 판톤; ἐνώπιον πάντων)는 공개적으로 죄를 고백하고 더 이상 마술을 하지 않겠다는 공개적 증거이다.

"불살랐는데"(카테카이온; κατέκαιον; burned)는 미완료 능동형으로 마술사들이 그들의 마술책들을 불사른 것은 단 한번이 아니라 마술책들을 다 불사를 때까지 계속하였음을 말한다.

"약 5만 냥"은 상당한 거액으로 계산에 능한 자들이 있었던 것 같다. 놀라운 회개의 역사가 일어 났다.

4) 에베소에서의 소동(The Riot at Ephesus, 행 19:23-40)

에베소에서의 소동은 사도 바울의 교훈을 반대하는 은장색(silversmith) 데메드리오(Demetrius)가 자기 직공들(craftmen)과 동일업에 종사하는 사람들을 선동하여 일으킨 소동이다.

데메드리오는 아데미 신상(Statue of Artemis)을 만들어 파는 은장색 업자였다. 은장색이란 은으로 물건들을 만드는 세공업자를 말한다.

(1) 아데미 신상에 대하여(행 19:24)

아데미 신(god)을 숭배하는 사람들은 아데미 신전(temple)에 가서 아데미 여신에게 참배하고, 소형 아데미 신상(우상)을 사서 개인들이 집에서 신상으로 모셨다.

아데미 신상은 다산(多産)과 풍요의 신(god)으로 유방이 많이 있으며 로마의 여신 다이아나(Diana)에 해당된다. 아데미 신상은 27, 28, 34, 35절에도 나타난다.

(2) 데메드리오의 선동(행 19:25-28) - 에베소 극장에서 2시간 동안

데메드리오는 자기 직공들, 은장색 업자들, 아데미 신상을 섬기는 자들에게 연설하기를,

- 지금까지 아데미 신상을 만들어 판매하여 수입을 올리고 풍족한 생활을 하여 왔다는 것,
- 바울은 사람이 손으로 만든 것은 신(God)이 아니라고 하므로 어떤 사람들은 아데미 신과 신상을 부정적으로 생각하게 하였다는 것, 그 결과 아데미 신전과 신상의 위엄도가 추락되고 무시당하게 되었다는 것,
- 은장색 업이 천하게 되어, 사업이 잘 안 된다는 것 등이다.

데메드리오의 연설은 우상업에 종사하는 사람들, 직공들, 우상 섬기는 자들, 우매한 사람들을 충동하고 선동하기에 충분하였다. 그들은 극장에서 무려 2시간 동안이나 시위(데모)를 벌였다.

"극장"(데아트론; θέατρον; theatre)은 야외극장으로 에베소에서 가장 인상적인 곳이다. 이 극장은 글라우디오(Claudius) 황제 때 확장되었으며, 이 극장은 5만 6천 명을 수용할 수 있는, 3층 건물 높이의 대원형극장으로 해변가 가까운 장터와 연결된 곳이다.

당시 극장은 로마 황제의 칙령을 선포하거나, 공식적인 시민들의 집회, 종교

적인 행사나 축제가 열리는 곳이었다.

그들은 극장에 모여서 "크도다, 에베소 사람의 아데미여!"(Great is Artemis of the Ephesus)라고 크게 외쳤다.

"**크게 외쳤다**"(에크라존; ἔκραζον; they cried out)는 크라조(κράζω; to cry out; 외치다)의 미완료 시상(imperfect tense)으로 그 극장에 운집한 사람들 각자가 계속해서 크게 고함질렀다는 뜻이다. 이는 마치 까마귀가 날아가면서 까옥 까옥하는 소리와 같다. 그것은 기도가 아니라 떠드는 고함 소리이다. 그들의 큰 고함 소리가 극장 가까이 있는 에베소시 청사 안에 있는 서기장의 사무실에까지 들려왔다.

(3) 아시아 관리들이 바울을 만류함(행 19:29-32)

사도 바울은 극장에 들어가려고 하였으나 제자들이 말리고 또 아시아 관리들 중 바울의 친구들도 바울에게 메시지를 보내어 극장에 들어가지 말 것을 적극 권하였다(19:30-31).

"**아시아 관리들**"(아시알콘; Ἀσιαρχῶν; Asiarchs)은 한 단어로서 아시아 지방 여러 곳에서 선출된 10명의 관리들로서 지적(知的)이며, 부하며, 인정받는, 임기가 정해진, 선출된 관리들을 가리킨다. 그들은 운동회나 축제행사 등에 찬조금도 지원했다.

사도 바울에게 아시아 관리들 같은 인물들이 친구로 있었다는 것은 빈민계층만 아니라 상류층에도 바울이 전하는 복음이 매우 긍정적이었음을 보여준다.

(4) 서기장의 지혜로운 연설로 그들의 소동을 중단시킴(행 19:35-40)

"**서기장**"(호 그람마튜스; ὁ γραμματεὺς; the city clerk or town clerk)은 에베소시(市)의 최고위층 관리들 중 한 사람으로, 시(市)의 모든 일에 지대한 영향을 행사하는 자이다. 그는 시(市)에 제출된 주요 문서들을 처리하며, 에베소시와 로마제국간의 가교 역할을 담당하는 자이다.

서기장은 무리들을 진정시킨 후 연설하기 시작하였다(행 19:35-40). 그는 지혜롭게 중도입장을 취하였다.
- 서기장은 데메드리오와 주동자들과 무리들이 외친 아데미 신앙의 기원에 대하여 인정하였다(35절).
- 서기장은 위협을 받는 신자들도 감안하여 아무 잘못이 없는 자들에게 경솔하고 성급한 행동을 하지 말 것을 권고했다(37절).
- 데메드리오와 주동자들이 고발할 일이 있으면 합법적인 절차를 따라 진행할 것을 권고했다(38절).
- 서기장은 불법집회, 소요사태는 절대로 허용하지 않음을 경고했다. 로마제국 당시 불법집회나 소요사태는 엄히 진압하였다.

에베소에서 데메드리오가 주동한 소동이 끝났을 때, 바울은 제자들을 권면 (encouraging)한 후에 북쪽 마게도니아 지방과 그리스 남쪽 지방으로 다니며 3개월 동안 복음을 전했다. 그리고 유대인들이 바울을 해하려고 음모하므로 무교절(days of Unleavened Bread) 후에 곧 배로 드로아(Troas)로 떠났다.

사도 바울 – 에베소에서 고린도전서를 기록하여 고린도교회에 보냈다.

고린도전서: 사도 바울(1:1-2; 16:21)은 에베소에서 2년 3개월 동안 복음을 전하면서 A.D. 55년경 오순절 전 성령님의 영감으로 고린도전서를 기록하여 고린도교회 성도들에게 보냈다. 사도 바울은 고린도전서를 기록하여 보내기 전에 이미 또 하나의 편지를 썼을 것이다. 그 이유는 고린도전서 5:9 "내가 너희에게 쓴 것에 음행하는 자들을 사귀지 말라 한 것과 같이" 등이 뒷받침한다. 그러나 고린도전서 이전에 고린도교회에 쓴 서신은 보존되어 있지 않다.

성령의 영감(inspiration)이란 성경 기록자들로 하여금 하나님의 말씀을 오류없이 기록케 하시는 성령 하나님의 역사이다. 따라서 영감의 결과는 절대무오이다.

- **고린도후서**: 사도 바울(1:1, 10:1)은 에베소에서 A.D. 55년 말경 겨울에 (2:13; 7:5) 고린도에 있는 하나님의 교회들과 온 아가야 지방에 있는 성도들에게 고린도후서를 성령님의 영감으로 기록하여 보냈다.

● **로마서**: 사도 바울(1:1)은 A.D. 57년경 고린도에서 또는 약 9.6km 떨어진 겐그리아에서 성령님의 영감으로 로마서를 기록하여 로마 교회 성도들에게 보냈다.

2. 드로아에서(in Troas; 행 20:7-12)

사도 바울 일행은 제3차 선교여정 귀로에 네압볼리에서 배타고 5일 걸려 드로아로 갔다. 그리고 드로아에 7일 동안 유하면서 밤중까지 특별 집회를 가졌다. 바울이 드로아에서 7일 동안 머문 것은 아마도 배(ship)의 스케줄 때문이 아닌가 여겨진다.

베뢰아 사람 부로, 데살로니가 사람 아리스다고와 세군도, 더베 사람 가이오 및 디모데, 아시아 사람 두기고와 드로비모 등이 드로아에 먼저 가서 바울 일행을 기다렸다(행 20:1-6).

> **드로아(Troas)**[112]: 드로아는 소아시아 서북쪽 끝, 트로이(Troy) 남쪽 약 16km 지점에 위치한 에게 해의 중요한 항구 도시이다. 뒤에는 이다(Ida) 산맥이 놓여 있다. 이 도시는 B.C. 310년 안티고누스(Antigonus)에 의하여 건설되었다.
>
> 드로아는 아시아에서 유럽으로 건너가는 관문이다. 소아시아에서 로마로 가는 일반적인 경로는 드로아를 경유하는 길이었다(행 16:8, 11, 12). 그러나 지금은 폐허만 남아 있다.

바울은 제2차 선교여정 때(A.D. 50-52), 이곳에서 기도하던 중 마게도니아로 건너와서 우리를 도우라는 환상(vision)을 보았다(행 16:8, 9). 그리고 제3차 선교여정 때 드로아에서 배타고 사모드라게 섬을 지나 마게도니아로 건너가므로 유럽 선교 길에 오른 것이다(행 16:6-12).

---

112) John McRay, op. cit., pp.189-190.
 Everret C. Blake, op. cit., pp.103-104.

1) 드로아에서 사도 바울의 설교(행 20:7-12)

사도행전 20:7, "그 주간의 첫날에 우리가 떡을 떼려하여 모였더니 바울이 이튿날 떠나고자 하여 그들에게 밤중까지 강론할새…"

"그 주간의 첫날"은 주일을, "떡을 떼는 것"은 주님의 만찬(성찬)을, "강론할새"는 하나님의 말씀을 강해함을 말한다.

"그 주간의 첫날"(First day of the week): 드로아교회(성도들)는 일주일의 첫날 곧 주일날 예배를 드렸다. 누가는 여기서 유대인들의 날짜 계산(해질 무렵부터 그 다음날 해질 무렵까지)이 아니라, 로마인들의 날짜 계산(심야(midnight)부터 그 다음날 심야까지)으로 말하였다. 다음날 떠나고자 한 것으로 보아서도 알 수 있다.

"누가"는 "그 주간의 첫날"은 주일날이라고 하였고(눅 24:1),

"요한"은 "그 주간의 첫날"은 안식일 후 첫날이라고 하였으며(요 20:19),

"사도 바울"은 매주 첫날 하나님께 예배드린다고 하였다(고전 16:12).

주일날은 주님의 날(계 1:10), 영혼과 육신의 안식일이다.

"떡을 떼며"(to break bread): 떡을 떼며는 저녁식사가 아니라 성만찬(Lord's Supper)을 뜻한다. 떡은 알토스(ἄρτος; bread)로서 누룩 없는 밀가루 빵을 가리킨다(행 2:42; 고전 10:16).

"강론할새"(lectured)는 강의하였다는 뜻이다. 하나님의 말씀의 뜻을 풀어 강론하였다.

이때 **유두고**라는 청년은 3층 창문가에 걸쳐 앉아서 졸다가 땅에 떨어져 죽었다. 바울은 내려가서 유두고를 다시 살렸고, 유두고는 다시 살아나 새벽까지 이야기로 꽃을 피웠다(행 20:7-12). 베드로가 다비다를 살린 것같이(행 9:40), 바울은 유두고를 살렸다. 하나님은 사도들에게 신유의 은사를 주시어 죽은 자를 살리는 역사까지 하게 하셨다.

사도 바울은 드로아에서 특별 집회를 마치고, 남쪽으로 앗소까지 육로로 내려갔다(행 20:13). 바울이 드로아에서 앗소까지 육로로 간 이유는 육로로 가는 것이 지름길이기 때문이었다. 배로 간다면 해안가를 끼고 남하하여 동으로 돌기 때문에 약 56km(40mile) 거리이다. 육로로 직행하면 약 35km내지

28km(20mile)의 지름길이다. 아마도 바울은 앗소에 가까운 드로아 남쪽 어느 곳에 있었을 것이다.

2) 앗소에서 밀레도까지

사도 바울은 앗소→미둘레네→기오→사모→밀레도에 이르렀다.

앗소(Assos)는 드로아 남쪽에 있는 무시아의 항구도시이다. 앗소의 잔존하는 성벽 2마일은 지금도 잘 보존되어 있으며, 그리스 세계에서는 거의 완벽한 요새지이다. 앗소에는 지금도 B.C. 6세기에 건축한 아테나 신전(Athena Temple)·극장·두 줄로 된 장터·원로회관·체육관·공동묘지 등의 유적들이 있다. 지금은 몇 개의 호텔, 상가들, 식당들이 있다(행 20:13). 지금의 항구는 옛 항구와 같은 곳이다.

(1) 미둘레네(Mytilene)

바울은 앗소에서 일행과 합류하여 배타고 남쪽으로 레스보스(Lesvos) 섬 동남쪽에 있는 가장 큰 도시 미둘레네 항구에 도착하여 그곳에서 하룻밤을 지냈다(행 20:14). 미둘레네는 32km에 달하는 천연의 방어시설, 도리아식 아데미 신전, 약 만 명 좌석이 있는 고대 극장, 수도원, 폐허가 된 교회당, 목욕탕, 정교의 순교자들의 수도원들이 있다.

(2) 기오(Chios)

그 다음날 미들레네에서 계속 남쪽으로 내려가 기오섬(Chios)에 도착하여 그곳에서 하룻밤을 지냈다(행 20:15). 기오는 저명한 사상가, 메트로도로스(Metrodoros) 같은 철학자, 데오크리터스(Theocritus) 같은 시인, 리킴니오스(Likymnios) 같은 웅변가, 아켈모스(Acermos)·글라우코스(Glaukos)·리시안스(Lysians) 같은 조각가, 데라크로익스(Delacroix) 같은 미술가 등을 배출한 곳이기도 하다.[113]

---

113) St. Paul, p.124.

사모의 아름다운 해변

(3) 사모(Samos)

그 다음날 계속 남쪽으로 내려가 사모섬(에게 해에서 중요한 섬들 중 하나)에 도착하여 그곳에서 하룻밤을 지냈다(행 20:15). 사모는 무역항으로 경제적 번영, 피타고리온(Pythagorion)으로 알려진 사원, 사원과 연결된 길, 장터, 의회건물, 목욕탕, 체육관, 극장, 기독교 교회당 등이 있다.

3. 밀레도에서(in Miletus)

그 다음날 계속 남쪽으로 기오섬과 대륙 사이로 항해하여 밀레도에 이르렀다(행 20:14-15).

- 밀레도는 소아시아 지방 중간에 위치한 에베소에서 남쪽으로 약 56km (35mile) 떨어진 메안데 강(Meander River) 하구에 위치한 지중해 연안 해안 도시(무역항)로 무역이 성하였다. 그러나 오랜 세월동안 사토(모래와 흙)가 쌓여 지금은 육지가 되었다.
- 1세기의 지리학자 **스트라보**(Strabo)는 말하기를 바울 당시 밀레도에는 항구 넷이 있었는데 그 중에 큰 항구는 큰 배가 기항할 수 있었다고 했다. 그리

밀레도의 옛 성(城)

 고 항구는 곧장 장터와 연결되었다.
- **밀레도**는 B.C. 1600년경부터 미노아인들(Minoan), 아카디아인들(그리스인), 미케네인들(Mycenean) 등, 정착민들에 의하여 형성된 고대(古代) 도시들 중 하나였다.
- **밀레도**에는 나투레(Nature), 탈레스(Thales) 등의 철학자들과 아네키메네스(Anexemenes), 아낙시만더(Anaximander) 등의 사학(역사)자들과 하카테우스(Hacataeus), 카드모스(Kadmos) 등의 기하학자들을 위시해서 기하학(Geometry), 천문학(Astronomy), 철학(Philosophy) 등이 유명하였다.
- **밀레도**에는 해안가를 향한 대형 **로마의 원형극장**(Greco Roman theater)이 있었는데, 그 극장에는 유대인들이 앉는 좌석들이 따로 있었으며 거기에는 "하나님을 두려워하는 사람들"(God-fearers)이라고 쓰여 있다. 또한 유명한 **아폴로 신전**(Apollo Temple)도 있었는데, 아폴로는 바다 사람들의 수호자이자 안내자의 역할을 한다고 믿었다.[114]

---

114) Everett C. Blake, *Biblical Sites in Turkey* (Istanbul, 1990), pp.96-98.
  Turhan Can, *Turkey, "Gate to the Orient"* (Istanbul, 1988), pp.82-88.

밀레도 야외극장

사도 바울이 에베소를 들르지 않고 밀레도로 내려가서 에베소교회 장로들을 청한 이유는 유월절은 이미 지났고, 오순절이 가까이 옴으로 시간적 여유가 없었기 때문이며(행 20:16), 바로 1년 전 에베소에서 폭동이 일어난 것처럼 또 폭동이 일어나면 더 큰 위험이 닥칠 수 있기 때문이었다고 생각된다.

1) 에베소에서의 바울의 3년 사역 회고

사도행전 20:17-21, "바울이 밀레도에서 사람을 에베소로 보내어 교회 장로들을 청하니 오매 저희에게 말하되 아시아에 들어온 첫날부터 지금까지 내가 항상 너희 가운데서 어떻게 행한 것을 너희도 아는 바니 곧 모든 겸손과 눈물이며 유대인의 간계를 인하여 당한 시험을 참고 주를 섬긴 것과 유익한 것은 무엇이든지 공중 앞에서나 각 집에서나 꺼림이 없이 너희에게 전하여 가르치고 유대인과 헬라인들에게 하나님께 대한 회개와 우리 주 예수 그리스도께 대한 믿음을 증거한 것이라."

사도 바울은 밀레도에서 에베소교회 장로들을 오라고 청하였다. 북쪽 에베소에서 남쪽으로 밀레도까지는 48km, 먼 거리이다. 바울은 에베소교회 장로들이 밀레도에 도착했을 때 그들에게 자신의 지난 3년간의 에베소에서의 사역에 대하여 말했다.

"**아는 바니**"(행 20:18, 에피스타스데; ἐπίστασθε; know, understand; 알다, 이해하다). 에베소교회 장로들은 바울이 에베소와 소아시아 지방에서의 바울의 사역에 대하여 말했을 때 잘 알고 있었다. 그러므로 바울은 "저희에게 말하되 아시아에 들어온 첫날부터 지금까지 내가 항상 너희 가운데서 어떻게 행한 것을 너희도 아는 바니"(18절)라고 말했다.

사도 바울은 어떤 사람이었는가?

사도행전 20:19, "곧 모든 겸손과 눈물이며 유대인의 간계로 말미암아 당한 시험을 참고 주를 섬긴 것과."

① 사도 바울은 겸손한 사람이었다.

겸손(타페이노프로수네스; ταπεινοφροσύνης; lowliness of mind, humility; 정신·생각의 낮음, 겸손)은 생각과 마음의 자세를 낮추는 것이다. 그는 주 예수께로부터 겸손에 대하여 배웠다(빌 2:5-8). 사도 바울은 겸손한 사람이었다. 에베소서 3:8, "모든 성도 중에 지극히 작은 자보다 더 작은 나"라고 하였다. 사도 바울이야말로 세상적으로는 자랑할 만한 사람이었다.

바울은 에베소교회, 빌립보교회, 골로새교회 성도들에게도 겸손을 교훈하였다.

에베소서 4:2, "모든 겸손과 온유로 하고 오래 참음으로 사랑 가운데서 서로 용납하라."

빌립보서 2:3, "아무 일에든지 다툼이나 허영으로 하지 말고 오직 겸손한 마음으로 각각 자기보다 남을 낫게 여기고."

골로새서 3:12, "그러므로 너희는 하나님의 택하신 거룩하고 사랑하신 자처럼 긍휼과 자비와 겸손과 온유와 오래 참음으로 옷 입고."

② 사도 바울은 눈물의 사람이었다.

"**눈물**"(다크루온; δακρύων; tear).

눈물은 감정의 표현이다. 눈물은 감정이 메마르지 않았다는 외적 증거이다. 눈물은 진실의 씨앗이다. 사람이 울보가 되어서도 문제이며 반대로 전연 눈물이 없어도 문제이다. 성도는 성찬예식에 참여하기 전 또는 참여할 때 나 같은 죄인 살리시기 위하여 대신 형벌 받으신 주님의 고난을 생각하며 그 은혜 감격하여 근신하는 눈물이 있어야 할 것이다.

고린도후서 2:4, "내가 큰 환란과 애통하는 마음이 있어 많은 눈물로 너희에게 썼노니 이는…오직 내가 너희를 향하여 넘치는 사랑이 있음을 너희로 알게 하려함이라."

빌립보서 3:18, "내가 너희에게 여러 번 말하였거니와 이제도 눈물을 흘리며 말하노니 여러 사람들이 그리스도 십자가의 원수로 행하느니라."

사도 바울은 동족을 위하여(롬 9:1-3), 성도들을 위하여 눈물 많이 흘렸다. 사도 바울의 눈물은 예수님이 흘리신 눈물과 비슷한 눈물이다. 예수님은 나사로의 무덤 앞에서 사람들의 불신앙을 보고(요 11:35), 겟세마네 동산에서 자신을 흠 없는 제물로 드리기 위하여(히 5:7), 예루살렘을 향하여 자신들을 향하여 울라고(눅 19:41) 우셨다.

③ 사도 바울은 인내의 사람이었다.

"**유대인들의 간계로 인한 시험을 참고**"는 유대주의자들의 음모(plots)로 인한 온갖 시련들(trials)을 인내로 참았다.

④ 사도 바울은 어디서나 바른 말씀을 전하였다.

사도행전 20:20, "너희에게 유익한 것은 무엇이든지 공중 앞에서나 각 집에서나 거리낌 없이 너희에게 전하여 가르치고 유대인과 헬라인들에게 우리 주 예수 그리스도에 대한 믿음을 증언한 것이라."

바울은 유대인들이나 이방인들이나(행 2:9-10; 3:9; 고전 1:24), 집에서나(아굴라와 브리스길라의 집, 고전 16:19), 공중 앞에서나(회당과 두란노 서원, 19:8, 9) 저희에게 유익한 것은 무엇이든지,

"**공중 앞에서**"(데모시아; δημοσία; publicly: 공개적으로).

"**거리낌이 없이**"(우덴 휘페스테이라멘; οὐδὲν ὑπεστειλάμην; nothing I kept back, did not shrink)는 위축되지 않고, 두려움 없이.

"**전하여**"(아나게이라이; ἀναγγεῖλαι; to declare: 선포하다).

"**가르치고**"(디다카이; διδάξαι; to teach: 교훈하다).

⑤ 사도 바울은 회개와 믿음을 증거하였다.

사도행전 20:21, "유대인과 헬라인들에게 하나님께 대한 회개와 우리 주 예수 그리스도에 대한 믿음을 증거한 것이라."

바울은 유대인이나 이방인 모두에게 동일한 복음을 전하였다(행 19:10; 갈 3:28). 바울은 유대인이나 헬라인(이방인)을 차별하지 않았다. 그러나 문서상으로는 항상 유대인과 헬라인이었다. 아덴에서 철학자들이나 루스드라에서 농부들에게나 동일한 복음을 전했다(행 14:15; 17:30; 26:20).

"**회개와 믿음**"(텐 메타노이안 카이 피스틴; τὴν μετάνοιαν καὶ πίστινν; repentance and faith)은 텐(τὴν)이라는 한 관사에 회개와 믿음 두 명사를 접속사 카이(καὶ; and; 그리고)로 연결하여 기록한 것은 회개와 신앙을 한 단위(1unit)로 생각한 것이 틀림없다. 이는 더 분명하고, 더 강하고, 더 효과적이다. 전(全) 복음은 하나님께 대한 회개와 주 예수 그리스도를 향한 믿음이다.

주님께서는 "… 회개하고 복음을 믿으라"(막 1:15)고 외쳤으며, 바울도 베드로도 모두 회개하고 주 예수를 믿으라고 외쳤다. 주님과 사도들 그리고 참된 주의 종들이 불신자들에게 전도할 때 제일 먼저 외치신 말씀은, "회개하고 복음을 믿으라"는 명령적 선포였다.

회개는 죄에서 돌이켜 하나님께로 전향하는 것이다. 참된 회개는 죄를 지식으로 바로 인식하고, 감정으로 통회하며, 의지로 끊어 버리는 것이다. 따라서 회개는 180도의 전환을 가져온다.

오늘날 열린 예배 찬동자들이 "이 시대의 문화를 그대로 채용하라, 귀를 즐겁게 하라, 메시지는 변치 않으나 방법은 시대에 따라 변하여야 한다, 예배는 축제이다"라고 주장하며 주의 피로 사신 교회들을 타락시키는 것과는 얼마나 정반대인가!

믿음(기본적 신앙)은 하나님이 그의 자녀들에게 주시는 선물이다(엡 2:8). 우리는 이 믿음으로 구원을 받고(요 3:16), 이 믿음으로 하나님의 자녀가 되며(요 1:12), 이 믿음으로 의롭다함을 받으며(롬 8:30), 이 믿음으로 영생을 얻는다(요 3:16, 36). 그러므로 믿음은 금보다 귀한 보배이다(벧전 1:18). 이제 우리는 우리의 믿음이 장성한 분량에 이르도록 자라나야 한다.

2) 사도 바울의 비장한 각오(예루살렘으로 올라가는)

사도행전 20:22-25, "보라 이제 나는 성령에 매인바 되어 예루살렘으로 가는데 저기서 무슨 일을 만날는지 알지 못하노라 오직 성령이 각 성에서 내게 증거하여 결박과 환난이 나를 기다린다 하시나 나의 달려갈 길과 주 예수께 받은 사명 곧 하나님의 은혜의 복음 증거하는 일을 마치려 함에는 나의 생명을 조금도 귀한 것으로 여기지 아니하노라 보라 내가 너희 중에 왕래하며 하나님 나라를 전파하였으나 지금은 너희가 다 내 얼굴을 다시 보지 못할 줄 아노라."

사도행전 20:22, "보라 이제 나는 성령에 매여 예루살렘으로 가는데 거기서 **무슨 일을 당하는지 알지 못하노라**."

"**보라 이제**"(카이 눈 이두; καὶ νῦν ἰδού; and, now behold)는 25절, 13:11, 고린도후서 6:2 등에서와 같은 문장 구조이다.

"**성령에 매인바 되어**"(데데메노스 … 토 프뉴마티; δεδεμένος … τῷ πνεύματι; having been bound in the Spirit). "**매여**"(δεδεμένος)는 현재완료분사로서 성령에 매인바 된 결과로 예루살렘으로 올라간다는 뜻이다. "성령에 매인바 되어"는 "성령 하나님의 결정한 바 되어"라는 뜻이다.

비록 성령께서는 바울에게 결박과 환란이 있을 것이라고 예언적 선언을 하였고, 사람들은 바울에게 예루살렘에 올라가는 것을 극구 만류하였지만(21:4, 12), 바울은 성령에 매인바 되어 예루살렘에 올라가기로 작심하였다(19:21; 20:16). 이것은 성령 하나님의 섭리요, 사도 바울의 신앙적 자아의지에 의한 결정이다.

사도행전 20:24, "나의 달려갈 (그) 길과 (그) 주 예수께 받은 (그) 사명 곧 하나님의 (그) 은혜의 (그) 복음 증거하는 (그) 일을 마치려 함에는 나의 (그) 생명을 조금도 귀한 것으로 여기지 아니하노라

* 헬라어 원문에는 정관사 '그'가 삽입되어 있다."

"달려갈 길"(드로모스; δρόμος; race course)은 마라톤 코스를 말하며, 이 단어는 트레코(τρέχω; to run; 달음질하다)에서 인출되었다.

본절 헬라어 원문에는 관사(article)가 7번 기록되어 있다(τὴν, τὸν, τὴν, τοῦ, τὸ, τῆς, τοῦ). 따라서 나의 달려갈 그 길, 그 주 예수, 그 사명, 하나님의 그 은혜, 그 복음, 그 길, 나의 그 사명 등 독특성을 강조한다.

● 바울은 신앙생활을 경주로 비유하고, 경주자가 상급을 바라고 달리기를 하듯이, 자신은 오로지 푯대만을 향하여 신앙의 경주를 경주하여 최후에는 완주하였다(고전 9:24-27; 갈 2:2; 빌 3:12-14; 딤후 4:7). 바울은 다메섹 도상에서 신앙의 경주를 시작하여 로마에서 순교할 때까지 경주하였다.

● 당시 모든 경기의 절정(climax)은 41.6km(26mile, 약 105리) 코스(course)로서 선두 주자가 운동장 안으로 골인할 때는 영웅으로 환영받았다. 당시 경기장들은 대부분 지금과 같이 원형이었고, 좌석들은 전부 돌로 놓여 있었다.

"하나님의 은혜의 복음"(토 유앙겔리온 테스 카리스토스 투 데우; τὸ εὐαγγέλιον τῆς Χάριστος τοῦ θεοῦ; gospel of the grace of God)은 범죄 타락하여 금생과 내세에 영원 형벌 받아 마땅한 죄인들에게 구원 영생 복락을 받아 누릴 기쁜 소식이니 은혜의 복음이다. 은혜의 복음은 32절의 "은혜의 말씀"을 달리 표현한 것이다.

"증거하는 일을 마치려함에는 나의 생명을 조금도 귀한 것으로 여기지 아니하노라."

사도 바울의 사명은 "하나님의 은혜의 복음"을 증거하는 일이요, 그 사명을 감당하기 위하여 육체의 생명을 조금도 귀하게 여기지 않았다. 이 말씀은 생명의 존엄성을 경시하였다는 뜻은 결코 아니다. 바울에게는 주 예수께로부터 받은 사명 곧 복음 증거가 자신의 육신의 생명보다 더 중요하다는 것이다. 사도 바울은 제2차 로마 감옥에 투옥되어 믿음의 아들, 에베소교회의 젊은 목회자 디모데에게 디모데후서를 써서 보낸 후 하나님의 은혜의 복음을 위하여 참수(decapitation; cut off the neck; 목베임)로 순교하였다.

사도행전 20:25, "보라 내가 너희 중에 왕래하며 하나님 나라를 전파하였으나 지금은 너희가 다 내 얼굴을 다시 보지 못할 줄 아노라."

"보라"(카이 뉸; καὶ νῦν; and now; 그리고 지금)는 22절과 같은 구문이다. 다만 25절의 "보라"는 22절에 시작된 내용의 결론임을 강조한다.

"너희 중에 왕래하며"(whom I have gone)는 사도 바울이 불철주야 동분서주하며 하나님의 나라를 전파한 사실을 회상케 한다. 그리고 우리 주님께서 오른손에 일곱 별(하나님의 사역자들)을 붙잡고 촛대(교회) 사이로 부지런히 거니시며 역사하시는 주님의 사역을 또한 연상시킨다(계 2:1).

"하나님의 나라"(텐 바실레이안; τὴν βασιλείαν; the kingdom)는 "하나님의 왕국"이라는 뜻이다(눅 8:1; 9:2; 딤후 4:18).

일반적으로 하나님의 왕국을 현세적 왕국과 미래적 왕국으로 양분한다. 현세적 왕국은 심령의 왕국을 말하며, 미래적 왕국은 지상 천년 왕국과 영원한 왕국을 가리킨다. 현세적 왕국은 참으로 물과 성령으로 거듭난(중생한) 신자의 마음을 말하며(마 5:3; 눅 17:20-21), 현세적 왕국은 불완전한 왕국이며, 미래적 왕국은 예수 그리스도께서 재림하시므로 순간적으로 건설되는 완전한 왕국으로(마 6:10; 계 20:6), 그리스도께서 직접 다스리는 왕국이 될 것이다.

"전파하며"(케루쏜; κηρύσσων; proclaiming: 선포하여)는 사람들의 청취 유무를 막론하고 선포하는 것이다.

25절에서는 "안다"(오이다; οἶδα; know)의 주어인 "나"(에고; ἐγω; I)와 종속절의 동사 "볼 것이다"(오페스데; ὄψεσθε; will see)의 주어인 "**너희들**"(휘메이스; ὑμεῖς; you)을 강조한다. 바울은 "너희가 다 내 얼굴을 다시 보지 못할" 것을 특별계시로 인하여 알게 되었으며, 그러므로 확실한 증거요, 추측이나 예감이 아니다.

3) 사도 바울의 엄숙한 선언

사도행전 20:26-27, "**그러므로 오늘 너희에게 증거하노니 모든 사람의 피에 대하여 내가 깨끗하니 이는 내가 꺼리지 않고 하나님의 뜻을 다 너희에게 전하였음이라.**"

"**모든 사람**"(판톤; πάντων; all men)은 에베소와 소아시아 지방에 있는 모든 사람들을 가리킨다.

"**피에 대하여 깨끗하니라**"(카다로스; καθαρός; clean)는 사도로서의 영적 책임과 자신의 무죄에 대하여 증언한다. 바울은 에베소에서 3년 동안 머물면서 에베소와 소아시아에 있는 모든 사람들에게 최선을 다하여 주저하거나 꺼리지 않고 하나님의 뜻을 모두 전하였다. 바울은 그 모든 사람들에게 하나님의 뜻을 다 전하였기 때문에 그리스도의 심판대 앞에서 아무도 바울을 원망하거나 또는 자신을 핑계할 수 없다. 우리는 과연 모든 사람의 피에 대하여 깨끗한가?

● 에스겔 3:8-9에 의하면, 선지자가 악인에게 그의 악한 길에서 돌이켜 떠나라고 경고했음에도 듣지 않으면 그 책임은 악인에게 있기 때문에 선지자는 악인의 피에 대하여 깨끗하다. 그러나 반면에 선지자가 악인에게 회개하라고 경고하지 않으면 그 악인에 대한 책임이 선지자에게 있게 되기 때문에 그 악인의 피에 대하여 깨끗하지 못하다. 다시 말하면 그 악인의 영혼에 대한 책임이 선지자에게 있다는 말이다.

4) 감독자의 사명

사도행전 20:28, "**너희는 자기를 위하여 또는 온 양떼를 위하여 삼가라 성령이 저들 가운데 너희로 감독자를 삼고 하나님이 자기 피로 사신 교회를 치게 하셨느니라.**"

(1) "너희는 삼가라"

"**너희**"(you)는 에베소교회의 지도자인 디모데와 장로들을 가리킨다(행 20:17). 뿐만 아니라 모든 시대의 모든 교역자들, 지도자들을 가리킨다. 그리고 그들의 사명이 무엇인가를 가르친다.

"**삼가라**"는 말씀은 헬라어로 "프로세케테"(προσέχετε; to take heed)로서 그 뜻은 NASB에는 "Be on guard for yourselves," NIV에는 "Keep watch over yourselves" 너희 자신들을 위하여 자신이 "깨어 삼가 조심하라"는 뜻이다. "조심하라"는 말씀은 그 시상(tense)이 현재 명령형(present imperative)이므로 계속 조심하라, 계속 주의하라, 계속 삼가라는 뜻이다. 이 말씀은 젊은 교역자 디모데에게 뿐만 아니라, 모든 시대의 모든 교역자들에게 명령하시는 하나님의 분부이시다. 누구를 위하여 계속 조심, 계속 주의, 계속 삼가야 하는가? 먼저는 자신을 위하여, 다음은 양떼들을 위하여 계속 조심, 계속 주의, 계속 삼가야 한다.

(2) "성령이 저들 가운데서 너희를 감독자로 삼고" 하나님이 너희를 감독자로 삼으셨다.

많고 많은 사람들 중에 에베소교회 장로들을 감독자로 삼으신 하나님은 우리를 또한 그 많은 사람들 가운데서 감독자로 삼으셨다. 이는 오로지 하나님의 은혜이다.

● **감독**이란 헬라어 "에피스코포스"(ἐπίσκοπος)로서 이 단어는 "에피"(ἐπι)와 "스코페오"(σκοπεω)로 구성된 합성 명사이다. 에피(ἐπι)는 상관(上官) 또는 웃어른이라는 뜻이고, 스코페오(σκόπεω; to look or watch)는 감독하다, 감시하다, 시찰하다, 관찰하다, 검열하다, 주의(경계)한다는 뜻이다. 감독은 검사관(inspector), 감독관(commissioner, superintendent, supervisor, overseer, watcher), 보호자(protector) 등을 의미한다. 감독은 교회를 감독·감시·시찰·관찰·검열·주의·경계하는 직분을 맡은 자를 가리킨다(딤전 3:1-5).[115]

사도 시대에는 감독과 장로의 구별이 없었다. 따라서 감독과 장로의 명칭들은

---

115) Smith's op. cit., p.145.

상호 교대적으로 사용되었다. 여기서 장로란 강도와 치리를 겸한 목사를 가리킨다. 다시 말하면 감독과 장로는 동일인(同一人)이나 직분상 상이한 명칭들로 사용되었다. 따라서 감독이라는 명칭과 장로라는 명칭은 직능에 따라서 교대로 사용되었다.

비록 감독과 장로라는 명칭이 주후 2세기부터 분리되기 시작하였으나, 힐라리, 제롬, 크리소스톰, 기타 탁월한 학자들에 의하여 감독과 장로는 동일한 직분임이 증명되었다.[116]

찰스 핫지(Charles Hodge)는 디모데전서 3:1의 감독을 3:2의 "가르치기를 잘하며"라는 말씀과 연결하여 목사와 동일시하였다.[117]

그렇지만 감독이라는 명칭은 권위에 치중하고, 장로라는 명칭은 연령과 경험을 존중하는 뜻에서 사용되었다. 뿐만 아니라 감독이라는 명칭은 이방 세계에서, 장로라는 명칭은 유대인 세계에서 즐겨 사용하였다.

그러나 지금은 감독은 감독정치를 하는 교회들, 로마 가톨릭과 감리교에서 사용하는 명칭이 되었다. 참고로 로마 가톨릭에는 교황, 추기경, 감독, 사제(신부) 등이 존재한다.

(3) 하나님이 자기 피로 사신 교회(The Church Purchased by His Own blood)를 치게 하셨느니라.

"**피로 사신 교회**"(텐 에클레시안 투 하이마토스 투 이디우; τὴν ἐκκλησίαν τοῦ αἵματος τοῦ ἰδίου)

성경은 교회(성도들)를 가리켜 그리스도의 피로 값 주고 사신 교회라고 하였다. 예수 그리스도는 자신의 피를 댓가로 지불하고 교회를 사셨다. 교회는 예수 그리스도의 피로 사신 교회(무리)이다. 목사의 교회도 아니고, 교인의 교회도 아니다.

---

116) J.B. Lightfoot, *"The Christian Ministry"* in *the Saint Paul's Epistle to the Philippians*, pp.181ff.
   Edwin Hatch, *The Organization of the Early Christian Churches*, pp.26ff.
117) Presbyterian Policy, (1878), p.264.

"치게 하셨느니라"(포이마이네인; ποιμαίνειν; be shepherd)

신약에는 우리 주 예수 그리스도를 우리의 목자장·참 목자·큰 목자·선한 목자·영혼의 목자와 감독 등등으로 묘사하였다. 성경은 예수 그리스도를 세상 일반 목자들과 구별하기 위하여 "그 목자"(The shepherd)라고도 하였다(마 26:31; 막 14:27; 요 10:1-6, 11, 14, 16; 벧전 2:25; 5:4; 히 13:20).

목자는 비유적으로 목사들을 가리킨다(요 21:16; 벧전 5:2; 행 20:28). 목자(포이멘; ποιμήν)라는 단어가 목사(牧師 = pastor)로 번역된 곳은 신약성경에 오로지 에베소서 4:11뿐이다.

● 교역자들은 우리의 목자장·참 목자·위대한 목자·영혼의 목자이신 예수 그리스도 밑에서 **그의 양들을 치는 목자들**(under shepherds)이다.

하나님은 미천한 우리로 하여금 예수 그리스도의 피로 값주고 사신 교회(그리스도인들)를 치게 하셨다. 선한 목자는 양들을 푸른 초장 잔잔한 물가로 인도하듯이(시 23:1-2), 양들을 살찐 꼴로 먹이듯이, 양들을 돌보고 보호하듯이, 최후에는 양들을 위하여 생명을 바치듯이(요 10: 11, 15, 17, 18), 그리스도의 피로 값주고 사신 교회를 치게 하셨다.

5) 이단자들에 대한 경고

사도행전 20:29-31, "내가 떠난 후에 흉악한 이리가 너희에게 들어와서 그 양떼를 아끼지 아니하며 또한 너희 중에서도 제자들을 끌어 자기를 좇게 하려고 어그러진 말을 하는 사람들이 일어날 줄을 내가 아노니."

(1) 외부로부터 들어옴

"**사나운 이리들**"(흉악한 이리들; 루코이 바레이스; λύκοι βαρεῖς; savage wolves)은 거짓 스승들(유대주의자들) 곧 이단들을 가리킨다(마 7:15; 눅 10:3; 요 10:12). 이리들을 수식하는 형용사 "사나운"(바루스; βαρύς; fierce, cruel, savage, dangerous)은 "무서운, 잔인한, 야만적인, 위험한, 인정사정 없는"이란 뜻이다. 사나운 이리들은 양무리 안으로 들어와 양들을 잔인하게 약탈한다.

"**들어와**"(에이세류손타이; εἰσελεύσονται; will come in)는 몰래 슬머시 기어 들어오는 것(creep in)을 묘사한다. 사나운 이리들이 양의 옷을 입고 간첩들이 침투하듯이 슬머시 잠입한다.

(2) 내부로부터 나옴

"**또한 너희 가운데서도**"(에크 휘몬 아우톤; ἐξ ὑμῶν αὐτῶν; from among your own selves)는 전치사구로서 너희 자신을 강조한다. 심지어는 너희들 가운데서도 사나운 이리들이 나올 것이라는 사도 바울의 예언에 장로들은 충격을 느꼈을 것이다. 일찍이 주님은 원수가 자기 집안에 있느니라(마 10:36)고 하였으며, 주님의 열두 제자 가운데 가룟 유다도 배반하지 않았는가?(마 26:14-16; 막 14:10-11; 눅 22:3-6)

이리들은 양떼들을 "**아끼지 아니하고**"(메 페이도메노이; μή φειδόμενοι; not sparing)는 "남겨두지 아니하고, 살려두지 아니하고"라는 뜻으로 무차별 잔인함을 보여준다.

(3) 자기를 따르게 함

"**자기를 따르게 하려고**" 사나운 이리들은 자기들을 따르게 하기 위하여,

"**어그러진 말들**"(라룬테스 디에스트람메나; λαλοῦντες διεστραμμένα; speaking perverted things)은 사실을 뒤집어서 하는 말을 가리킨다. 바울과 주님의 참 종들은 주님만을 따르도록 바른 교훈을 하나 거짓 스승들은 자기들만 따르도록 사실을 왜곡하여 어그러진 말들만 한다.

사도행전 20:31, "그러므로 너희가 일깨어 내가 3년이나 밤낮 쉬지 않고 눈물로 각 사람에게 훈계하던 것을 기억하라."

디모데전서 1:3, "내가 마게도냐로 갈 때에 너를 권하여 에베소에 머물라 한 것은 어떤 사람들을 명하여 다른 교훈을 가르치지 말며."

디모데후서 2:17, "저희 말은 독한 창질의 썩어져 감과 같은데 그 중에 후메내오와 빌레도가 있느니라."

디모데후서 3:8, "얀네와 얌브레가 모세를 대적한 것 같이 저희도 진리를 대적하니 이 사람들은 그 마음이 부패한 자요 믿음에 관하여는 버리운 자들이라."

베드로후서 2:1, "그러나 민간에 또한 거짓 선지자들이 일어났었나니 이와 같이 너희 중에도 거짓 선생들이 있으리라 저희는 멸망케 할 이단을 가만히 끌어들여 자기들을 사신 주를 부인하고 임박한 멸망을 스스로 취하는 자들이라."

6) 하나님과 그의 은혜의 말씀에 부탁

사도행전 20:32, "지금 내가 너희를 하나님과 및 '그의 은혜의 말씀'에 부탁하노니 그 말씀이 능히 너희를 든든하게 세우사 거룩하게 하심을 입은 모든 자 가운데 기업이 있게 하시리라."

바울은 밀레도를 떠나면서 에베소교회 장로들을 하나님의 은혜의 말씀에 맡기었다. "**은혜의 말씀**"(로고 테스 카리토스 아우투; λόγω τῆς χάριτος αὐτοῦ; word of His grace)은 24절의 "**은혜의 복음**"(gospel of Grace)을 달리 표현한 것이다. 그러므로 은혜의 말씀은 은혜의 복음이다.

은혜의 말씀: 하나님 자신의 초자연적 계시인 말씀을 값없이 주셨으니 은혜의 말씀이다.

은혜의 복음: 범죄 타락하여 금생과 내세에 영원형벌 받아 마땅한 죄인들에게 구원 영생복락을 받아 누릴 기쁜 소식이니 은혜의 복음이다.

"**부탁하노니**"(파라티데마이; παρατιθεμαι; I commend; 내가 맡기다, 의탁하다; 벧전 4:9). 이 부탁은 유언적 부탁이다.

하나님의 은혜의 말씀은 다음과 같다.

(1) 자신들을 영적으로 건축하여 성숙하게 한다(엡 2:20f; 4:12, 16, 29)

"**든든하게 세우다**"(오이코도메오; οικοδομέω; to build up or edify; 건축하다, 교화하다)는 성도의 영적 건축을 건축가가 건물을 건축하는 것으로 묘사한 것이다.

(2) 거룩하게 하심을 입은 모든 자들에게 기업(inheritance)을 이어받게 하신다(엡 1:4, 18; 5:3)

7) 사도 바울의 모범적 삶

사도행전 20:33-35, "내가 아무의 은이나 금이나 의복을 탐하지 아니하였고 너희 아는 바에 이 손으로 나와 내 동행들의 쓰는 것을 당하여 범사에 너희에게 모본을 보였노니 곧 이같이 수고하여 약한 사람들을 돕고 또 주 예수의 친히 말씀하신 바 주는 것이 받는 것보다 복이 있다 하심을 기억하여야 할지니라."

바울은 장로들에게 전하는 말씀을 마치면서 자신의 모범적인 삶에 대하여 간증하였다.

(1) 바울은 누구의 은이나 금이나 옷들을 탐하지 않았다

바울은 탐심이 없는 자, 물질에 청렴한 자, 가지고 있는 것에 만족한 자였다. 바울은 물질을 초월한 사람이었다. 바울은 돈을 사랑하는 자가 아니라(딤전 3:4; 딛 1:7), 하나님과 이웃을 사랑하는 자이다.

"**옷들**"(히마티스모스; ἱματισμοῦ; robing garments)은 동양의 부호들이 입은 값비싼 옷들을 가리킨다. 바울은 값비싸고 사치스러운 옷을 탐하지 않고, 입지 않았다.

(2) 바울은 열심히 일하여 자신이 필요한 것들을 자급자족 하였다

데살로니가전서 2:9, "형제들아! 우리의 수고와 애쓴 것을 너희가 기억하리니 너희 아무에게도 폐를 끼치지 아니하려고 밤낮으로 일하면서 너희에게 하나님의 복음을 전하였노라."

"**수고와 애쓴 것**"(코폰 … 모크돈; κόπον … μόχθον; labour and toil)은 일의 수고와 고난을 가리킨다.

"**밤낮으로 일하며**"(working night and day)는 먼동이 트기 전 새벽 일찍이 일어나서 날이 어두워 밤늦게까지 부지런히 일하는 것을 가리킨다(행 20:31; 살후 3:8; 살전 3:10).

밤낮으로 일하고 수고하며 애쓴 이유는 아무에게도 폐를 끼치지 아니하고 하나님의 복음을 전하기 위함이었다.

"**폐를 끼치지 아니하고**"(메 에피바레사이; μὴ ἐπιβαρῆσαί; not to be a burden)는 아무에게도 무거운 짐을 지우지 않게 하기 위하여 그리고 한 걸음 더 나아가서 하나님의 복음을 효과적으로 전하기 위함이었다.

바울의 이런 고백은 다른 사람들로부터 접대나 선물을 한 번도 받지 않았다거나 거부하였다는 뜻이 아니라 자신의 삶을 위하여 다른 사람들을 의존하지 않았다는 뜻이다.

사도행전 18:3, "바울은 이달리야에서 온 브리스길라와 아굴라 부부와 함께 생업이 같으므로 함께 살며 일을 하니 그 생업은 천막을 만드는 것이더라."

바울은 고린도에서는 브리스길라 부부와 함께 천막 제조(tentmaker)에 열심히 일했다.

한편 교회는 교역자에 대한 예우를 소홀히 하지 말아야 할 것이다.

디모데전서 5:17-18, "잘 다스리는 장로를 배나 존경할 자로 알되 말씀과 가르침에 수고하는 이들에게는 더욱 그리할 것이니라 성경에 일렀으되 곡식을 밟아 떠는 소의 입에 망을 씌우지 말라 하였고 또 일꾼이 그 삯을 받는 것이 마땅하도다 하였느니라."[118]

(3) 선교여정 시 한 곳에 유하였다.

바울은 여러 지방을 순회 전도하면서 가는 곳마다 한 곳에서는 한 집에서만 유하였다(특별한 경우가 아닌 이상). 빌립보에서는 루디아의 집에서만 유하였고(행 16:15), 데살로니가에서는 야손의 집에서만 유하였다(행 17:5, 7). 바울의 그와 같은 처신은 예수님이 제자들에게 "이 집에서 저 집으로 옮기지 말라"고 교훈한 말씀(눅 10:4-11)과 일치한다.

---

118) 조영엽,『디모데전후서 주석』(개정증보판), (서울:기독교문서선교회, 2014), pp.374-378.

(4) 바울은 가난한 자, 약자들을 도왔다.

"주께서 친히 말씀하신 바 주는 것이 받는 것보다 더 복이 있도다." 이 말씀은 주님께서 하신 말씀이다. 그러나 4복음서에는 기록되어 있지 않다. 이 말씀은 초대교회 때로부터 전승(oral tradition)으로 전하여 내려오는 주님이 하신 말씀이다.

누가복음 6:38, "주라 그리하면 너희에게 줄 것이니 곧 후히 되어 누르고 흔들어 넘치도록 하여 너희에게 안겨 주리라 너희가 헤아리는 그 헤아림으로 너희도 헤아림을 도로 받을 것이요."

8) 장로들과 이별

사도행전 20:36-38, "이 말을 한 후 무릎을 꿇고 저희 모든 사람과 함께 기도하니 다 크게 울며 바울의 목을 안고 입을 맞추고 다시 그 얼굴을 보지 못하리라 한 말을 인하여 더욱 근심하고 배에까지 그를 전송하니라."

사도 바울은 작별하기 전 에베소교회 장로들과 모인 모든 성도들과 함께 무릎을 꿇고 기도드렸다.

"**무릎을 꿇고 기도하였다**"(프로세우카토; προσηύξατο; he knelt down and prayed)는 한 단어로서 이 한 단어에 무릎을 꿇고 기도하였다는 뜻이 모두 포함되어 있다. "무릎을 꿇고 기도하였다"는 말씀은 자신의 낮아지심과 간절함을 나타내는 자세이다.

"**다 크게 울며**"(히카노스 클라우드모스; ἱκανὸς κλαυθμὸς; much weep)는 '크게 슬퍼하며 울었다(통곡하였다)'는 뜻이다.

"**바울의 목을 안고 입 맞추고**"는 당시의 풍속이었다(롬 16:16). 목을 안은 것은 격정에 찬 모습을 나타낸다(창 33:4; 45:14; 눅 15:20). 그만큼 깊은 애정의 표시이다.

"**내 기쁨이 가득하게 하게 함이라**"(히나 카라스 플레로도; ἵνα χαρας πληρωθω; in order that I may be filled with joy)는 사도 바울이 디모데를 그토록 보기를 간절히 원하는 목적을 나타낸다. "가득하게 하려 함이라"(플레로도; πληρωθω; I may be filled)는 플레로오(πληροω; to fill, make full; 채우다, 넘치다)의 수동형으로 바울에게 기쁨을 가득하게 하시고 넘치게 하시는 이는 하나님이심을 가리킨다.

"**입을 맞추고**"(카테피룬; κατεφιλουν; they kissed feverntly)는 카타필레오(καταφιλέω; to kiss; 입 맞추다)의 복수, 미완료 시상이니 사도 바울과 일행이 배를 탈 때까지 이별의 입맞춤이 계속되었음을 보여준다. 미완료(imperfect tense)는 과거의 계속적 행동을 가리킨다.

그리스도인들이 믿음의 형제자매들로서 인사할 때, 환영할 때, 이별할 때, 남자는 남자끼리, 여자는 여자끼리 입을 맞춘다. 이것을 성경은 사랑의 입맞춤(kiss of love, 벧전 5:14)이라고도 하며, 거룩한 입맞춤(holy kiss)라고도 하였다(롬 16:16; 고전 16:20; 고후 13:12; 살전 5:21).

"**배에까지 그를 전송하니라**" 누가는 훗날 이 말씀을 기록하면서 밀레도에서 에베소교회 장로들과 무릎을 꿇고 기도하며, 눈물을 흘리며 이별하는 장면들을 다시 생각했을 것이다.

목회자가 한 동안 섬겼던 목회지에서 떠날 때 사도 바울과 같은 모습을 남기고 떠나게 된다면 얼마나 아름다운고!

사도행전 21:1-3, "우리가 그들을 작별하고 배를 타고 바로 고스로 가서 이튿날 로도에 이르러 거기서부터 바다라로 가서 … 두로에 상륙하니라."

두로를 떠나 항해를 마치고 돌레마이에서 → 가이샤랴에 이르고 → 예루살렘으로 올라갔다.

고스(Cos) → 로도(Rhodes) → 바다라(Patara) → 두로(Tyre) → 돌레마이(Ptolemais) → 가이사랴(Caesarea) → 예루살렘(Jerusalem)

고스(Cos, 행 21:1)
바울은 밀레도에서 에베소에 있는 장로들을 청하여 교훈·위로·권면·작별하고, 밀레도에서 남쪽 고스(Cos)섬으로 내려가서 하룻밤을 머물고, 그 다음날 아침 로도섬을 향하여 떠났다.

고스는 그리스와 소아시아 사이에 위치한 에게 해의 그리스의 한 큰 섬이다. 이 섬은 기름진 평야와 고원지대로 현재는 약 31,000명의 인구가 살고 있다. 섬의 동서는 33.6km, 남북은 9.6km 크기의 섬으로 일찍부터 유대인들이 거주하였다.

고스 시(市)는 섬의 동북쪽에 위치한 화려한 상업도시이며 또한 군사기지가 있었다. 고스에도 장터, 음악당, 아폴로 신전, 다이오니손(Dionyson, 그리스 술의 신) 신전, 경기장, 체육관, 초대교회들, 무사들의 성 요새 등이 있는 유적지로 많은 관광객들이 몰려든다.

의학의 대부(大父) **히포크라테스**(Hippocrates)는 B.C. 4세기 초 이곳에서 의과대학을 세웠으며, 이곳에서 104세에 세상을 떠났다. 의사인 누가(Luke)는 이 섬에 기착한 것이 그 누구보다도 의미가 있었을 것이다. 지금도 의과대학생들은 졸업식 때 히포크라테스의 서약(Hippocratic Oath)을 선언하며, 많은 의사들이 고스를 방문한다.

〈히포크라테스 서약문〉

이제 의업에 종사할 허락을 받음에,
나의 생애를 인류봉사에 바칠 것을 엄숙히 서약하노라.
나의 은사에 대하여 존경과 감사를 드리겠노라.
나의 양심과 위엄으로써 의술을 베풀겠노라.
나의 환자가 알려준 모든 내정의 비밀을 지키겠노라.
나는 의업의 고귀한 전통과 명예를 유지하겠노라
나는 동업자를 형제처럼 여기겠노라.
나는 인류, 종교, 국적, 정당, 정파 또는 사회적 지위 여하를 초월하여 오직 환자에 대한 나의 의무를 지키겠노라.
나는 인간의 생명을 그 수태된 때로부터 지상의 것으로 존중히 여기겠노라.
비록 위협을 당할지라도 나의 지식을 인도에 어긋나게 쓰지 않겠노라.

로도의 작은 항구

로도 (Rhodes, 행 21:1)

로도섬은 고스섬 남쪽으로 약 85km, 소아시아의 해협으로부터는 약 17km 떨어져 있는 그레데섬 다음 가는 큰 섬이다.

로도는 소아시아 지중해 연안 서남단에 위치한 그리스의 큰 섬으로 면적은 1,077km²이며, 넓이는 67.2km가 된다. 로도의 인구는 115,490(2011년 기준)명이며, 로도의 수도는 로도섬에 위치한 로도스(ρόδος)이다.

로도는 무역의 중심지로 번영하여 그리스 전체에서 가장 부(rich)하였다. 로도는 이곳을 지나가는 배들이 기항하는 항구(행 21:1)로 고스(Cos)에서 배로 1시간 거리에 있다. 도자기 산업이 유명하며 주민 대부분은 그리스정교를 믿는다.

바다라 (Patara, 행 21:1)

그 다음날 고스섬에서 지중해 서남단 바다라(Patara)로(행 21:1).

바다라는 터키의 지중해 연안 소아시아 남서쪽 리키아(Lycia) 반도 서쪽에 위치한 항구이다. 바다라항과 무라(Myra)항 등은 애굽과의 무역에서 서풍을 이용하는 해로의 거점이다. 바울은 이곳에서 배를 타고 두로로 갔다. 근래 로마식 목욕탕·아치형 문·아폴로신전·돌관들 등이 발굴되었으며, 오늘날은 수심이 얕아 정박이 불가능하다.

두로(Tyre, 행 21:3)

바다라에서 큰 배를 갈아타고 구브로(Cyprus)섬을 왼편에 두고 항해하여 두로(Tyre)에 상륙하였다(행 21:3). 두로는 갈멜산 북쪽 56km(35mile) 떨어진 지중해 연안의 항구이다.

- 두로(Tyre)에서 7일 동안 머물고(행 21:4), 제자들과 그들의 처자들과 작별하고 떠났다. 그들은 해변까지 나와서 무릎을 꿇고 기도하고, 바울 일행은 배를 타고 떠났고, 그들은 집으로 돌아갔다.
- 두로는 원래 고대 베니게(Phoenicia)의 가장 유명한 도시들 중 하나로 지중해 동쪽, 시돈 남쪽 약 40km 지점에 위치한 암석으로 된 작은 섬이었다. 그러나 알렉산더 대제가 B.C. 333년 난공불락의 두로를 침략하기 위하여 방파제를 쌓아 본토와 연결시켜 반도가 되었다.
- 두로에는 자색(purple) 물감과 옷, 레바논의 백향목(cedar) 등이 유명했으며 백향목은 예루살렘 성전 건축 때 사용되었다.
- 두로는 구브로섬의 동(copper), 스페인의 은(silver), 애굽으로부터 곡식을 수입하였다. 두로 사람들은 부자였다.
- 두로교회는 아마도 스데반 집사의 순교이후 핍박으로 인하여 예루살렘에서 피난 나온 초기 성도들에 의해 세워졌으며(행 11:19), 바울과 바나바는 제1차 선교 여정 중 예루살렘으로 가는 길에 두로에 들렀을 것(행 15:3)으로 여겨진다.
- 두로는 지금은 레바논의 한 소읍으로 약 12,000명의 인구가 살고 있다.

돌레마이(Ptolemais, 행 21:7)

두로에서 남쪽으로 돌레마이(Ptolemais, 현재 아코〈Acco〉)에 이르러(이스라엘 갈멜산 북쪽 지중해 해안), 형제들에게 안부를 묻고(행 21:7), 하루를 지나고, 가이사랴로 갔다. 돌로메이는 동쪽으로는 갈릴리를 지나 다마스커스로, 북쪽으로는 시리아의 안디옥으로 가는 교차로로, 바울 일행은 여기서 하룻밤을 지냈다.

가이사랴 해변

가이사랴(Caesarea, 행 21:8)

그 다음날 남쪽으로 가이사랴(Caesarea)에 이르러 일곱 집사 중 하나인 빌립(Philip) 집사 집에 여러 날 머물렀다. 빌립에게는 딸이 넷이 있는데 처녀로 예언하는 자들이었다(행 21:8-9).

훗날 빌립과 그의 딸들은 가이사랴에서 버가 지방의 히에라폴리스(Hierapolis)로 이사하고 거기서 복음을 전하다가 세상을 떠났다고 한다.[119]

- **가이사랴**는 이스라엘 팔레스타인 지중해 연안 항구도시로, 예루살렘에서 서북쪽으로 105km, 욥바에서 북쪽으로 48km, 동서 무역의 중심지였다. 가이사랴에는 1,000명의 로마군 주둔지(행 8:40), 헤롯가문과 로마 총독들의 공식적인 휴양지로 사용되는 총독의 관저, 항구 남쪽 4,000명 석(seats)의 극장(헤롯이 B.C. 25-13에 건축) 등이 있다.
- **가이사랴**는 빌립의 고향으로, 빌립에 의하여 복음이 최초로 전도되었으며(행 8:40), 베드로는 이곳에서 로마군 백부장 고넬료와 이방인들에게 복음

---

119) Eusebius, *Hist.* eccl. 3. 31. 2-5.
  빌라도가 유대 총독으로 있을 때 총독의 관저는 가이사랴에 있었다.

을 전했다(행 10:1-48). 가이사랴는 사학자 유세비우스(A.D. 264)의 고향이
기도 하다.
● 로마제국이 가이사랴를 내정간섭하고 2만 명의 유대인들을 살해한 것이
  화가 되어, A.D. 66년 유대인 대폭동(First Great Jewish Revolt)이 일어났으
  며, 로마군의 진압으로 수천 명이 맹수에 물려 죽었으며, 유대인 열심당원
  들(The Zealots)은 예루살렘으로 이동하였고, 예루살렘에서 또 사해 남서쪽
  맛사다(Masada)까지 후퇴하여 로마군에 저항하다가 최후에는 여자들과 아
  이들을 포함하여 967명이 A.D. 73년 니산월 15일에 집단 자살하였다.
● 가이사랴는 갈릴리 동북방 요단강의 근원지 헬몬산 남쪽 기슭에 있는 아름
  다운 고장 가이사랴 빌립보(Caesar Philippi)와는 다른 곳이다.

4. 사도 바울의 제5차 예루살렘 방문(행 21:15-26)

사도 바울의 제5차 예루살렘 방문은 제4차 예루살렘 방문 6년 후이었다. 그 때 유대에서 아가보(Agabus)라는 선지자가 바울에게 와서 예루살렘으로 올라가지 말라고 권하였다. 그러나 바울은 "나는 주 예수의 이름을 위하여 결박당할 뿐만 아니라 예루살렘에서 죽을 것도 각오하였노라"고 하였고, "바울이 듣지 아니하므로 우리가 주의 뜻대로 이루어지이다"라고 하였다.

여러 날 후에 예루살렘으로 올라갔다. 바울이 예루살렘으로 올라갈 때 가이사랴의 몇 제자들과 초기 제자들 중 한 사람인 구브로에서 온 나손(Nason)도 동행하였다(행 21:15-16).

바울 일행은 아마도 오순절 이틀 아니면 하루 전에 예루살렘에 도착하였다. 가이사랴에서 예루살렘까지는 약 96km로 당시는 3일 여정의 거리이다. 바울을 하나님의 종으로 존경하는 예루살렘의 믿음의 형제자매들이 바울 일행을 반가이 맞이하였다. 바울의 일행에는 누가(Luke)도 있었다.

적어도 아홉 명이나 되는 바울 일행은 바울의 제자인 나손의 집에서 유하고 (20:4-5; 21:16), 그 다음날 예루살렘 성전으로 올라가 예루살렘교회의 감독 야

고보와 장로들을 만나 그들에게 문안하고, 이방인들 가운데서 하나님께서 행하신 구원 역사에 대하여 낱낱이 자세히 전하매 그들이 듣고 하나님께 영광을 돌렸다. 이때 사도들에 대한 언급이 전혀 없는 이유는 이미 사도들이 산지사방으로 흩어져 전도하고 있었던 때문으로 보인다.

사도행전 21:15, 17, "이 여러 날 후에 행장을 준비하여 예루살렘으로 올라갈새 … 예루살렘에 이르니 형제들이 우리를 기꺼이 영접하거늘."

● 사도 바울은 제4차 선교여정을 마치고(행 18:23-21:17) 제5차 예루살렘 방문 시 성전에서 유대인들에게 체포되었다. 그리고 가이사랴에서 감금되었다.

● 사도 바울은 밀레도에서 에베소교회 장로들을 청하여 오게 한 후 자신이 어떻게 전도사역에 진력한 것을 상세히 전하고 예루살렘으로 올라가서 예루살렘 교회 감독 야고보와 믿음의 형제들의 따뜻한 영접을 받았다(21:17). 그리고 이방 가운데서 역사하신 일들을 낱낱이 고하니 저희가 듣고 하나님께 영광을 돌렸다.

● 다른 한편 아시아에서부터 온 유대인들이 성전에서 바울을 보고 모든 무리를 충동하여 바울을 붙잡아 성전 밖으로 끌고 나가 죽이려 하였다(21:31). 이에 소문을 들은 천부장이 그 실상을 알아보기 위하여 백부장들을 거느리고 성문 안으로 데려오게 하였다. 그 이튿날 천부장이 대제사장들에게 명하여 산헤드린 공의회를 소집케 하고 바울을 그들 앞에 세웠다(22:30). 바울의 변호를 청취한 뒤 가이사랴에 있는 총독 벨릭스(Antonius Felix, A.D. 52-58)에게로 보냈다.

● 글라우디오 황제는 벨릭스를 쿠마누스(Ventidius Cumanus, A.D. 48-52) 총독 후임으로 파송하였다. 벨릭스는 약 5년간 유대의 총독으로 있었다. 요세푸스에 의하면 벨릭스는 유대, 사마리아, 갈릴리 그리고 베뢰아 지역의 총독으로 파견되었다 한다(JW. 2. 12. 8. p.247).

1) 바울이 성전에서 체포당함(행 21:27-39)

그때에 저 멀리 소아시아에서부터 오순절을 지키기 위하여 예루살렘에 온 유대인들이 바울의 7일간의 결례(Purification)가 끝날 무렵 성전에서(성전 뜰) 바울을 발견하고 붙잡아 성문 밖으로 끌고 나가 때려 죽이려고 하였다.

바로 그때 그 소문을 들은 천부장 글라우디오 루시아(예루살렘 지구 군사령관이며 치안 총책임자)는 무슨 사태인지 확인하기 위하여 급히 백부장들과 군인들을 이끌고 직접 현장으로 달려가, 바울을 구타하는 것을 즉시 중단시키고 바울을 두 쇠사슬로 결박하여 영내(barracks, 안토니오성)로 들어오도록 명령하였다.

"**두 쇠사슬**"(two chains)은 양팔을 쇠사슬로 묶고 한 쇠사슬은 한편 병사와 다른 한 쇠사슬은 다른 한편 병사와 묶어 연결하여 호송하였다.

"**영내**"(barracks)는 큰 네 개의 망대가 있는 안토니오 성(castle)이며, 총독의 관저이기도 하고, 또한 재판장으로 사용하기도 했다. 바울이 영내에 이르렀을 때 폭도들의 폭행이 너무 심하여 군인들에 의하여 계단을 들려 올라갔다. 무리들은 따라가며 천부장에게 바울을 죽여 없애라고 떠들어 댔다.

성전 계단에서 간증 (행 21:39 - 22:1-21)

사도 바울은 천부장에게 자신은 길리기아 다소에서 유대인의 자손으로 태어난 로마 시민권자라고 밝히고 자신을 때려죽이려는 유대인들에게 말하도록 요청하였다. 이에 천부장이 허락하므로 바울은 히브리어로 지금까지의 자신의 생애에 대하여 간증하였다.

바울은 하나님께로부터 이방인을 위한 사도로 보내심을 받았다고까지 말할 때, 그들이 이런 자는 죽여야 한다면서 소리를 지르며 옷을 벗어 던지며 티끌을 공중에 날리며 난동을 피웠다.

2) 바울이 로마 시민권자임을 밝힘

(행 22:22-29, Paul the Roman Citizen)

천부장은 취조를 맡은 군인들에게 유대인들이 무슨 일로 소란을 피웠는지, 유대인들이 바울을 결사코 죽이려고 하는 이유가 무엇인지 이실직고(以實直告)

하도록 바울을 채찍질하여 심문하라고 지시했다. 채찍은 가죽줄이며 채찍 끝에는 돌이나 또는 짐승의 뼈를 부착시켰다. 따라서 채찍에 맞으면 맞은 부위에 줄이 나타나며 살점이 찢어지기도 한다. 주님이 채찍에 맞은 것이 생각난다.

바울은 병사들에 의하여 가죽줄로 동여 매임을 당할 때, 바울이 곁에 서있는 백부장에게 그들이 로마 시민권자인 바울을 정당한 재판 절차를 밟지도 않고 채찍으로 고문할 수 있느냐고 질문하였다(22:25). 백부장이 이 사실을 천부장에게 보고했고, 천부장은 사실 여부를 바울에게 직접 확인하고, 즉시 결박을 풀게 하고, 그 결박한 것 때문에 두려워하였다.

"**죄도 정치 아니하고**"(아카타크리투스; ἀκατάκριτοος; uncondemned; 정죄하지 아니하고)는 "조사도 하지 아니하고"라는 뜻이다. 로마 시민권자를 청문회(public hearing)도 거치지 않고, 많은 사람들 앞에서 때리고, 옥에 가둔 것은 로마의 엄한 국법을 범한 것이라는 논지이다.

- 로마제국의 여러 민족들이 로마 시민권을 부여받은 것은 B.C. 89년경부터였다. 그리고 로마 시민의 권리들(rights)은 B.C. 23년 아우구스투스 황제(Emperor Augustus) 때로부터 거슬러 올라간다. 아우구스투스는 45년간 절대적인 권력을 행사하였다.

- 로마 시민권을 가진 사람들은 로마 시민권이 없는 사람들에 비하면 아주 공정하고 정당한 절차를 밟아 재판을 받도록 법으로 규정되어 있었다. 아마도 B.C. 30년 법제정에 의하여 사실상 당시 로마 시민권자는 즉결재판이나 무법한 재판을 받지 않으며, 불명예스러운 채찍이나 고문의 형을 받지 않으며, 십자가의 사형도 금지되었다.[120] 다시 말하면 로마 시민은 불명예스러운 비인격적인 형벌을 받지 않았다. 로마 시민은 공정한 재판을 받도록 법이 규정되어 있었다. 아마도 바울은 로마 시민임을 증명할 수 있는 나무로 된 작은 서판(書板)을 몸에 지니고 다녔을 것이고 그것을 제시하였을 것이다. 만일 현장에서 입증할 수 없다면 사형에 해당하는 중벌을 받을 수 있었다.[121] 당시 로마 시민권을 사칭하

---

120) A. H. M. Jones, *Studies in Roman Government and Law* (Oxford University Press, 1960), pp.54-55, 97ff.
121) Barrett, *The Acts of the Apostles*, p.1048.

면 사형당하였다(Suetonius, *Jaudius* 25).

● 로마 시민권자(Roman Citizen)에게 가죽 줄로 묶는 것, 채찍질하는 것 자체가 벌써 로마의 법을 위반한 것이다. 심문하던 사람들이 곧 바울에게서 물러가고 **"천부장도 그가 로마 사람인 줄 알고 또 그 결박한 것을 인하여 두려워하니라"**(행 22:29).

● 빌립보에서 바울이 로마 시민권자라는 말을 듣고 상관들이 두려워한 것 같이, 예루살렘 지구군 총사령관도 바울이 로마 시민권자라는 말을 듣고 두려워하였다. 그 이유는 로마 시민권자는 작은 일에도 정식재판 없이 체포·구금·고문하는 것을 엄히 금하였으며 이 법을 어겼을 때에는 관직자도 징계를 받았기 때문이다. 예루살렘 지구군 총사령관도 두려워하였으니 로마의 법이 얼마나 엄하였던가를 가히 짐작할 수 있다. 천부장의 허약한 모습과 사도 바울의 담대한 자세는 너무나 대조적이다.

● 로마 시민이면 누구든지 로마제국의 어느 곳을 가든지 로마법에 의하여 보장된 모든 권리와 특권 그리고 보호를 받게 되어 있으며 그 법은 로마제국의 건국 초기(B.C. 509년)부터 내려온 것이다.

3) 산헤드린 공의회 앞에서(행 22:30-23:11, Before the Sanhedrin)

재판하기 곤란한 피고인 - 사도 바울

그 다음날 천부장은 대제사장들과 산헤드린 공의회를 소집하여 바울 사건(Paul's case)을 처리하도록 명하였다. 산헤드린 공의회는 주류를 이루고 있는 사두개인들과 바리새인들이 갑론을박하며 쟁론하다가 바리새인 측에서 서기관들 몇 명이 일어나, "우리는 이 사람에게서 아무 잘못도 찾지 못하였다"라고 바울을 옹호하므로 분쟁은 더욱 격화되었다. 바울은 바리새인 중의 바리새인이었고, 모세의 도덕적·의식적 율법을 철저히 지키고 있었기 때문이었다.

한편 바울을 죽이려는 결사대 40명은 바울을 죽이기 전에는 음식을 전폐하겠다고 맹세하였다. 그런데 마침 이 사실을 알게 된 바울의 생질(예루살렘에 살고 있는 바울의 누님의 아들)이 급히 달려와 그 사실을 삼촌에게 알리고 천부장에게 암살 계획을 소상히 고하고 살려달라고 호소하고, 천부장은 그 사실을 아무에게도 알리지 말라고 명하고, 천부장은 바울을 가이사랴에 있는 벨릭스 총독 앞으로 호송해 보냈다(행 23:13-21).

특주 9: 산헤드린(Sanhedrin)

산헤드린 공의회는 유대인들의 종교적·정치적·사법적 최고기관(The Hightest Judicial Body), 히브리어 산헤드린(סַנְהֶדְרִין), 헬라어 수네드리온(συνέδριον; assembly, council; 총회, 공의회, 협의회, 이 단어는 순 (συν; with, together; … 같이, 함께)과 헤드라(ἡδρα; a seat; 좌석)로 구성된 합성어이다.

산헤드린은 유대인들이 바벨론 포로에서 귀환 후 온 유대 나라의 종교적·정치적·사법적(religious, political and judicial) 문제들을 처리하는 유대인들의 최고의 법정과 의결기구(the highest court and council)이었다. 따라서 산헤드린 공의회를 일명 대법원(Great House of Justice)이라고도 하였다(M. Sanhedrin 11.2, LXX 시 26:4, 잠 22:10, 렘 15:17).

1. 명칭들(Names)

1) **산헤드린**(Sanhedrin): 마카비 독립시대 이후 신약에서와 요세푸스(Josephus)가 가장 흔히 사용한 명칭이다. 미쉬나(Mishina)에는 예루살렘 법정(Jerusalem court)을 산헤드린이라고 하였다(m. sota 9:11). 복음서에서 산헤드린은 예루살렘 공의회를 말한다(마 10:17, 26:59; 막 13:9, 15:1; 요 11:47; 행 5:27). 로마의 시리아 총독 가비니우스(Gabinius)는 유대 지역을 다섯 지역으로 분할하고 그 분할한 구역들을 통치하는 지방 의회들도 산헤드린이라고 칭하였다(Ant. 14. 90).

2) **게루시아**(γερουσία; eldership; Senate; 원로회, 의회) : 이 명칭은 페르시아 시대부터 헬라시대 초기까지 특히 하스모니안 가(家)의 통치시대에는 예루살

렘 공의회를 게루시아라고 불렀다(Josephus, *Ant*. VII. 3. 3; 행 5:21; 2 Macc. 11:27).

3) **불레**(βουλη; Council; 공회회)는 로마의 원로회, 시의회, 유대의 시의회 등을 불레라고 불렀다(Josephus, *Wars II*. 366; 롬 11:34).

4) **프레스뷰테리온**(πρεσβυτέριον; Council of elders)은 장로들의 평의회(눅 22:66; 행 22:5; 딤전 4:14) - 신약 교회들에서

2. 역사(History)

1) 랍비들의 전통에 의하면 산헤드린(Sanhedrin)은 이스라엘의 지도자 모세를 보좌한 장로회(70인, council of elders)에 그 기원을 둔다(민 11:16-24; Sanhedrin 1.6). 그러나 역사적 증거는 알려져 있지 않다.

2) 실제상 산헤드린 공의회는 에스라·느헤미아 선지자 시대 바벨론 포로에서 귀환 후 대제사장 여호수아와 총독 스룹바벨이 통치할 때(학 1:1; 슥 4:14), 산헤드린의 기구를 조직하여 그 명칭을 게루시아(γερουσία; Senate; 상원 또는 원로회)라고 불렀다.

3) 알렉산더 대제가 헬라 문화를 소아시아 전역에 확산시킬 때에도 바리새인들은 이방 종교와 헬레니즘의 침투를 힘써 막고 자신들의 전통·풍속·문화·언어·율법들을 엄격히 지켰다.

4) 알렉산더 대제(Alexander the Great)의 사후(死後)(B.C. 323) 헬라제국(마케도니아)은 그의 장군들에 의하여 4대 지역으로 분할되고 그중에 시리아에는 셀류키드 왕조(Seleucid dynasty)가 세워졌고, 셀류키드 왕조는 유대를 100년 이상 지배하였다. 그리고 초기에는 비교적 온건 정책을 썼다. 안디오커스 3세(Antiohus III, 재위 B.C. 223-187)는 예루살렘은 그들 자신들의 법에 따라 자치정부를 세우는 것이 자신의 뜻이라고 하므로 산헤드린 공의회의 자율권은 신장되었다.[122]

5) 로마제국시대(Roman Period, B.C. 63-A.D. 70)

---

122) Jos, *Ant*, 12. 128.

- 유대는 B.C. 63년에 다시 로마제국의 통치하에 들어갔다. 로마의 폼베이(Pompey)장군이 예루살렘을 점령함으로 예루살렘과 팔레스타인 전역은 로마제국의 식민지가 되었다.
- 마카비 가문의 힐카누스 2세(Hyrcanus II, B.C. 63-40)가 대제사장으로 임명되었을 때 산헤드린 공의회는 다시 옛 상태로 돌아갔다.[123]
- 로마제국의 시리아 총독 가비니우스(Gabinius, B.C. 57-55)는 유대 전역을 5개 관할 행정구역으로 나누고 각 지역의 지방의회(local council)가 각기 지역을 관할하도록 하였다.[124] 이 때 예루살렘 공의회는 권한이 축소되어 유대의 1/3지역만을 관할할 수 있었다.
- 헤롯 대왕(Herod the Great, B.C. 40-4)의 넷째 아내 말다케(Malthace B.C. 22년경)에서 태어난 헤롯 아켈라오(Archelaus)가 유다와 사마리아 지방을 다스릴 때(B.C. 4-A.D. 6) 그는 그의 부친처럼 잔인 강포하여 헤롯에 의하여 대제사장이 된 자를 파면하고 청렴한 자를 대제사장으로 세워줄 것을 요구하는 자들 3,000명을 살해했다.[125] 산헤드린 공의회의 권한을 매우 약화시켰다.
- B.C. 6-A.D. 66년 기간에는 산헤드린 역사상 가장 막강한 권력을 행사하였다. 신약에 나타난 산헤드린 공의회의 일들이 바로 그것이다.

실례로 사도행전에는 "산헤드린"이 14회 나타나는데 예수님의 제자들이 복음 전하는 것을 금하였으며(행 4:1-22), 사도들이 계속 복음을 전하므로 산헤드린 공의회에 잡혀 갔으며(5:27-41), 스데반 집사도 산헤드린 공의회에 잡혀 갔으며(6:12), 사도 바울도 수차례 산헤드린 공의회에 잡혀갔다(22:30; 23:1, 6, 15, 20, 28; 24:20).

- 산헤드린 공의회는 예루살렘이 멸망하기 40년 전까지만 해도 사형권을 행사하였다. 그러나 후에는 사형권이 로마제국으로 넘어갔음으로 사형은 로마 총독의 결재가 요구되었다. 그러므로 예수님의 사형은 산헤드

---

123) Ibid., XIV. 137.
124) Josephus, *Wars* 1. 170. 14. 5. 4.
125) *Ant*. 17. 9.

린에서 빌라도 법정으로(요 18:31-32) 이전되었다.
- A.D. 60년 유대인의 반항(Jewish War)이래 산헤드린 공의회원들은 흩어졌으며, A.D. 70년 9월 8일 로마의 디도(Titus)장군과 2주간의 치열한 전투 끝에 예루살렘과 성전이 훼파되었을 때 산헤드린은 이 땅에서 영원히 사라졌다.

3. 산헤드린 공의회 구성원(Membership)

미쉬나(Mishinah)에 의하면 A.D. 70년 예루살렘의 멸망 전까지는 산헤드린 공의회는 71명으로 구성되어 있었다(Sanh. 1:6). 처음에는 사두개파 제사장계 귀족으로 구성되었는데 후에 서기관들과 바리새인들이 포함되었다. 새 회원들은 공의회원들이나 최고 정치 지도자들이 추천하였다(요 11:47).

의장(President)은 대제사장으로 공의회를 대표했다.[126] 따라서 대제사장이 산헤드린 공의회 사회를 맡았다(행 5:17ff; 7:1; 9:1, 2; 22:5 등). 예수님 당시 대제사장은 가야바였고, 사도 바울 당시 대제사장은 아나니아였다(마 26:3, 57, 59; 막 14:53; 15:1; 눅 22:66; 행 4:5-6; 5:21; 22:30; 23:2; 24:1).

산헤드린 공의회 회원들은 대제사장과 대제사장들(High Priests), 사두개인들(Sadducees), 바리새인들(Pharisees), 서기관들(Scirbes), 장로들(Elders)이었다.

4. 회의규칙(Rules for Meeting)

- 산헤드린 공의회는 결코 절기들(유월절, 장막절, 맥추절 …)과 안식일에는 회의를 소집할 수 없다(Sanhedrin 4:1).
- 산헤드린 공의회는 매일 오전 7시 30분과 오후 3시 30분 사이 어느 때나 회의를 소집할 수 있다(Sanhedrin 7:1). 이때에는 아침 제사 드리는 때로부터 저녁 제사를 드리는 때이다.
- 산헤드린 공의회는 결코 밤에는 소집하지 않는다(Sanhedrin 7:1).
- 산헤드린 공의회는 반원으로 둘러앉고 2명의 서기관들을 두었는데 한 명은 사

---

126) Jos. *Ant*. XX. 10, Apion II. 23.

면(무죄)의 재판을 기록하고, 다른 한 명은 정죄(유죄)의 재판을 기록하였다.
- 법정에서 의결에 필요한 정족수(a guorum)는 23명이며, 최고형은 2/3이상이 기립으로 가결하였다.

5. 산헤드린 공의회의 권한

종교적 권한(Religious Authority): 산헤드린 공의회는 유대교 사건들에 대한 최종적 판결 기구이다. 유대법과 종교적 활동들에 관한 사건들에 이어서 최종적 판결이다.[127]

민법은 제한적(Civil Authority, restricted): 로마 정부는 유대인들의 내적 사건들은 유대인들이 해결하도록 제한적으로 허용하였다.

- **사형**(Capital Punishment)
- 산헤드린 공의회는 사형을 집행할 권할을 가지고 있었다(Sanhedrin 7:1).
- 산헤드린 공의회는 이방인들 심지어는 로마인까지도 성전뜰의 이방인의 선을 넘으면[128] 산헤드린이 사형을 선고하였다(행 6:9-8:1).

6. 산헤드린 법을 위반함(Violations of Law)

산헤드린 공의회는 예수님을 심문하는 과정에서 여러 법조항들을 위반하였다.
- 공적 회의장에서 회의를 소집하지 않고 대제사장 가야바의 집에서 모였다(마 26:57-59; 막 14:53-55; 요 18:15-16; Sanhedrin 11a. Middoth 5:4), 회의 장소를 위반하였다.
- 낮에 정한 시간에 모이지 않고 밤에 모였다(Tosephta Sanhedrin 7:1). 예수님의 심문은 밤에 행하였다(막 14:53; 마 26:57; 눅 22:54). 회의 시간을 위반하였다.[129]
- 안식일 전야(eve)와 유월절에 모였다(Sanhedrin 4:1).[130]

---

127) Josephus, *Ant*. IV. 8.14. Sanhedrin 11.2.
128) Jos. *Wars* VI. 126.
129) Jos. *Ant*. XVI. 163.
130) Jos. *Ant*. XVI. 163.

- 사형에 관한 특별한 법절차를 밟지 않았다(Sanhedrin 4:1).
- 사형선고를 재판 당일에 선고하였다. 유대인의 법에 의하면 어떤 사건에 대하여 재심을 요구할 때에는 선고는 다음 날로 연기된다(Sanhedrin 4:1; 5:5). 다시 말하면 사면은 당일 날, 유죄 판결은 그 다음 날까지 기다려야만 한다.

예수님은 신성 모독죄(마 26:65, 요 19:7)로, 베드로와 요한은 백성을 속이는 거짓 선지자(행 4-5장)로, 스데반은 훼방자(행 6:9-12)로, 바울은 모세의 율법을 범한 죄(행 23장)로 심문을 받고 순교하였다.

특주 10: 사두개파(Sadducees)

사두개파는 바리새파, 에센파 등 유대교의 분파들 중 하나였다.

1. 역사(History)

"사두개"라는 명칭은 사독(Zadok)에서 유래되었다. 그러므로 사두개는 사독과 관계된다.

- 사독은 아론의 아들 엘르아살의 후손(대상 24:3), 아히둡의 아들(삼하 8:17)이다. 사독은 다윗과 솔로몬 시대에 아비아달과 함께 제사장들 중 한 사람이었다(왕상 2:35; 대상 15:11). 사독은 헤브론에서 다윗을 섬겼으며, 다윗은 사독과 아비아달과 레위 제사장들로 하여금 언약궤를 성전으로 메어 올리도록 하였다(대상 15:11-15; 삼하 15:24-25). 사독은 다윗과 솔로몬에게 충성하였다.
- 사독은 압살롬이 반역하였을 때 예루살렘에 스파이를 보냈었다(삼하 15:27-37).
- 사독은 솔로몬에게 기름을 부어 왕으로 삼았으며(왕상 1:32-35), 아비아달이 아도니아의 반란을 지지했을 때(왕상 1:5-7), 사독은 솔로몬을 지지하였다.
- 사독은 아비아달이 쫓겨난 후 홀로 제사장직을 수행하였다(대상 29:22). 그

리고 그 후손들이 제사장 직분을 수행하였다(왕상 4:2).
- 사독과 그의 후손들은 B.C. 587년 솔로몬 성전이 바벨론의 느부갓네살에 의하여 파괴될 때까지 그 곳에서 대제사장직을 수행하였다.
- 사독인들은 바벨론 포로 귀환 후 제2성전에서도 제사장직을 수행하였으며, 특히 하스모니안 시대(B.C. 166-63) 때 구체적인 모습을 나타냈다. A.D. 70년 예루살렘성이 멸망될 때까지 계속되었다.
- 헤롯이 예루살렘을 정복했을 때(B.C. 37) 45명의 공의회원들을 살해하였는데, 그들은 사두개파에 속한 자들이었다.[131]
- 유대가 로마제국의 식민지로 되었을 때(A.D. 6), 대제사장과 사두개인들은 60년 동안 산헤드린 공의회를 지배하였다.[132]
- 로마의 디도(Titus) 장군에 의하여 예루살렘 성이 멸망당할 때(A.D. 70), 로마제국과 짝하던 제사장들, 사두개인들은 피를 흘리며 살해되었다.

2. 특징

- 사두개파의 사회적 위치(지위)는 종교적으로는 **제사장 반열에 속하였다.** 대제사장은 물론 산헤드린 공의회 다수도 사두개인들이었다. 요세푸스(Josephus)는 사두개파를 제사장 가문과 동일시하였다(Ant. 18.1; 4.20; 9.1). 사두개인들 다수는 제사장들이었고 그들 다수는 성전에서 일하였다(대상 9:11). 하스모니안 가의 통치시대 일부 사두개인들은 게루시아(γερουσι,α; The Jewish Senate; 상원)의 의원들이었다.
- 정치적으로는 사두개파가 핵심이 되어 산헤드린 공의회를 움직였다. 산헤드린 공의회는 유대인들의 종교적·정치적·사법적 최고의결기구(the highest governing body)로 이 기구의 의장은 사두개인 대제사장이요, 위원들은 사두개인들, 서기관들, 바리새인들, 백성을 대표하는 장로들 등 71명으로 구성되어 있다. 사두개파는 막강한 정치적 영향력을 가지고 있었다. 사두개파

---

131) Josephus, *Ant*, 15. 1. 1.
132) F. F. Bruce, 『신약사』, p.103.

는 로마 정부와 결탁한 실제적 지배계층이었다. 특히 유대가 로마의 속국으로 되고 로마의 총독이 통치할 때 대제사장과 산헤드린 공의회는 내정(內政)의 주도권을 행사하였다. 그리고 그 후 60여 년 동안은 대제사장은 사두개파에서 나왔다. 그러나 A.D. 70년 로마의 디도(Titus) 장군에 의하여 예루살렘이 멸망당했을 때 그들은 다 칼에 피를 뿜으며 살해되었고 그 이후로는 제사장 직분이 사라졌다.
- 경제적으로는 중산층(Middle Class)이었다. 그들 다수는 예루살렘에 거하였으며, 숫자적으로 소수이었다. 그들은 부와 권세를 누릴 뿐이었다.
- 문화적으로는 헬레니즘(Hellenism)사상을 이어 받았다.
- 사회적으로는 귀족들이었다. 대중들과는 거리가 멀었고, 매우 현실적이었다. 사두개인들은 모세의 5경(Written Law; 기록된 율법)과 서기관들이 여러 해 동안 해석한 전통적 해석들만을 중요시하였다.[133] 선지서들이나 전승들이나 다른 책들은 신앙적 교리로 받아드리도록 강요하지 않았다. 전승문서들의 권위는 부인하였다.
- 법적 문제들(Local Matters)은 다른 종파들이나 사람들보다 훨씬 냉엄하였다.[134] 죄에 대한 보복(Retaliation)은 가장 엄격하였다. 이는 이로, 눈은 눈으로, 손은 손으로, 발은 발로 갚으라는 것이었다(신 19:21). 거짓 증인들(False Witness)은 사형에 처하였다(신 19:19-21).
- 계대결혼(Levirate Marriage): 계대결혼이란 만일 형이 아들이 없이 죽으면 그의 동생이 형수를 취하여 아내로 삼고, 첫 아들을 낳으면 죽은 형의 후사로 잇게 하는 것이었다. 계대결혼은 후손이 끊이지 않게 하기 위한 히브리인들의 오랜 풍속이었다(창 38; 마 22:23-30). 그러나 만일 시동생이 형수를 아내로 취하기를 원치 않으면, 형수는 장로들 앞에서 시동생 앞으로 나가 시동생의 신발 하나를 취하고, 그의 얼굴에 침을 뱉는다(신 25:5-10). 이는 아이 없는 과부들을 돌아보고, 계대를 잇고, 땅을 분배하는 데 매우 중요하

---

133) Josephus, *Ant*. 13. 10. 6.
134) *Ant*. 20. 9. 1.

였다. 게대 혼인법과 일부다처주의는 같지 않다.

3. 교리들(Doctrines)

사두개인들은 제사장 반열에 있으면서도 부와 권세를 누린 당시 종교적 자유주의자들이었다.

사두개파는
- 모세 5경만 정경으로 받아들였다.
- 모세의 율법을 문자적으로(바리새인들보다 더) 해석하였다.
- 구전법(미쉬나)의 권위와 구속력을 부인하였다.
- 인간의 자유의지(Free-Will)를 강조하였다. 선과 악의 선택은 인간 자신의 자아의지에 달려 있다고 주장하면서 개인의 의지와 자유를 강조하였다.
- 사람의 영(Spirit)도 영적 세계도 부인하였다(행 23:8)
- 천사들과 마귀들의 존재도 부인하였다(행23:8)
- 부활도 부인하였다(행 23:8; 마 22:23; 막 12:18; 눅 20:27). 그들은 사람이 죽으면 육체와 영 모두 이 세상에서 끝이다. 죽음은 모든 것이 끝이다.[135] 매우 현세적이며 인본주의적이다. 그들은 예수님을 책잡기 위하여 묻기를 "우리 중에 7형제가 있는데 맏이 장가들었다가 죽어 후사가 없으므로 그의 아내를 그의 동생에게 끼쳐두고 그 둘째와 셋째로 일곱째까지 그렇게 하다가 최후에 그 여자도 죽었나이다. 그런즉 저희가 다 취하였으니 부활 때에 일곱 중에 뉘 아내가 되리이까?"(마 22:23-30)라고 질문도 아닌 질문을 하였다.
- 십자가에 달려 죽은 예수는 메시아가 아니다(*Ant.*, 18. 1. 4).
- 최후 심판도, 사후의 상급과 형벌도 믿지 않았다.

4. 결론: 성경에 무지하였다.

마태복음 22:29, "예수께서 대답하여 가라사대 너희가 성경도 하나님의 능력도 알

---

135) Josephus, *Ant.* 18. 1. 4,
    Wars 2. 8. 14.

지 못하는 고로 오해하였도다."

사두개인들은 제사장 반열에서 성전 제사를 주관하고, 산헤드린 공의회를 지배하고, 모세 5경을 너무나 잘 안다. 그럼에도 불구하고 주님은 그들을 향하여 그들은 성경을 모른다고 하셨다. 왜 사두개인들은 성경 곧 하나님의 말씀을 모르는가? 성경을 믿지 않기 때문이다. 불신앙자는 영계의 진리를 알 길이 없다.

5. 바울을 가이사랴로 호송함(Paul Transferred to Caesarea)

사도행전 23:22-24, "이에 천부장이 청년을 보내며 경계하되 이 일을 내게 알렸다고 아무에게도 이르지 말라 하고, 백부장 둘을 불러 이르되 밤 제 삼 시에 가이사랴까지 갈 보병 이백 명과 기마병 칠십 명과 창병 이백 명을 준비하라 명하고, 또 바울을 태워 총독 벨릭스에게로 무사히 보내기 위하여 짐승을 준비하라 명하며."

천부장 클라우디우스 루시아(Caluadius Lysias)는 바울의 조카가 현장을 떠나자마자 로마 시민권자인 바울을 가이사랴에 있는 벨릭스 총독(Governer Felix)에게 안전하게 호송하기로 결심하고 자신이 특별히 신임하는 두 백부장을 불러 보병(soldiers) 200명, 기마병(horsemen) 70명, 활 쏘는 병사(spearmen) 200명 등, 총 470명의 군사로 하여금 바울을 호송케 하였다.

"밤 3시"(트리테스 호라스 테스 누크토스; τρίτης ὥρας τῆς νυκτός; the third hour of the night)는 해지는 시간으로부터 3시간을 말한다. 따라서 해지는 시간을 6시로 잡는다면, 해지는 시간으로부터 3시간이면 밤 9시이다. 그러므로 KJV과 NASB에는 밤 3시, NIV에는 밤 9시라고 하였다.

천부장은 신임하는 두(two) 백부장에게 지시하고 자신은 벨릭스 총독에게 편지를 썼다.

편지의 내용(행 24:25-27):
- 벨릭스 총독에게 문안인사(카이레인, Χαιρειν ; greeting)를 드린 것,
- 바울은 로마 시민권자(Roman citizen)로 투옥이나 사형에 처할 아무 죄도

범한 일이 없다는 것,
- 유대인들이 바울을 고소(에그클레마; ἔγκλημα; accusation)한 것은 그들의 율법에 관한 문제라는 것,
- 바울을 고소한 유대인들로 하여금 총독 앞에 출두하여 직접 진술할 것 등이다.
- 천부장이 신임하는 두(two) 백부장은 명(命)을 받들어 470명의 군사를 거느리고 바울을 호송하여 그날 밤에 안디바드리(Antipatris)까지 이르러 그곳에 주둔하고 있는 (사마리아와 유대지방을 관할하는) 군부대 영내에서 그날 밤을 지냈다. 안디바드리는 예루살렘에서 30mile, 가이사랴에서는 28mile로 예루살렘과 가이사랴 중간 지점이다.
- 다음날 천부장은 바울을 가이사랴로 호송할 기마병 일부를 남겨두고 나머지 군사들은 다시 예루살렘으로 복귀시켰다(행 23:32). 그곳에서부터 가이사랴까지는 위험성이 덜했기 때문이다. 죄 없는 바울 한 사람을 호송하기 위하여 그토록 많은 군사들이 동원된 일은 군(軍) 역사상 유례가 없는 일이다.
- 기마병들은 바울을 가이사랴까지 안전하게 호송하고 백부장들은 천부장이 보낸 편지를 베스도 총독에게 전달했다. 베스도 총독은 편지를 본 후 고소인들이 와서 진술할 때까지 바울을 헤롯궁에 거하게 하였다.
- 헤롯 "궁"(프라이토리온; πραιτω,ριον; praetorium; palace)은 총독의 관저로 가이사랴 항구 남쪽, 야외극장 서쪽에 위치해 있으며 B.C. 6년부터 총독의 관저로 사용되어 왔다. 헤롯궁은 로마에도(빌 1:13), 에베소에도, 예루살렘에도(요18:28), 가이사랴에도 그리고 로마제국의 다른 지역들에도 있었다.

"5일 후"(after 5 days)는 예루살렘에서 가이사랴로 떠난 지 5일 후라는 뜻이다. 대제사장 아나니아는 산헤드린 공의회 일부 장로들과 자신들이 고용한 변호사(레토로스, ρη,τορος; an orator, lawyer) 더둘로(Tertullus)를 대동하고 직접 가이사랴까지 내려가서 벨릭스 총독 앞에 섰다.

1) 벨릭스 앞에서 심문 받음(행 24:1-23) - 가이사라에서
(The Trial Before Antonius Felix)

로마의 식민지 통치시대의 재판관은 각 관할지역의 총독들이었다.

벨릭스는 글라우디오(Claudius) 황제의 총애를 받아 A.D. 52년 유대 지방의 총독으로 임명되었다. 그는 폭정과 색정(sex) 그리고 반대 세력에 대한 무자비함 등으로 권력을 남용하였다.

대제사장 아나니아의 변호사 더둘로

더둘로 변호사는 벨릭스 총독에게 피고인 바울을
- 천하에 유대인들을 소요케 하는 전염병 같은 문제를 일으키는 선동자(trouble-maker),
- 나사렛 이단의 두목(ringleader): 그들에게 나사렛 이단(sect)은 기독교를 말한다.
- 성전을 모독하는 자, 더럽히는 자(desecrate the temple)라고 하면서 엄히 중한 처벌을 요청하였다. 이에 유대인들도 더둘로의 고소가 옳다고 거들었다.

벨릭스 총독은 원고 대리인의 고소 내용을 청취한 후 피고인 바울로 하여금 변호토록 하였다. 총독이 말하기를 "내가 네 말을 들으리라"(I will hear you) 라고 하였다. 이 말은 "궁전에 보내어지는 자는 충분히 말하도록 해야 한다"는 로마법에 따른 것이다.

피고인 바울은 벨릭스 총독에게 간단하며 진실된 문안 인사를 드린 후,
- 바울 자신은 예루살렘으로 간지 12일 밖에 안 되었다는 사실,
- 예루살렘에 간 목적은 교회가 모금한 구제금과 구호품을 예루살렘교회에 전달하기 위함,
- 오순절을 지키기 위함,
- 성전에서 그 누구와도 논쟁하지 않았음,
- 회당이나 장터 등에서 소란을 피우지도 않았음,

- 부디 죄가 있다면 율법과 선지자들의 글(구약)을 다 믿으며 하나님을 섬긴다는 것,
- 의인과 악인의 부활을 믿고 증거한 것,
- 공의·절제·심판에 관하여 강론한 것, 등에 대하여 진술하였다.

벨릭스 총독은 원고인의 변호사와 피고인 바울의 진술을 모두 충분히 청취한 뒤, 판결을 하지 않고 백부장에게 명하여 바울을 지키되 자유를 주고, 바울의 친구들이 바울을 돌보는 것을 금하지 말라고 하였다.

한편 벨릭스는 바울로부터 뇌물(bribe)을 받을까 하여 자주 불러 이야기 했다. 벨릭스는 바울이 구제금과 구호품을 예루살렘교회에 전달한 것을 알고(행 24:17) 바울이 부자(rich man)인 줄 착각한 것 같다.

바울이 가이사랴 감옥에 2년 동안 수감됨(행 24:24-27)

벨릭스는 바울에게서 아무 죄도 발견하지 못하고도 정의에 대한 무관심과 탐욕으로 바울을 2년 동안이나 감금하고 사건의 판결을 지연시켰으며, 자신이 소환을 당해 떠날 때에도 바울을 투옥된 채로 두었다.

2) 베스도 앞에서 심문 받음(행 25:1-12) - 가이사랴에서(The Trial Before Festus)

베스도는 벨릭스의 후임으로 재임 중(A.D. 59-62) 약 2년 후에 사망하였으나 유대 지방에 파송된 총독들 중 가장 존경받는 총독이었다.

예루살렘에서 가이사랴로 내려온 유대인들이 바울을 여러 가지 사건들로 고소(기소)하였으나 어떠한 증인도 증거도 제시하지 못하였다. 예루살렘에서 가리사랴까지는 약 96km(60mile = 240리) 거리이다.

바울은 변호(defence)하기를, "나는 유대인의 율법이나 성전이나 가이사에게 아무 죄도 범하지 않았다"고 담대하게 변호했다.

- 바울은 유대인들의 율법(Law)에 죄를 범하지 않았다. 오히려 율법(도덕적)을 더욱 존중시하였다(롬 7:12; 8:3-4; 고전 9:20).

- 바울은 성전(Temple)에도 죄를 범하지 않았다(행 21:28 -29). 바울은 이방 사람들을 데리고 성전 안으로 들어간 일이 없다.
- 바울은 가이사(Caesar)에게도 죄를 범치 않았다. "가이사"는 로마제국의 황제를 지칭하는 명칭이다. 바울은 오히려 국가의 법과 질서를 지키고, 위정자들을 위하여 기도하라고 권면하였다(롬 13:1-7; 딤전 2:2).

베스도는 민첩하게 바울의 사건을 다루고(25:6), 바울의 결백을 확인하였음에도 불구하고 정치적인 문제가 아니라 종교적인 문제이므로 예루살렘에서 다시 재판을 받지 않겠느냐는 엉뚱한 제안을 했다. 그러나 그렇게 되면 폭도들의 손에 넘어갈지 모르므로 부득불 바울은 가이사에게 호소하여 가이사에게 재판을 받기를 진정하였다. 바울의 호소대로 베스도는 바울을 로마 황제 법정으로 보내기로 결정하였다.

3) 아그립바 2세 왕 앞에서 심문 받음(행 25:13-26:32) - 가이사랴에서(Before King Agrippa Ⅱ)

베스도가 유대 지방의 총독이 되었을 때, 아그립바 2세 왕은 그의 여동생 베니게(Bernice)와 함께 베스도의 취임을 축하하기 위하여 가이사랴로 가서 여러 날을 지냈다. 가이사랴는 지중해 해변가 휴양지이기도 하다.

그때에 베스도는 재판 문제의 자문을 구하고자 아그립바왕과 바울의 사건을 논의하였다. 아그립바는 베스도에게 자신이 직접 바울의 말을 듣기를 원한다고 하였다. 베스도는 아그립바가 바울의 말을 직접 들으리라하고 며칠 후 바울을 아그립바 앞에 세웠다.

사도 바울이 벨릭스와 드루실라에게 전도

사도행전 24:24-26, "수일 후에 벨릭스가 그 아내 유대 여자 드루실라와 함께 와서 바울을 불러 그리스도 예수 믿는 도를 듣거늘 바울이 의와 절제와 장차 오는 심판을 강론하니 벨릭스가 두려워하여 대답하되 시방은 가라 내가 틈이 있으면 너를 부르리라 하고 동시에 또 바울에게서 돈을 받을까 바라는고로 더 자주 불러 같이 이

야기하더라."

　사도 바울은 아그립바에게 자신의 회심 전부터 회심 후 지금까지의 지나온 것과 사역을 말하면서 예수 그리스도의 고난과 죽으심 그리고 부활하심에 대하여 그리고 장차 있을 최후 심판에 대하여 증거하고 예수님을 구주로 믿으라고 전도하였다. 아그립바, 베니게, 베스도, 그 밖에 모든 청중이 바울의 연설에 매료되었다. 산헤드린 공의회 사람들을 위한 더둘로의 변호와는 매우 대조적이었다.

　옆에서 듣던 베스도가 끼어들며 크게 소리 질러 말하기를, "바울아! 네가 미쳤도다. 네 많은 학문이 너를 미치게 하였도다"(행 26:24)라고 꾸짖었고, 바울은 베스도에게 말하기를, "베스도 각하여! 내가 미친 것이 아니요 참되고 온전한 말을 하나이다"라고 대답하였다. 이는 마치 예수님이 복음을 전할 때 유대인들이 "예수는 귀신들려 미쳤다"(요 10:20)고 한 말을 생각나게 한다.

　"미쳤다"(마니아; μανία: mad, craze; 미침)는 정신이 나갔다(be out of one's mind) 또는 머리가 돌았다(his head turned round)는 뜻이다.

　아그립바는 바울에게 이 짧은 시간에 그를 설득하여 그리스도인이 되게 하려한다고 말하고, 바울은 결박당하거나 사형을 당할만한 행위가 없다 하였다. 아그립바가 베스도에게 말하기를 바울이 만일 가이사에게 상소하지 아니하였다면 석방될 수 있었을 뻔하였다고 말했다.

4) 로마로 이송

　사도행전 25:25, "내가 살피건대 죽일 죄를 범한 일이 없더이다. 그러나 그가 황제에게 상소한 고로 보내기로 결정하였나이다."

　황제에게 상소한 경우에는 범죄 내용과 관계된 모든 재판 기록을 황제에게 알려야 했다. 그러나 베스도는 바울에게서 죽일 죄를 찾지 못하였다. 죄목도 찾지 못하고 황제에게 보낸다는 것은 불합리한 처사이나 바울이 황제에게 상소한 고로 로마로 보낸다고 하였다.

　※ 사도행전 25:13-26:32까지에 등장하는 아그립바는 역사에는 헤롯 아그

립바 2세(Herod Agrippa II)로 그의 아버지 아그립바 1세의 아들이다. 그의 아버지가 A.D. 44년에 죽었을 때 그의 나이는 17세였다. 그는 그때로부터 6년 후 A.D. 50년부터 갈릴리 바다 동북쪽과 베뢰아 지방을 통치하였으며, 따라서 왕(분봉왕 = 총독)이라고 불렀다. 왕과 로마제국의 황제와는 구별하여야 한다. A.D. 70년 예루살렘 성(城)이 파괴된 후에는 퇴임하고 동생 베니게와 함께 로마로 가서 A.D. 100년에 세상을 떴다.

〈생명이 저들 속에 역사하게 하소서!〉

나를 핍박할 때, 내가 기뻐하게 하소서.
나를 욕할 때, 내가 즐거워하게 하소서.
나를 조롱할 때, 내가 침묵하게 하소서.
나를 저주할 때, 내가 축복하게 하소서.

나를 우겨 쌀 때, 내가 감사하게 하소서.
나를 가둘 때에, 내가 사랑하게 하소서.
나를 밟을 때에, 내가 용서하게 하소서.
나를 채찍 할 때, 내가 승리하게 하소서.

고통과 사망은 내 속에서 역사하고,
생명은 저들 속에 역사하게 하소서.
그리스도께서 날 위해 그렇게 하셨듯이…

〈감사〉

무화과가 풍성하지 못할 때에도 감사하게 하시고,
포도나무에 열매가 없을 때에도 감사하게 하시고,
감람나무에 소출이 없을 때에도 감사하게 하소서.

햇빛과 달빛이 가리워질 때에도 감사하게 하시고,
기근과 재난이 닥쳐올 때에도 감사하게 하시고,
환난과 시험이 닥쳐올 때에도 감사하게 하소서.

두 눈과 귀가 어두워질 때에도 감사하게 하시고,
두 손과 발이 무력해질 때에도 감사하게 하시고,
심장의 고동이 멈춰질 때에도 감사하게 하소서.

오로지 나는 하나님으로 인하여 감사하게 하시고,
주님의 구원의 은총으로 인하여 감사하게 하시고,
성령님의 인도하심으로 인하여 감사하게 하소서.

IV. 사도 바울의 제4차 선교여정 (A.D. 59-60) - 로마로!
(Paul's Fourth Missionary Journey, 행 27:1-28:16)

사도 바울의 제4차 선교여정

사도 바울의 제4차 선교여정은 로마 감옥에서의 선교 사역이 중심이었다.

1. 가이사랴에서 → 시돈까지
2. 시돈에서 → 무라까지
3. 무라에서 → 미항까지
4. 미항에서 → 멜리데까지
5. 멜리데에서 → 수라구사까지

6. 수라구사에서 → 레기온까지
7. 레기온에서 → 보디올까지
8. 보디올에서 → 로마까지
9. 제1차 로마 감옥 - 2년 동안 투옥
10. 제2차 로마 감옥 투옥
11. 로마 법정에서의 변호
12. 사도 바울의 순교-참수(목베임)

사도행전 23:11, "그날 밤에 주께서 바울 곁에 서서 이르시되 네가 예루살렘에서 나의 일을 증거한 것 같이 로마에서도 증거하여야 하리라."

바로 그날 밤 바울의 로마 선교여정이 시작되었다. 바울과 몇 명의 죄수들은 가이사랴에 주둔하고 있는 아우구스부대(Augustian Regiment) 소속 백부장 율리오(Julius)의 호송 하에 로마로 가게 되었다. 바울 일행과 죄수들을 로마까지 인솔할 담당 장교와 소속부대를 밝힌 것이다. 백부장 율리오는 고상한 인격의 소유자로 로마까지 가는 길 여정 내내 사도 바울에게 친절을 베풀었다.

※ **아우구스부대**(Augustian Regiment)는 왕정부대(the Imperial Cohort)이다. 왕정부대에는 300명 내지 600명 규모의 병사들이 있었다.

그 옛날에도 각 군부대마다 그 부대의 고유 명칭이 있었고, 부대 번호가 있었다. 이는 마치 우리나라 육군의 백골부대, 123부대와 같은 부대 이름과 그 부대를 상징하는 백골 등을 군복 상위에 부착하는 것과 같다.

※ **백부장**은 사도행전과 누가복음에 여러 번 등장하지만 사도행전에서는 10장에서 고넬료와 본 장(27장)에서 율리오뿐이다.

1. **가이사랴에서 시돈까지**(행 27:1-3, Caesarea to Sidon)

바울 일행은 가이사랴에서 소아시아 여러 항구들을 운행하는 여객선에 승선하여 그 다음날 시돈에 기항하였다.

● 바울의 로마행에는 의사요, 사학자요, 바울의 제자인 누가(Luke)와 데살로니가에서 개종한 아리스다고(Aristarchus)도 동승하였다. 누가는 사도 바울이 2년간 가이사랴 감옥에 투옥되어 있는 동안 아마도 감옥 근처에 살면서 사도 바울의 건강을 보살폈다.

● **아리스다고**는 바울의 제3차 선교 사역 중 에베소에서 가이오와 함께 바울의 사역을 도왔을 뿐만 아니라 데메드리오의 소동 초기에 군중들에 붙잡혀 극장 안으로 끌려간 사람이다. 그는 누가와 함께 바울의 사역과 말로에 끝까지 함께한 성도였다(골 4:10; 몬 1:24).

● **시돈**(Sidon)은 가이사랴에서 북쪽으로 약 112km(70mile), 두로에서는 북쪽으로 약 32km에 위치한 항구도시이다. 시돈은 고대 베니게(Phoenicia)의 상업도시이며 두로(tyre)와 함께 지중해 연안 최대의 항구였다. 지금은 두로와 베이루트 중간 지점, 레바논의 서남부 지중해 연안의 한 항구도시로 인구는 약 5만명이 거주한다.

● B.C. 24년경 스트라보(Strabo)는 천문학과 수학분야에서 시돈 사람들이 이룬 찬란한 업적을 언급했다. 또 시돈에는 고대 동방의 유명한 법률학교가 있었다고 한다.

● 백부장 **율리오**(Julius)는 배가 시돈에 정박하고, 여객들이 내리고 승선하고, 물건들을 하역하고 선적하는 동안 바울로 하여금 시돈에 있는 성도들을 만나 교제를 나누며, 그들의 보살핌을 받을 수 있도록 자유 시간을 주었다. 그 이유는 바울의 인격을 존중하고 신뢰하였기 때문이라고 생각된다.

2. **시돈에서 무라까지**(행 27:4-5, Sidon to Myra)

또 배는 시돈을 떠나 지중해 연안과 구브로(Cyprus)섬 사이 해안을 따라 길리기아(Cilicia)와 밤빌리아(Pamphylia) 지역 앞바다를 지나 무라(Myra)항에 도착하였다. 배가 지중해 연안과 구브로섬 사이 해안을 따라 항해한 것은 심한 폭풍

석회암 지대를 깎아 만든 무덤

과 풍랑으로부터 보호받기 위함이었다. 시돈에서 무라까지는 해안을 따라 정상적으로 항해한다면 약 10일 정도 걸렸다.

- 무라는 알렉산드리아에서 로마로 항해할 때 정박하는 중요한 항구 중의 한 항구였다.
- 무라는 터키의 소아시아 루기아(Lycia) 지방 남쪽 미로스 강(Myros river) 어귀 에게 해(Aegean Sea)에 있는 아름다운 해변이 있는 항구도시이며, 로마제국 하드리안 황제(Hadrian, 117-138) 통치시대에 지은 곡식창고는 지금도 보존되어 있다.
- 로마시대는 무라가 루기아 주(州)의 수도로 고대 그리스의 큰 극장과 석회암 지대를 깎아 만든 많은 무덤들이 있다.
- 바울은 구브로 섬 앞을 지나갈 때, 안디옥교회에서 바나바와 바울을 따로 세워 기도하고 안수하고, 성령이 보내심을 받아 구브로로 가서 첫 선교 사역을 한 것(행 13:2-12)을 회상하면서 지나갔을 것이며, 지금은 마지막 사역을 위하여 로마로 가는 길이다.

무라항

3. 무라에서 미항까지(행 27:6-8, Myra to Fair Heavens)

백부장은 무라에서 바울 일행과 죄수들을 **알렉산드리아 호**(Alexandria Ship)라는 큰 배로 갈아타게 하였다. 이 큰 배는 곡창지대인 애굽에서 곡식을 싣고 이탈리아로 가는 곡식 수송선(grain ship)이다.

항해 중 강풍이 불어 여러 날 만에 그레데(Crete) 섬의 남쪽 항구인 미항(Fair Havens)에 기항하였다. 미항은 라세아(Lasea)에서 8km 서쪽에 있는 항구이다. 그러나 사도 바울이 그곳에서 체류했다고는 생각지 않는다. 그 섬에서 복음을 증거하기에는 시간상 그리고 여건이 허락되지 않았기 때문이다.

2세기의 작가이며 여행자 루시안(Lucian)은 말하기를 알렉산드리아 호의 길이는 174feet(로마 180feet), 승무원은 군대 같다고 하였다. 사학자 요세푸스(Josephus)는 이 배는 600명이 승선할 수 있다고 하였다.[136] 그러나 이번 사도 바울이 탄 이 배에는 276명이었다(행 27:27).

무라에서 미항까지는 날씨가 좋으면 하루 만에 항해할 수 있는 가까운 거리

---
136) McRay, op. cit., p.232.

인데 여러 날이 걸렸으니 태풍이 얼마나 강했는지 알 수 있다.

"여러 날 만에"(엔 히카나이스 데 헤메라이스; ἐν ἱκαναῖς δὲ ἡμέραις; in a number of days = many days)는 독립적 분사구로서 계속적 항해에 대한 부정적 입장을 나타낸다.

4. 미항에서 멜리데까지(행 27:9-44)

멜리데 항구(케팔로니아 섬)

– 폭풍우(유라굴로, Fair Heavens to Malta)

많은 날들이 지났을 뿐 아니라, 금식하는 절기도 이미 지났으므로 항해하기가 더욱 위험한 때가 되었다. "금식하는 절기"는 유대인들이 민족적으로 금식하는 속죄일(the day of Atonement) 기간을 말한다.

구약에서 7월 10일로 정해진 유대인의 속죄일은 음력(lunar calendar)을 기준으로 하기 때문에 양력(solar calendar)으로는 해마다 날짜가 다르다. 통상적으로는 9월말 또는 10월 중순 곧 금식일 후 5일까지이다(레 16:29-31).[137]

로마인들은 9월 중순 이후 항해는 위험하며 11월 11일부터 다음해 3월 10일까지의 항해는 자살행위라고 하였다.

---

137) *Dictionary of N.T. Background*, p.1248.

사도행전 27:9-11에 의하면, 바울은 금식하는 날이 지났으므로 항해하기가 더욱 위험한지라 선장·선주·승무원들에게 간곡히 권하기를 항해를 계속하면 배·물건들·사람들의 생명에 큰 피해를 입을 것이라고 경고하였다.

"**권하여**"(파레네이; παρῄνει; exhorted, advised; 권면하였다, 충고하였다)는 파라이네오(παραινέω; to exhort or advise; 권면하다, 충고하다)의 3인칭·단수·미완료형(imperfect)으로 미완료형은 권유를 여러 번 반복하였음을 나타낸다(행 27:9, 22).

그러나 백부장은 바울의 충고보다 선주의 말을 더 믿었다.

"**선장**"(steerman)과 "**선주**"(shipowner) 그리고 다수는 항해를 더 계속하기를 원하였다.

바울은 비록 항해 전문가는 아니지만 선교여정 중 육로보다 해로를 더 빈번하게 이용했고, 세 차례 파선으로 바다에서 생명의 위험을 경험한 바 있기 때문에(고후 11:26), 바다의 위험이 얼마나 무서운가를 잘 알고 있었다.

그러면 왜 선장과 선주는 계속 항해를 주장했을까? 물론 영리를 목적으로 하기 때문이다.

로마 황제는 로마 시민들에게 곡식을 공급하기 위하여 위험한 기간 중에 항해하는 곡물 운반선의 주인(선주)에게 후한 보상을 했을 뿐 아니라 배가 파선되는 경우에도 손해를 보상했기 때문에, 선주들은 항해를 모험하는 경우도 있었다.[138]

선장과 선주는 물론 다수의 승객들도 미항에서 겨울을 보내기에는 숙박시설 등이 불편하므로 뵈닉스(Pheonix) 항구까지 가서 거기서 겨울을 지내자고 하므로 출항하였다. 처음에는 순항하였으나 얼마 안가서 갑자기 유라굴로(εὐρακύλων; Euraguilo)라는 태풍(hurricane)이 동북쪽으로 강하게 불어, 배는 이리저리 떠밀려 갔다.

다음날 사공들은 배를 가볍게 하기 위하여 짐들을 바다에 집어 던지고, 그 다음날에는 곡식 포대들도 바다에 던져 버리고, 삼일 째 되는 날에는 배의 도구들과 가구들까지도 바다에 던져 버렸다.

---

138) Rapske, *Acts, Travel and Shipwreck*, p.26-27.

여러 날 동안 해도 별들도 보지 못하고, 폭풍우는 계속 일어나 생명에 큰 위험을 받았다. 고대의 배들은 나침반이나 육분의(六分儀)와 같은 항법장치조차 없어서 밤에는 북두칠성 같은 별들이나 달에 의존하여 항해했다. 그런데 낮에 해와 밤에 별들을 볼 수 없으니 살아남으리라는 희망은 사라졌다.

미항을 떠난 지 14일째 되는 날 밤에는 태풍에 밀려 아드리아 바다 가운데 떠밀려 다니고 있었다.

"아드리아 바다"(The Adriatic Sea)는 그레데 섬과 작은 멜리데 섬 사이에 있는 바다를 가리킨다.[139]

바울이 배에 탄 모든 사람들에게 음식 먹기를 권하고, 그들 중 머리카락 하나도 잃을 자가 없으리라하고, 빵을 가져다가 하나님 앞에 감사의 기도를 드린 후 먹으니 모두 276명이었다. 식사 전 감사기도는 하나님의 백성들의 일상이다(눅 9:16; 24:30; 딤전 4:4-5).

파선(Shipwreck)과 육지로의 탈출(행 27:39-44) – 멜리데 섬

배는 결국 두 물이 합하여 흐르는 여울에 틀어 박혀 파선되었다. 그리하여 백부장은 헤엄쳐 나가는 사람들 또는 널조각 또는 배 물건에 의지하여 나가게 하니 경사진 해안(콜포스; κόλπος; bay or gulf; 만)에 도달하게 되었다. 경사진 해안이란 만(bay)을 가리킨다. 그 곳이 곧 작은 멜리데 섬(Malta, 섬)이였다

이번 파손이 사도 바울에게는 최초의 위험이 아니다. 고린도후서 11:25, "세 번 파손하고 일주야를 깊은 바다에서 지냈으며 …"라고 하였는데, 이것은 이번 파손을 입기 몇 년 전 사건들을 말한다. 따라서 이번 로마로 가는 항해 중 파손은 적어도 4번째 파손이었을 것이다.

5. 멜리데에서 수라구사까지(행 28:1-10) – 3개월간(Malta to Syracuse)

멜리데(Μελίτη; Malta; 말타) 해안에 도착

---

139) Polhill, *Acts*, pp.524-525.

사도행전 28:1, "우리가 구조된 후에 안즉 그 섬은 멜리데라 하더라."
- 말타(Malta) 섬은 300km²의 면적, 368,250의 인구로 세계에서도 가장 작은 면적과 가장 작은 인구의 나라이다. 말타는 1964년 영국의 식민지로부터 독립되고, 1974년 말타공화국(Republic Malta)이 되었다. 공적인 종교는 가톨릭이며, 관광지로 유명하다.
- 멜리데 섬은 큰 시실리 섬 남쪽 약 93km(58mile) 지점에 지중해 중앙에 위치한 작은 섬으로 현재는 말타라고 부른다. 바울 일행의 배가 파손되어 상륙한 섬이다.
- 멜리데 섬의 길이는 약 29km, 넓이는 13km, 높은 곳은 해발 258m이다. 남쪽은 바다와 급경사를 이루는 가파른 절벽이고, 북동쪽 해안은 크고 작은 만(Gulf)이 여러 개있다.

사도행전 28:2, "비가 오고 날이 차매 원주민들이 우리에게 특별한 동정을 하여 불을 피워 우리를 다 영접하더라."
누가는 멜리데섬 사람들을 야만인들(βάρβαροι; barbarians)이라고 불렀다. 야만인이란 단순히 헬라어를 말하지 못한다는 뜻에서이다.

멜리데 섬에서 일어난 기적들(행 28:1-10)
- **독사가 바울의 손을 물었으나 해가 없었음**(행 28:1-6).
섬사람들은 바울 일행을 맞이하여 비가 오고 춥기 때문에 불을 피웠다. 바울이 땔감 한 묶음을 불에 넣으니 뜨거움으로 한 독사가 나와 바울의 손을 물었고, 바울이 자기 팔에 있는 그 독사를 흔들어 불에 떨어뜨렸으나 조금도 상함이 없었다.
- **보블리오의 아버지 열병을 고치심**(행 28:7-10)
이 섬의 가장 높은 사람 보블리오(Poblius)가 바울 일행을 영접하여 3일 동안 머물게 하여 잘 환대하였다. 그런데 그의 아버지가 열병과 이질에 걸려 누워있었는데 바울이 들어가서 그를 위하여 간절히 안수기도하여 고침을 받았다. 이런 일이 있은 후에 그 섬의 병자들이 와서 고침을 받았다. 그리고 바울 일행을 대접하고 후한 예로 떠날 때에 그들이 필요한 것들을 배에 실어 주었다(행 28:1-10).

그들은 10월 하순경에 멜리데 섬에 도착하여 겨울을 보낸 후 3개월 후 A.D. 56년 2월 말이나 혹은 3월초에 알렉산드리아로 배를 타고 이탈리아로 떠났다. 2월 말이나 3월 초에야 배들이 항해할 수 있기 때문이다.

수라구사(Συρακούσας: Syracuse)까지 - 3일간
사도행전 28:12, "수라구사에 대고 3일을 있다가."

수라구사는 이탈리아 남부 동남쪽 연안에 위치한 시실리(Sicily) 섬(2,109km²)에서 이오니안 해(Ioannina sea)로 나가는 수라구사 만(Gulf of Syracuse)에 있는 가장 중요한 항구 도시로서 헬라 문화와 문물이 일찍이 들어왔다. 시세로(Cicero)는 수라구사를 "가장 위대한 그리스도의 도시, 가장 아름다운 도시"라고 극찬하였다. 수라구사는 시실리 왕국의 수도였으며, 네이폴(Naipaul) 왕국과 연합하여 1860년 이탈리아로 통일되었다. 시라쿠사는 이탈리아의 자치구로서 396,175(2001년 기준)명의 인구가 살고 있다. 바울은 로마로 호송되던 중 이곳에서 3일 동안 유하였다. 이곳에도 기독교가 일찍이 전도되어 유명한 카타콤이 있다.

6. 수라구사에서 레기온까지(행 28:11-12, Syracuse to Rhegium)

레기온('Ρήγιον: Rhegium) - 1일간
사도행전 28:13, "거기서 항해하여 레기온에 이르고…."

남풍이 불므로 하루를 지나고 그 다음날(둘째 날) 보디올에 이르렀다.

레기온은 이탈리아 반도 서남쪽 끝에 있는 항구도시로서 시실리 섬 동북쪽 끝 메시나(Messina) 바로 맞은편에 있다. 레기온과 메시나는 매우 가까운 해협이다.

레기온은 이탈리아 반도에서 가장 오래된 고도(故都)중 하나이다. 남부 이탈리아에서는 세 번째 경제도시이며 항구와 대학도시로 잘 알려져 있다. 레기온은 236km²의 면적에 186,136(2001년 기준)명의 인구가 살고 있다. 옛날 레기온은 네이플 왕국에 속했으나, 1860년 수라구사와 연합하여 이탈리아로 통일되었다. 이 지역은 주로 농산물, 과일, 담배를 수출하고 있다. 그리고 레기온 항구는 수산업과 해변은 관광객들로 붐비고 있다.

7. 레기온에서 보디올까지(행 28:13, Rhegium to Puteoli)

보디올 (Ποτιόλους: Puteoli: 현재명 Pozzuoli) – 일주일간

사도행전 28:13b, "… 남풍이 불므로 하루를(레기온에서) 지나고 그 다음날 보디올에 이르러."

● 레기온에서 보디올까지는 거의 320km(200mile) 북쪽에 있다.

보디올은 나폴리만(Gulf of Naples)만 북쪽 11km에 위치한 로마의 제1의 고대 항구도시였다. 보디올은 알렉산드리아 대형 곡물선 뿐만 아니라 로마제국의 다른 대형 선박들도 기항하는 큰 무역항구였다. 그 항구 옆에는 로마제국 해군기지도 있었다.

보디올에서 로마까지는 120km(75mile)이나 떨어졌다. 바울 일행은 보디올에서 믿음의 형제들을 만났고 그 형제들이 바울을 초청하여 그들과 **1주일(7일)을 같이 지내고**(행 28:14) **일행과 함께 로마로 갔다.**

두로아에서 일주일을 지나고(행 20:6), 두로에서 일주일을 지난 것(21:4) 같이, 바울은 보디올에서 일주일을 유하였다. 아마도 한 주일(one week) 또는 두 주일(two weeks)을 지나며 복음을 전하고 가르쳤다. 백부장의 허락으로 가능했던 것이다.

로마 ('Ρώμα; Rome) 에 있는 믿음의 형제들이 마중 나옴

사도행전 28:14c-15, "… 로마로 가니라 그곳 형제들이 우리가 온다는 소식을 듣고 압비오 광장과 트레스 타베르네까지 맞으러 오니 바울이 그들을 보고 하나님께 감사하고 용기(담대한 마음)를 얻느니라."

　로마에 있는 믿음의 형제들이 압비오 광장까지 마중나갔으며, 또 다른 한 믿음의 형제들은 트레이스 타베르네까지 마중나가서 사도 바울 일행을 영접하였다.

　압비오 광장(Foum of Appius)은 로마에서 남쪽으로 약 **69km**(43mile) 떨어진 한 작은 마을(town)이다. 로마에 있는 일부 믿음의 형제들은 바울 일행이 온다는 소식을 듣고 그토록 먼 곳까지 내려와 사도 바울 일행을 기쁨으로 맞이했다.

　트레이스 타베르네(Three Taverns)는 로마에서 **53km**(33mile) 떨어진 곳이다. 로마에 있는 다른 일부 믿음의 형제들은 바울 일행을 맞이하기 위하여 이 먼 곳까지 내려 왔다.

　"**맞으러**"(아판테신; ἀπάντησιν; to meet)는 어떤 도시의 대표단이 왕이나 개선장군을 맞이할 때 사용하는 말이다. 따라서 이는 로마의 성도들이 사도 바울을 주님의 위대한 사도로서 그리고 영적 지도자로서 환영하였음을 나타낸다. 사도 바울은 로마의 믿는 형제자매들로부터 뜨거운 환영을 받으며 로마로 입성하였다. 그 날은 참으로 위대한 날이었다.

　로마교회의 성도들이 사도 바울 일행을 환영하기 위하여 그토록 먼 곳까지 마중 나갔다는 것은 로마에도 이미 교회가 있었다는 사실을 입증한다. 사도행전 2:5, 10에 의하면, 오순절 날 예루살렘에 모인 사람들 중에는 그 먼 곳 로마에서 온 유대인들과 유대교에서 개종한 그리스도인들도 있었다. 그것은 스데반 집사가 순교당하고 박해가 계속 심해지면서 그리스도인들이 로마까지 피신 갔고, 그들을 중심으로 로마교회가 시작되었다고 생각된다.

　초대 교회 성도들은 하나님의 말씀을 얼마나 사랑하고 흠모하며, 하나님의 참 종들을 얼마나 존경했는가를 다시 한 번 생각나게 한다.

8. 보디올에서 로마까지(행 28:13b-14, Puteoli to Rome)

　사도 바울, 누가, 호송군인들, 죄수들 등 바울 일행은 보디올에서 전국 주요 간선도로인 **아피안 거리**(Appian Way)로 로마까지(120km) 갔다. 아피안 거리는 넓이가 약 13-15feet, 단단한 대리석들로 포장되었으며, 도로 양편의 보도길은 포장도로보다 조금 높게 자갈들로 되어 있다. 사도 바울은 로마에 가기를 그토록 소원했었고 드디어 로마에 도착하였다(행19:21; 23:11; 롬1:15).

로마 ('Ρώμα; Rome)140)

옛날 로마는 나라의 이름도 되고, 수도의 이름도 되었다. 로마는 이베리아 반도 중앙 서쪽에 위치하고 있으며, 사도 바울 당시는 동으로는 유프라데스강, 서로는 나일강, 남으로는 지중해, 북으로는 남부 유럽까지 방대한 영토를 점령·소유하였고, 한때는 아프리카와 아시아까지 세력을 확장한 때도 있었다.

로마는 사도 베드로와 사도 바울이 순교한 도시이다.

- 로마는 인류 역사상 가장 오래된 그리고 가장 중요한 도시들 중 하나이다. 로마의 역사는 B.C. 3000년경부터 시작된다.
- 로마는 이태리 반도 중앙 서부 티버강(Tiber river) 동쪽 뚝을 따라 7언덕에 건설되었다. 처음에는 목자들과 농부들의 마을인 팔라틴 언덕(Palatine Hill)이 로마의 근원지로 그곳을 로마라고 불렀다.
- 로마의 웅변가·정치가·철학자인 시세로(Cicero, B.C. 106-43)에 의하면 B.C. 753년을 로마 도시국가의 원년으로 삼았다. 로마제국은 B.C. 6-7세기부터 주변 민족들을 통합하여 공화국(Republic)으로 세력을 키우며 영토를 확장하기 시작하였다.
- B.C. 509년 에트루리아(Etruria) 두 집정관에 의하여 통치되는 공화국으로 되다.
- B.C. 494년 로마 공화국 민주주의 형태 채택.
- B.C. 270년 로마제국은 이태리 반도를 넘어 영토를 크게 확장하여 대제국이 되다.
- B.C. 3세기 중엽에는 알프스(Alps)까지.
- B.C. 63년 폼베이(Pompey) 장군은 팔레스타인까지.

---

140) Ats Italia Editrice, *Rome* (Kina Italia, Milan, 1997), pp.94-155.

- B.C. 31년 옥타비우스(Octavius)는 애굽 지경과 사하라 사막까지.
- 줄리어스 시저(Julius Caesar)는 북쪽 가울(Gaul; 불란서)과 브리티시(British) 국경까지.
- A.D. 9년 어거스터스(Augustus)는 북쪽 라인-다뉴브 강(Rhine-Danube)까지 국경을 넓혔다.
- 로마제국은 B.C. 753년부터 A.D. 476년 게르만 족에 의하여 멸망당할 때까지 1,229년 동안 대제국으로 유럽과 지중해 일대를 통치하였다.
- A.D. 1871년 이탈리아 왕국의 수도, 1946년부터는 이탈리아 공화국의 수도이다.
- 사도 바울 당시 로마에는 100만 인구가 살았는데 로마는 그 당시 세계에서 가장 큰 도시였다. 지금도 로마는 이탈리아의 수도이며 인구 270만 명의 대도시이다.
- **로마 광장**(Roman Forum): 팔라틴 언덕(Palatine hill), 카피톨리네 언덕(Capitoline hill)과 에스퀴린 언덕(Esquiline hill) 사이에 있어서 정치·종교·상업·재판소·공개토론장의 중심지로 B.C. 6세기부터 비잔틴 시대까지 약 천 년 이어졌다.
- **써커스 맥시머스**(Circus Maximus; 고대 로마 원형경기장): 약 2만 명 수용. 이 경기장에서 네로 황제 때 많은 그리스도인들이 무참히 사자들(lions)에 의하여 순교당함. B.C. 320년에 세워진 경기장으로 병거 경주 또는 다른 경기들.
- **로마 상원의사당**(Curia Romana, the Senate House): 옛 로마의 정치의 중심지. 처음에는 툴루스 호스틸리우스(Tullus Hostilius)에 의하여 세워졌고, B.C. 52년에 재건축되었으며, B.C. 29년 어거스터스(Augustus)에 의하여 개관되었다. 여기에는 300석의 상원석들이 있으며, 로마 정치의 중심이다.
- **바실리카**(Basilica; 옛 로마의 법정·교회 등으로 사용): 바실리카 에밀리아(Basilica Emilia): B.C. 179년에 세워졌으며, 로마 광장에서 로마 상원의사당과 법정은 가장 중요한 건물이다. 시저에 의하여 세워진 바실리

Ⅳ. 사도 바울의 제4차 선교여정 357

로마 콜로시엄(원형경기장) 앞에서(저자)

카 규리아(Basilica Giulia)는 완전히 파괴되었으며, 마겐티우스 바실리카(Maxentius Basilica)는 세 기둥만 잔존해 있다.

● **원형경기장**(The Coliseum): 대형 체육관 또는 원형 경기장. 원형경기장은 로마시대에 가장 웅장한 원형 경기장이다. 이 원형경기장은 베스파시우스(Vespasius) 황제(A.D. 72) 때 시작하여 그의 아들 디도(Titus) 황제 때(A.D. 80) 완공되었다. 그 설계가 놀라운 건축이다. 크기의 규모는 큰 축(axis)은 188m, 작은 축은 150m이고, 건물의 정면은 48.5m의 높이, 80개의 아치(arch: ∩)로 지어져 있다. 외벽은 3층이며, 이오니아식·도리아식·고린도식 반원주로 장식되었다. 중앙 무대는 나무 바닥이며, 지하는 짐승들을 넣어두었다. 527m의 타원형 원형 경기장이다. 관람석은 계단식으로 되어 있다. 로마인들의 여흥을 위하여 수많은 사람들이 살상되었으며 초기 그리스도인들도 이곳에서 순교하였다. A.D. 523년 데오도시우스(Theodosius) 통치시대까지 검투사들과 짐승들이 정기적으로 싸웠다. 검투사들은 노예들이나 죄수들 가운데서 선발되었다. 이 경기장은 55,000명까지 수용할 수 있다.

사도 바울이 제4차 선교여정 시 로마로 입성한 거리(저자)

- **로마길**(Roman Road): 로마제국시대에는 "모든 길은 로마로!" 로마제국의 동서남북 어느 곳에서든지 로마로 통하도록 길을 만들었다.
- **아피안 길**(The Appian Way): 옛 로마 길들 중 가장 곧장, 가장 긴, 가장 잘 보전된, 가장 유명한 간선도로(highway)이다. 길의 폭은 4m 10cm이며 길 양편으로는 인도(人道) 그리고 가로수들이 있다. 그리하여 마차들, 사람들, 군병력, 상인들 등이 이용하였다. 특히 이 도로는 아피우스 클라우디우스(Appius Claudius)가 시작하여(B.C. 312), 카푸아(Capua)시대 (B.C. 190)까지 건설한 563km(350mile)의 장거리이다.
- **원형 극장들**(Theaters):
  B.C. 55년 폼페이 극장(Theater of Pompey)
  B.C. 13년 발버스 극장(Theater of Balbus, 7,700명 수용)
  B.C. 11년 말세루스 극장(Theater of Marcellus, 14,000명 수용)
- **지하동굴**(Catacombs) : 지하동굴은 초기 그리스도인들의 피난처이었다. 동굴 통로가 총 20km에 달하며, 그 통로는 좁은 공간으로 사방팔방으로 뻗어 나갔다. 특히 많은 통로들 중 Domi-tilla 동굴에 있는 교회는 길이

Ⅳ. 사도 바울의 제4차 선교여정   359

카타콤(지하무덤) 앞에서(저자)

31m, 폭 17m나 되는 큰 규모의 지하 교회이다.
- **지하무덤**(Catacombs) : 로마의 지하무덤은 초기 그리스도인들의 박해 피난처, 무덤들이다. 카타콤은 로마 성 밖 아피안 거리(Appian Way) 2번과 3번(milestone)사이 지역에 있다. 지하무덤들은 지하(地下)에 무덤들을 계단처럼 만들고 그 위에 시체들을 올려놓았다. 이외에도 음악당들, 공중목욕탕들, 신전들, 수로(水路)들, 카타콤(지하도시)들, 고급 저택들, 건축물들 등이다.
- **바티칸 시**(Vatican City; 교황청):[141] 바티칸 시(市)는 이 세상에서 가장 작은 국가로서, 총면적 108에이커(0.438km²), 인구 천 명의 도시 국가이다. 바티칸은 몬티 마리오(Monte Mario)와 몬티 기아니콜로(Monte Gianicolo) 사이 언덕에 위치해 있으며, 이곳에서 사도 베드로는 A.D. 67년 순교하였고, 그 위에 베드로 성당을 지었다. 그리하여 천주교의 가장 중요한 성지(聖地)가 되었다.
- 원래 바티칸 국가는 알렉산더 6세(Alexander Ⅵ)와 레오 10세(Leo X)가 통

---
141) Ibid., pp.110-125.

디도 개선문(예루살렘 멸망 후 로마에 세운 개선문)

치한 중세기에 세워졌으며 이태리 중부지역을 중심으로 발전 확장되었으나, 1870년 이태리 정부에 합병되었다가 1929년 이태리 정부와 교황청 사이에 라테란 조약(Lateran Treaty)으로 다시 재가 되었다.
- 바티칸은 자체 내의 경찰, 외교, 스위스 의장대(Swiss Guards)를 포함한 군대를 거느리고 있다. 스위스 의장대는 조각가·화가·건축가인 줄리어스 2세(Julius II)에 의하여 1505년 창설되었으며 그들의 의상은 미켈란젤로(Michelangelo)가 고안한 의장(옷의 모양)을 500년 동안 지금까지 계속 사용하고 있다.

9. 제1차 로마 감옥 투옥(행 28:16-31, The First Imprisonment) – 2년 동안

사도행전 28:16, "우리가 로마에 들어가니 바울은 자기를 지키는 한 군사와 함께 따로 있게 허락하더라."

사도 바울은 큰 죄를 범한 일이 없으며, 정치적으로 위험한 자도 아니요, 도

주할 자도 아니요, 로마 시민권자요, 복음전하는 자이므로 로마 정부 당국자들은 바울을 셋집에 살면서 자유로이 행동하도록 허용하였다. 다만 바울을 지키는 한 감시자(guard)만 항상 같이 있게 하였다.

사도 바울은 첫 번째 로마 감옥에 투옥되었다(A.D. 61-63). 사도 바울의 생애에서 가장 귀한 열매 맺는 기간이었다.

1) 로마감옥에서 사도 바울의 설교

사도행전 28:30-31, "바울이 온 이태를 자기 셋집에 머물면서 자기에게 오는 사람을 다 영접하고 담대히 하나님의 나라를 전파하며 주 예수 그리스도에 관한 모든 것을 가르치되 금하는 사람이 없었더라."

사도 바울이 2년 동안 감옥에 수감되어 있으면서도 비교적 자유로운 생활을 한 것을 보면 적어도 A.D. 62년경 이전에 투옥되었을 것이다. 왜냐하면 A.D. 64년 여름에는 네로(Nero)가 그리스도인들을 심히 핍박하기 시작하였기 때문이다.

사도 바울은 가택 연금 상태에서 한 감시자는 항상 있었으나 찾아오는 많은 사람들에게 아무런 방해 없이 복음을 담대하게 선포하였다. 사도 바울이 로마로 보내심을 받은 목적은 예루살렘에서 복음을 전파한 것 같이, 로마에서도 증거하여야 하리라는 말씀의 성취이다(행 23:11). 바울은 로마에서 2년 동안 복음을 담대하게 전파함으로써 그 목적이 성취되었다.

● 유대인 사학자 **요세푸스**(Josephus)에 의하면 사도 바울 당시 로마에는 약 8,000명의 유대인들이 거주하였으며[142] 디베리우스(Tiberius) 통치 때(A.D. 19)에는 로마에 거주하는 온 유대인들이 모두 추방되었으며 그 중에 남자 청년 4,000명은 군(軍)에 징집되었다고 한다.[143]

"**담대하게**"(메타 파스테스 팔레시아스; μετὰ πάσης παρρησίας; with all boldness; 모든 담대함으로)는 전치사구로서 바울은 가택 연금 상태에서 과거 어느 때보다 훨

---

142) *Ant.* 17.300; Josephus, *War.* 2.80.
143) Josephus, *Ant.* 18. 83-84.

씬 더 담대하게 전적으로 구원의 복음을 증거 하였음을 보여준다.

"전파하며…가르치며"(케루손 … 디다스콘; κηρύσσων … διδάσκων; proclaiming, preaching … teaching; 선포하며, 전파하며 … 가르치며)는 사도 바울이 복음을 전할 때 설교와 가르침 양면을 다 사용했음을 가리킨다. 우리도 하나님의 말씀을 설교와 가르침 양면을 다 사용하여야 할 것이다.

"아침부터 저녁까지"(28:23). 사도 바울은 일정한 날짜들을 정하고 아침부터 저녁까지 집중적으로 복음을 전하였다.

사도 바울은 예루살렘에서 유대인들에게(행 9:29), 각 선교지에 있는 유대인 회당들에서(13:46; 14:3; 18:26; 19:8), 아그립바왕 앞에서(26:26) 한결같이 복음을 담대히 증거하였다.

"금하는 사람이 없었더라"(아콜루토스; ἀκωλύτως; unhinderedly; 방해 없이)는 부사로서 법정 용어이다. 따라서 법적으로 아무런 방해나 제재를 받지 않고 2년 동안 그에게 오는 사람들에게 아침부터 저녁까지 천국 복음과 예수 그리스도에 관하여 전파하고 가르쳤다. 그것은 하나님의 놀라운 섭리이다.

● 2년 동안 셋집(A rent house)과 필요한 모든 것들은 아마도 사도 바울을 멀리까지 마중 나온 믿음의 형제들과 충성된 신자들이 지원하였을 것이다. 그들은 사도 바울을 모시고 예배드리며, 하나님의 나라와 예수 그리스도에 관한 모든 진리를 배우고 나가서 증거하였다.

복음은 예루살렘에서 강하게 전파되었고(행 6:7), 온 유대와 사마리아에 전파되었으며(9:31), 헤롯(아그립바)이 죽음으로 더욱 전파되었으며(12:24), 안디옥교회에서 왕성하게 성장했고, 마게도니아 지방에서 크게 세력을 얻었으며(16:5), 에베소를 중심으로 소아시아 지방에 크게 전파되었으며(19:20), 유럽 남부 마게도니아 지방과 로마에서 그 절정에 이르렀다. 예루살렘에서 시작된 복음이 로마제국의 심장부까지 전파된 것이다. 사도 베드로와 사도 바울이 로마에서 복음을 전파하였음으로 로마에 교회들이 세워지게 되었다.

사도 바울은 로마 감옥에 제1차 투옥되어 있는 2년 동안 복음 사역에 전력하면서 **에베소서, 빌립보서, 골로새서, 빌레몬서** 등의 옥중서신들을 성령님의 영감으로 기록하였다(딤후 3:16).
- **에베소서**: 사도 바울이(1:1; 3:1, 7, 13; 4:1; 6:19-20) 제1차 로마 감옥에서(3:1; 4:1; 6:20; 행 28:14-31), A.D. 61-63년경 에베소교회 성도들에게 보낸 옥중서신이다.
- **빌립보서**: 사도 바울이 제1차 로마 감옥에서(행 28:14-31; 빌1:1, 7, 12-14, 16), A.D. 61-63년경 빌립보교회 감독들, 집사들, 성도들에게 보낸 옥중서신이다.
- **골로새서**: 사도 바울이 제1차 로마 감옥에서(행 28:16-31; 골4:3, 18), A.D. 61-63년경 골로새교회 성도들에게 보낸 옥중서신이다.
- **빌레몬서**: 사도 바울이 제1차 로마 감옥에서 A.D. 61-63년경에 빌레몬과 온 성도들에게 보낸 옥중서신이다(몬 1:1, 8, 9).

2) 석방(Release)

사도 바울은 감옥에서 속히 석방되기를 희망하고 또 확신하였다. 사도 바울은 빌립보교회 성도들에게 자신은 세상을 떠나 그리스도와 함께 있는 것이 훨씬 더 좋으나 너희를 위하여 자신이 할 일이 많음으로 속히 석방될 것을 희망하고 확신했으며(빌 1:23-25, 2:24), 빌레몬에게 보낸 서신에서 "오직 너는 나를 위하여 처소를 예비하라 너희 기도로 내가 너희에게 나아가게 하여 주기를 원하노라"고 하였다(몬 1:22).

사도 바울은 로마 감옥에 적어도 2년간 투옥되었다가 석방되어 4-5년 동안 (A.D. 63-67년경) 마게도니아와 고린도 지방을 순회하며, 복음을 전하였다. 그 기간에 **디모데전서**, **디도서** 등 목회서신을 성령님의 영감으로 기록하였다.
- **디모데전서**: 사도 바울이 제1차 로마 감옥에서 석방된 후 남부 서바나(스페인)까지 복음을 전하고 아마도 마게도니아에서 A.D. 63-65년경, 에베소교회 목회자 디모데와 온 성도들에게 보낸 목회서신이다(약 3간 에베소에서 사역한 후 적어도 8년 후에).

- **디도서**: 사도 바울이 고린도에서 A.D. 63-65년경, 믿음의 아들 디도에게 보낸 목회서신이다.

이상과 같이 사도행전은 사도 바울의 로마 감옥에서의 2년 동안의 감옥생활과 복음 사역에 대하여 까지만 기록되어 있다. 바꾸어 말하면 바울이 로마 감옥에서 석방된 후부터 재차 로마 감옥에 투옥되어 참수형으로 순교할 때까지 말기의 역사적 과정은 전연 기록되어 있지 않다.

로마 감옥에서 석방된 후 순교까지의 사도 바울의 행적(발자취)은 빌립보서, 로마서, 디도서, 디모데전서, 디모데후서 등과 교회 역사가들의 문헌들, 전승들(Traditions)이 증언하고 있다.

3) 사도 바울은 어디까지 복음을 전하였는가?

사도 바울은 로마 감옥에서 석방된 후 스페인까지 가서 복음을 전하였다.

사도 바울의 제자이며 후일 로마의 감독이 된 **클레멘트**(Clement)의 저서『로마에서 - 고린도까지』(A.D. 95년경)에 의하면 바울은 순교하기 전 "서방의 최 말단까지 가서 복음을 증거하였다"고 기록되어 있다. 클레멘트는 서방의 최 말단을 해지는 곳(setting of the sun)이라고 하였는데, 로마에서 해지는 곳은 스페인을 뜻한다.[144]

당시 **"서방의 최말단"**은 스페인(Spain)을 가리킨다. "서방의 최말단"은 로마의 작가들이 스페인을 지칭할 때 일반적으로 사용한 말이다. 이것은 바울이 로마서 15:28, "그러므로 내가 이 일을 마치고 이 열매를 그들에게 확증한 후에 너희에게 들렀다가 서바나로 가리라"고 한 본래의 소원의 성취임을 보여준다.

크리소스톰(Chrysostom, John, A.D. 347-407, 위대한 초대 교부)은 사도 바울이 로마에 체류한 이후에 스페인으로 갔다는 사실을 의심의 여지가 없는 역사적 사건으로 언급하고 있다.[145]

---

144) Muratorian fragment, *Paul's Departure from the City*, setting out for Spain(lines 38-9). O'connor, *Jerome Murphy* (Oxford Press, 1997), p.361.
145) Frank Goodwin, *A Harmony of the life of ST. Paul*, 이남종 역 (크리스챤서적, 1996), pp.260-262.

제롬(Jerome, A.D. 345-419, 라틴어로 성경 번역, 성서신학자)은 "바울이 네로에 의하여 추방당한 이후에 그리스도의 복음을 서쪽(스페인)에 증거하였다.[146]

특주 11 : 요세푸스(Josephus Flavius, A.D. 37-97)

1. 요세푸스의 생애
- 유대인 군 장교, 사학자(역사가)
- 요세푸스는 A.D. 37년 예루살렘에서 여호야립(Jehoiarib, 대상 24:7)의 계보를 따른 유명한 제사장 맛디냐의 아들로 태어났으며 2세기 초에 별세하였다.
- 요세푸스는 일찍이 교육을 많이 받았다. 그는 유대인의 율법과 헬라 문학에 지식이 깊었다. 그는 당시 유대교의 3주류파들인 사두개파, 바리새파, 에센파의 가르침에 대하여 연구하였으며 18세 때에 바리새파에 합류하였다.
- 요세푸스는 A.D. 64년 바리새파의 일부 유대제사장들의 석방을 탄원하기 위하여 바리새파의 대사로서 로마를 방문하고 로마제국의 권력에 깊은 감명을 받고 예루살렘으로 돌아왔다.
- 유대인들은 로마를 반대하여 폭동(revolt)을 일으켰을 때(A.D. 66-70), 당시 산헤드린 공의회는 요세푸스를 갈릴리 지역 군사령관으로 임명하였다. 그는 군을 잘 지휘하였으나 갈릴리 요새 요타파타(Jotapata)에서 6주간 치열한 전투 끝에 베스파시안(Vespasian) 로마 장군의 포로가 되어 A.D. 67년 로마에 포로로 끌려갔다. 베스파시안은 디도(Titus)의 아버지이며, A.D. 69-79년까지 로마 황제의 위에 있었다.
- 요세푸스는 로마에 포로로 잡혀간 이후 로마(정부)에 전향하였다. 요세푸스는 베스파시안이 장차 황제가 될 것이라고 예언하였고, 베스파시안은 A.D. 69년에 황제가 되었다. 요세푸스는 석방되고 베스파시안의 성(姓)인 훌라비우스(Flavius)를 따라 요세푸스 훌라비우스로 개명하였다.
- 요세푸스는 A.D. 70년 로마의 디도(Titus) 장군이 예루살렘을 침공할 때 통

---
146) Ibid.,

역관으로 같이 입성하였으며 수차에 걸쳐 유대인들이 항복할 것을 권유하였다. 요세푸스는 유대인의 변절자·반역자가 되었다.
- 요세푸스는 예루살렘 멸망한 후 다시 로마로 가서 로마 시민권을 취득하였고, 보상도 받고 죽을 때까지 로마에서 살면서 자유로이 여러 권의 역사서들을 집필하였다. 요세푸스는 동족 유대인들에게 반역자라는 씻을 수 없는 죄를 씻으려고 노력도 많이 하였다.

2. 요세푸스의 저서들

요세푸스는 그의 남은 여생동안 저술활동에 전념하였다.

1) 『유대 전쟁사』(*The Jewish War*. A.D. 77-78, 7권)

이 책은 유대인의 전쟁사(The History of Jewish War)로서 B.C. 168년 안디오커스 에피파네스의 침공 때부터 A.D. 66년 로마제국이 침공하여 예루살렘성 멸망과 맞다다 최후까지의 역사적 개요이다.

2) 『유대고대사』(*The Jewish Antiquites*, A.D. 93, 20권)

이 책은 창조로부터 네로시대까지 유대인의 역사를 처음부터 A.D. 66년까지 기술하였다. 이 저술들은 초기 기독교 역사를 연구하며 이해하는 데 매우 중요한 문헌들이다.

3) 『아비온 반박』(*Against Apion*, Book 1. 2.권)

이 책은 알렉산드리아의 교사 아비온의 반 유대(Anti-Semitic)에 대한 글을 반박하고 유대인과 율법을 변호하였다.

4) 『자서전』(*Life*)

이 책은 요세푸스가 갈릴리지역 군사령관으로서 당시의 활동들을 기술한 자서전이다. 이 저술들은 1세기 예루살렘 성전, 당시 유대교 종파들, 창조로부터 마사다와 그곳에서 일어난 대량 자살 등 당시 정치·종교·인물·역사·문화 등 여러 배경을 기술한 것들로 역사적 연구에 최고의 가치가 있다. 이 저술들은 구약과 신약 사이 중간사와 신약사를 연구하는 일에도 절대 필요한 문헌들이다.

10. 제2차 로마 감옥 투옥(The Second Imprisonment)

사도 바울은 그리스도와 복음을 위하여 가이사랴 감옥, 빌립보 감옥, 로마 감옥 등 그의 선교 사역의 25%를 감옥에서 보냈다.[147] 감옥에서 복음을 전하며, 감옥에서 서신들(옥중서신들)을 써서 보내며, … 감옥에서 하나님의 큰일들을 수행하고, 감옥에서 생을 마감하였다.

사도행전은 사도 바울이 셋집에 2년 동안 감금되어 있었던 것으로 끝이다(행 28:30-31). 그러나 디모데후서는 그의 재차 투옥에 관하여 충분한 증거를 제시한다(딤후 4:16-18).

사도 바울은 로마 감옥에서 풀려나 4-5년 동안(A.D. 63-67) 아마도 마게도니아, 에베소, 그레데, 밀레도, 드로아, 고린도, 니가볼리 등(딤전 1:3; 3:14; 딤후 1:5; 4:20) 그리스와 소아시아 여러 곳을 다니며 복음을 전하였고, 다시 체포되어 로마로 호송되어 로마 감옥에 재차 투옥되었을 때에는 처음 투옥되었을 때보다 여건과 상황이 전연 달랐다. 이번에는 추운 감옥에서 다른 사형수들과 함께 쇠사슬에 매여 죄인의 신분으로 고통을 당하였다.

로마 감옥들(Roman Prisons)
로마 감옥들은 대부분 3종류의 감옥들이 있었다.
- **외옥**(Outward Prison): 외옥은 대부분 위층에 창문들이 있는 감옥이었다. 빛과 공기가 있으며 신분상 고위층이나 부자로 죄의 경질이 낮은 죄수들을 감금하였다.
- **내옥**(Inner Prison) : 내옥은 대부분 아래층 또는 지상에 있으며, 앞은 철창살 또는 나무로 되었으며 철문 이외에 창문이 없다. 그러므로 철문을 닫으면 빛이 들어오지 않는다.
- **지하 동굴 감옥**(Lower Prison or Dungeon); 지하 토굴 감옥은 죄수들과 사형수들을 수용하는 감옥이다.

---
147) John McRay, op. cit., p.146.

지하 동굴 감옥의 상태

- 감옥은 겨울과 밤은 춥고, 여름과 낮은 뜨겁다.
- 위생상 불결하다. 화장시설이 불결하고, 목욕탕이나 이발시설 등도 없다.
- 죄수들은 심한 고문을 받아 피가 낭자하고, 옷들은 낡고 찢어지고 더럽다. 사형수들은 때로는 속히 사형시켜줄 것을 간청하기도 했다.
- 음식은 부실하고 제한적이며, 외부에서 넣어주지 않는 한 영양가 있는 음식이나 유대인들의 주식인 콜소(korshore)같은 음식은 먹을 수 없다(행 24:23 참조). 간수들은 뇌물을 받고 음식물을 넣어 주기도 했다(행 24:26).
- 콘스탄틴 대제 이전까지는 남녀 죄수들의 주거 공간이 분리되지 않았음으로 때로는 부도덕한 일들도 벌어졌다.[148]

사도 바울은 제2차 로마 감옥 투옥시 디모데후서를 기록하였다.

디모데후서: 사도 바울이 로마의 네로 황제 하에(A.D. 66-67) 재차 투옥되어 참수(decapitation)로 순교 전에 믿음의 아들, 에베소교회의 목회자 디모데와 에베소교회 온 성도들에게 보낸 최후 옥중(목회)서신이다(딤후 1:16; 4:6, 16).

따라서 사도 바울의 옥중 서신은 에베소서, 빌립보서, 골로새서, 빌레몬서, 디모데후서 등 총 5권이다.

디모데후서 4:9-13, "너는 속히 내게로 오라 데마는 이 세상을 사랑하여 나를 버리고 데살로니가로 갔고 그레스게는 갈라디아로, 디도는 달마디아로 갔고 누가만 나와 함께 있느니라 네가 올 때에 마가를 데리고 오라 저가 나의 일에 유익하니라 두기고는 에베소로 보내었노라 네가 올 때에 내가 드로아 가보의 집에 둔 겉옷을 가지고 오고 또 책은 특별히 가죽 종이에 쓴 것을 가져 오라"

---

148) Vincent, *Word Studies in the N.T.* vol. 1. (Eerdmans, 1975), pp.533-534.
　　Craig A. Evans & Stanley E. Porter eds., *Dictionary of N.T. Background* (IVP, 2000), pp.827-830.
　　Lenski, op. cit., pp.671-672
　　McRay, op. cit., pp.146-149.

1) 너는 내게로 오라(Come to me)

(1) 너는 속히 내게로 오라(Come to Me Quickly).

디모데후서 4:9, "너는 어서 속히 내게로 오라"(Make every effort to come to me quickly).

사도 바울은 에베소에 있는 디모데에게 속히 오라고 요청하였다. 그는 1:4에서는 디모데를 보기를 원한다고 하였고, 4:11에서는 "마가를 데리고 오라," 4:13에서는 "성경책과 외투를 가지고 오라," 4:21에서는 "겨울이 오기 전에 너는 속히 오라"고 하였다.

우리말 성경에는 "스푸다손"이라는 명령이 빠졌다. 스푸다손(Σπούδασον; hasten, make every effort, do your best)은 서둘러라, 온 노력을 다 하라, 최선을 다 하라는 명령이요 간청이다. 원문에는 타케오스(ταχέως; quickly, without delay; 속히, 지체 없이)라는 부사가 첨가되어 온 노력을 다하여, 최선을 다하여, 서둘러 속히 오라는 긴급성을 나타낸다. 당시 "에베소에서 로마까지는 드로아와 빌립보를 지나 육로와 해로로 적어도 4개월 내지 6개월이나 걸렸다."[149]

(2) 이유

그러면 사도 바울이 디모데에게 "너는 최선을 다하여 속히 내게로 오라"고 요청한 이유들은 무엇인가?

① 고독하고 외로웠기 때문이다.

디모데후서 4:10-11, "데마는 이 세상을 사랑하여 나를 버리고 데살로니가로 갔고, 그레스게는 갈라디아로, 디도는 달마디아로 갔고, 누가만 나와 함께 있느니라 네가 올 때에 마가를 데리고 오라 그가 나의 일에 유익하니라."

디모데후서 1:4, "… 너 보기를 원함은 내 기쁨이 가득하게 하려 함이라."

---

149) R. Kant Hughes, op. cit., p.258.

② 몹시 추웠기 때문이다.
디모데후서 4:13, "네가 올 때에 내가 드로아 가보의 집에 둔 겉옷을 가지고 오라."
디모데후서 4:21, "겨울 전에(프로 케이모노스; πρὸ χειμῶνος) 너는 속히 오라."

③ 디모데의 목회 사역을 돕기 위함이다.
사도 바울은 외롭고 고독하고, 춥고, 건강이 쇠약해지고, 죽음이 가까워오기 때문만 아니라 에베소교회의 당면한 여러 신앙적·교리적·실천적 문제들을 돕기 위함도 있었다. 유대주의자들의 거짓 교훈들, 후메네오와 알렉산더 같은 이단들과 그들의 교훈들, 고아와 과부들 문제, 여자의 교권문제, 교역자 대우문제, 안수 문제, 음주(포도주 마시는) 문제, 우상숭배 문제, 물질사용 문제, 전도문제, 이성문제 등 많은 문제들이 산적해 있었다.

④ 죽음이 가까웠기 때문이다.
디모데후서 4:6, "관제와 같이 벌써 내가 부음이 되고 나의 떠날 기약이 가까웠도다."
디모데가 어떤 경우라도 로마로 사도 바울을 면회 가는 것이 지연된다면 바울은 디모데를 이 세상에서는 볼 수 없게 될 것이기 때문에 디모데를 보기를 간절히 소원하였다(1:4).

(3) 너는 마가를 데리고 오라(Bring Mark With You).
디모데후서 4:11a, "… 네가 올 때에 마가를 데리고 오라."
사도 바울은 디모데에게 "네가 올 때에 마가를 데리고 오라"(bring him with you)고 하였다. 그 이유(가르; γάρ ; because)는 마가는 사도 바울의 사역(ministry)에 유익한 자이기 때문이다.

① 마가(Mark)는 라틴어로 말커스(Marcus; a large hammer)로서 '큰 망치'라는 뜻이다. 마가라는 명칭은 신약에 10회 나타난다. 요한은 마가의 유대 이름이요, 마가는 그의 로마 이름이다. 사도행전 13:5, 13에는 단순히 요한이라고만 언급

되어 있고, 15:39에는 마가라고만 언급되어 있으며, 12:12, 25, 15:37에는 마가라 하는 요한이라고 언급되어 있다.

② 마가는 베드로의 절친한 친구였다. 마가는 베드로의 설교에 많은 감화와 영향을 받았다. 그러므로 마가복음에는 베드로의 기사가 많이 나타난다(8:27-33; 10:28-31; 14:27-72; 16:7).

③ 마가의 어머니 마리아는 예루살렘성에 있는 자기의 큰 집을 그리스도인들이 모이는 장소로 제공하였다.

사도행전 12:12, "마가라 하는 요한의 어머니 마리아의 집에 가니 여러 사람이 모여 기도하더라."

이를 흔히 마가의 다락방이라고 부른다. 이 말씀을 보면 마가의 아버지는 세상을 떠났고, 떠나기 전에 경제적으로 부요했던 것 같다. 그리고 마가의 어머니 마리아는 신앙이 독실한 여성도이었다.

(4) 마가는 어떤 사람이었는가?

① **마가는 겁쟁이였다**(막 14:51-52).

예수님의 12제자들 중 하나인 가룟 유다가 대제사장들과 서기관들과 장로들에게서 파송된 폭도들이 검과 몽치들을 가지고 겟세마네 동산에서 기도하시는 예수님을 잡아끌고 가는 것을 본 제자들은 두려움과 공포에 사로잡혀 다 도망갔다. 그 때에 청년 마가는 벗은 몸에 홑이불을 두르고 예수님을 따라가다가 폭도들에게 잡히어 베 홑이불을 벗어버리고 벗은 몸으로 도망쳤다(막 14:43-52). 마가는 겁이 많은 사람이었다.

② **마가는 낙오자였다**(행 13:13).

바울과 바나바는 안디옥교회의 파송을 받아 이방인들을 위한 복음 전하는 자들로 제1차 전도여행을 떠났다. 이때에 바울과 바나바는 마가 요한을 수종자(a helper)로 데리고 갔다. 그러나 밤빌리아 지방 버가에 이르러서는 마가는 예루살렘 자기 집으로 돌아갔다. 아마도 고된 전도여행의 어려움과 향수병(homesickness)에 젖음과 사도 바울과의 불편한 관계 때문이었을 것이다.

③ **마가는 손해를 끼친 자, 불화를 일으킨 자였다**(행 15:36-41).

바울과 바나바는 안디옥에서 제2차 전도여행을 떠나기 전에 심히 다투었다. 그 이유는 마가는 사도 바울의 제1차 전도여행 시 동참하였으나 밤빌리아의 버가에 이르러 바울을 떠났었기 때문이다. 그 결과 바울은 실라를 데리고 시리아와 길리기아 지방으로 떠났고, 바나바는 마가를 데리고 배타고 구브로로 떠났다. 바울은 내륙 동쪽으로, 바나바는 서쪽 구브로(Cyprus) 섬으로 떠났다.

④ **유익한 자가 되었다.**

디모데후서 4:11b, "… 저가 나의 일에 유익하니라."

- **마가**는 겁쟁이, 낙오자, 타인들에게 손해를 끼치고, 불화를 일으킨 자였다. 그러나 후에는 회개하고 바로 서서 사도 바울의 재신임을 받았으며 바울의 복음 사역에 크게 유익한 사람이 되었다. 한때는 전적으로 무가치한 자였으나 지금은 유익한 사람이 되었다. 마가는 그의 첫 임무에는 실패자였으나 다시 성공한 좋은 본보기가 되었다. 마가는 믿음이 성숙하여 바울의 첫 로마 감옥에 바울과 같이 있었다(골 4:10).
- **마가**는 예수님의 12제자로 마가복음을 기록하였다. 비록 마가가 마가복음의 기록자(저자)였다는 내적 증명은 없으나 가장 중요한 증거는 히에라폴리스의 초대교회 지도자 파피아스(Papias, A.D. 60-130)에 나타난다.
- 유대인 사학자 **유세비우스**(Usebius)에 의하면 후에 마가는 아프리카로 가서 복음을 전하였다. 오늘날 애굽의 **캅틱교회**(Coptic Church)는 마가가 복음의 씨앗을 뿌린 결과이다. 에디오피아에도 복음이 들어갔다. 오늘날 캅틱교회는 이집트와 에디오피아 외에도 아프리카, 유럽, 아시아, 오스트랄리아, 카나다, 미국 등 전(全) 세계에 27,000,000(27 Mil.)이 퍼져 있으며, 시리아정교, 아르메니안정교, 에디오피아정교, 인디안정교, 에리트리안정

교 등과 교류하고 있으며, 이집트의 캅틱교회는 세계교회협의회(W.C.C.)의 정회원이다.[150]

"**유익하다**"(유크레스토스; εὔχρηστος; useful; 유용한)는 이 단어가 2:21과 빌레몬서 11절에는 오네시모에게도 사용되었다.

우리도 마가처럼 나중에는 다른 사람들에게 유익한 사람, 복음사역에 돕는 사람, 전도하는 사람이 되기를 소원한다.

(5) 너는 긴 외투와 성경책 가지고 오라(Bring My Scrolls and Cloak).

디모데후서 4:13, "네가 올 때에 내가 드로아 가보의 집에 둔 겉옷을 가지고 오고 또 책은 특별히 가죽 종이에 쓴 것을 가져 오라."

사도 바울은 디모데에게 겨울 전에 속히 오라고 요청하면서 올 때에 드로아에 들러서 가보의 집에 둔 성경책과 겉옷을 가지고 오라고 부탁하였다.

"**드로아**"(Troas)는 에베소에서 로마로 가는 도중에 위치한 한 곳이다. 드로아는 소아시아 서북쪽 끝에 있는 중요한 항구로서 유럽으로 건너가는 길목이다. 서쪽은 에게 해, 뒤에는 이다(Ida) 산맥이 놓여 있다. 에베소에서 드로아까지는 약 220km 된다. 소아시아에서 로마로 가는 일반적인 경로는 드로아를 경유하는 길이었다(행 16:8, 11, 12).

"**가보**"(Carpus)는 드로아에 사는 그리스도인으로 사도 바울이 전도 다닐 때 자기 집에 유하도록 한 믿음의 형제이다.

① 겉옷을 가지고 오라.

"**겉옷**"(파일로네스; φαιλόνης; cloak)은 두건이 달린 두꺼운(따뜻한) 소매 없는 무릎까지 내려오는 긴 외투를 말한다. 겉옷은 이불로도 사용하였다. 바울은 전도여행 시 드로아에 이르러서는 가보의 집에 유하였는데 그때 겉옷과 가죽 종이에 쓴 책을 두고 전도를 계속 하였다.

너는 속히 오라, 겨울이 오기 전에 오라, 겉옷을 가지고 오라는 부탁의 말씀

---

150) *Yearbook of America & Canada* (2007), p.107.

들은 노(老) 사도가 쇠약한 가운데 추위에 떠는 모습을 상상할 수 있다.

② **성경책을 가지고 오라.**

"**책**"(비블리아; βιβλία; Bible)은 구약성경 사본을 가리킬 것이다. 영어의 Bible은 헬라어 비블리아에서 유래되었다.

당시는 애굽에서 생산하는 파피루스(Papyrus) 종이에 글을 썼다. 파피루스는 애굽의 늪지대, 강둑, 호숫가 등에서 자라나는 갈대(Reed)로 크기는 약 4m(12feet)정도이고, 갈대 꼭대기에는 꽃이 핀다.

파피루스 종이는 파피루스를 얇게 베어 가로 세로로 엮어 놓고 압축한 후 햇볕에 말리어 종이로 사용하였다. 영어에 paper는 파피루스에서 파생된 단어이다. 옛날 애굽에는 파피루스 사업이 성행하였다. 파피루스로 광주리, 배(boat) 등 다양한 물건들을 만들었으며, 모세는 갓난아기로 파피루스로 만든 갈대 상자에 몸이 실렸었다(출 2:3). B.C. 2000년경부터 A.D. 400년까지 파피루스를 종이로 사용하였다.[151] 지금도 이집트의 카이로 박물관에는 3,000년 전의 파피루스가 보존되어 있다.

"**특별히 가죽 종이에 쓴 책**"(말리스타 멤브라나스; μάλιστα μεμβράνας; parchments)은 한 단어로서 동물, 특히 양, 송아지, 염소 등의 **안 가죽**(inner skin)으로 만든 두루마리 책(scrolls)을 가리킨다. 두루마리의 길이는 약 30feet 가량 된다.

서기관들(Scribes)은 파피루스 종이나 또는 안 가죽 종이에 성경을 잉크로 기록하였다(사 8:1; 렘 36:4, 18, 32). 옛날의 잉크(ink; 먹)는 숯이나 또는 검은 탄소를 송진이나 기름에 혼합하여 만든 것이다(렘 36:18).[152]

두루마리 책을 읽을 때에는 한 손으로는 펴면서 다른 한 손으로는 감으면서 읽었다(사 34:4; 에 2:10; 눅 4:17, 20; 계 5:1; 6:14).

두루마리 책의 내용을 보관하기 위하여 때로는 인으로 봉하였다(계 5:1, 2, 5, 9). 사도 바울은 감옥에서 몸이 쇠약하며 추운 가운데서도 하나님의 말씀을 그토록

---

151) S. D. Douglas, *The New International Dictionary of the Bible*, p.749.
152) *NIV. Study Bible*, Thompson II. Commentary Bible, p.1185.

사모하였다.

디모데가 기한 내에 로마에 도착하였겠는가? 우리는 디모데가 사도 바울이 원하는 기한 내에 도착하였으면 하는 마음이 간절하다.

특주 12: 필기도구(The Tools)

펜, 잉크, 종이 등은 3대(大) 필수 필기도구들이다. 이것들 중 어느 하나만 없어도 글을 쓸 수 없다.

1. 갈대 만년필(Reed pen)

갈대 만년필은 갈대 나무로 만든다. 갈대 나무는 남유럽과 북아프리카 특히 애굽의 나일강 강둑, 늪지대, 호숫가 등지에서 자라나는 갈대 나무로 크기는 약 4m(12feet) 정도이고, 갈대 나무 꼭대기에는 노란 꽃이 핀다.

갈대 만년필은 갈대를 8inch 내지 10inch 크기의 길이로 자르고, 한 쪽 끝은 만년필 모양으로 만든다. 오늘날 만년필 촉 모양과 꼭 같다. 이 갈대 만년필 촉을 잉크에 찍어서 종이에 글을 썼다.

2. 잉크(Ink)[153]

잉크는 빨간색 잉크(red ink)와 검은색 잉크(black ink)가 있었다. 잉크는 검은 석탄가루, 송진, 물 등을 섞어서 만들었다.

빨간색 잉크는 책의 장식 또는 제목 등에 사용하였고, 검은색 잉크는 글을 쓸 때 사용하였다. 지금은 검은색을 가장 많이 사용한다.[154]

3. 종이(Paper)

1) 파피루스(Papyrus)[155] - 애굽

---

153) E. Randolph Rechards, *Paul and First Century Letter Writing* (USA: IVP), pp.47.
154) *The New Unger's Bible Dictionary* (Moody Press. 1998), p.619.
155) Ibid.

파피루스는 갈대를 예리한 칼로 얇게 베어 가로, 세로로 겹쳐 놓고 접착제를 바르고, 일정한 시간 햇볕에 건조시켜 종이로 사용하였다. 옛날 애굽에서는 파피루스 산업이 성행하였다. 파피루스로 광주리, 배 등 다양한 물건을 만들었다. 갓난아기 모세는 파피루스로 만든 갈대 상자에 몸이 놓여 있었다(출 2:3).

파피루스는 B.C 2000년경부터 A.D. 400년경까지 대표적 종이로 사용하였다. 파피루스의 크기는 약 8inch × 10inch로 지금 우리가 사용하고 있는 8절지보다 조금 작은 편이었다.

영어의 paper(종이)는 파피루스에서 유래되었다.

2) 양피가죽(Parchment)[156]

옛날부터 송아지, 염소, 양, 사슴 등의 가죽을 벗겨 가공하여 사용하였다. 가죽의 바깥쪽은 털이 있고(물론 털은 없이 하지만) 부드럽지 못하므로 가죽 안쪽(내피)에 글을 썼다.

양피로 만든 가죽 종이들은 짐승의 가죽으로 만든 끈이나 또는 식물의 질긴 줄기 등을 노끈으로 삼아 가죽 종이를 책처럼 묶었다.[157]

(6) 너는 겨울 전에 오라.

디모데후서 4:21a, "겨울 전에 너는 어서 오라"(스푸다손 프로 케이모노스 엘데인; Σπούδασον πρὸ χειμῶνος ἐλθεῖν; are every effort to come before winter).

사도 바울은 9절에서 "어서"(스푸다손; σπούδασον; hasten, urge on, accelerate; 서둘러라, 긴급히 서둘러라, 가속하라)라는 명령법(imperative)을 본 절에서도 재차 사용하므로 긴급성을 나타냈다. 그러나 9절에서는 타케오스(ταχέως; quickly, without delay; 속히, 지체 없이)라는 부사를 사용하였는데 본 절에서는 **"프로 케이모노스"**(πρὸ χειμῶνος; before winter; 겨울 전에)라는 전치사구를 사용하였다. 다시 말하면 프로는 계절을 나타내는 케이모노스와 함께 사용되었다. 이는 디모데가 도착하여야 할 때를 가리킨다.

---

156) Ibid., p.48.
157) D. Dauglas, *The New International Dictionary & The Bible*, p.749.
　　Thomas Nelson, *Nelson's New Illustrated Bible Dictionary* (1995), p.941-942.

사도 바울이 디모데가 오기를 간절히 열망하는 때는 늦어도 겨울이 시작되기 전(前)이다.

겨울이라는 단어 "케이몬"(χειμών, χειμῶνος)은 추운 계절 겨울을 나타내기도 하며(마 24:20; 막 13:18; 요 10:22; 딤후 4:21), 춥고 폭풍이 부는 날씨에도 사용되었다(마 16:3; 행 27:20).[158] 그런데 본 절은 겨울을 뜻한다. 겨울은 11월부터 3월까지를 말한다.[159]

만일 디모데가 겨울 전에 오지 못한다면 봄까지 기다려야 하며, 만일 그렇게 된다면 추운 겨울을 토굴 감옥에서 지낼 수 있을지, 최후 재판과 형이 그때까지 지연될 수 있을지 아무도 예측할 수 없다. 그러므로 사도 바울은 디모데에게 "너는 겨울 전에 서둘러, 일정을 앞당겨 속히 오라"고 명령하였다.

2) 기타 사역자들 상황

디모데후서 4:10-12, "데마는 이 세상을 사랑하여 나를 버리고 데살로니가로 갔고, 그레스게는 갈라디아로, 디도는 달마디아로 갔고, 누가만 나와 함께 있느니라 네가 올 때에 마가를 데리고 오라 그가 나의 일에 유익하니라 두기고는 에베소로 보내었노라."

본 절에서는 데마, 그레스게, 디도, 누가, 마가 등 5명의 이름들이 열거되었다.

(1) 데마는 데살로니가로 갔다.

① **데마**(Demas)**는 사도 바울의 동역자였다.**

사도 바울이 로마 감옥에 제1차로 투옥되었을 때에 골로새교회 성도들에게 보낸 편지에는 누가와 데마도 너희에게 문안하느니라(골 4:14)고 하였고, 빌레몬서를 보낼 때에도 데마를 마가와 누가와 함께 나의 동역자(My fellow worker)라고 하였다(몬 1:24). 이렇게 데마는 바울의 복음사역에 동참한 핵심인물들 중 한 사람이었다.

---

158) Abbott-Smith, op. cit., p.480.
159) J. Kelso, *ZPEB V*, 806.

② 데마는 사도 바울을 떠났다.

"나를 버리고"(메 엥카텔리펜; με ἐγκατέλιπεν; deserted)는 엥카탈레이포(ἐγκαταλείπω; to leave behind, abandon, desert, forsake; 뒤에 남겨두다, 포기하다, 버리다, 잊어버리다)의 과거시상이다. 따라서 "나를 버리고"라는 말씀은 나를 뒤에 남겨두고, 포기하고 떠났다는 뜻이다. "버리다"는 이 단어는 마태복음 27:46; 마가복음 15:34; 사도행전 2:27; 디모데후서 4:10, 16; 히브리서 13:5 등에서도 나타난다.

③ 데마는 데살로니가로 갔다.

"데살로니가로 갔고" 데살로니가(Thessalonica)는 유럽의 관문인 마게도니아 지방의 가장 큰 템마익 만(Themaic Gulf) 어귀에 위치한 항구/도시로 헬라 신화의 본산인 올림푸스산(Mt.Olympus)이 보이는 곳이다.

데살로니가는(그리스의 알렉산더 대제 사후〈死後〉, B.C. 332년) 그리스를 통치한 알렉산더의 후임 카산더(Cassander)가 B.C. 315년경 이 지역을 확장시켰다. B.C. 168년에는 로마가 이 지방도 점령하였다. 데살로니가에는 로마인들과 상당수의 유대인들이 살았다. 당시 인구는 약 20만이었으며, 교통과 무역의 중심지, 군사 요충지, 로마제국의 마게도니아도(로마제국의 행적구역)의 수도였다.

빌레몬서 24절의 데마는 사도행전 20:4, "… 데살로니가 사람 아리스다고"와 함께 언급된 것을 보면 데마의 고향이 데살로니가가 아닌가 추측된다.

④ 데마는 왜 데살로니가로 갔는가?

10절 초두에 가르(γάρ; because, for; 왜냐하면, 그 이유는)이라는 접속사가 나와 그 이유를 밝힌다. 즉 데마가 사도 바울을 버리고 데살로니가로 간 이유는 이 세상을 사랑하였기 때문이다.

"데마는 이 세상을 사랑하여 데살로니가로 갔고" 그런데 본 절에서 이 세상(눈 아이오나; νῦν αἰῶνα; the present age)은 이 시대를 가리킨다(마 12:32; 고전 1:20; 엡 1:21). 이 시대는 하나님을 반역하는 시대, 패역한 시대, 죄악이 관영한 시대, 세상 연락을 즐기는 시대(눅 17:26-30)이다.

데마는 진리에 대한 확실한 깨달음이 없고, 육신의 안일과 유익을 위하여, 편안한 길을 걷기 위하여 세상으로 나갔다. 데마는 세상으로 나가서 세상을 계속 사랑함으로 그의 영은 병들고 쇠잔하고 죽어가는 가련한 자가 되었다.

요한일서 2:15, "이 세상이나 세상에 있는 것들을 사랑치 말라 누구든지 세상을 사랑하면 아버지의 사랑이 그 속에 있지 아니하니."

야고보서 4:4, "간음하는 여자들이여 세상과 벗된 것이 하나님의 원수임을 알지 못하느뇨 그런즉 누구든지 세상과 벗이 되고자 하는 자는 스스로 하나님과 원수 되게 하는 것이니라."

그레스게, 디도, 누가, 마가 등은 사도 바울의 신실한 조력자들이므로 비판하거나 정죄하지 않았다.

(2) 그레스게는 갈라디아로 갔다.

그레스게(Crescens)는 이곳에만 나타나므로 그가 누구인지 잘 알 수 없고 또 데마와는 달리(대조적으로) 갈라디아(Galatia)로 간 이유도 잘 알 수 없다. 아마도 사도 바울의 지시로 복음을 전하기 위하여 갈라디아 지방으로 파송되지 않았을까 추측된다.

그런데 갈라디아는 소아시아 북쪽 가울(Gaul; 지금의 불란서)인지 아니면 당시 로마 행정구역인 갈라디아 소아시아 중앙, 지금의 터키의 중앙 지대인지 확실치 않으나 대다수의 학자들은 남 갈라디아설을 취한다. 사도 바울이 제1차 전도여행 시(행 13-14장)에 복음을 전한 안디옥, 이고니온, 루스드라, 더베 등은 갈라디아 지방에 속한 도시들이었다.[160]

(3) 디도는 달마디아로 갔다.

"달마디아"(Dalmatia)는 마게도니아의 북쪽 옛 일루리곤(Illyricum) 해안, 지금의 알바니아와 유고슬라비아의 일부지역이다(롬 15:19). 디도는 복음사역을 위하여 달마디아로 갔을 것이다.

---

160) J. D. Douglas, op. cit., p.366.

디도는 헬라인(이방인) 부모의 아들로(갈 2:3), 사도 바울의 전도로 회심 개종한 후 바울을 따라 예루살렘으로 갔고, 유대주의자들은 디도가 할례를 받아야 한다는 주장을 바울이 거절하였다. 이로서 디도는 이방인으로 그리스도 예수를 믿음으로 구원받아 교회의 일원이 되는 본을 보여주었다.

사도 바울은 디도를 "나의 참 아들"(my true son)이라고 불렀다. 이는 물론 믿음의 아들, 영적인 아들임을 나타낸다. 사도 바울은 디모데를 또한 "믿음 안에서 나의 참 아들"(my true son in the faith)이라고 하였다(딤전 1:2).

사도 바울은 제3차 선교여정 시 디도로 하여금 고린도로 가서 고린도교회가 안고 있는 여러 가지 문제들을 해결하도록 당부하였다(고전 1-6장; 고후 2:13; 7:5-16).

디도는 그레데에서 그의 사역을 마치고 로마로 가서 바울을 만나고(딛 1:5), 달마디아로 갔다고 생각된다. 디도는 교회설립, 분쟁해결 등에 사명과 능력이 있는 종이었다(딛 1:4-5).

(4) 누가만 나와 함께 있느니라.

데마는 세상을 사랑하여 데살로니가로 갔고, 그레스게, 디도도 떠났으니 바울과 함께 남은 자는 누가(Luke)뿐이었다. 누가만 나와 함께 있느니라는 말씀은 그의 충성심을 엿볼 수 있다. 누가는 아마도 이방인으로 헬라문명을 잘 아는 지식층의 젊은 사람이었다.

- **누가는 의사**(medical doctor)**였다.** 골로새서 4:14, "사랑을 받은 의원 누가" (Luke, the beloved physician)
- **누가는 역사가**(historian)**이었다.** 누가는 누가복음과 초대교회의 역사인 사도행전을 기록하였다. 사도행전의 저자가 누가라는 내증(內證)은 없으나, 사도행전 자체가 저자는 누가임을 확신케 한다. 외증(外證)으로는 무라토리안 정경(Muratorian Canon, A.D. 170), 초대교회 역사가 유세비우스(Eusebius, c. 325)는 사도행전의 저자는 누가라고 하였다.[161]
- **누가는 사도 바울의 동역자**(Luke, the companion of Paul)**였다.** 누가는 의사

---

161) Eusebius, *Ecclesiatical History*, 3. 4.

로서 사도 바울의 전도에 동참하였고, 사도 바울이 제1차 로마 감옥에 투옥되었을 때 누가도 같이 투옥되었다(골 4:14; 몬 24). 그는 사도 바울의 제2차, 제3차 선교여정에도 동행하였을 뿐만 아니라(행 16:10-17; 20:5-21; 27:1-28:16; 몬 23; 골 4:10-27), 바울의 이 옥중에서 서신들(엡, 빌, 골, 몬)을 기록하는 일에도 비서역을 감당하면서, 또한 의사로서 바울의 건강을 보살폈다.
- **"누가만 나와 함께 있느니라"는 말씀의 배경은 두기고는 에베소로 보냈고(12절), 에라스도는 고린도에 머물고, 드로비모는 병들어 밀레도에 남았고(20절), 누가만 바울과 함께 있었다.**

(5) 두기고는 에베소로 보내었노라.

두기고는 어떤 인물이었는가?
- **두기고**(Τύχικος; Tychicus)는 소아시아인 아마도 에베소인이었다(행 20:4).
- **두기고**는 사도 바울의 사랑받는 형제요, 신실한 일군이요, 주 안에서 함께 된 종이요, 협력자였다(엡 6:21; 골 4:7).

사도 바울에게는 신실되고 충성된 목회자 디모데, 전도자요 선교사인 마가, 의사요 사학가인 누가, 목회자 디도, 신실되고 충성된 일군들인 두기고·에바브로 디도·실라·마가의 어머니 마리아·뵈뵈 같은 여성도들, 브리스길라와 아굴라 같은 부부 등이 있어서 하나님의 일을 더욱 효과적으로 할 수 있었다. 사도 바울은 이 모든 사람들을 가리켜 하나님의 일을 같이 하는 동역자들(fellow workers)이라고 하였다.

- **두기고**는 고린도교회가 모금한 구제금을 예루살렘교회에 전달하였다. 사도 바울은 디도와 아마도 두기고로 하여금 고린도교회가 모금한 거액의 구제금을 예루살렘교회에 전달케 하였다(고후 8:16-24). 그만큼 두기고는 신실한 일군이었다.

당시 팔레스타인 전역에는 로마 제4대 글라우디오(Claudius) 재위 제4년부터 4년간(A.D. 44-47) 큰 흉년이 들었다. 그때에 안디옥교회, 고린도교회, 마게도니아교회 등의 온 성도들은 힘껏 구제 헌금하여 예루살렘교회에 보냈다(행

11:27-30; 롬 15:26-27; 고전 16:1-3).

● **두기고**는 사도 바울이 옥중에서 쓴 에베소서와 골로새서를 에베소교회와 골로새교회에 전달한 자(Messenger)이다.

에베소서 6:21, "나의 사정 곧 내가 무엇을 하는지 너희에게도 알리려 하노니 사랑을 받는 형제요 주 안에서 진실한 일군인 두기고가 모든 일을 너희에게 알게 하리라."

골로새서 4:7-9, "두기고가 내 사정을 다 너희에게 알려주리니 그는 사랑을 받는 형제요 신실한 일군이요 주 안에서 함께 된 종이라 내가 그를 특별히 너희에게 보내는 것은 너희로 우리 사정을 알게 하고 너희 마음을 위로하게 하려 함이라 신실하고 사랑을 받는 형제 오네시모를 함께 보내노니 그는 너희에게서 온 사람이라 저희가 여기 일을 다 너희에게 알게 하리라."

● **두기고는 그레데 교회의 어려운 일들을 담당하기 위하여 파송을 받았다**. 이는 디도를 불러온 후 디도의 직무를 대신 담당케 하기 위함이다.

디도서 3:12, "내가 아데마나 두기고를 네게 보내리니 그때에 네가 급히 니고볼리로 내게 오라 내가 거기서 겨울을 지내기로 작정하였노라."

● 두기고는 사도 바울의 제1차 투옥 시에도, 제2차 투옥 시에도 사도 바울과 같이 있었다(엡 6:21; 골 4:7-9; 딛 3:21).

"두기고는 에베소로 보내었노라."

사도 바울이 이번에는 두기고를 에베소로 보냈다. "**보냈다**"(아페스테일라, ἀπε,στειλα: I sent)는 내가 보냈다는 뜻이다. 이 말씀은 데마는 세상을 사랑하여 나를 버리고 데살로니가로 갔고, 그레스게와 디도는 갔고(went away), 두기고는 내가 보내었노라(I sent, 4:12)는 말씀들은 비교적이고 대조적이다.

사도 바울이 두기고를 에베소로 보낸 것은 디모데로 하여금 바울에게 겨울 전에 그리고 자신이 임종 전에 믿음의 아들 디모데를 보기 위함이었다. 두기고가 에베소서를 지참하고 에베소로 가서 디모데와 온 교우들에게 전달하므로 온 교우들은 디모데를 속히 보내고, 두기고는 디모데를 대신하여 일정 기간(겨울이 지나도록) 충성하게 되었다(에베소 - 딤전 1:3, 특주 참조).

(6) 에라스도는 고린도에 머물렀다.
디모데후서 4:20, "에라스도는 고린도에 머물렀고…"

① **로마서 16:23, "… 이 성(城)의 재무 에라스도 …"**
에라스도는 고린도 시의 재정관(city treasurer of Corinth)이었다. 에라스도는 고린도 시장(아고라, agora)과 야외 극장을 있는 도로를 돌들로 포장하였다.

성서 고고학자들은 돌들로 포장된 고린도 광장에 라틴어로 "지방 행정관 에라스도가 이 포장의 비용을 담당하다"(Erastus, commissioner of public works, bore the expense of this pavement)라고 새겨져 있는 것을 발견하였다.[162]

고린도는 그리스의 항구 도시로 B.C. 27년부터 로마 행정구역 아가야의 수도였다.

② **사도행전 19:22, "자기를 돕는 사람 중에서 디모데와 에라스도 두 사람을 마게도냐로 보내고 자기는 아시아에 얼마간 더 있으니라."**
사도 바울은 아시아(소아시아의 에베소)에 머무는 동안 조력자 디모데와 에라스도를 북쪽 유럽의 관문인 마게도니아로 보냈다.

③ **디모데후서 4:20, "에라스도는 고린도에 머물었고"**
에라스도는 마게도니아를 다녀온 후 고린도에 유하면서 복음을 전하였다. 그는 전에 고린도 시의 재무관(지방 행정관)으로 있으면서 고위층을 비롯한 상당한 사람들과 안면이 있었을 것이니 전도에 큰 역사가 일어났을 것이다.

사도 바울이 고린도를 떠난 후에 고린도교회 내에 많은 도덕적, 영적 문제들이 발생하였다는 소식을 글로에의 집 사람으로부터 보고받아 알게 되었다. 즉 고린도교회에 분열(1:11), 육욕(3:3), 복음 사역에 대한 잘못된 생각(3:5-4:21), 간음과 음란(5:1), 그리스도인들 사이의 문제를 세상 법정에 고소(6:1), 성도덕 타락

---
162) NIV Study Bible, p.1731.

과 문란(6:15; 7:1-2), 자유의 남용과 위반(8:1), 여성의 위치(11:3), 주의 성찬의 오용(11:20-22), 영적 은사들에 대한 무지와 혼란(12:1), 잘못된 방언(14장), 그리스도인들의 육체적 부활 부인(15:12) 등 도덕적, 윤리적, 교리적 문제들이 많이 발생하였다. 그러므로 사도 바울은 제3차 선교여정 시 그와 같은 잘못을 바로잡고 훈계하기 위하여 에베소에서 고린도서를 기록하여 고린도교회에 보냈다.

(7) 드로비모는 밀레도에 남겨 두었다.

디모데후서 4:20b, " … 드로비모는 병듦으로 밀레도에 두었으니."

- "드로비모"(Τρόφιμος; Trophimus)는 소아시아의 에베소 사람이었다(행 20:4, 21:9).
- 드로비모는 이방인으로 그리스도 예수를 구주로 영접하였고 바울의 제3차 선교여정 시에는 바울의 조력자로 동참하였다.
- 드로비모는 예루살렘에 큰 흉년과 기근이 들었을 때 고린도교회가 자원하여 힘껏 모금한 구호금을 디도와 함께 예루살렘교회에 전달한 사람이었다(고후 8:19-22).
- 드로비모는 사도 바울의 사역을 돕는 자, 사람들로부터 인정을 받는 자, 물질에도 깨끗한 자였다.

밀레도(Miletus)에 남겨 두었다.

사도 바울은 제1차 선교여정 시 복음을 전하였으며, 그때에 많은 유대인들과 이방인들이 예수님을 구주로 영접하였다(행 13:16, 26, 43).

사도 바울은 제3차 선교 마지막에 이르러 예루살렘으로 돌아가는 도중 에베소를 거쳐 밀레도에 이르렀다. 바울은 밀레도에서 사람을 에베소로 보내어 에베소교회 장로들을 청하였다. 그 이유는 자신이 이번에 예루살렘으로 올라가면(제5차 예루살렘 방문) 다시는 그들을 볼 수 없다고 생각하였기 때문이다(행 20:17-23).

- **밀레도**는 에베소에서 남쪽으로 약 56km(35mile) 떨어진 메안데 강(Meander

River) 하구에 위치한 지중해 연안 해안 도시(무역항)로 무역이 성하였다. 그러나 오랜 세월 동안 사토(모래와 흙)가 쌓여 지금은 육지가 되었다.

"… 드로비모는 병듦으로 밀레도에 두었으니"

이 말씀은 사도 바울이 드로비모를 밀레도에 남겨둘 수밖에 없었던 이유를 밝힌다. 드로비모가 어떤 병으로 고생하는 지 알 수 없으나 다만 한 가지 분명한 것은 그가 병으로 더 이상 사도 바울의 전도여행에 동행할 수 없다는 사실이다. 그리하여 바울은 드로비모를 밀레도에 남겨 놓았다.

신유의 은사(Healing)?

사도 바울은 그의 복음 사역 초기부터 상당한 기간 동안은 신유의 은사를 받아 이적과 기사들을 행하였다(고후 12:12). 신유의 은사(healing)는 일시적 은사들 중 하나로 사도의 입증과 하나님의 말씀이 문서로 완료되기 전 복음 전파를 위함이었다.

- 사도 바울은 그의 제1차 선교여정 시(A.D. 46년경) 루스드라에서 나면서부터 앉은뱅이를 "큰 음성으로 네 발로 일어서라"라고 말씀만 하였는데 그 앉은뱅이가 제 발로 일어섰다(행 14:10).
- 사도 바울은 그의 제3차 선교여정 시(A.D. 54 or 57년경) 에베소에서 특별한 이적들을 행하였는데 심지어는 바울의 몸에서 손수건이나 앞치마를 가져다가 병자들에게 얹으니 질병들이 나았고 악귀들(evil spirits)이 떠나갔다(행 19:11-12).
- 드로아에서는 사도 바울이 한 다락방에서 밤중까지 하나님의 말씀을 전할 때 3층 창가에 앉아있던 유두고라는 한 청년(티스 네아니아스; τις νεανίας; a certain young man; 당시 약 14세 정도)이 떨어져 죽었다. 그 때에 바울은 내려가 죽은 몸을 품에 안고 "생명이 그의 안에 있다"하고 살렸다(행 20:10).
- 사도 바울은 최후로 로마에도 복음을 전하기 위하여 로마로 가는 도중에 말타섬(Malta; 멜리데섬)에 이르렀다. 말타섬은 큰 시실리섬 남쪽

96km(60mile) 떨어진 작은 섬이다. 이 섬의 추장 보블리오는 바울의 일행을 영접하여 3일 동안이나 친절히 유숙케 하였다. 그때에 그의 부친이 열병과 이질에 걸려 병상에 누워 있는 것을 사도 바울이 들어가 그에게 안수하여 낫게 하고 그 섬 다른 병자들도 낫게 하였다(행 28:7-8).

그런데 사도 바울의 조력자들 중 한 사람인 드로비모의 병은 고치지 못하였는가? 뿐만 아니라 바울 자신의 병은 왜 고치지 못하였는가? 사도 바울은 자신의 병이 낫기 위하여 하나님께 3번이나 간절히 기도드렸으나 고침을 받지 못하였다. 그 이유는 하나님께서 바울의 육체에 가시를 허용하심은 교만하지 않게 하기 위하여, 약한 데서 온전케 하기 위함이기 때문이다. 그러므로 하나님은 "내 은혜가 네게 족하도다"라고 말씀하셨다(고후 12:7-9).

● 이것은 분명히 사도의 말기에 이르러는 병고치는 은사(healing)를 거두어 간 증거이다. 분명히 하나님의 뜻은 이적이 모든 시대에 항상 계속되는 것이 아니다. 사도 시대 이후 병고치는 은사는 다른 일시적 은사들 곧 병고치는 은사, 예언의 은사, 방언의 은사, 방언 통역의 은사들과 함께 하나님의 특별계시의 말씀들을 확증하는 목적을 성취하였을 때 이 이적들은 거두어 가셨다.

● 오늘날 병고치는 역사는 성도들의 간절한 기도의 응답으로 하나님께서 직접 치유해 주신다.

11. 로마 법정에서의 변호(The Defence on Roman's Court)

디모데후서 4:16, "내가 처음 변명할 때에 나와 함께 한 자가 하나도 없고 다 나를 버렸으나 저희에게 허물을 돌리지 않기를 원하노라."

사도 바울은 로마 법정에서 심문을 받을 때 자신을 변호한 사람이 한 사람도 없었다. 그럼에도 변호하지 아니한 저들에게 허물을 돌리지 말기를 원하며 기도드렸다.

"내가 처음 변명할 때에"(엔 테 프로테 무 아폴로기아; ἐν τῇ πρώτῃ μου ἀπολογίᾳ;

at my first defence)는 "나의 첫 변호 시에"라는 뜻이다.

"**변명**"(아폴로기아; ἀπολογία; a speech in defence, apology)은 아포(ἀπο; from; …로부터)와 로고스(λόγος; word; 말씀)로 구성된 합성어로 상대방의 반대와 공격에 대한 자기변호를 가리킨다. 이 단어는 법정적 용어로서 이는 변호인이 법정에서 피고인을 위하여 변호를 대변하는 것을 말한다.

"**아폴로기아**"(ἀπολογία)가 신학적 용어로 사용될 때에는 이단(heresy)을 반대하고, 기독교의 정통교리를 변호하는 기독교 변증학(Apologetics)의 어근(語根)이 되었다.

1) 신약성경에는 다음 몇 가지 변호에 관한 실례들이 기록되어 있다.
- 개인에 대한 변호(고전 9:3)
- 이단설에 대한 복음을 위한 변호(빌 1:7, 16; 벧전 3:15)
- 법적 송사에 대한 변호(렘 25:16, 23, 28; 고전 6장) 등이다.

2) 변호의 필요성? 만일 자신을 반대하는 악한 무리들의 송사에 자신의 무죄를 변호하지 않는다면?
- 악한 자들의 주장을 인정해주는,
- 악을 용납하는,
- 자신의 권리를 포기하는,
- 공의가 사멸되는,
- 악한 자가 뉘우치고 회개할 기회를 상실하는 결과들을 초래하게 될 것이다.

3) 왜 사도 바울이 로마 법정에 서야만 했는가?
그리스도 예수와 그의 복음을 증거하였기 때문이다. 적어도 누가와 두기고는 사도 바울을 위하여 변호할 수 있었을 것이다. 그러나 그들은 아마도 복음사역을 위하여 어느 곳으로 떠났을 것이고, 바울이 법정에 설 때까지 돌아오지 못하였을 것이다.

4) 사도 바울의 로마 법정에서 첫 번째 변호가 언제였는가? 주경신학자들 사이에 견해를 달리한다.

- 사도 바울이 체포된 후 법정 심문을 위한 첫 번째 예비심문(preliminary hearing)을 말한다(행 23장).
- 사도 바울이 제1차로 로마 감옥에 투옥되었을 때 받은 예비 심문(first court hearing)을 말한다(행 28:30, 31).
- 사도 바울이 제2차로 로마 감옥에 수감되었을 때 있었던 인정심문을 말한다.

이 세 설들 중 1번과 2번은 설득력이 없다. 왜냐하면 그때에는 바울의 친구들이 많이 있었고 또 로마의 관원들도 바울에게 동정적이었으며 따라서 행동도 자유스러웠기 때문이다.

로마의 법정 재판은 법정에서 변호인은 피고인을 변호할 수 있었다. 특히 로마 시민권자는 자신이 지방법정에서 불리한 심문과 판결을 받을 위험의 소지가 있다고 판단될 때 특히 사형과 관계된 재판의 경우에는 대법원법정에 상고할 권한이 있었다.[163]

"나와 함께 한 자가 하나도 없고"(우데이스 모이 파레게네토; οὐδείς μοι παρεγένετο; no one was beside me)는 문자적으로 "나의 곁에 있는 자가 하나도 없었다"는 뜻이다. 이것은 법정에서 사도 바울을 변호하는 자가 한 명도 없었다는 말이다. 상상해 보라! 로마제국의 법정(적그리스도의 세력) 안에는 판사, 배심원들, 로마군 수비병들, 동족인 유대인들과 살기등등한 무리로 채워졌을 것이다. 그 안에 사도 바울을 변호하는 사람은 단 한 명도 없었고, 사도 바울은 홀로 서 있다는 사실!

사도 바울은 로마제국의 법을 위반한 사실도 없고, 도적질·사기·간음·살인 같은 도덕률을 범한 일이 없다. 바울은 율법의 의로는 흠이 없는 자라고 공언하였다(빌 3:6).

---

163) Wansink, *Roman Law and Regal System*, p.987.

5) 사도 바울은 소아시아에도 가까운 친구들이 많이 있었다.

사도행전 19:31, "또 아시아 관원 중에 바울의 친구된 어떤 이들 …"

아시아의 관원들(officials)이란 헬라어로 아시알콘('Ασιαρχῶν)으로 아시아 지방의 각 성읍들에서 선출된 10인의 의회 관원들로서 부유하고 영향력 있는 지방의 유지들이다. 이들 중에는 바울의 친구들도 있었다. 그들이 그리스도인인지는 알 수 없지만!

특히 **로마에는 가까이 하는 믿음의 형제자매들이 많이 있었다.**

로마서 16:13-16에 의하면 적어도 26명의 이름들과 5권속이 언급되어 있다. 즉 뵈뵈, 브리스길라와 아굴라 부부, 에배네도, 마리아, 안드로니고, 유니아, 암블리아, 우르바노, 스다구, 아벨레, 아리스도불로의 가족들, 헤로디온, 나깃수의 가족들, 주 안에 있는 자들, 드루배나, 드루보사, 버시, 루포와 그의 어머니, 아순그리도, 블레곤, 허메, 바드로바, 허마, 저희와 함께 있는 형제들 빌롤로고, 율리아, 네레오와 그 자매, 올름바와 함께 있는 모든 성도들 등이다. 이들은 로마교회의 핵심 멤버들(members)이다.

사도 바울은 에베소에도 가까운 믿음의 형제자매들이 있었다.

디모데후서 4:21, "… 으블로, 부데, 리노, 글라우디아와 모든 형제" 이들 중 리노(Linus)는 사도 베드로와 사도 바울이 로마에서 순교한 후 로마 감독이 되었다고 한다.

그러나 사도 바울이 법정에서 자신의 무죄함을 변호할 때 정작 변호자가 필요할 때 공적 변호인이 한 사람도 없었다. 그 이유는 자신들의 육신의 생명의 위험을 느꼈기 때문이요, 로마에 많은 그리스도인들이 로마를 떠났기 때문이다.

"다 나를 버렸으나"(엥카텔리폰; ἐγκατέλιπον; forsook; 잊어버렸다)는 어떤 장소나 상황하에 그대로 남겨 두었다는 뜻이다. 그리스도 예수께서 오병이어(떡 5개와 물고기 2마리)로 장정만도 5,000명 이상을 먹이고도 12광주리가 남은 이적을 행하실 때, 각종 병자들을 고치시고 죽은 자들을 살리실 때에는 수많은 무리들이 따랐다. 예루살렘성에 입성하실 때에는 무리가 종려가지를 땅에 펴며 "호산나 호산나!"라고 외쳤다.

그러나 악한 무리에게 잡히시고 빌라도의 법정에 섰을 때는 두 제자만 따라 갔고, 십자가를 지실 때에는 몇몇 여성들과 요한만 따라 갔다(마 26:56).

일반적으로 사람이 건강하고, 명예와 권세와 부귀가 있을 때는 사람들이 많이 모여들고 반면에 쇠약하고 쇠퇴할 때는 떠나는 것이 통례인 것 같다(욥 19:13-17; 전 14:20, 19:4).

"저희에게 허물을 돌리지 않기를 원하노라"(메 아우토이스 로기스데이에; μὴ αὐτοῖς λογισθείη; may it not to be counter against them). "저희에게 허물을 돌리지 않기를 원하노라." 이 문장은 부정적 소원을 강조하는 희구법이다.

● 사도 바울이 로마 법정에서 자신의 무죄함을 변호할 때 마땅히 나타나 변호해주었어야 할 사람들이 한 명도 나타나지 않았으나 사도 바울은 "그들에게 허물을 돌리지 마옵소서"라고 하나님께 용서의 기도를 간절히 드렸다.

● 주님은 그의 산상보훈에서 "이렇게 기도하라"라고 가르치면서 "… 우리가 우리에게 죄 지은 자를 용서하여 준 것 같이 우리 죄를 사하여 주옵소서"(마 6:12).

● 주님은 십자가상에서 운명하시면서도 자신을 십자가에 못 박은 악한 무리들에게 12영(legion)도 더 되는 천사들을 보내어 진멸하소서 하지 않고 오히려 "아버지여 저희를 사하여 주옵소서 저희는 자기의 하는 일을 알지 못하나이다"(눅 23:34)라고 하셨다.

● 스데반 집사도 돌에 맞아 순교할 때 무릎 꿇고 "주여! 이 죄를 저들에게 돌리지 마옵소서"(행 7:60)라고 용서의 기도를 드렸다. 사도 바울은 주님의 교훈을 본받아 그와 같은 기도를 드린 것이다.

6) 사도 바울의 순교에 관한 4전승 기록들 !

- the Acta Pauli - 헬라어 기록
- the Passio S. Pauli Apostoli - 라틴어로 기록
- the Acts of the Apostles Peter and Paul - 헬라어로 기록
- the Martyrdom of Peter and Paul - 헬라어와 라틴어로 기록.

12. 사도 바울의 순교
참수·장사·두 비문(Decapitation, Burial, 2 Marble Slabs)

1) 순교당한 때: 네로 황제 때

사도 바울은 로마의 네로 황제(Nero emperor) 때 참수(목 베임)로 순교하였다.

로마제국의 네로 황제는 인류 역사상 가장 난폭하고 잔인하고 야만적인 폭군들 중 하나였다. 네로는 A.D. 37-68년까지(황제 재위기간 A.D. 54-68년) 짧은 비극적 생애를 살았다. 그의 어머니 아그립피나(Agrippina)와 그의 법적 아내 옥타비아(Octavia)는 살해당했으며, 그의 근위대가 A.D. 68년 반란을 일으키는 폭동 초기 30세에 자살하였다.

- 네로는 A.D. 64년 7월 19-28일까지 9일 동안 로마가 화재로 파괴, 폐허가 된 것은 그리스도인들의 방화였다고 누명을 씌우고 수많은 유대인들과 그리스도인들을 체포하여 사나운 맹수들에게 물어 뜯겨 죽이거나 또는 불구덩이에 던져 불에 태워 살해하였다.[164] 일부 성경학자들은 요한계시록 13:18의 666은 네로를 상징한다고도 해석하였다.

- 사도 바울은 아마도 네로가 자살(A.D. 68년 6월 9일)하기 바로 얼마 전 제2차 로마 감옥에서 A.D. 67년 말경 순교하였다.

폭군 네로(Nero)는,
- 로마 시(市)의 일부를 불태우고 그리스도인들에게 누명을 씌웠으며,
- 양이나 염소의 가죽을 입혀서 개들로 하여금 물어뜯어 죽게 하였으며,
- 몸을 묶은 후 불 구덩이에 던졌으며,
- 돌로 때려 죽이기도,
- 참수하여 죽이기도 하였다.[165]

---

164) O'connor, op. ct., pp.368-9.
165) Ibid.

히브리서 11:36-38, "또 어떤 이들은 조롱과 채찍질뿐 아니라 결박과 옥에 갇히는 시험도 받았으며 돌로 치는 것과 톱으로 켜는 것과 시험과 칼에 죽임을 당하고 양과 염소의 가죽을 입고 유리하여 궁핍과 환난과 학대를 받았으니(이런 사람은 세상이 감당치 못하도다) 저희가 광야와 산중과 동굴과 토굴에 유리하였느니라."

2) 참수(Decapitation; 목 베임)

● 사도 바울은 최후 며칠 동안은 로마 광장 근처에 있는 특수 감옥(Mammertine Prison)에서 지냈다. 그 특수 감옥은 사형수들을 처형할 때까지 가두어 두는 대기소였다. 사형언도를 받은 후 바울은 로마 성(城) 밖 오스티안 거리(Ostian Way) 3번째 이정표 근처 Aquae Salviae(지금의 Tre Fontane)에서 참수 당하였다.

● 로마제국에서의 사형은 십자가 형틀에 못 박는 것이었다. 그런데 어떻게 사도 바울은 십자가 형틀에 못 박히지 않고 참수형을 당했는가? 사도 바울은 혈통적으로는 유대인이나 신분상으로는 로마 시민권자이었기 때문이다. 로마 시민권자가 사형 언도를 받으면 참수형에 처하였다.[166]

● 사도 바울의 여제자 테클라(Tekla)는 그녀의 글(위경문서들)에서 사도 바울의 참수형에 대하여 매우 상세하게 기술함으로서 로마에서의 바울의 최후를 밝히 알려 주었다. "황제의 칙령이 떨어진 뒤 사도 바울은 끌려 나가 빨리 처형해 달라"고 했다. 그리고 "황제 폐하. 저는 우리의 왕을 위해서 오랫동안 살아 왔습니다. 폐하가 저를 처형한다면, 저는 다시 살아서 폐하에게 나타날 것입니다. 이 세상을 심판하러 다시 오실 예수 그리스도 즉 우리의 왕 앞에서 저는 죽은 것이 아니라 살아 있는 것입니다"라고 말하였다. 사도 바울은 동쪽을 향해 몸을 돌리고 두 손을 높이 든 채 오랫동안 기도드렸다. 그리고 더 이상 아무 말도 하지 않았다. 바울의 몸은 형틀에 놓이고, 양손은 뒤로 묶이고, 머리는 움직이지 못하도록 목에 노끈으로 매어 당겨지고, 로마 군인이 검도(sword)로 사도

---

166) ST. Paul, p.138. John McRay, p.258.
　　Jakob Van Bruggen, *Paul* (P&R pub. 2001), pp.149-150.

바울의 목을 내리쳐 참수당하였다.[167]

　사도 바울이 참수당한 곳은 로마시 서쪽 성문 밖 5km지점이다. 사도 바울이 참수당할 때 목베임을 받은 사도 바울의 머리는 3번 튀었으며, 세 번 튄 장소마다 샘이 솟았다고 전해지고 있다.

　● 사도 바울은 그리스도인들을 핍박하기 위하여 다메섹으로 가는 도중에 회심한 이후로는 그리스도와 그의 복음을 위하여 끝까지 충성하고 장렬하게 순교하였다. 바울이야말로 주님의 몸된 교회를 위하여 순교하였다(골 1:24).

　● 사도 바울은 빌립보교회에 보낸 그의 서신에서 자신은 세상을 떠나서 그리스도와 함께 있는 것이 비할 데 없이 좋으나, 너희의 유익을 위하여 남은 때를 수고한다고 하였다. 사도 바울은 순교 당한 후 그의 영(靈)은 천상에서 주님과 함께 안식하며 몸의 구속을 기다리고 있는 중이다(빌 1:23-25, 고후 5:8, 롬 8:23). 심판 날에 주님은 사도 바울에게 의의 면류관을 씌어 주실 것이다(딤후 4:7-8).

〈남은 맥박〉

나의 눈이 주를 더 사모하게 하시고,	나의 두 손이 주를 더 섬기게 하시고,
나의 귀가 주를 더 경청하게 하소서.	나의 두 발이 주를 더 따르게 하소서.
나의 코도 성령을 더 마시게 하시고,	나의 남은 인생도 주를 위해 있게 하시고,
나의 입술이 주를 더 말하게 하소서.	나의 남은 체온도 주를 위해 있게 하소서.
나의 머리가 주를 더 생각하게 하시고,	나의 남은 심장도 주를 위해 뛰게 하시고,
나의 가슴이 주를 더 사랑하게 하소서.	나의 남은 맥박도 주를 위해 뛰게 하소서.

---

167) 『제2성서, 거룩한 사도 바울의 순교』, pp.325-326.

3) 장사(Burial)

● 사도 바울의 사체(死體)는 하나님의 사자(Messenger)로 존경하는 성도들이 바울이 순교한 곳에서부터 약 4.8km(약 3 mile) 떨어진 로마 여인 루시네(Lucine)의 소유지인 포도원에 장사되었고, 그의 유해는 A.D. 3세기 로마 황제 바레리안(Valerian emperor, A.D. 190-260, 재위 253-260) 시대까지 그곳에 있었다.

● 그 이후 사도 바울의 유해는 압비아 거리(Appian Way)에 있는 성 세바스티안(St. Sebastian)의 카타콤으로 이장되었다. 카타콤(Catacombs)은 압비아 거리(Appian Way)의 2번과 3번 이정표 사이에 위치한 지하묘지이다. 카타콤은 초기 그리스도인들의 피난처이며 예배장소이었다.

● 사도 바울의 유골들은 교황 실베스터 1세(Pope Sylvester I, A.D. 314년 1월 31일 - 335년 12월 31일)에 의하여 다시 본래의 매장지로 옮겨졌고, 로마 황제 콘스탄틴 대제는 A.D. 324년경 바울에게 경의를 표하여 자그마한 교회(prayer chapel)를 세웠다. 그리고 바로 얼마 후에 화려한 바울 대성당(great basilica of St. Paul)이 건축되기 시작하여 4세기 후반에 완공되었다. 그러나 이 교회는 1823년 7월 15-16일 밤사이에 일어난 대화재로 전소되었다. 지금의 바울교회는 교황 피우스 9세(Pope Pius IX, 1846. 6. 16 - 1878. 2. 7)에 의하여 재 봉헌된 것이다.

4) 두 비문(Two Marble Slabs)

● 바울교회 주제단 아래 있는 두(2) 고백소의 바닥은 두(2) 대리석판(marble slabs)으로 되어 있다. 한 대리석 판에는 **"바울"**(Paulo)이라는 이름이 새겨져 있고, 다른 한 대리석 판에는 **"사도 순교자"**(Apostolo Martyr)라는 글이 새겨져 있는데 이 석판들에 새겨진 이 글체는 콘스탄틴대제 시대 글체이다.[168]

사도 베드로와 사도 바울은 복음으로 로마를 정복하였다.

---

168) Finegan, *Ant*: MW, p.30.

13. 네 명령, 두 비유적 표현, 세 간증

디모데후서에는 네 가지 명령, 두 비유적 말씀, 세 간증, 개인적 부탁, 당시 사도 바울의 제자들의 상황들이 독자들의 주의를 환기시킨다.

1) 네 명령(Four Imperatives)
디모데후서 4:5, "그러나 너는 모든 일에 근신하여 고난을 받으며 전도인의 일을 하며 네 직무를 다하라"라고 권면하였다.

"그러나 너는"(수 데; σὺ δέ; but you)은 디모데를 가리키며, 앞의 3-4절의 내용과 대조적이다(딤전 6:11; 딤후 3:10, 14 참조).

(1) 첫째 명령(The first imperative): "모든 일에 근신하라"
"근신하라"(네페; νῆφε; watch, alert)는 현재 명령형으로 "너는 정신을 차리고 계속 주의하라, 경성하라"는 뜻이다(살전 5:6, 8; 벧전 1:13; 4:7). 이는 디모데가 근신하지 않았다는 뜻이 아니라 근신하되 계속 근신하라는 뜻이다.

"모든 일에"(엔 파신; ἐν πᾶσιν; in all situation, on all occasions, in all things)는 모든 일에, 모든 경우, 모든 것들은 전치사구로서 근신하라는 동사를 수식한다(딤전 3:11; 딤후 2:7; 딛 2:9).

(2) 둘째 명령: "고난을 받으라"
"고난을 받으라"(카코파데손; κακοπάθησον; suffer evil; 고난을 받으라)
복음을 전하는 데 많은 고난이 닥칠 것인데 그 고난들을 인내로 감수하라는 명령이다. 사도 바울은 디모데에게 계속 반복적으로 고난받을 것을 호소하였다. 바울은 복음으로 말미암아 많은 고난을 받아왔다(딤후 2:9).

주의 종들은 그리스도와 그의 복음과 의를 위하여 고난을 받을 것을 각오하여야 한다.

디모데후서 1:8, "…오직 하나님의 능력을 따라 복음과 함께 고난을 받으라."

디모데후서 2:3, "너는 그리스도 예수의 좋은 군사(병사)로 나와 함께 고난을 받으라."

디모데후서 3:12, "무릇 그리스도 예수 안에서 경건하게 살고자 하는 자는 핍박을 받으리라."

디모데후서 2:9, "복음으로 말미암아 내가 죄인 같이 매이는 데까지 고난을 받았으나 하나님의 말씀은 매이지 아니하니라."

(3) 셋째 명령: "전도자의 일을 하라"

"**전도자**"(유앙겔리스투; εὐαγγελιστοῦ) 앞에 관사가 없으므로 전도자의 명칭보다는 전도자의 직무와 사명을 강조한다. 전도자의 직무와 사명은 복음을 전하는 것이다. 그러므로 데살로니가전서 3:2에는 "그리스도의 복음을 전하는 일꾼"이라고 하였다(행 21:8).

"**일**"(엘곤; ἔργον; work)은 디모데전서 3:1에는 "감독의 직분", 고린도전서 16:10에는 "주의 일", 빌립보서 2:30에는 "그리스도의 일", 데살로니가전서 5:13에는 "저들의 역사"로 나타났다.

"**일을 하라**"(포이에손; ποίησον; do). 이 단어는 포이에오(ποιέω)의 제1과거(aorist) 명령·능동형이니 전도자의 사명을 능동적으로 적극적으로 하되 효과적으로 끝까지 완수하라(do completely)는 것이다. 일은 전도자의 사명을 가리킨다.

(4) 넷째 명령: "너의 직무를 다 하라"

"**다하라**"(플레로토레손; πληροφόρησον; fulfil; carry out, accomplish; 성취하라, 수행하라, 완수하라)는 맡은 직분을 성실히 수행하여 완수하라는 명령이다. 디모데의 직무는 사역 또는 섬기는 직분(디아코니아; διακονία; ministry or service)이다(딤전 1:12, 참조).

2) 두 비유적 표현(The Two Metaphors)

디모데후서 4:6, "관제와 같이 벌써 내가 부음이 되고 나의 떠날 기약이 가까웠도다."

Ⅳ. 사도 바울의 제4차 선교여정   397

본 절에서는 사도 바울이 자신의 때가 얼마 남지 않았음을 두 비유적 언어들로 표현하였다. 그 하나는 구약시대 제사들 중의 하나인 관제의 제물(Drink Offering)로, 다른 하나는 사람이 장막(천막, tent)을 거두고 떠나는 것과 배가 닻을 올리고 떠나는 것으로 표현하였다.

(1) 첫 번째 비유적 표현(The first metaphor)

4:6, "**벌써 내가 부음이 되고 …**"(에고 에데 스펜도마이; ἐγὼ ἤδη σπένδομαι; I am already being poured out)는 구약시대 관제를 상기시킨다.

"**관제**"(Drink Offering)는 구약시대 제사들 중의 하나이다. 구약시대에 피의 제사로는 속죄제·속건제·번제·화목제 등이 있었고, 피 없는 제사로는 소제(Grain Offering)와 관제(Drink Offering)가 있었다.

● 관제는 제단 밑 주위에 포도주(wine)를 피 대신 붓는 제사를 가리킨다(출 29:40-41; 레 23:13; 민 15:5, 7, 10; 28:7, 24). 관제는 매일 어린 양(lamb)을 잡아 번제로 드리기 전에 드렸다.

● 사도 바울은 자신이 이 세상을 떠날 때가 가까이 왔음을 관제와 같이 자신을 희생의 제물로 드리는 것으로 표현하였다. 그는 약 5년 전 로마 감옥에 제1차 투옥되었을 때 빌립보교회 온 성도들에게 보낸 그의 옥중서신에서 이미 자신의 죽음의 가능성을 언급한 바 있다.

빌립보서 2:17, "만일 너희 믿음의 제물과 봉사 위에 내가 나를 관제로 드릴지라도 나는 기뻐하고 너희 무리와 함께 기뻐하리니"(민 28:24).

사도 바울이 로마 감옥에 제1차 투옥되었을 때에는 빌립보교회를 다시 방문할 것을 기대하였었다(빌 2:24). 그러나 지금은 상황이 달라졌다. 지금은 로마 감옥에 제2차(마지막) 투옥된 상황 하에서 자신은 이 세상을 떠날 때가 가까이 왔음을 직감하였다. 그러면서도 또 한번의 추운 겨울을 토굴 감옥에서 지내게 될 가능성을 배제하지 않았다(4:13, 21).

사도 바울은 오래 전부터 죽음을 준비하여 왔다. 관제와 같이 "**내가 벌써 부**

음이 되고"(에데 스펜도마이; ἤδη σπένδομαι; am already being poured out)는 스펜도(σπένδω; to pour out as a drink offering; 관제로 붓다)의 완료(perfect)시상으로 관제와 같이 부음이 되기는 이미 벌써부터 시작되어 지금까지 계속 부어져 왔음을 가리킨다. 사도 바울은 회심 후 일생 동안 자신을 하나님께 드려온 희생의 제물이었다. 지금 그는 순교자로서 자신의 죽음을 언급하고 있다.

우리도 사도 바울처럼 자신을 관제로 드리기를 힘써야 할 것이다. 우리도 사도 바울처럼 이 세상을 떠날 준비를 항상 게을리하지 않아야 할 것이다. 이 세상 떠날 준비는 영원한 천국 본향을 향한 준비이기 때문이다. 우리에게 영원한 내세가 없다면? 떠날 준비를 할 필요가 있겠는가?

(2) 두 번째 비유적 표현(The second metaphor)

4:6b, "··· 나의 떠날 기약이 가까웠도다"(호 카이로스 테스 아나루세오스 무 에페스테켄; ὁ καιρὸς τῆς ἀναλύσεώς μου ἐφέστηκεν; the time of my departure has come)는 나의 떠날 때가 이미 이르렀다는 말씀이다.

떠날 '**기약**'(카이로스; Καιρός; time, a fixed and definite period)은 확정된 그리고 결정적 때(time)를 가리킨다. 사도 바울은 자신의 죽음을 '떠난다'는 말로 표현하였다. 범사에는 때가 있는 법이다. 사람은 날 때가 있고 죽을 때가 있다(전 3:1).

헬라문학에서 "**떠남**"(아나루시스; ἀνάλυσις; departure)은 몇 가지 의미로 표현되었다.

- **닻을 올리는 것**(weighing anchor)에 사용되었다. 배가 닻을 내리고 항구에 정착하였다가 닻을 올리고 목적지를 향하여 떠나는 것 같이 사람이 이 세상을 떠나는 것을 닻을 올리고 떠나는 것으로 비유하였다.
- **장막을 거두는 것**(taking down the tent)에 사용되었다. 이는 마치 이스라엘 백성이 광야생활할 때 장막을 치고 유하며 장막을 거두고 떠나는 것 같이, 성경은 사람이 이 세상을 떠나는 것을 장막을 거두는 것으로 비유하였다(고후 5:1).
- **군 막사를 거두는 것**(breaking camp by an army)에 사용되었다. 야전군이 주둔

할 때에는 막사를 치고 이동할 때에는 막사를 거두는 것같이, 사람이 이 세상을 떠나는 것을 군인이 막사를 거두는 것으로 비유하였다.

● **여행자들이 여행을 떠나는 것**(traveling)에 사용되었다. 여행자들은 어떤 곳에 잠시 머물고 난 후 목적지를 향하여 떠나는 것 같이, 사람이 이 세상을 떠나는 것을 여행자가 여행을 떠나는 것으로 비유하였다.[169]

죽음은 우리의 영혼이 육신의 장막을 떠나는 것이다. 천국본향으로 하나님께로 떠나는 것이다. 사도 바울은 빌립보서 1:23-24에서 "내가 그 두 사이에 끼였으니 떠나서 그리스도와 함께 있을 욕망을 가진 이것이 더욱 좋으나 그러나 내가 육신에 거하는 것이 너희를 위하여 더 유익하리라"라고 말한다.

우리도 사도 바울과 같이 나 자신을 위하여는 떠나는 것이 더 좋으나 다른 사람들을 위하여 좀 더 이 세상에 거하는 것이 더 유익되는 자들이 되기를 원한다.

3) 세 간증(The Three Testimonies)

디모데후서 4:7-8, "내가 선한 싸움을 싸우고 나의 달려갈 길을 마치고 믿음을 지켰으니 이제 후로는 나를 위하여 의의 면류관이 예비되었으므로 주 곧 의로우신 재판장이 그 날에 내게 주실 것이니 내게만 아니라 주의 나타나심을 사모하는 모든 자에게니라."

사도 바울은 일평생 신앙생활을 신앙으로 간증하였다. 이것을 본문 7-8절에서는 세 가지로 요약하였다.

(1) 첫 번째 신앙 간증

"**내가 선한 싸움을 싸우고**"(톤 칼론 아고나 에고니스마이; τὸν καλὸν ἀγῶνα ἠγώνισμαι; I have fought the good fight) 내가 선한 싸움을 싸워왔다. 바울은 그리스도인들을 십자가의 군병들로, 그리스도인들의 생활을 전쟁으로 묘사하였다. 성경은 믿는 일을 전쟁으로 비유하였다.

"**내가 싸우고**"(에고니스마이; ἠγώνισμαι; I have struggled)는 완료 중간 직설법으

---

169) Philo Flaccus, 87; Diogenes Laertius, 5, 71.

로 현재 완료 시상(present perfect tense)이다. 이 말씀은 사도 바울이 선한 싸움을 싸우기 시작한 그 순간부터(그 이래로) 지금까지 중단함 없이 계속 싸워왔다는 말씀이다. 즉 지금까지 싸워온 선한 싸움을 지금도 싸우고 있다는 말씀이다. 그리고 싸운 것만큼 승리하여 왔음을 강조한다.

우리의 싸움은 혈과 육이 아니요 공중에 권세 잡은 자(사탄)와 그의 추종자들인 마귀들과 귀신들, 악의 세력, 신앙의 원수들, 그리고 우리의 옛 사람과의 싸움 곧 영적 전투이다.

(2) 두 번째 신앙 간증

"**나의 달려갈 길을 마치고**"(톤 드로몬 테텔레카; τὸν δρόμον τετέλεκα; I have finished the race 〈course〉). 내가 경주 코스를 끝마쳤다. 이 말씀은 사도 바울이 자랑으로 한 말이 아니라 사실을 그대로 말한 것이다.

"**길**"(코스; a running, a race; 경주)은 마라톤 코스를 가리키며 이 단어는 트레코(τρέχω; to run; 뛰다)에서 인출되었다.

"**마치고**"(테텔레카; τετέλεκα; I have finished) 이 말씀도 '내가 선한 싸움을 싸우고'라고 한 말씀과 같이, 현재 완료 시상이다. 그러므로 "마치고"라는 말씀은 사도 바울이 믿음의 경주를 시작한 그 순간부터(그 이래로) 지금까지 중단함 없이 계속 달려왔다는 말씀이다(I have completed the good race). 즉 지금까지 달려온 길을 지금도 달리고 있다는 말씀이다. 뿐만 아니라 그 결과 많이 달려 왔음을 지적한다. 사도 바울은 자신의 전 생애를 하나의 고상한 운동경기 특히 마라톤에 비유하였다.

당시 모든 경기의 절정(climax)은 **26마일 코스**(26 mile course, 41.6km, 약 105리)로서 선두 주자가 운동장 안으로 골인할 때는 영웅으로 환영받았다. 당시 경기장들은 대부분 지금과 같이 원형이었고, 좌석들은 전부 돌로 놓여 있었다.

사도행전 20:24, "나의 달려갈 길과 주 예수께 받은 사명 곧 하나님의 은혜의 복음 증거하는 일을 마치려 함에는 나의 생명을 조금도 귀한 것으로 여기지 아니하노라."

히브리서 12:1, "인내로서 우리 앞에 당한 경주를 경주하며."

빌립보서 3:12, "내가 이미 얻었다 함도 아니요 온전히 이루었다 함도 아니라 오직 내가 그리스도 예수께 잡힌 바 된 그것을 잡으려고 좇아가노라."

고린도전서 9:24, "운동장에서 달음질하는 자들이 다 달아날지라도 오직 상 얻는 자는 한 명인 줄을 너희가 알지 못하느냐? 너희도 얻도록 이와 같이 달음질하라."

(3) 세 번째 신앙 간증

"**믿음을 지켰으니**"(텐 피스틴 테테레카; τὴν πίστιν τετήρηκα; I have kept the faith; 내가 믿음을 지켜왔다)

"**지켰으니**"(테테레카; τετήρηκα; I have kept) 이 말씀도 완료 중간 직설법으로 '선한 싸움을 다 싸우고, 달려갈 길을 마치고'라는 말씀과 시상(tense)이 일치한다. 즉 사도 바울은 믿음을 지키기 시작한 그 순간부터(그 이래로) 지금까지 믿음을 계속 지켜왔다는 뜻이다. 즉 지금까지 지켜온 믿음을 지금도 지키고 있다는 말씀이다.

상급 수여자(Giver of reward)

디모데후서 3:8, "이제 후로는 나를 위하여 의의 면류관이 예비되었으므로 주 곧 의로우신 재판장이 그 날에 내게 주실 것이니 내게만 아니라 주의 나타나심을 사모하는 모든 자에게니라."

이와 같이 선한 싸움을 다 싸운 성도에게, 달려갈 길을 다 간 성도에게, 믿음을 지킨 성도에게 상급이 주어진다.

"**주 곧 의로운 재판장**"(호 퀴리오스 - 호 디카이오스 크리테스; ὁ κύριος - ὁ δίκαιος κριτής; the Lord - the righteous Judge)은 그리스도 예수를 가리킨다. 그리스도 예수는 공의로우신 재판장, 실수·과오·편견이 전혀 없으신 공정한 재판장, 죽은 자와 산 자를 모두 심판하시는 재판장(고후 5:10; 행 10:42; 약 5:9)이시다.

상급의 대상자들(Receivers of rewards)

"**내게만 아니라 주의 나타나심을 사모하는 모든 자**"(… 뿐만 아니라 … 또한, 우 모논

데 …알라 카이; οὐ μόνον δὲ … ἀλλὰ και; not only … but also; 딤전 5:13 참조)

사도 바울과 주님의 재림을 고대하는 모든 성도들이다. 이 말씀을 보면 바울은 그의 사도직을 언급하지 아니하고, 그의 신앙과 생활을 강조하였다. 사도 바울처럼 모든 어두움의 세력들에 대항하여 선한 싸움에 승리하고, 믿음을 보존하여온 주님의 재림을 사모하는 성도들이 모두 상급의 대상자들이다. 요컨대 우리가 주님의 재림을 사모하면서 신앙의 경주를 경주하며, 신앙을 계속 보존하여 오고 있는가?

상급의 명칭(Name of reward)

"**의의 면류관**"(호 테스 디카이오수네스 스테파노스; ὁ τῆς δικαιοσύνης στέφανος; the crown of righteousness)의 의(righteousness)는 그리스도께서 모든 율법을 다 지키시므로 획득한 온전한 의를 가리킨다. 성도들은 이 그리스도의 온전한 의를 믿음으로 전가 받아(imputed), 그 의를 기본으로 우리의 선행(good words)을 쌓아놓은, 저축하여 온 의이다. 선한 싸움을 싸움으로 계속 저축한 의, 신앙의 경주를 하므로 계속 쌓아놓은 의, 믿음을 지키므로 계속 쌓아놓은 의, 의인의 행실로 말미암아 이룩된 의를 가리킨다. 그러므로 의의 면류관이란 그리스도의 의를 기초하여 성도가 쌓아올린 선행으로 구성된 면류관을 가리킨다.

의의 면류관이야 말로 선한 싸움을 싸우고, 달려갈 길을 다 가고, 믿음을 지켜온 성도들이 받을 면류관이다. 이 면류관은 썩지 않는 면류관(고전 9:25), 시들거나 쇠하지 않는 면류관(벧전 5:4)이다.

상급의 시기(Time of reward)

"**그 날에**"(엔 에케이네 테 헤메라; ἐν ἐκείνῃ τῇ ἡμέρᾳ; on that day)는 주님이 나타나시는 날, 곧 주님이 재림하시는 날(딤전 6:14; 살후 2:8)을 가리킨다. 주님께서 재림하시는 날은 곧 진실 된 성도들에게 상급을 주시는 날이기도 하다. 이 날은 믿다가 세상 떠난 성도들은 무덤에서 다시 살아나는 날이요, 생존 성도들은 신령한 몸으로 변화되는 날이다.

우리도 우리 주 그리스도 예수께서 재림하셔서 상급주실 때 사도 바울처럼 의의 면류관을 상급으로 받는 성도들이 되기를 소원한다.

민 6:24-26, "여호와는 네게 복을 주시고 너를 지키시기를 원하며 여호와는 그 얼굴로 네게 비취사 은혜 베푸시기를 원하며 여호와는 그 얼굴을 네게로 향하여 드사 평강 주시기를 원하노라 할지니라 하라."

고후 13:13, "주 예수 그리스도의 은혜와 하나님의 사랑과 성령의 교통하심이 너희 무리와 함께 있을지어다."

〈주님 계신 곳으로〉　　　　　　〈주의 얼굴 뵈오리!〉

〈주님 계신 곳으로〉	〈주의 얼굴 뵈오리!〉
구름아, 나를 안아	이 세상에 사는 동안
주님 계신 곳으로 데려가 다오.	주의 일에 힘쓰고
바람아, 나를 실어	썩을 장막 떠날 때
주님 계신 곳으로 데려가 다오.	주의 얼굴 뵈오리
파도야, 나를 태워	주가 내게 부탁하신 모든 일을 마친 후
주님 계신 곳으로 데려가 다오.	예비하신 그 집에서 주의 얼굴 뵈오리
비둘기야, 내 사랑을	빛난 하늘 그 집에서 주의 얼굴 뵈오리
주님 계신 곳으로 보내 다오.	한량없는 영광 중에 주의 얼굴 뵈오리

참고문헌

Bruce, F.F. Aksit, *Istanbul(English)*. 1993: Aksit Kultur Turizm Sanat Ajans Ltd.,

_____, *Paul: Apostle of the Heart Set Free*. 1997.

Bruce, F.F. *New Testament.* Anchor Books, N.Y., 1969.

Bruggen, Jokob Van. *Paul, Pioneer for Israel, Messiah.* P&R Pub., N.J., 2005.

Banett, *Paul.* Intervarsity.

Barrett, C. K. *The New Testament Background.* Harper, 1989.

Baker, J. Christian, *Paul the Apostle.* Fortress.

Blake, Everett, Edmonds, Anna. *Biblical Sites in Turkey.* Redhouse Press, Istanbul, 1990.

Congenecker, Richard N. *Paul.* Apostle of Liberty.

Dunn, James D. G. ed. *Paul and the Mosaic Low.* Eerdmans.

_____, *The Theology of Paul the Apostle.* Eerdmans, 1998.

Evans, Craig A. & Porter, Stanley E. *Dictionary of the NT Background.* IVP, England, 2000.

Fee, Gordon D. *God's Empowering Presence.* Hendrickson.

Fee, Gordon D. *Paul, The Spirit and the People of God.* Hendrickson.

Francesco, Glola. *The Message of Paul to a Divided World.* Libreia Editrce Vaticana, 2004.

Gilbert, Martin. J*erusalem, Illustrated History Atlas.* Steimatzky, 1994.

Gulston, Charles, *Jerusalem.* Zondervan, 1978.

Horsley, Richard A. ed. *Paul and Empire.* Trinity Press.

Hubbard, Moyer V. *Christianity in the Greco - Roman World*. Hendrickson, 2010.

Plevnik. Joseph, *Paul and the End Time*. Paulist Press, Mahwah, N.J., 2009.

Joachim, Jeremias. *New Testament Theology*.

Keener, Craig S. *Paul, Women and Wives*. Hendrickson, 1992.

Ladd, G.E. 『신약신학』. 이창우 번역. 성광문화사.

Martin, R.P., G. Hawthorne D. Reid, ed. *Dictionary of Paul and His letters*. intervarsity.

Mauck, John W. *Paul on Trial*. Nelson.

McRay, John. *Paul, His Life and Teaching*. Baker, 2003.

Morris, Leon. 『신약신학』. 박용성 번역. CLC.

Murphy, Jerome - O'Connor, *Paul the Letter-Writer*. The Liturgical Press, Collegeville, Minnesata, 1995.

Nave, Orville J. *Topical Bible*. Hendrickson.

O'connor, *Jerome Murphy*. Oxford Press, 1997.

Ridderbos, *An Outline of His Theology*. 1996, Eardmans Pub., 1995.

Rob ventura and Jeremy Walker, *A Portrait of Paul*, Reformation Heritage Books, Grand Rapids, 2010.

Youngblood, Ronald F. *New Illustrated Bible Dictionary*. Thomas Nelson Pub., 1005.

Schreiner, Thomas R. 『바울과 율법』. 배용덕 번역. CLC.

Sanders, E.P. *Paul and Palestinian Judaism*.

Setzer, Claudia J. *Jewish Responses to Early Christians*. Fortress.

Tenny, Merrill C. *N.T. Survey*. Eardmans., 1985.

Witherengton, Ben, Ⅲ. *The Paul Quest*. Intervarsity.

Wood, Leon. *A Survey of Israel's History*. 김의원 번역. CLC.

Young, Brad H. *Paul the Jewish Theologion*. Hendrickson.

Erdemgil, Silahattim. *Ephesus(English)*. Net Turstik Yayini, 1992.

Hadjifote, Litsa I. *Saint Paul*. Michael Toubis Pub., Athens, 2004.

Turhan Can. *Turkey, Gate to the Orient.* Touristi Publishing, Istanbul, 1998.

Emnauel Dehan. *Our Visit to Israel.* Palphot, Israel, 1993.

Maria Mavromataki. *Greece Between Legend and History.* Haitalis, Athens, 2002; 영어번역 Cox and Solman.

Iihan Aksit, Istanbul, *The City of Two Continents*, Aksit, Isanbul, 1993; 영어번역 Robert Bragner. Frida Giannini(editing).

_____, *Venice. Florence. Naples. Rome and the Vatican City Civilization, Art and History.* Milan, 1997.

Vine, W. E. *Vine's Expositary Dictionary of Biblical Words.* Thomas Nelson, 1983.

F. B. Huey, Jr.& Bruce Corley. *Biblical and Theological Studies.* Zondervan, 1983.

Lamsa, George M. *Idioms in the Bible Explained.* Harper & Row, 1985.

Brooks, James A. *Syntax of N.T. Greek.* University Press of America, 1988.

Knowling, R.J. *The Acts of the Apostles.* Eerdmans, 1990.

Charles W. Carter and Ralph Earle. *The Acts of the Apostles.* Zondervan, 1978.

Lenski, R.C.H. *The Acts of the Apostles.* Augsburg Pub., 1961.

Williams, David J. *Acts.* Hendrickson, 1999.

Longenecker, Richard N. *Acts.* Zondervan, 1981.

Vincent, Marvin R. *Word Studies in the N.T.* vol. I. Eerdmans, 1975.

Ralph Earle. *Word Meanings in the N.T.* Baker, 1982.

Abbott -Smith. *Manual Greek - Lexicon of the N.T.* T & T Clark, 1994.

Dunn. James D. G. *The Theology of Paul the Apostle.* Eerdmans, 1998.

David Wenham, Steve Walton. *Exploring the New Testament.* vol. I. Bath Press, London, 2001; 박대영 번역. 『복음서와 사도행전(성경이해 1)』. 한국성서유니온, 2007.

Schreiner, Thomas R. *Interpreting the Pauline Epistles.* Baker, 1998.

Schreiner, Thomas R. *Interpreting the Pauline Epistles.* Baker, 1990.

Schnabel, Eckhard J. *Paul the Missionary*. IVP, 2008.

Marshall, Howard. *Witness to the Gospel, The Theology of Acts*. Eerdmans, 1998; 유근상 번역. 크리스챤 출판사, 2004.

Bruce, F.F. *New Testament History*. Anchor books, 나용화 번역. CLC, 1999.

Bruggen, Jacob Van. *Paul Pioneer Israel's Messiah*. P&R, 2005.

이상국 번역. 『사도교부들의 가르침』. 성바오로, 2000.

Glover, T.R. *Paul of Tarsus*. Hendrickson, 2002.

박대식 번역. 『바오로의 편지』. 바오로 딸, 1999.

Carlo, Cremona. *San Paolo*. Rusconi libri, Italy, 1993; 성염 번역. 『성바오로』. 바오로 딸, 1997.

Roetzel, Calvin J. *The letters of Paul*. Westminster John Knox Press, 1998.

Randolph, Richard's E. *Paul and First Century Letter Writing*. Inter Varsity Press, 2004.

Litsa I. Handjifoti. *Saint Paul, His Life and Work*. Toubis, Athens, 2004.

Unal, Demirer. *Pisidian Antioch - St. Paul, Sanctuary of Men*. Ankara, 2002.

Tevhit, Kekec. *Pamukkale, Hierapolis*. Hitit Color, Istanbul, 1991.

Unger, Merrill F. *The New Unger's Bible Dictionary*. Moody Press, 1988.

Fabris, R. *Per leggere Paolo*. 박요한 번역, 『바오로의 열정과 복음선포』. 성바오로, 2000.

Marrow, Stanley B. *Paul, His letters and His Theology*. Paulist Press, 1986; 안노근 번역. 『바오로 서간과 신학』. 바오로 딸, 2000.

Romano, Penna. *Paolo Di Tarso*. 1992; 성염 번역. 『다르소의 바오로』. 성바오로, 1997.

Goodwin, Frank J. *A Harmony of the Life of St. Paul*. 이남종 번역. 1996.

박헌욱. 『바울의 생애와 신학』. 교문관, 일본어, 2003; 박은숙 번역, 대한기독교서회, 2005.

이대성. 『아! 로마』. 성바오로, 2000.

색인(사진·지도·특주)

사진 색인(Index - Pictures)

사도 바울의 생가와 우물 • 19

로마길(다소) • 23

다소의 흑염소 • 27

감람산에서 본 예루살렘 • 43

통곡의 벽 • 44

Omar 모스크 이슬람 사원(예루살렘) • 44

사도 바울의 생김새 • 79

아토스 수도원 • 80

아토스 산의 스타브로니키타(Stavronikita) 수도원 벽화 • 81

다마스커스 소재, 성 아나니아교회 • 93

다메섹(다마스커스) 옛터 • 100

카시온 산에서 본 다메섹(다마스커스) 전경 • 101

페트라로 들어가는 계곡 • 105

페트라 • 106

다메섹에서 광주리를 타고 탈출 • 109

베드로 동굴 교회의 내부(제단과 의자) • 130

살라미 야외극장 • 134

버가 성 • 138

버가 성문 • 139

비시디아 안디옥 성벽 • 140

비시디아 안디옥 도로 • 140

비시디아 안디옥 수로 • 141

안디옥 성벽 • 175

사모드라게 나이키(승리의 여신) • 187

사모드라게 신전 • 188

네압볼리 수로 • 189

빌립보 감옥 • 197

복원된 루디아의 세례장소 • 207

루디아가 세례받은 장소 • 208

사자상(압비올리) • 213

데살로니가 타워 • 215

델마익 만(Thermaic Gulf)에서 본 데살로니가(Thessaloniki) • 216

아덴 신전들 • 239

에렉테이온 신전 • 243

아크로 고린도 옛 성 • 264

고린도 아폴로 신전 • 265

고린도 운하 • 266

겐그레아(고린도의 옛 항구) • 277

아테미 신상 • 285

에베소 야외극장 • 286

에베소 셀수스(Celcus) 도서관 • 287

사모의 아름다운 해변 • 298

밀레도의 옛 성 • 299

밀레도 야외극장 • 300

로도의 작은 항구 • 318

가이사랴 해변 • 320

석회암 지대를 깍아 만든 무덤 • 346

무라항 • 347

멜리데 항구(케팔로니아 섬) • 348

로마 콜로시엄(원형경기장) 앞에서(저자) • 357

사도 바울이 제4차 선교여정 시 로마로 입성한 거리(저자) • 358

카타콤(지하무덤) 앞에서(저자) • 359

디도 개선문(예루살렘 멸망 후 로마에 세운 개선문) • 360

지도 색인(Index - Maps)

사도 바울의 제1차 선교여정 • 125

사도 바울의 제2차 선교여정 • 181

사도 바울의 제3차 선교여정 • 281

사도 바울의 제4차 선교여정 • 343

특주 색인(Index - Special Notes)

특주 1: 유대인의 교육 • 50

특주 2: 탈무드 • 51

특주 3: 사도 바울 당시 로마군 편재 • 69

특주 4: 로마 시민권 취득법 • 75

특주 5: 사도 바울 - 선교팀의 지도자 • 127

특주 6: 창조의 6일 • 162

특주 7: 회당의 기원과 분포도 • 217

특주 8: 발신자, 수신자, 문안 인사, 배달자 • 273

특주 9: 산헤드린 • 326

특주 10: 사두개파 • 331

특주 11: 요세푸스 • 365

특주 12: 필기도구 • 375

색인(인명·지명·중요단어)

인명(Names)

가말리엘 43, 48
글라우디오 76, 119-120, 323, 381

네로 74, 76, 365-366, 391
누가 19, 127, 191, 289, 380

데마 128, 368, 377-380
데메드리오 291-292, 294, 345
두기고 127-128, 276, 295, 377, 381-382
드로비모 128, 295, 381, 384-386

루디아 67, 181, 190-193, 206, 212, 246, 314
루시안 347

마가 127, 137, 183, 368-372

바나바 114, 119-121, 127-129, 132-133, 154-155, 174, 181, 183-184, 371
베스도 65, 73-74, 282, 336, 338-340
벨릭스 24, 322, 326, 335-339
보블리오 351, 386

샴마이 48
서기오 바울 136
실라 193-212, 231, 232-234, 238-240, 242, 272, 372

아굴라 127, 268-269, 272, 314
아그립바 56, 70, 84, 339-340, 362
아리스다고 127, 128, 295, 345, 378
아켈라오 59, 328
안토니 26, 78, 284, 323
알렉산더 27, 132, 213, 327, 378
에라스도 266, 271, 381, 383
요세푸스 99, 101, 123, 131, 332, 365
율리오 344-345

제롬 309, 365
줄리어스 시저 26, 78, 87, 191, 356

크리소스톰 309, 364

테클라 79-80, 133, 392

하드리안 47, 268, 286
헬레나 123
힐렐 48, 53
힐카누스 59, 328

지명(Places)

가이사랴 277, 279, 319, 345, 367
고린도 263
고린도 운하 264, 267
구브로 123, 126-127, 131-132

네압볼리 187-189, 295

다메섹 22, 86, 93, 99, 107-108, 305
다소 23, 130, 323
달마디아 368, 379
더베 126, 173, 182, 184
데살로니가 212, 214
두로 319, 345
두아디라 191-192
드로아 186-188, 282, 294

레기온 70, 344, 352
로마 72, 299, 340, 343, 353
로마 광장 191, 356
루스드라 155-156, 238

멜리데 348, 350-351, 385
무라 318, 345
밀레도 298, 384-385

바보 133, 135
바티칸 시 359
버가 137, 183
베뢰아 233
보디올 353
비시디아 안디옥 137, 182, 184, 238
빌립보 187, 189-191, 240

사모드라게 187
살라미 132-133
서바나 363-364
수라구사 350, 352
시돈 345
실루기아 132-133

아덴 219, 238-239, 249
아라비아 99, 102, 104
아볼로니아 128, 212
아토스 산 80
아피안 거리 354, 359
안디옥 114, 127, 138
압비볼리 128, 190
압비오 광장 353-354
에베소 283, 290
예루살렘 38, 41, 43
이고니온 79, 154, 174

헤롯궁 336

중요단어(Important Words)

감옥(로마) 125, 154
게마라 51-52, 55
극장 78, 292-293, 298, 345

네 명령 18, 395

두 비문 391, 394
두란노 서원 289
둘째 하늘 162-163, 170

로마 상원의사당 356
로마 시민권 65, 67, 72, 211

모헬 29
미쉬나 50-54, 329

바리새파 56, 331, 365
바실리카 191, 356
바울의 생김새 79

사두개파 57, 331
산헤드린 51, 53, 57, 59, 147, 325-326, 340
성인식 50
셋째 하늘 162-163
스토아 철학자 240, 245
시돈 345
신전들 241-242
써커스 맥시머스 356
쓰스 신당 157

아레오바고 248-249, 252, 263
아우구스부대 344
아테미 신전 284
아폴로 8호 164
안디옥교회 119-120, 126, 129, 175
에피쿠로스 240-241, 245
원형경기장 267, 356-357
웨스트민스터 신앙고백서 64, 98, 108, 219
유대인의 교육 50
유라굴로 348
율법주의 58, 173

장례 230
장터 135, 138, 191, 193, 195, 244, 298
제롬 309, 365
지하무덤 359

참수 125, 306, 364, 391-392
창조의 6일 162
천부장 24, 68, 70, 75-76, 322-323
첫째 하늘 162

탄나임 48, 52, 53
탈무드 49, 51-52, 218
테클라행전 79

파피루스 291, 374-376
피 수혈 178
필기도구 375

할례 28
회당 21, 107, 134-135, 142, 154, 212, 217, 277, 288
히브리인 20, 39, 65
히브리파 유대인 40
히포크라테스 서약 317

사도 바울이 예수님을 만났던 길

사도 바울이 이방인들에게 복음을 전한 아덴 광장

몰타(멜리데-사도 바울 섬)

사도 바울 섬에 있는 사도 바울 동상

사도 바울의 생애와 선교
Apostle Paul's Life and His Missions

2011년 3월 15일 초판 발행
2016년 8월 29일 개정증보판 발행

저　　자 ｜ 조영엽 박사

펴 낸 곳 ｜ 사)기독교문서선교회
등　　록 ｜ 제16-25호(1980. 1. 18)
주　　소 ｜ 서울시 서초구 방배로 68
전　　화 ｜ 02) 586-8761-3(본사)　031) 942-8761(영업부)
팩　　스 ｜ 02) 523-0131(본사)　031) 942-8763(영업부)
홈페이지 ｜ www.clcbook.com
이 메 일 ｜ clckor@gmail.com
온 라 인 ｜ 기업은행 073-000308-04-020, 국민은행 043-01-0379-646
　　　　　 예금주: 사)기독교문서선교회

ISBN 978-89-341-1566-3 (93230)

* 낙장·파본은 교환해 드립니다.

이 도서의 국립중앙도서관 출판시 도서목록(CIP)은 서지정보유통지원시스템 홈페이지(http://seoji.nl.go.kr)와 국가자료공동목록시스템(http://www.nl.go.kr/kolisnet)에서 이용하실 수 있습니다.
(CIP제어번호 : CIP2016017060)